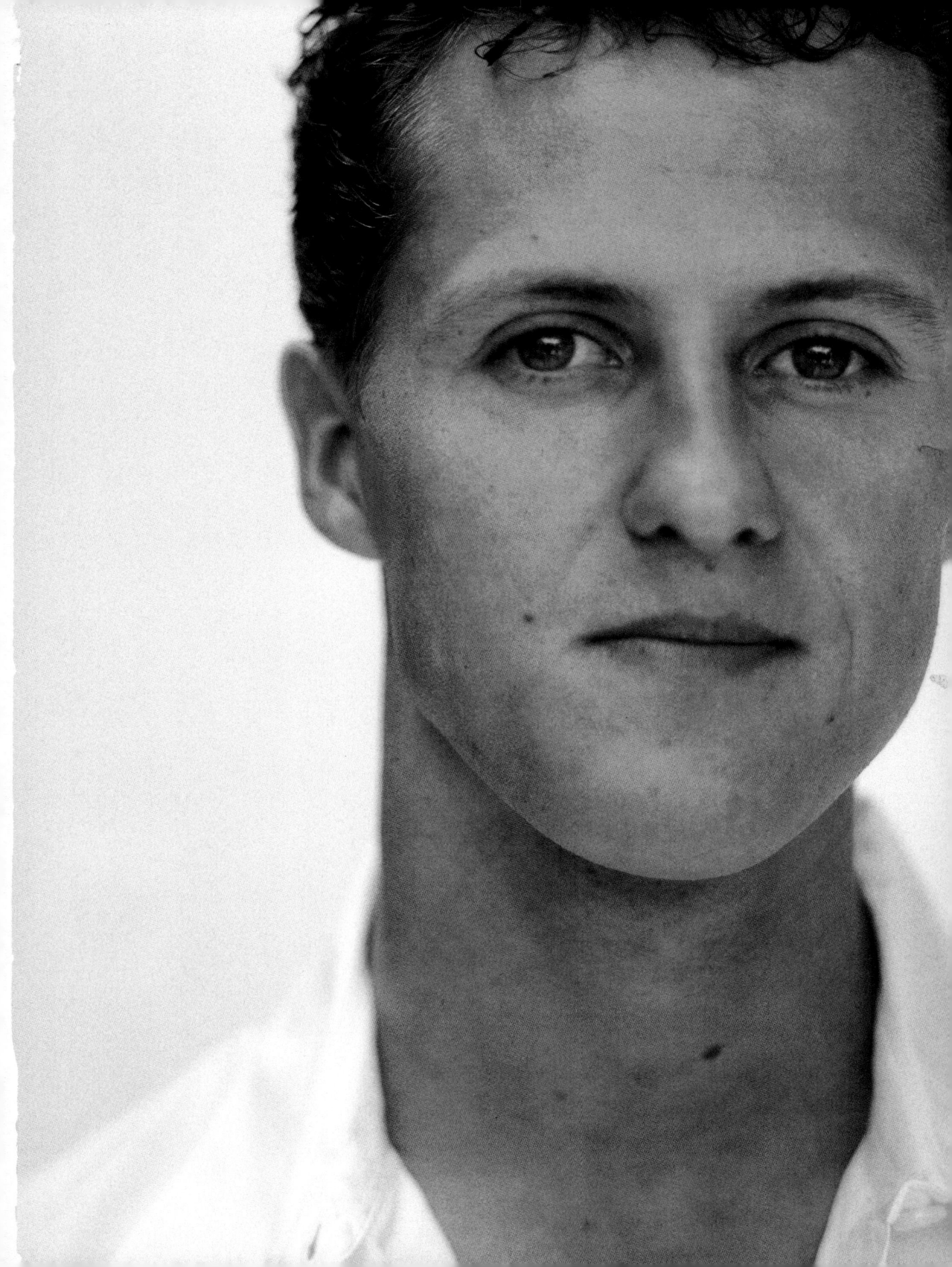

Michael Schumacher
Driving Force

Fotografien von Michel Comte
Text von Sabine Kehm

Steidl

Prolog 17

Rennfahrer 19
Das erste Rennen
Der erste Sieg
Vom Nobody zum Star
Die Liebe zum Fahren

Sieger 37
Die WM 2000
Der Deutsche und die Italiener
Die WM 2001
Die Ära Ferrari

Arbeiter 63
Der Star ist die Mannschaft
Beim Rennen
Beim Test
Kondition ist Konzentration

Familienmensch 81
Der öffentliche Schumi
Das kleine große Glück
Die Suche nach Anonymität
Der Junge im Mann
Corinnas Welt

Shooting in Texas 104

Einführung

»Wer in die Öffentlichkeit tritt, hat keine Nachsicht zu erwarten und keine zu fordern.«

Marie von Ebner-Eschenbach, Schriftstellerin

Als Michael Schumacher in die Öffentlichkeit trat, erwartete er keine Nachsicht, und er forderte auch keine. Er war sich schlichtweg nicht bewusst, dass er Nachsicht vielleicht irgendwann einmal brauchen könnte. Er wusste nicht, was auf ihn zukommen würde.

Der erste Test in Silverstone mit einem Formel-1-Auto, August 1991. Es ging darum, ob dieser unerfahrene Jungspund den Jordan gut genug beherrschen würde, um beim darauf folgenden Rennen in Spa an den Start zu gehen. Michael fuhr aus der Box, und nach wenigen Metern dachte er, er könne dieses Teufelsgerät gleich wieder abstellen. Zu komplex, zu kompliziert, zu kraftvoll, dieses Auto. Nach einer Runde bewegte er es am Limit. Er fuhr an diesem Testtag 36 Runden und übertraf dabei den von Andrea de Cesaris aufgestellten Rundenrekord für Jordan in Silverstone.

2002 hat Michael Schumacher den Weltmeistertitel in der Formel 1 zum fünften Mal gewonnen. Das schaffte vor ihm nur der legendäre Juan-Manuel Fangio in den fünfziger Jahren, und keiner dachte, dass irgendein Fahrer eine solche Anzahl an WM-Titeln je wieder erreichen könnte. Ende 2002 hatte Michael Schumacher insgesamt 64 Formel-1-Rennen gewonnen. Das schaffte vor ihm kein anderer Fahrer in der über fünfzigjährigen Geschichte dieses Sports, und es gibt keinen Grund anzunehmen, dass es nicht noch mehr werden können. Er hat mehr Siege als jeder andere Fahrer in einer Saison geholt, und mehr WM-Punkte. Keiner fährt so wie er. So spektakulär, sicher, kaltblütig, so präzise. So fehlerfrei. So gerne.

Sie sagen, er sei eine Fahrer-Legende schon zu Lebzeiten. Ein Phänomen. Ein Außerirdischer, nie nachlassend in seinem Drang zu kämpfen, sich zu duellieren, zu siegen. Sie nennen ihn: Regengott. König der Straße. Den Meister. Schuminator.

Ein Champion. Für viele der größte aller Zeiten.

Michael Schumacher kann damit sehr wenig anfangen. Der Mann hat einfach Spaß am Fahren, eine nahezu unbändige Freude. Er genießt es, am Limit um Kurven zu fahren und dabei die Fliehkräfte zu beherrschen. Er wollte immer nur Rennen fahren, vier Räder um sich herum, im Zweikampf mit einem großen Rivalen. Er liebt den Wettkampf. Er ist Rennfahrer, in erster Linie und vor allem anderen. Voller Leidenschaft für seinen Sport.

In England nennen sie so jemanden einen *Racer*.

Damit kann er durchaus etwas anfangen. Das trifft es auch am besten.

Rennfahrer

Das erste Rennen

Ein dumpfer Druck im Kopf. Schwere Augen, Schnüffelnase. Die Stimme belegt, fast zu tief für einen 22-Jährigen. Das Kinn trotzig nach vorn geschoben, der Mund noch kleiner als sonst. Als der junge Mann die Jugendherberge betritt, an diesem Abend Ende August 1991, kämpft er gegen sein Unwohlsein. Eine schwere Erkältung, die er sich zugezogen hat beim Reisen, Japan – Europa – Japan, so viele Langstreckenflüge in kurzer Zeit zehren selbst an einem so durchtrainierten Sportler wie er einer ist: ein Formel-3000-Fahrer, einer auf Abwegen. Am Vorabend seines ersten Rennwochenendes in der Formel 1 ist er nicht wirklich fit, aber anmerken lassen würde er es sich nie. Lieber Zähne zusammenbeißen und durch. Nicht, dass einer falsche Schlüsse aus den rotgeränderten Augen zieht. Michael Schumacher erinnert sich: »Ich weiß noch, dass ich mich damals absolut mies gefühlt habe. Ich war einfach krank, hatte eine ziemlich starke Erkältung – wie übrigens sehr oft damals –, und ich wusste natürlich, dass dieser Zustand nicht so toll war, weil ich doch dieses Rennwochenende vor mir hatte. Dementsprechend konnte ich schlecht schlafen. Allerdings nicht wegen des Rennens selbst, auch wenn das jetzt so aussehen wird. Es lag vor allem daran, dass ich in dieser Zeit vorher noch Formel 3000 gefahren bin, in Japan, da flog ich immer Japan hin und zurück. Ich bin schon in der ganzen Zeit davor nachts immer wieder aufgewacht, ständig habe ich gegen den Jetlag gekämpft. Als ich an diesem Abend dort in Spa ankam, fühlte ich mich seltsam eingeschränkt: wie wenn du diesen Tunnelblick hast, wo du nichts mehr siehst und dich nur noch auf die nächstliegenden Dinge konzentrierst.«

Die »nächstliegenden Dinge«, wie Michael es nennt, funktionierten gut, und so hatte die Fachwelt nach diesem Rennwochenende einen neuen Namen, auf den sie achten musste: Michael Schumacher. Der kann es vielleicht zu was bringen.

Dieser Abend voller Niesanfälle war der Abend vor einem Wochenende, das für einen jungen Formel-3000-Fahrer eine unglaubliche Chance darstellte und den sportlichen Höhepunkt des bisherigen Lebens. Es war der Abend vor dem vielleicht entscheidenden Rennwochenende seiner sportlichen Karriere. Man sollte annehmen, dass sich solche Tage ins Gedächtnis eingraben, Eindrücke formen, die unwiderruflich gespeichert sind. Michaels Gedächtnis jedoch ist in dieser Beziehung ungewöhnlich leer. Die Jugendherberge, in der er damals nächtigte und sich im Bett wälzte? Seltsame Fliesen waren da an den Wänden, daran erinnert er sich, »fast wie in einer Schule«. Kalt sei das Ambiente gewesen, nicht gerade heimelig, »alles war da so grün-blau, so komisch«, und in den Zimmern standen »Feldbetten oder irgendwas in der Art. Ich weiß es nicht mehr. Das war abends, als wir hinkamen, da war es schon etwas düster.« Es zeigt, wie Schumacher funktioniert, schon damals funktionierte: Sich nicht an Kleinigkeiten aufhalten, keine unwichtigen Details speichern – nur die wesentlichen Dinge zählen. Auf sie muss man sich konzentrieren, mit aller zur Verfügung stehenden Stärke.

Dass Spa-Francorchamps Michael Schumachers erstes Rennen werden sollte, war Zufall. Es lag daran, dass Eddie Jordan für sein aufstrebendes Team dringend einen Fahrer brauchte, weil der offizielle Fahrer Bertrand Gachot nach einem Zwischenfall mit einem Londoner Taxifahrer plötzlich im Gefängnis saß. Es lag daran, dass sein Manager Willi Weber – der Mann, mit dem er sich am Wochenende darauf das Zimmer in der Jugendherberge teilte, der Mann, der ihm ein Cockpit in seinem Formel-3-Team geschenkt hatte, der Mann, der Michaels Karriere seither um- und weitsichtig lenkt – permanent die Nervensäge beim Teamchef spielte. Es lag daran, dass Michaels damaliger anderer Förderer, Jochen Neerpasch, den klangvollen Namen von Mercedes als Argument einbrachte. Und es lag an dem Eindruck, den der junge Formel-3000-Fahrer zuvor beim Testen gemacht hatte.

Dass Spa-Francorchamps Michael Schumachers erstes Rennen werden sollte, war alles andere als Zufall, sagen dagegen viele Formel-1-Anhänger im Nachhinein. Sie sehen darin eine Art Vorbestimmung, weil Schumacher sich auf dem beeindruckenden Kurs in den Ardennen sofort heimisch fühlte. Und weil es scheint, als seien dieser Kurs und Michael Schumachers Formel-1-Werdegang auf unbestimmbare Weise miteinander verwoben. In Spa erlebt er glanzvolle Höhepunkte seiner Karriere und nervenzerrüttende Krisen – es ist, als kreise Schumachers Rennfahrerleben um die gewaltigen Kurven dieser Strecke, die er so liebt. »Dieser Kurs ist etwas ganz Besonderes, er hat einen eigenen, eigenwilligen Charakter. Er ist eine wirkliche Herausforderung für jeden Fahrer, er verlangt dir dein ganzes Können ab. Er ist mit Abstand mein Lieblingskurs«, sagt Michael. Wenn er über diesen Kurs spricht, leuchten die Augen des Mannes, der sonst so schwer zu beeindrucken ist, und die Stimme wird schwärmerisch. Wie schade, dass die Verbindung zwischen dem Fahrer und dem Kurs gekappt ist: Spa-Francorchamps ist zunächst einmal für 2003 aus dem Formel-1-Rennkalender gestrichen.

Vielleicht lag die Liebe auf den ersten Blick auch ein wenig daran, dass der neue Formel-1-Pilot seinen ersten Eindruck vom Kurs auf einem Fahrrad gewann. Auf einem Fahrrad erlebt man dessen gewaltige Schwierigkeit unmittelbarer, körperlicher. Eine solche Strecke noch nie gefahren zu sein, bedeutete eigentlich einen Wettbewerbsnachteil, und der umtriebige Weber hatte Jordan daher schlitzohrig versichert, dass sein Schützling den schwierigen Kurs sehr wohl zu seinem Repertoire zähle – eine kleine Notlüge. »Da gab es die Story, dass Willi gefragt wurde, ob ich die Strecke in Spa kenne, und er sagte, ich sei da schon mal gefahren, was gar nicht stimmte. Zum Glück haben sie nur den Willi gefragt«, sagt Michael heute lachend. Und also strampelte er die bergige Strecke auf dem Fahrrad ab und verliebte sich in sie. »Die erste Kurve selbst ist nicht sonderlich anspruchsvoll, mit dem Auto bremst man so bei 80 Metern, die Strecke ist etwas uneben und fällt zum Ende hin ein bisschen nach innen ab, deshalb blockiert gerne mal das vordere rechte Rad. Und dann geht es erst einmal bergab, und ich weiß noch, dass ich damals wirklich überrascht davon war, wie steil das ist. Wenn man eine Strecke so am Bildschirm sieht, kann man sich kein Bild davon machen, wie extrem es speziell in Spa bergauf und bergab geht. Gerade auf dem Weg zur Eau Rouge, das ist phänomenal, wenn sich da der Winkel von oben nach unten ändert. Aber ich kann da viel erzählen – ich habe das früher auch nie verstanden, wenn es mir jemand erzählt hat; das muss man selbst erleben.« Genau genommen war das die erste Kurve, die Michael Schumacher jemals in Spa-Francorchamps gefahren ist: auf dem Fahrrad.

Das Rennwochenende, Freitag, das erste Training. Michael steht in dem Lastwagen, in dem die Schrauben und Ersatzteile gelagert sind, ganz hinten, weit entfernt von der Tür. Das Gesicht kantig und verschlossen, der Blick nach innen gerichtet. In einer schnellen Bewegung streift er das feuerfeste Unterhemd über den Kopf, zieht den grünen Overall hoch, schlüpft in die Ärmel und schließt den Reißverschluss. Auf der Lasche haben sie den Namen von Teamkollege de Cesaris mit einem Haftband überklebt und Schumachers Namen darauf geschrieben – für einen eigenen Overall fehlt das Geld, und wer weiß, wie lange dieser Schumacher im Team sein wird. Sorgfältig und langsam streicht Michael die beiden Enden der Laschen übereinander. Der Overall ist ein bisschen zu groß, ein bisschen viel Stoff, aber das macht nichts. Wie war das noch gleich? Unwichtiges ausblenden, auf das Wesentliche konzentrieren. Michael schaut kurz nach oben an die Decke des Lastwagens und atmet tief durch. Dann strafft er sich und läuft mit schnellen Schritten hinüber in die Garage.

Das Rennwochenende selbst absolviert der Neuling so, als hätte sein Manager Recht gehabt mit der Aussage, er sei den belgischen Kurs schon sehr oft gefahren. Eine erste Demonstration dessen, was noch kommen sollte: Der unbekannte Youngster kämpft sich im Qualifikationstraining fast sensationell auf Platz acht vor, überrascht dabei im ersten Formel-1-Qualifying seines Lebens in der gefährlichen Blanchimont-Kurve – »wir haben es damals mit Jordan hinbekommen, dass wir das Auto so gut abgestimmt haben, dass ich Blanchimont voll fahren konnte. Das bringt wertvolle Zeit. Mit den heutigen Formel-1-Autos geht das, damals ging es nur manchmal« – und er erobert sich damit im Handstreich die Aufmerksamkeit der etablierten Fahrer. Sein Rennen selbst war bereits nach rund 500 Metern wegen eines Kupplungsschadens beendet. Michael erinnert sich: »Ich hatte eigentlich einen sehr guten Start und bin gleich vorgefahren auf Rang fünf oder so und habe mich gewundert, warum das alles so einfach war und warum die anderen alle so früh bremsen. Und da hätte ich auch schon beinahe den ersten Unfall gebaut. Ein erschreckender Moment, der mich gleich in der ersten Kurve wieder einen Platz kostete. Tja, aber dann war es ja eh gleich vorbei, das war natürlich enttäuschend. Im Nachhinein muss ich aber schon sagen: Gleich das erste Rennen auf diesem Kurs zu fahren, war eine ganz große Sache.«

Wenn Michael heute über diesen 25. August 1991 spricht, kommen nicht allzu viele nostalgische Gefühle auf. Die Enttäuschung über den schnellen Ausfall überwiegt. Nostalgische Gefühle hat er eher für einen anderen Moment reserviert: für den Dienstag davor, als er sich zum ersten Mal in eines der kraftvollsten Autos der Welt setzte. Seinen ersten Testtag als Formel-1-Pilot.

Der Dienstag vor dem Rennen, England. Es regnet nicht, aber rund um Silverstone weht ein heftiger Wind. Am frühen Vormittag sind Michael und sein Manager Willi Weber schon bei Jordan, um für die angesetzte Testfahrt den Sitz anpassen zu lassen. »Danach sind wir hinüber gefahren, zur Strecke, und ich hatte ein ziemlich flaues Gefühl im Magen«, erinnert sich

Weber. Michaels Erinnerungen nach ging es ihm offenbar ähnlich: »Als ich in Silverstone zum ersten Mal in dieses Auto eingestiegen bin, das war für mich der eigentlich besondere Moment. Viel mehr als das Rennen danach, da bin ich hingekommen und gefahren. Das war dann kein großes Thema mehr. Der Test davor jedoch, das war eine unglaubliche Erfahrung, das war eine viel größere Herausforderung. Das war viel extremer, weil ich überhaupt nicht wusste, wohin der Weg jetzt führen wird und wie ich damit zurecht kommen würde. Ich erinnere mich noch genau an die ersten drei Runden. In der ersten Runde dachte ich nur: Oops, das ist jetzt also schon das Ende deiner Formel-1-Karriere, das kriegst du doch nie hin. Das Auto war absolut beeindruckend, so kraftvoll und gleichzeitig diffizil zu fahren. In der zweiten Runde war ich immer noch der Meinung: Na ja, geht ja schon, aber ist noch ein bisschen zwiespältig; aber in der dritten Runde habe ich mich doch schon sehr gut gefühlt in diesem Auto. Da hatte ich dann ein Gespür dafür, und ich habe gesehen, dass ich damit fahren kann und dass ich das im Griff habe, dass ich also nicht über meinen Möglichkeiten fahre. Offensichtlich war es auch ganz okay – ich hatte ja keinen hundertprozentigen Anhaltspunkt, weil kein anderer Fahrer von Jordan gleichzeitig getestet hat, sondern nur zwei Arrows-Fahrer, und wir hatten nur die Zeiten von irgendwelchen Tests vorher als Referenz, und ich hatte gebrauchte Reifen, keine neuen. Ich kann jetzt auch keine genauen Zeiten mehr sagen, ich glaube, ich bin so 1.55 nochwas gefahren, mehr oder weniger die gleiche Zeit wie die anderen auch. Und weil es alte Reifen waren, war das eigentlich gleich in Ordnung.«

Bei diesem Test auf dem sogenannten south circuit fuhr Michael nach den ersten drei Runden noch 33 weitere und stellte dabei den Rekord von Jordan in Silverstone ein, den der etablierte Fahrer Andrea de Cesaris hielt. Auffallend bereits nach dem ersten Testtag war Schumachers Abgeklärtheit und diese bei ihm so herausragende Anpassungsfähigkeit. Denn damals, anders als heute, war der Schritt von der Formel 3000 in die Formel 1 riesig, die Autos komplett anders zu fahren: Der Grip war so viel höher als in der kleineren Klasse, die Verzögerung so viel heftiger, die Beschleunigung so unglaublich; alles ging viel schneller, doch dieser junge Mann gewöhnte sich ungewöhnlich schnell daran. Selbst die Tatsache, dass er mit Chassis 191 testen musste – mit dem Chassis also, mit dem er einige Tage später auch das Rennen fahren sollte – und bei einem Crash daher die Chance vertan gewesen wäre, nötigte ihn nicht zu übertriebener Vorsicht; er fuhr trotzdem gleich Rekord. Er war in seinem Element: »Am Anfang denkst du wunders wie toll das ist, wunders was das für Leute sind oder was das jetzt noch mal für ein Abschnitt in deinem Leben sein wird, was für ein Schritt, den du machst. Jordan war ja auch ein klasse Team. Aber dann fühlte sich alles ganz schnell ganz normal an.« Bezeichnend auch, dass Michael einmal rückblickend von seinem ersten Formel-1-Rennen als dem Rennen in Monza sprach – und auch, was er davon erzählte: »Als ich zum ersten Mal ein Rennen gefahren bin, dachte ich absolut nicht, dass ich mal so weit kommen könnte. Das war in Monza, 1991, als ich zum ersten Mal weiter als 500 Meter fahren konnte. Ich habe mir mit dem großen Ayrton Senna einen Zweikampf geliefert, weil der zu Beginn des Rennens einige Schwierigkeiten hatte, und ich konnte ihm folgen und ihn auch attackieren – wenn ich auch keinen Weg fand, an ihm vorbei zu fahren. In diesem Moment erkannte ich, dass wir alle nur mit Wasser kochen. Wenn jemand im richtigen Moment im richtigen Auto sitzt, kann er jeden schlagen. So ist es, auch heute bei mir, das habe ich damals begriffen.« Innerhalb von zwei Wochen hatte sich sein Leben komplett verändert. Der Test, das Rennen – und anschließend der abrupte Teamwechsel. Die Fachwelt staunte. Bereits im nächsten Rennen in Monza steckte Michael in einem gelben Overall – mit eigenem Namen.

»Damals zu Benetton zu gehen, war eine große Chance für die Zukunft«, sagt Michael. »Wir wussten zu dieser Zeit, dass Jordan Yamaha-Motoren bekommen sollte, und uns war klar, dass das eine Katastrophe werden würde. Als wir dann diese Chance bekamen, haben wir sie ergriffen, obwohl es nicht gerade angenehm war, nach gerade mal 500 Metern mit einem Team, das dir die Möglichkeit zum Einstieg gegeben hatte, sofort zu wechseln. Aber damals war es das, was ich machen musste.«

Der erste Sieg

Ein Jahr später, 1992. Es regnet in Spa, typisches Ardennen-Wetter: trüb, neblig-feucht, wechselhaft. Fans aus aller Welt werden dieses Wetter später als »Schumi-Wetter« bezeichnen, weil keiner bei solchen Bedingungen so instinktsicher fährt wie er. Formel-1-Autos haben keine Frontscheibe, die Augen der Fahrer schützt nur ein Visier, doch das beschlägt auch gerne mal. Im Regen geht die Sicht daher gegen Null, Fahren ist dann eine Mischung aus Erfahrung, Gefühl und dem Vertrauen auf das sinnvolle Verhalten der Konkurrenten. Weil die Gischt die Konturen nahezu komplett verwischt. Michael ist nun seit einem Jahr Formel-1-Fahrer, er hat seinen ersten Podiumsplatz schon Anfang der Saison in Mexiko erreicht, und er weiß, dass er mithalten kann im Kampf um den Sieg.

Der Ausrutscher passiert in Runde 30. Vor der Stavelot-Kurve rutscht Schumacher, an dritter Stelle liegend und im harten Kampf gegen seinen Teamkollegen Martin Brundle, ins Kiesbett. Brundle kann ihn überholen, der junge Deutsche hat Glück, dass sein Ausrutscher keine Folgen hat und er auf die Strecke zurück findet. Doch hinter Brundle liegend fällt ihm auf, dass dessen Pneus total abgefahren sind, und ihm ist klar, dass er sofort an die Box muss. Beide Benettons waren mit der gleichen Abstimmung unterwegs, folgerichtig würden die Autos die Reifen vergleichbar belasten. Ein hastiger Funkspruch zum Kommandostand: Ich komme rein, zum Reifenwechsel. Während die übrigen Fahrer noch mit den Bedingungen kämpfen und mit profillosen Reifen hoffnungslos auf der nassen Strecke rutschen, tastet sich Schumacher schnell zur Box und lässt Regenreifen aufziehen. Diese eine Runde, die er früher mit passenden Reifen fahren kann, ist letztlich entscheidend.

Am Sonntag des Belgien-Grand-Prix 1992 steht erstmals der Mann ganz oben auf dem Podium, der in den darauf folgenden Jahren häufiger als jeder andere Fahrer da oben stehen wird. »Natürlich denke ich gerne an diesen ersten Sieg zurück«, sagt Michael. »Das war eigentlich eine kuriose Geschichte, weil ich den Sieg dank eines Fehlers holte. Es war naheliegend, dass meine Reifen ähnlich aussehen würden wie die von Martin, und ich weiß noch, dass mir durch den Kopf schoss: Jetzt muss ich sofort an die Box. Die Entscheidung war Gold wert, denn sie hat mir bei diesen Bedingungen damals ganze fünf Sekunden Vorsprung gebracht; insofern hat mir mein Teamkollege geholfen, den Sieg zu holen, wofür ich mich nur bedanken kann. Es war schon ein tolles Gefühl da oben, das musste ich erst mal wegstecken.« Spätestens zu diesem Zeitpunkt wussten die etablierten Fahrer, dass da ein ernsthafter Konkurrent herangewachsen war.

17 Jahre lang hatten die deutschen Rennsportfans auf den Sieg eines deutschen Fahrers warten müssen – 1975 siegte Jochen Mass in Spanien, tragischerweise in einem Abbruchrennen nach einem Zwischenfall, bei dem fünf Menschen sterben und Rolf Stommelen schwer verletzt wird. Schumacher widmet seinen Sieg den Fans, überglücklich damals, aber in der Rückschau selbst verwundert über seine Gefühlswelt: »Im Nachhinein würde ich nicht sagen, dass das mein schönster Sieg war. Ich weiß auch nicht, aber bei mir ist das so, dass ich mich extrem über etwas freue, es danach aber ziemlich schnell abhake. Dann geht's wieder weiter, zum nächsten Ding. So funktionierte das damals bei mir. Heute ist das nicht mehr ganz so extrem. Schon erstaunlich, aber zum Beispiel 2002 in Magny Cours, als ich zum fünften Mal Weltmeister wurde, da war ich viel bewegter als damals in Spa. Ob das am Alter liegt, keine Ahnung... Vielleicht haben solche Dinge später im Leben wirklich eine andere Wertigkeit. Außerdem: Ein Sieg ist eine Sache, aber fünf Meisterschaften sind eine ganz andere Sache. Dazu kommt noch ein anderer Faktor, denke ich: Als ich damals in die F1 kam, habe ich sie natürlich nicht richtig verstanden. Ich konnte schnell Auto fahren, aber wie der Mechanismus funktioniert, welches Rädchen wo gedreht werden muss, damit alle in Bewegung gesetzt werden, wusste ich früher nicht. Damals war ich ein Greenhorn. Mit den Jahren wächst du da viel mehr hinein, fühlst dich viel mehr als ein Glied dieser Kette. Früher bin ich eigentlich hauptsächlich gefahren. Die Ingenieure haben sich meine Einschätzungen zwar angehört, aber sie wussten nicht, wie sie diese Aussagen von mir bewerten sollten. Heute ist das sicherlich anders, und daher empfinde ich das auch anders, ich fühle mich mehr als Teil von etwas und ziehe eine größere Befriedigung aus den Erfolgen. Ich sehe ja an gewissen kleinen Gesten, was die Ingenieure denken, wie sie einschätzen, was der Fahrer sagt, wie sie es werten. Und daher bin ich heutzutage offenbar emotionaler als ich das früher war, weil ich viel mehr beteiligt bin – zumindest ist das einer der Gründe dafür.«

Ein Interview mit der »Frankfurter Allgemeinen Zeitung« gewährt weitere Einblicke:

Stimmt die Einschätzung, dass Sie doch eher ein pessimistischer Mensch sind?

Das kommt schon hin. Vor allem bin ich nie ein Träumer gewesen. Ich hatte nie die Vorstellung, ein Formel-1-Fahrer werden zu müssen. Das war viel zu weit weg für mich. Auch in der Phase, in der ich mich nach oben gearbeitet habe über die verschiedenen Formel-Klassen, war ich eher immer pessimistisch. Ich war mit dem zufrieden, was ich hatte.

Warum?

Weil das schon wesentlich mehr war, als ich mir je vorstellen konnte. Ich habe mir immer wieder gedacht, gut, wenn der nächste Schritt kommt, wunderbar, dann wirst du auch versuchen, deine Chance zu nutzen. Aber gleichzeitig hatte ich immer eine pessimistische Einstellung. Ich wollte nicht in Träume abschweifen, die nachher doch nicht Wirklichkeit werden.

Ist der Pessimist nicht ein Mensch, der vielleicht gerne etwas tun würde, aber vorher eher eine Niederlage als einen Sieg erwartet?

So war es jedenfalls bei mir. Ich kann mich noch erinnern, dass ich während meiner Formel-3-Zeit mal bei einem Training der Formel 1 in Hockenheim zuschaute. Es war die Vorqualifikation und ich sah, wie schwer sich Bernd Schneider (mehrmaliger deutscher Tourenwagenmeister, d.Red.) damals tat in einem schlechten Auto. Und der ist doch ein Superfahrer, der ist eine große Nummer. Damals war er schon Formel-3-Meister, ich noch nicht. Ich hatte nicht das Gefühl, auf seinem Level zu sein. Und deshalb hatte ich auch nicht den Eindruck, so einen Formel-1-Rennwagen entsprechend gut bewegen zu können. Ich dachte mir: Das liegt außerhalb deiner Reichweite.

Glauben Sie, Ihr Pessimismus hat Ihnen auf dem Weg zum Weltmeister geholfen?

Jein. Ich wollte einerseits wohl einfach nicht enttäuscht werden. Andererseits habe ich vor fast jeder Weiterentwicklung ein pessimistisches Gefühl gehabt. Als sich die Möglichkeit bot, für Mercedes den Sportwagen zu testen, und ich zusah, dachte ich sofort: Oweiowei. Die Zeiten der alten Herren, wie die das Ding gefahren haben, das packe ich vielleicht nicht. Erst als ich merkte, dass meine Rundenzeiten gut waren, obwohl ich weit unter meinem Limit fuhr, klingelte es: Halt, das geht ja viel einfacher, als du denkst. Der Pessimismus hat mir also Freude gemacht, weil ich doch meistens positiv überrascht worden bin.

Wie geht ein Pessimist dann mit Rückschlägen um, nehmen wir mal Ihren Beinbruch im Sommer 1999 beim Rennen in Silverstone?

Es war schon immer so, dass ich in schwierigen Zeiten – von Krisen bin ich bisher verschont geblieben – selbstbewusst genug war, um wieder herauszukommen. Nach dem Unfall wusste ich nicht, ob ich wieder so fahren könnte wie früher. Ich war pessimistisch und wurde dann aber wieder angenehm überrascht. Auch beim Finale der Saison 2000 in Suzuka habe ich nicht immer geglaubt, dass es klappen wird mit dem WM-Sieg. Häkkinen fuhr mir im ersten Teil des Rennens zwei, drei Sekunden weg. Ich kämpfte hinten, habe alles ausprobiert und mir gesagt, das kann doch nicht wahr sein. In diesem Moment kam was in mir auf, ich versuchte immer neue Sachen, und irgendwann passte es. Es gibt also zwei Varianten in mir. Wenn ich merke, dass es nicht so geht, wie es sollte, kommt in mir der Optimismus auf.

Wenn Sie grundsätzlich so pessimistisch sind, wie Sie sagen, warum setzen Sie sich nach einem schweren Unfall, verursacht durch einen technischen Defekt wie beim Crash während Testfahrten in Mugello, wieder in Ihren Rennwagen?

Ich gehe ja nicht gleich beim nächsten Mal mit Vollgas zur Sache. Nach so einem Unfall lasse ich mir erst noch eine Reserve.

Das betrifft Sie und Ihre Fahrkunst. Die Belastung der Hinterradaufhängung ist aber doch annähernd die gleiche.

Schicksalsschläge gehören für mich zum Leben, ob im Rennsport oder abseits der Rennstrecke. Damit habe ich kein Problem. Deshalb sind Aufhängungsbrüche, Bremsdefekte, ein gebrochener Unterboden für mich nicht so wichtig. Den schweren Unfall beim Testen in Monza führte ich zunächst auf einen Fahrfehler von mir zurück. Wenn man zu diesem Ergebnis kommt, fängt man an zu zweifeln. Warum bricht dir das Auto aus, warum fängst du es nicht mehr? Wenn dann eine technische Erklärung kommt, kann man die Sache abhaken. Du hast die Daten, du weißt, was dagegen gemacht wird, damit es nicht wieder passiert. Und dann kann man damit leben.

Vom Nobody zum Star

In Spa gelangen Michael Schumacher immer besondere Rennen, hier war er immer besonders motiviert, hier schien seine Karriere immer eine Extrarunde zu drehen. Hier wuchs Michael Schumacher vom Nobody zum Star, weil große Teile seiner Legende ohne Spa nicht denkbar wären.

1994 zum Beispiel, auf dem Weg zu seiner ersten Weltmeisterschaft. Die meisten Berichterstatter waren schon auf dem Weg nach Hause, die Meldung vom neuerlichen Sieg des Deutschen in Belgien meistenteils schon gedruckt, da kam spät abends die Nachricht vom Automobilsport-Weltverband: Disqualifikation wegen nicht regelkonformen Unterbodens. Die Platte ist nach dem Rennen um wenige Millimeter zu flach. Michael schaut zurück: »Die Schikanen-Kombination, da ist mir 1994 ein ziemlich dummer Fehler unterlaufen. Ich bin am Ausgang der Linkskurve zu weit raus- und mit dem Hinterrad auf den Dreck gekommen. Daraufhin ist mir natürlich das Auto ausgebrochen. Aber ich hatte Glück: Weil ich so viel Schwung hatte, hat sich das Auto um 360 Grad gedreht, und so konnte ich weiterfahren. Aber bei dem Dreher, als ich so über die Kerbs gerumpelt bin, habe ich meine Bodenplatte ruiniert. Das wiederum hat dann zur vieldiskutierten Disqualifikation geführt, weil die Platte zu sehr abgeschliffen war. Heute kann ich sogar fast drüber lachen, immerhin ist am Ende alles gut gegangen.« Damals allerdings konnte er nicht darüber lachen.

Damals nämlich war der aufstrebende Fahrer mitten in einer überaus kontroversen Saison, deren Auswirkungen bis heute zu spüren sind. Er befand sich in der alarmierenden Lage, dass nach einem guten Start in die Saison zum Zeitpunkt des Rennens in Spa seine Führung in der WM-Wertung gefährdet war. Er befand sich in der schwierigen Situation, dass die Saison seines absoluten Durchbruchs und ersten WM-Titels nicht nur überschattet war vom Tod zweier Fahrer – Ayrton Senna und Roland Ratzenberger –, sondern auch von Widersprüchen und Unregelmäßigkeiten. Es war eine Saison, die den Namen vom »Schummel-Schumi« prägte, der Michael lange anhaftete wie Gummiabrieb am Asphalt. Immer wieder sprachen die Gegner, wenn auch meist nur hinter vorgehaltener Hand, von Regelverstößen beim Team des WM-Führenden, immer wieder gab es Fragen, immer wieder neue Auseinandersetzungen, zum Teil auch vor dem Motorsport-Council. Gerüchte um den Einsatz einer verbotenen Traktionskontrolle, die schwarze Flagge in Silverstone, für deren Nichtbeachtung Michael später zwei Rennen gesperrt wurde, in Hockenheim der Filter des Tankstutzens ausgebaut: Diese Meldungen überschatteten immer wieder Schumachers fahrerische Glanzleistungen wie den zweiten Platz beim Rennen in Barcelona – das Getriebe steckte während des gesamten Rennens im fünften Gang fest, ein beeindruckender Beleg seines Fahrgefühls – oder den Sieg beim Regenrennen in Spa.

Noch heute jedoch gehört gerade dieser Große Preis von Belgien zu den Ereignissen, aus denen die Legende Michael Schumacher gestrickt ist. Wegen eines Getriebeproblems und des wechselnden Wetters war er im Qualifikationstraining nur auf dem 16. Platz gelandet, sein Widersacher Damon Hill auf dem achten. Nach der ersten Runde war Hill Sechster, Michael Dreizehnter, eine Runde später waren sie Fünfter und Zehnter, wieder eine Runde später Fünfter und Achter. In Runde 14 schließlich lag Hill in Führung, Michael auf dem dritten Platz, eine Runde später gingen Hill und Berger vor ihm an die Box und Michael lag an der Spitze des Feldes – innerhalb von 15 Runden hatte er sich von Startplatz 16 auf Position eins gekämpft. Drei Runden später ging er an die Box, dann kam der Regen, und Hill wechselte auf Regenreifen. Michael nicht; trotz mehrmaliger Aufforderung seines Renningenieurs Pat Symonds, sich Regenreifen aufziehen zu lassen, hielt er Damon Hill im Regen auf Trockenreifen hinter sich. »Das war ein schönes Techtelmechtel mit Damon«, erinnert sich Michael. »Er war damals eigentlich schneller, wir waren auf unterschiedlichen Reifen unterwegs und es herrschten Mischbedingungen, und irgendwie hatte ich dann ein breiteres Auto als er, wie man so schön sagt ... Jedenfalls habe ich es ihm schwer gemacht vorbeizukommen. In diesem Streckenabschnitt, vor der Blanchimont, fährt man durchaus Vollgas, aber es sind eben doch Kurven drin, und dadurch kann man die Linie so wählen, dass man dem Gegner das Leben schwerer macht. Ich weiß noch, danach gab es damals ziemlich viele Diskussionen. Damon war nicht so ganz einverstanden mit der Wahl meiner Linie, ich fand sie eigentlich ganz gut.«

Beim letzten Rennen der Saison 1994, das die Entscheidung um den WM-Titel bringen sollte, prallten die beiden Fahrer erneut aufeinander. Michael war nach Silverstone für das Nichtbeachten der Flagge zwei Rennen gesperrt worden, zusätzlich waren ihm ja die Punkte dieses Rennens und des Großen Preises in Spa aberkannt worden – es fehlten ihm also die Ergebnisse aus vier Rennen. In Adelaide beim Saisonfinale hatte Michael daher gerade mal einen Punkt Vorsprung vor seinem Konkurrenten Damon Hill. Die Diskussionen gab es dann, weil Schumacher und Hill nach dem Rennen erneut unterschiedliche Auffassungen hatten: In der 36. Runde kommt Schumacher aufs Gras und touchiert daraufhin die Mauer. Entweder ist die Spurstange seines Benetton kaputt oder die Reifen voller Dreck und Gras, jedenfalls ist das Auto nicht mehr problemlos zu fahren. Hill versucht, innen vorbeizukommen, Schumacher verteidigt seine Linie und macht das Loch zu, wobei er Hill über dessen Vorderrad fährt – einem ungeschriebenen Gesetz in der Formel 1 nach gehört die Kurve dem, der vorne ist, und das war offensichtlich Schumacher. Die Minuten, in denen Michael, draußen an der Strecke zur Untätigkeit verdammt, auf die Entscheidung wartete, beschreibt er so: »Es waren unglaubliche Augenblicke, ich war völlig aufgelöst und hin und her gerissen. Ich wusste ja nicht, was mit Damon passiert war, ich wusste aber natürlich, dass wir beide viel Vorsprung auf die Viert-, Fünft- und Sechstplatzierten hatten, dass es also für Damon kein Problem sein sollte, diesen einen Punkt Vorsprung, den ich hatte, aufzuholen. Man hat da draußen ja kaum etwas gesehen, daher habe ich versucht, den Streckensprecher zu verstehen. Das war aber schwierig, weil da zwar ab und zu so Wortfetzen ankamen, dann aber auch wieder Autos vorbeifuhren, die natürlich noch lauter waren. Also habe ich versucht, zu schauen, wann Damon vorbeikommen würde, dann hörte ich etwas von ›Hill an der Box... Probleme... Kann er wieder rausfahren‹, und ich sah ihn nicht mehr vorbeikommen. Ich wusste überhaupt nichts mehr, ich wusste nicht, ob ich mich freuen sollte, in mir waren sämtliche Gefühle total vermischt. Dann kam ein Streckenposten auf mich zu und streckte mir die Hand hin, um mir zu gratulieren, aber ich war mir doch nicht sicher. Es war schrecklich, da draußen warten zu müssen. Aber es war unbeschreiblich, als es dann endlich feststand. Obwohl ich damals so konfus war, dass ich das gar nicht richtig einordnen konnte. Dass ich Weltmeister geworden sein sollte, das habe ich lange nicht richtig kapiert.«

Im Gegensatz zur abgelaufenen Saison war der Titel 1995 unangefochten. Wegen eines internen Streitpunkts war Michaels Verhältnis zu Benetton-Teamchef Flavio Briatore jedoch nicht mehr ungetrübt; der ursprünglich bis zum Ende 1996 ausgestellte Vertrag wurde auf Ende 1995 umgeschrieben. Viele Beobachter der Szene hofften ohnehin, dass Michael das Team, dem aufgrund der Vorfälle von 1994 immer gerne Unsauberkeiten angelastet wurden, verlassen würde. »1995 wusste ich, dass es weitergehen müsste«, sagt Michael. »Ich wollte mich weiterentwickeln, ich brauchte eine neue Motivation, und es gab zwei Optionen: eine mit McLaren und eine mit Ferrari – es gab sogar ganz kurz noch eine mit Williams, aber letztlich habe ich zwischen den beiden anderen entschieden.«

1996 sollte das Rennen in Spa für Michael wieder einen besonderen Stellenwert haben. Die Allianz mit Ferrari litt bereits im ersten Jahr der Zusammenarbeit, zu viele Ausfälle kratzten am Ruhm des zweimaligen Weltmeisters und vor allem am Stuhl von Teamchef Jean Todt. Ein schrecklicher Sommer voller technischer Defekte gipfelte in Forderungen der italienischen

Medien nach Todts Absetzung. »Ich weiß nicht, was passiert wäre, hätten wir dieses Rennen nicht gewonnen«, denkt Michael noch heute an seine Zeit der Krise mit der Scuderia zurück, und auch Jean Todt trägt die »Befreiung«, die er nach dem Spa-Sieg empfand, eingebrannt in seiner Seele.

Dagegen fiel der Sieg 1997 schon fast unter die Rubrik Normalität. Das Rennen war bei heftigem Regen hinter dem Safety-Car gestartet worden, Schumacher war auf Intermediates unterwegs und den übrigen Fahrern hoch überlegen – da galt er schon längst als »Regengott«. Und so lief 1997 wieder einmal alles auf das letzte Saisonrennen hinaus. Das Saisonfinale in Jerez sollte der schwarze Fleck in Michael Schumachers Karriere werden. Wieder hatte Michael einen Punkt Vorsprung, wieder saß der Gegner im Williams, diesmal hieß er Jacques Villeneuve. Der Sohn des beim Rennfahren verstorbenen Gilles Villeneuve wurde Weltmeister. Das Rennen geriet wegen eines unrühmlichen Zwischenfalls zum Skandal.

In der 48. Runde kommt es zu einer folgenschweren Kollision für das Image des Deutschen, der in diesem Moment vor dem Kanadier liegt. Als Villeneuve, deutlich schneller, ihn plötzlich attackiert und überholen will, rammt Michael in einem Verzweiflungsakt seinen Ferrari in den blauen Williams und schlittert danach hilflos ins Kiesbett. Anschließend schlittert er nicht minder hilflos um die Einsicht herum, dass er einen Fehler begangen hatte. »Ja, ich habe das damals lange nicht erkannt. Ich habe es wahrscheinlich nicht wahrhaben wollen«, sagt Michael heute. »Ich habe auch zunächst wirklich gedacht, Jacques Villeneuve sei noch gar nicht vor mir gewesen, und es sei korrekt gewesen, sich zu wehren. Und es gab auch viele Punkte, die mich damals in meiner ersten Überzeugung bestärkt haben. Wir mussten nach dem Rennen zum Beispiel zu den Stewarts, und die ahndeten die Aktion als ganz normalen Rennunfall. Nichts Besonderes, sagten sie, und ich dachte: Na also. Als ich noch an der Strecke war, habe ich das Problem wirklich nicht erkannt.« Während Michael daher im Zelt scherzte, mit Bernie Ecclestone übers Skifahren plauderte und mit seinen Ingenieuren und Mechanikern gemeinsam ein verspätetes Mittagessen einnahm, griff draußen im Fahrerlager die Empörung mehr und mehr um sich, die sich am nächsten Tag zu einem weltweiten Sturm der Entrüstung auswachsen sollte. Schumacher war sich keiner Schuld bewusst und verkannte den Ernst der Lage komplett. »Erst am Abend bröckelte meine falsche Überzeugung zum ersten Mal«, erzählt er. »Ich kann mich genau daran erinnern, weil ich im ersten Moment aus allen Wolken fiel, als unser Präsident Luca di Montezemolo irgendwann sinngemäß zu mir sagte: Mensch, was hast du da bloß gemacht – und ich dachte: Wie bitte? Wieso bin ich jetzt der Idiot? Er war der erste, der mich darauf ansprach, und im Lauf der nächsten Wochen habe ich dann nach und nach erkannt, dass ich im Unrecht war, dass es ein Fehler war. Ich habe das ja mittlerweile schon sehr oft gesagt: Wenn es eine Sache gäbe in meiner Formel-1-Zeit, die ich ungeschehen machen könnte, würde ich Jerez wählen.«

Damals in Jerez kollidierte Michael auch mit Ansichten über und Verhaltensregeln innerhalb seines Sports, die sich in den Jahren zuvor schleichend verändert hatten. Er hatte diese Veränderungen nicht wahrgenommen und verstand sie daher nicht. Auch daher wohl kam die Einsicht über den Vorfall mit Villeneuve so zögerlich. Schumacher war mit Konflikten zwischen

Prost und Senna oder auch Mansell aufgewachsen, die sich gegenseitig absichtlich in die Autos gefahren waren, um den anderen am Titelgewinn zu hindern. Damals wurden solche Aktionen als wahres Rennfahrertum gepriesen, die Beobachter hatten allenfalls amüsiert geschmunzelt. »Es war zum Beispiel auch so, dass früher in den Einführungsrunden durchaus ab und zu mal überholt wurde, obwohl das offiziell verboten war. Aber da hat keiner darauf geachtet, es war okay, das zu tun«, erklärt Schumacher. »Vielleicht ist ein Beispiel aus dem Fußball besser: Da wurden Spieler, die im Strafraum eine Schwalbe hinlegten und so einen Elfmeter rausholten, lange als clever bezeichnet, als gewiefte Schlitzohren. Plötzlich, siehe Andi Möller, wurden sie dafür beschimpft. So habe ich das mit Jerez anfangs auch empfunden.«

1998 sollte Spa erneut zum Schauplatz eines Aufsehen erregenden Ereignisses werden. Wieder herrschte typisches Spa-Wetter, gleich nach dem ersten Start ereignete sich eine Massenkarambolage, bei der wie durch ein Wunder niemand verletzt wurde. Nach dem zweiten Start schien es wieder so, als kreuze Michael Schumacher unter den Bedingungen, die er am besten und sensibelsten von allen Fahrern handhaben kann, zu einem ungefährdeten Sieg – da krachte er in seinem Ferrari nahezu ungebremst beim Überrunden auf David Coulthards McLaren-Mercedes, schleppte sich und das Auto auf drei Rädern zur Box und musste den schon sicheren Sieg verloren geben. Aufgebracht und von keinem aufzuhalten stürmte Schumacher zur silbernen Box und brüllte Coulthard an: »Did you want to kill me?« Nie hatte ihn jemand so wütend gesehen, nie so außer sich, nie so laut. In diesem Moment war er überzeugt, dass Coulthard ihn hatte auflaufen lassen wollen, denn der Aufprall passierte auf der Geraden – dort also, wo man als Fahrer nicht langsamer macht, um einen schnelleren vorbei zu lassen. Im Rückblick schüttelt Michael noch immer den Kopf. »Ich wüsste nicht, wann ich jemals wieder so aufgebracht war wie damals bei David. Aber ich dachte in diesem Moment wirklich, er hätte das mit Absicht gemacht – ich meine, wer geht bei diesen Sichtverhältnissen schon mitten auf der Geraden vom Gas? Da also, wo wirklich keiner es erwarten würde, weil es absolut unüblich ist. David ist damals einfach auf seiner Linie geblieben und langsamer geworden. Das macht keiner, damit konnte ich nicht rechnen – schon gar nicht bei einem so erfahrenen Fahrer wie David, denn bei solchen Bedingungen, bei einer solchen Gischt, kannst du Entfernungen zu einem anderen Auto überhaupt nicht einschätzen. Mir ist das ja später noch einmal passiert, ich bin auf Pedro de la Rosa aufgefahren, da haben es mir die Leute dann geglaubt, dass man wirklich nichts sieht. Ich weiß, das ist schwer nachzuvollziehen, aber vielleicht hilft es, wenn ich erzähle, dass man sich manchmal gerade in der Einführungsrunde unwohl fühlt, wenn es so heftig regnet, dass man im Rückspiegel nichts sieht. Wenn ich meinen Hintermann nicht sehe, weiß ich schließlich auch, dass er mich nicht sehen kann. In der Einführungsrunde aber probierst du dein Auto aus, du gibst mal mehr Gas, mal weniger, dann bremst du wieder oder fährst Schlangenlinien, um die Lenkung zu fühlen. Das Tempo bei solchen Sichtverhältnissen dann anzupassen, den Abstand zum Vordermann einzuschätzen – und auch zum Hintermann, damit der mir nicht reinfährt – und da das Mittelmaß zu finden, das ist unheimlich schwer. Du fährst nach Gefühl, auf gut Glück quasi, und gehst davon aus, dass alle wissen, was sie tun.«

Der Grand Prix von Belgien 2000 – im Jahr zuvor war Michael wegen seines gebrochenen Beins nicht am Start – brachte endlich eine hoffnungsvolle Konstellation. Und erneut einen herben Rückschlag. Zum ersten Mal seit 1995 saß Schumacher in einem Auto, das dem des härtesten Konkurrenten ebenbürtig war. Die Saison hatte auch gut begonnen, doch dann ereilten ihn drei Ausfälle direkt nach dem Start hintereinander; der WM-Kampf war wieder offen. Dann kam Spa und eine Szene, von der Beobachter heute noch schwärmen: das beeindruckende Überholmanöver von Verfolger Mika Häkkinen (McLaren-Mercedes), der Schumacher und Zonta zur gleichen Zeit überholte – die Abreise des roten Lagers aus Spa erfolgte in schwer ernüchterter Stimmung. »Das war ein Wahnsinnsmanöver von Mika, damit hat er mich wirklich überrumpelt. Ich hätte nicht gedacht, dass er innen genug Platz hat, um sich vorbeizuquetschen«, erinnert sich Michael. Durch Häkkinens gefeiertes Manöver in Belgien schien Michael der Weltmeistertitel einmal mehr zu entgleiten, und es war klar, dass in den noch ausstehenden vier Rennen nur Siege helfen konnten. »Wir brauchen drei Siege aus vier Rennen«, gab Todt die schier unrealistische Parole aus – Michael gewann alle vier Rennen und wurde für die Scuderia Ferrari als erster Fahrer nach 21 Jahren Weltmeister. Ein solches Überholmanöver hätte für die meisten Fahrer in einer vergleichbaren Situation wohl eher demoralisierend als motivierend gewirkt.

Die Jahre 2001 und 2002 brachten besondere Rekorde ausgerechnet auf diesem Kurs – 2001 holte sich Michael in Spa seinen 52. Sieg in einem Grand Prix, damit führte er nun die ewige Bestenliste dieses Sports allein an, vor Alain Prost, der auf 51 Siege gekommen war. Der Kreis schien sich zu schließen. 2002 holte er sich den zehnten Sieg in einer Saison, auch das ein Rekord, den er durch den Sieg in Suzuka noch ausbauen sollte. Fast wichtiger aber schien ihm eine Scharte, die er 2002 ebenfalls auswetzte: Er sicherte sich die erste Pole Position seine Karriere in Spa. »Mir war das gar nicht bewusst gewesen, bis ich von allen Seiten darauf angesprochen wurde, ob mir das nichts ausmachen würde, hier noch nie auf Startplatz eins gewesen zu sein. Ja, und dann habe ich eben versucht, das zu ändern...« In diesem Jahr, erneut frei vom Druck des Weltmeisterschaftskampfs, demonstrierte Schumacher nicht nur sein Können, sondern vor allem die Lust und Freude, die er beim Fahren empfindet. Bis zum zweiten Boxenstopp, bis er sich bewusst zurücknahm, praktizierte er Fahrkunst auf höchstem Niveau, die alle Beobachter zum Schwärmen brachte. So wie ihn dieser Kurs immer wieder zum Schwärmen bringt: »Dass ich mich hier so wohl fühle, liegt natürlich auch daran, dass es die Rennstrecke ist, die meinem Heimatort Kerpen am nächsten liegt, und es liegt daran, dass hier immer sehr viele Fans von mir vor Ort sind und ich ihre Unterstützung spüre. Aber vor allem liegt es an dem Gefühl, das einem das Fahren am Limit hier vermittelt. Und trotz all der schönen Erlebnisse über die Jahre hinweg war insgesamt gesehen das größte Erlebnis hier 1991 mit Jordan, denn das war am schwierigsten und am beeindruckendsten.«

Die Liebe zum Fahren

Das kleine Lächeln schien sich ins Gesicht eingegraben zu haben, tagelang. Der Gang schien noch etwas federnder als sonst zu sein, die Haltung noch selbstsicherer. So sieht einer aus, dem es gut geht. So sah Michael Schumacher am Wochenende des Großen Preises von Belgien 2002 aus. Der Genießer in ihm war am Schwelgen.

Freitag, nach dem ersten freien Training. Schumacher sitzt auf einer der roten Kisten in der Garage von Ferrari, baumelt mit den Beinen und schaut den Mechanikern bei der Arbeit zu. Nur kurz, gleich beginnt das Briefing. Der Blick in Michaels Augen, als er auf seinen Rennwagen schaut, drückt pure Vorfreude aus. Der Mann weiß, wozu dieses Auto imstande ist. Er kennt die Strecke, die sich ihm an diesem Wochenende entgegenstellen wird. Er liebt diese Strecke, weil sie technisch so anspruchsvoll und in ihrer natürlichen Schönheit so atemberaubend ist wie keine andere Strecke mehr auf dem Rennkalender der Formel 1. Sie fordert dich, sie presst die Luft aus dir heraus, sie drückt dich zusammen in der Kompression vor der Eau Rouge, sie katapultiert dich scheinbar in den Himmel. Michael weiß, dass er zum ersten Mal in seiner Karriere ein Auto vor sich stehen hat, mit dem er diese Strecke genau so fahren kann, wie er es sich vorstellt.

Das Wochenende wird halten, was er sich davon versprochen hat. Es gestaltet sich zu einem einzigen Fahrgenuss für den Mann, der zu diesem Zeitpunkt schon zum fünften Mal Weltmeister ist: Sein Schnitt im Rennen wird 225,970 Stundenkilometer betragen, nach der ersten Runde wird er bereits 2,2 Sekunden Vorsprung auf Rubens Barrichello haben, seinen Teamkollegen, der im identischen Auto sitzt, zwischen der zweiten und der 15. Runde wird er elfmal die schnellste Runde auf den Asphalt donnern. Später wird er davon sprechen, dass er sich »austoben« konnte, und versuchen zu beschreiben, was er mit »präzise am Limit« meint. Es wird ihm nicht gelingen, weil keiner der Zuhörer dieses Gefühl wirklich nachvollziehen kann. Aber eines wird wieder einmal klar an diesem Rennwochenende in Spa-Francorchamps: wie sehr der beste Rennfahrer der Welt seinen Sport liebt, wie sehr er das Fahrgefühl genießt. Die Menschen, die ihn an diesem Wochenende beobachten, schütteln lächelnd ihre Köpfe über die Freude am Fahren, die dieser Mann nach zwölf Jahren in seinem Sport noch immer empfindet. Jean Todt: »Ihn beherrscht eine starke Liebe zum Fahren. Er lebt, um Rennen zu fahren, und im Cockpit scheint er aus sich selbst herauszukommen. Die Strecke ist seine Droge, und er kann nicht genug davon bekommen.«

Was also ist es, das dieses Gefühl verursacht? »Es sind diese Kurven, die so anspruchsvoll sind«, erklärt Michael. »Spa ist hauptsächlich durch Eau Rouge so toll, diese Senke da: Es ist ein wenig, als fahre man eine Wand hoch. Diese Steigungen und Abhänge, dieses bergauf und bergab, das ist absolut außergewöhnlich und sehr herausfordernd. Meines Wissens gibt es das so ähnlich nur noch in Suzuka und ein bisschen am Nürburgring, aber da sind die Kurven zu flüssig, zu breit. Wenn du in Eau Rouge die Linie nicht triffst, dann passt es nicht, dann bist du zu langsam, und das merkst du dann direkt. Oder in Suzuka, da hast du diese ganzen S-Kurven: Wenn da alles passt, kannst du als Fahrer sehr viel gutmachen. Diese eine Kurve dort, die 130 R – da haben sie jetzt eine Geschwindigkeitsanzeige am Ausgang, da bin ich 306 Stundenkilometer gefahren und Rubens vergleichsweise so knappe 290 – das sind Momente, die mir extrem viel geben. Man kann so viel mehr herausholen als die anderen Fahrer. Das sind anspruchsvolle Hochgeschwindigkeitskurven, die richtig zu fahren bringt extrem viel Spaß. Speziell in den S-Kurven kommt man in so eine Art fliegenden Rhythmus, du spürst, dass du schnell bist, dazu hast du die Bestätigung auf der Uhr – dieses Gefühl, dass du das nahezu perfekt hinbekommen hast, vermittelt eine Zufriedenheit, die glaube ich jeder Mensch kennt, der etwas gemacht hat, was ihm perfekt gelungen ist. So eine normale Schikane anzufahren, dann zu bremsen und durchzufahren, das ist in meinen Augen nichts Besonderes, denn da kannst du ja kaum etwas besonders machen. Da kann dir vielleicht ein Rad stehen bleiben und dann verpasst du den Einlenkpunkt. Aber die anderen, diese Hochgeschwindigkeitskurven, die sind spektakulär. Da hast du extreme Querbeschleunigung, dabei musst du bremsen und das Auto unter Kontrolle halten. Du bewegst dich die ganze Zeit am Limit. Rennfahren ist keine Mutprobe und es ist kein Kraftakt. Man muss das Gefühl dafür haben, ob das Auto eine bestimmte Kurve in einer bestimmten Geschwindigkeit bewältigen kann oder nicht. Es liegt dann an dir, so in diese Kurve hinein zu fahren – aber wenn du dazu Mut brauchst, gibt es ein Problem. Darum geht es nicht, es geht darum, ob du das Gefühl für den Grenzbereich hast. Und Spa ist in dieser Hinsicht einmalig, weil es anspruchsvolle Kurvenkombinationen hat, die diese Kunst erfordern – und dann finde ich einfach, dass der Kurs unglaublich schön in die Landschaft eingebettet ist.«

Diese Freude am Fahren, die Begeisterung für jede perfekt genommene Kurve, das ist es, was einen *Racer* ausmacht. Frank Williams, der Chef des Williams-Teams, sagte einmal, der Klassenunterschied zwischen Michael Schumacher und anderen Fahrern ließe sich durch Michaels Hingabe an seinen Sport erklären. Ross Brawn, Technischer Direktor bei Ferrari und schon zu Benetton-Zeiten kongenialer Partner, beschreibt seinen Freund so: »Michael ist zweifellos der beste Fahrer, mit dem ich je arbeiten durfte. Seine Stärke liegt für mich vor allem in seiner absoluten Bindung ans Team. Er ist immer solidarisch, und das ist eine essentielle Fähigkeit. Denn daraus folgt, dass jeder im Team automatisch das Beste aus sich rauszuholen versucht. Vom technischen Standpunkt her ist es so, dass Michael sich zum Beispiel permanent über den Stand der Dinge informiert, wenn wir in der Entwicklungsphase für ein neues Auto sind. Er kümmert sich, und das gibt uns wiederum Extra-Motivation, weil er ständig bei der Sache ist. Und zum fahrerischen Können kann ich nur sagen: Michael wird immer noch besser und besser. Er kann nicht nur sehr schnell auf einer Runde sein, er kann diesen Rhythmus auch aufrecht erhalten. Er lässt nie nach, und das wiederum erlaubt mir, manchmal auch riskante Strategien anzuwenden. Die Zahl seine Fehler ist unglaublich klein, selbst wenn er absolut unter Druck steht.«

Aus einem Interview mit der »Frankfurter Allgemeinen Zeitung«:

Was treibt Sie noch nach zehn Jahren und so vielen Erfolgen, Formel-1-Rennfahrer zu sein?

Der Spaß am Fahren steht im Vordergrund, die finanzielle Unabhängigkeit ist nicht ganz nebensächlich und außerdem gibt es im Erfolgsfall noch eine Bestätigung für die harte Arbeit, die man über ein Jahr leistet. An Motivation fehlt es mir bestimmt nicht. Ich bin 15 Jahre lang Kart gefahren und immer noch verrückt genug, nach einer Formel-1-Saison am WM-Finale der Kartfahrer teilzunehmen. Insofern ist der Spaß wohl die treibende Kraft. Solange ich das empfinde, werde ich fahren.

Was macht Ihnen so viel Spaß am Fahren?

Es ist das Gefühl, sich am Grenzbereich zu bewegen, sich zu entwickeln, die Grenze ständig zu verschieben, das ist wichtig für mich, das macht den Sport für mich so interessant. Die Qualifikation beim Rennen 2001 in Suzuka ist ein gutes Beispiel: Dort eine solche Zeit zu fahren, ist ein phantastisches Gefühl, da lebst du auf, wächst über dich hinaus. Was bin ich gefahren? 1:32.484. Nach unserer Vorhersage hätte ich nur eine 33.2 fahren können, die Zeit, die Rubens (Barrichello, der Teamkollege bei Ferrari/1:33.323, d.Red.) gefahren ist. Ich war fast acht Zehntel schneller. Das war für mich eine extreme Bestätigung. So etwas gibt neuen Schwung, weil diese Gefühlswelt, in der du dich bewegst, doch sehr intensiv ist. Diese Hochs und Tiefs, die man innerhalb einer Saison erlebt, machen, auch wenn die Ausschläge nicht so groß sind, das Leben in diesem Sport lebenswert.

Gehört auch der Kitzel, an der Grenze zwischen Leben und Tod entlang zu fahren, dazu?

Ein logisch denkender Rennfahrer wird in der Regel versuchen, am Limit zu fahren. Wer darüber hinaus geht, ist langsamer, weil man etwa in den Kurven rutscht, die Reifen ruiniert. Nebenbei riskiert man einen Abflug. Ich habe mir noch nie gesagt, oh, da ist eine große Auslaufzone, dann kann ich ja die Passage mal mit Vollgas ausprobieren und schauen, was passiert. Ich versuche in jeder Kurve herauszubekommen, wo das Limit ist. Ich fühle das. Um das Limit zu erkennen, muss ich allerdings immer mal wieder kontrolliert schneller in die Kurve hineinfahren, als es vielleicht zu gehen scheint. Nur so kann ich feststellen, wie weit ich gehen darf. Nur so kann man ans Limit gelangen und vielleicht feststellen, dass die Grenze ja noch gar nicht erreicht war. Wenn ich hier vom Grenzbereich rede, dann meine ich immer das Auto. Das Überleben ist für mich selbstverständlich. Ich bin überhaupt nicht daran interessiert, das Limit des Autos zu ignorieren und mein Leben zu riskieren. Niemals. Ich will die Leistungsfähigkeit des Autos komplett ausschöpfen, genau den Punkt treffen.

Dafür, dass Ihnen das häufiger gelungen ist als jedem anderen Formel-1-Piloten, haben Sie eine Reihe ehrenvoller Titel erhalten: »Der Außerirdische«, »Halb Engel, halb Teufel«, »Schumi, Du Gott«, so spricht und schreibt man über Sie. Gefällt Ihnen die Heroisierung?

Der Heldenstatus ist mir unangenehm. Den will ich gar nicht, damit habe ich ein Problem, genauso wie mit der Hysterie, die um meine Person herrscht.

Ist es unangenehm für Sie, wenn Menschen nach Ihrem Rennen auf dem Nürburgring über die Strecke gehen und den Asphalt dort küssen, wo sie losgefahren sind, oder mit dem Taschenmesser Gummireste abkratzen?

Es ist schön zu sehen, was das für Menschen bedeuten kann, wie sie aufleben. Aber andererseits möchte ich noch mal an meinen Pessimismus erinnern. Ich sehe mich nicht als Helden. Ich bin wie jeder andere, kann halt schnell Auto fahren. Ich kann und will diese Rolle, die mir angedichtet wird, nicht spielen. Ich schaue zwar gerne Fußball, fiebere mit, wenn der FC Köln spielt, juble, wenn sie ein Tor schießen. Aber deshalb würde ich nicht gleich ins Stadion ziehen und Autogramme sammeln. Das ist für mich nicht wichtig, nie gewesen, selbst als Kind nicht. Fanatismus ist mir fremd. Deshalb kann ich mich vielleicht auch nicht so gut in die Lage mancher meiner Fans versetzen.

Sieger

Die WM 2000

Suzuka/Japan, es ist der 8. Oktober 2000. Am nächsten Tag werden die Zeitungen in aller Welt schwelgerisch vom »Moment der Wahrheit« berichten. Der Moment der Wahrheit hatte sich am Nachmittag um 16.03 Uhr Ortszeit ereignet, als Michael Schumacher mit seinem Ferrari über die Ziellinie von Suzuka fuhr. Als Sieger. Als Weltmeister. Für Ferrari, nach 21 Jahren Leidenszeit. Es ist schon spät am Abend, so gegen 22 Uhr. Es nieselt leicht und ist stockdunkel – in Japan wird es in der Zeit, in der das Rennen stattfindet, immer schon gegen 17 Uhr dunkel. Vor den Boxen von Ferrari, im Fahrerlager, sind Holztische aufgebaut, ein bisschen versteckt hinter den großen roten Transportkisten. Die Holztische sind das Festbuffet der Scuderia Ferrari, darauf: Champagner, Rotwein, Weißwein, Wasser, Pizza, Pasta, Lambrusco, Champagner. Wie ein großer Sichtschutz in bunten Farben – rot, silber, blau, türkis, gelb, grün – stehen vor allen Eingängen zu den Boxen der Teams diese Kisten, die später auch als Sitzgelegenheit dienen. Jetzt stehen auf den roten Kisten – denen von Ferrari – Fotografen, Journalisten, Kameramänner und Fans. Und, mit breiten Schultern, Ivano und Salvatore.

Ivano und Salvatore kommen aus dem gleichen Ort, und sie arbeiten seit Jahr und Tag für Ferrari. Salvatore ist ein begnadeter Koch, aber das wissen nur wenige. Er zelebriert die Spaghetti Aglio Olio e Peperoncino, die Michael so liebt und die er jeden Samstag abend vor einem Rennen isst. Salvatore kann unglaublich ernst dreinschauen. Ivano ist die Gutmütigkeit in Person und redet mit einem schwärmerischen Ausdruck im Gesicht von seiner großen Liebe (die er nach der Saison 2000 heiraten und für die er den Formel-1-Job aufgeben wird), aber auch das weiß niemand. Denn die beiden sehen aus wie die Idealbesetzung für einen Film über die Mafia. Ihr Part: Bodyguards. Sie haben den Gesichtsausdruck aufgesetzt, den sie in solchen Momenten gerne aufsetzen: alarmiert. Abweisend. Attenzione! Die Botschaft der Augenbrauen: Bis hierhin und nicht weiter. Denn hinter Ivano und Salvatore feiert das Team von Ferrari die Formel-1-Weltmeisterschaft. Und soeben schüttet der Technikdirektor Ross Brawn – der normalerweise so aussieht, als könne er keiner Fliege etwas zuleide tun – mit einem genüsslich-seligen Grinsen seinem Starpiloten eine Flasche Champagner ins Kreuz. Die Flasche steckt hinten im Halsausschnitt des dunkelblauen Pullis, daher windet sich Michael Schumacher so ergebnislos. Es ist schon der dritte Pulli zu diesem Zeitpunkt, der klatschnass wird. Der Pulli gehört Ralf, seinem Bruder, wie die Trainingshose, die Michael trägt. Seine eigene Kleidung ist schon lange hinüber – zu viel Champagner, Cola und Bier, vermischt mit Senf, Sahne und Ketchup, das hält die stärkste Teamkleidung nicht aus.

Michael nimmt Anlauf und springt seinem Technikdirektor ins Rückgrat. Ross Brawn kann das vertragen, er ist groß und stark. Klammert sich also an ihn und drückt ihm dabei fast die Luft ab – auch er mit einem selig-weggetretenen Ausdruck im Gesicht. Die Fotografen werden hektisch, nur diesen Schuss nicht verpassen. Alberne Glückseligkeit ist selten in der technokratischen Welt der Formel 1. Die Auslöser rattern, und Ivano und Salvatore pumpen ihre Schultern auf eine noch beeindruckendere Breite auf. Kein Problem für die Fotografen, denn Michael ist so richtig in Fahrt. Beim Feiern zeigt sich seine rheinländische Herkunft, da muss er trinken, singen, aber auch zündeln und andere mitziehen – »man glaubt es ja kaum, aber unsere Italiener brauchen eine ganze Weile, bis sie so richtig warm werden und ausgelassen feiern«, sagt er grinsend in die Runde. Also kriegt jeder, der nicht rechtzeitig flüchten kann, erst einmal Champagner über den Kopf.

Ross Brawn nimmt die Brille schon zum vierten Mal ab und putzt sie umständlich, Teamchef Jean Todt kleben die nassen Haarsträhnen am Kopf. Michaels damaliger Renningenieur Luca Baldisserri hat überhaupt keine Haare mehr: geschoren, eine WM-Wette, die er nicht ungern einlöst. Er zerrt gerade einen der Aerodynamiker zu einem Stuhl, den im Lauf des Abends noch einige andere Teammitglieder mit Glatze wieder verlassen werden. Corinna hat völlig den Überblick verloren, wer ihr nun schon wieder einen Kuss auf die Wange gedrückt hat. Im Zweifelsfall und immer wieder Michael, der unermüdlich zwischen all den erhitzten Menschen herumhüpft.

Wenn er sich an das entscheidendste Rennwochenende seiner Karriere erinnert, erscheint stets ein amüsierter Zug um Schumachers Mund:

Donnerstag
Die Frage war immer die selbe: »Kribbelt's schon?« Egal wo und von wem, seit ich in Japan angekommen war, wurde ich permanent mit dieser Frage konfrontiert. Und das Schlimme daran: Eigentlich kribbelte es gar nicht so sehr, weil ich den Gedanken an die mögliche Weltmeisterschaft gut verdrängen konnte, nur brachten diese Fragen diesen Gedanken natürlich immer wieder an die Oberfläche. Und dann kribbelte es schon ganz schön!

Ich erinnere mich sehr gut an diesen Großen Preis von Japan und diese Gewissheit, dass es das entscheidende Wochenende werden könnte. Das Wochenende, an dem sich endlich das erfüllt, was ich damals so sehnsüchtig ersehnt habe: der Titel. Weltmeister zu sein zusammen mit Ferrari. Man kann nicht verneinen, dass es ein besonderes Wochenende war, ein Wochenende, auf das die Saison zugesteuert war – obwohl wir alle im Team natürlich verzweifelt so taten, als sei es eines wie jedes andere auch. Das muss man tun, anders geht es, glaube ich, nicht. Ich war nach dem Rennen in Indianapolis noch mal zurück nach Mugello gefahren und hatte zwei Tage lang ausgiebig getestet. Das war zwar ziemlich anstrengend, allein schon von der Zeitumstellung her, aber ich wollte schließlich Weltmeister werden. Also musste ich was dafür tun. Und die Tests waren sehr gut verlaufen, wir haben damals in Mugello sogar einen Rundenrekord aufgestellt. Das gab mir schon ein Gefühl der Sicherheit.

Denn natürlich war mir bewusst, dass die Chancen gut stehen: Acht Punkte Vorsprung sind schließlich kein Pappenstiel. Allerdings wäre es genau der größte Fehler gewesen, innerlich das Ganze schon abzuhaken. Schließlich hatte man bei Mika in Indianapolis sehen können, wie schnell sich in der Formel 1 die Dinge ändern können. Vor einem Ausfall ist man nie hundertprozentig sicher. Es hätte also durchaus sein können, dass ich mit zwei Punkten Rückstand aus Japan abreise. Ich muss das so sehen, immer, ich tu's auch. So bin ich einfach: erst mal eher pessimistisch.

Ich bin mit Corinna direkt nach den Ferrari-Racing-Days in Hockenheim in Richtung Asien geflogen, um mich möglichst bald an die Zeitverschiebung und das andere Wetter dort unten zu gewöhnen. Wir reisten zunächst in ein Hotel in Thailand und am Mittwoch weiter nach Suzuka. Und dort haben wir uns am Morgen erst einmal richtig ausgeschlafen. Ich musste schließlich fit sein an diesem Wochenende.

Freitag
Mann, hatte ich schlecht geschlafen. Eine oder zwei Stunden vielleicht, mehr ging beim besten Willen nicht. Jetzt wird jeder sagen: Ja klar, wegen der Meisterschaft. Aber ich empfinde das nicht so, es war nicht so, dass mir diese Gedanken im Kopf hingen und ich mich nicht ablenken konnte. Ich glaube mehr, dass es an der Zeitumstellung lag, es gibt bei mir solche Phasen, in denen ich damit schlecht zurechtkomme. Und wenn dann viele Dinge zusammen kommen wie damals vielleicht mit dem Rückflug aus Indianapolis und dem Test und den Ferrari-Days, ist man wahrscheinlich insgesamt eher unausgeglichen und schläft schlechter. Aber gut. Ich wusste irgendwie: Ich kriege das schon hin.

An diesem Tag sprachen alle vom Erdbeben. Das war mir im Prinzip ganz recht, endlich mal ein anderes Gesprächsthema und nicht wieder die gleichen Fragen, ob ich schon aufgeregt sei. Ich selbst konnte allerdings wenig dazu sagen, denn im Auto habe ich überhaupt nichts gespürt. Corinna, die während des zweiten Trainings entlang der Strecke unterwegs war, sagte auch, sie habe nichts bemerkt. Aber im Fahrerlager muss es ziemlich heftig gewesen sein.

Ansonsten lag das Auto von Anfang an recht gut. Die Erkenntnisse vom vielversprechenden Test in der Woche davor schienen sich zu bestätigen – wobei, mit sechs Zehnteln Unterschied zu den McLaren hätte ich, ehrlich gesagt, absolut nicht gerechnet. Viele Journalisten wunderten sich auch generell über die Zeiten, aber schon in Mugello sind wir mit den neuen Reifen viel schneller unterwegs gewesen als mit den anderen. Das war dann an der Strecke in Suzuka nicht anders.

Nein, ich muss wirklich sagen, es lief gut. Die Jungs waren unheimlich konzentriert und arbeiteten auffällig ruhig. Es herrschte so eine Art angespannte Arbeitsatmosphäre, die fast mit den Händen zu greifen war. Toll. Es machte richtig Spaß zu sehen, wie das Ziel bei allen im Hirn steckte. Dementsprechend dauerten die Briefings dann auch extrem lang, weil alle absolut beherrscht waren davon, am Samstag und Sonntag nur ja keinen Fehler zu machen. Es machte dann keinen Sinn mehr, ins Hotel zurück zu fahren, Corinna und ich blieben daher gleich an der Strecke und aßen mit dem gesamten Team zu Abend. Es war schon spät genug.

Samstag
Wieder eine weitgehend schlaflose Nacht. Zum Glück beeinflusste mich das nicht, ich spürte gar nichts davon, weil ich wohl so hoch konzentriert war. Dann die Pole Position, das war schon mal ein erster Schritt. Auch wenn's äußerst knapp war: Neun Tausendstel nur betrug der Abstand zu Mika. Aber das Qualifying machte richtig Spaß, weil Mika und ich uns gut hochgeschaukelt haben. Später am Nachmittag, nach den ganzen Pressekonferenzen, machten Gerüchte die Runde und sorgten

für Aufregung vor allem unter den Berichterstattern – auch bei uns intern wurde darüber gesprochen, allerdings nicht allzu lange.

Ron Dennis hatte sich offenbar beschwert darüber, dass sich unter den Rennstewards in Suzuka ein Italiener befand – er stellte offenbar indirekt dessen Neutralität in Frage. Außerdem deutete er anscheinend bestimmten Journalisten an, wir würden eine Traktionskontrolle verwenden – jedenfalls wurde uns das so erzählt. Und damit sollte auch ein möglicher Protest im Raum stehen. Außerdem ärgerte ihn der Aufruf der FIA an die nicht in den WM-Kampf involvierten Fahrer, da nicht einzugreifen. Im Ernstfall, so die FIA, könnte ein Fahrer bestraft werden. Dabei wollten, glaube ich, weder Mika noch ich auf die Hilfe anderer Fahrer, also vor allem unserer Teamkollegen, angewiesen sein. Es war klar, dass wir versuchen würden, uns von Anfang an abzusetzen und vorne unser eigenes Rennen zu gestalten. Na ja, jedenfalls sprach sich dies wie ein Lauffeuer im Fahrerlager herum.

Mir war das eigentlich egal, ich wollte mich nicht ablenken lassen. Ich merkte schon, dass sich die Konzentration bei uns allen verdichtete. Jeder wusste genau, worauf es jetzt ankam. Wir wollten diesen Titel. Ich wollte endlich diesen Titel. Unsere Briefings waren wieder so ausführlich und eindringlich, dass Corinna und ich an der Strecke blieben und mit den Mechanikern und den Ingenieuren zu Abend gegessen haben. Es war eh viel zu spät, um noch woanders hinzugehen. Wollte ich auch nicht. Ich wollte bei den Jungs sein. Mal davon abgesehen, dass ich das sowieso jeden Samstag vor einem Rennen mache.

Es sollte sich eine weitere schlaflose Nacht anschließen – ich weiß auch nicht, aber diese drei Nächte da in Suzuka waren die schlimmsten meines Lebens. Ich habe mich dort eigentlich körperlich total fertig gefühlt, aber trotzdem: Sobald ich an der Strecke war, und auch am nächsten Tag im Rennen, war nichts mehr davon zu spüren.

Sonntag
Dieser Funkspruch. Den werde ich sicher in meinem ganzen Leben nicht mehr vergessen, den werde ich immer im Ohr haben: Ich fahre die Boxengasse nach meinem zweiten Stopp hinunter, und Ross Brawn sagt mir ins Radio: »It's looking good, it's looking good«, also: »es sieht gut aus«. Und ich bin innerlich völlig angespannt und warte unwillkürlich darauf, dass er sagt: »It *was looking* good«, »es *sah* gut aus«. Aber plötzlich sagt er: »It's looking bloody good! – Es sieht verdammt gut aus!« Ehrlich, ich dachte, mein Herz hüpft in die Höhe! Es war, als hätte es einen Schlag ausgesetzt.

Ich dachte nämlich nicht, dass es reichen könnte nach diesem zweiten Boxenstopp, der ja meine letzte Chance war. Für mich persönlich wirkten meine letzten beiden Runden vor dem Stopp nicht so gut, weil ich Verkehr hatte und einen Benetton überholen musste, der sich gedreht hatte und ausrollte. So etwas kostet natürlich Zeit, daher dachte ich wirklich nicht, dass ich auf Position eins liegen könnte nach dem Rausfahren. Und dann kam dieser Funkspruch von Ross – unglaublich. Mir war sofort klar: Wenn jetzt kein Fehler mehr passiert, wenn jetzt keine Probleme am Auto mehr aufkommen – Überholen ist hier fast unmöglich –, dann ist es das. Das Rennen und der Titel. Das Gute war, dass ich mich die ganze Zeit wirklich stark konzentrieren musste, weil es ja doch die ganze Zeit nieselte und die Strecke an verschiedenen Abschnitten sehr dunkel war, weil sie damals gerade neu asphaltiert worden war. Da konnte man nicht richtig erkennen, ob sie dort nass war oder nicht. Das war das größte Problem, daher habe ich in den letzten zwei Runden noch einmal extrem langsam gemacht. Damit da ja nichts schief läuft.

Und dann der Moment, an dem ich über die Ziellinie fuhr: Wahnsinn. Ich hatte mich die ganze Zeit bis dahin nicht getraut, Freude aufkommen zu lassen, weil ich absolut sicher sein und erst diese Linie hinter mir haben wollte. Aber was dann abging, ist einfach unbeschreiblich. Ich wurde später immer wieder gefragt, welches Gefühl da in mir vorherrschte, und ich habe nicht ein einziges Mal die richtigen, die angemessenen Worte gefunden. Ich glaube, so etwas kann man nicht in Worte fassen. Ich war so unendlich glücklich! Ich wusste gar nicht, was ich mit diesem Glück anfangen sollte, ich fühlte mich plötzlich fast eingesperrt in diesem Auto, meinem Ferrari. Das ist irgendwie so, als würdest du gleich platzen. Ich habe dann so dermaßen auf das Lenkrad geschlagen, dass es daraufhin vorsichtshalber aus dem Verkehr gezogen wurde – aus Angst, etwas sei kaputt gegangen dabei. Es war einfach eine solche Erlösung! Eine solche Erleichterung! Endlich geschafft, nach so vielen Jahren voller Enttäuschungen. In der Outlap, als es schon vorbei war, bin ich nur so herumgefahren – ich war einfach voller Tränen und stand irgendwie fast neben mir. Wie soll man das sagen? Du bist fast jemand anderer.

Was noch wunderschön war: Der Moment, als ich im Parc fermé aus dem Auto ausstieg, und das ganze Team da stand. Diese Gesichter! Überall nur strahlende Augen, alle jubelten, und ich hätte am liebsten jeden einzeln umarmt und geküsst – okay, ich habe es zumindest versucht, und gottseidank war Corinna da. Und dann oben auf dem Podest, bei der Siegerehrung: Spätestens da hätte ich wirklich die ganze Welt umarmen können. Wenn man von oben runter schaut und einem nur Lachen, Jubeln, Singen entgegenschlägt – solche Momente kann man nicht angemessen in Worten beschreiben.

Die Feiern in Suzuka, wo ja in den vergangenen Jahren immer das letzte Saisonrennen und daher immer so eine Art Saisonabschlussfete stattfand, sind legendär. Da lässt es sowieso jeder krachen. Damals aber bin ich immer wieder mittendrin ausgestiegen. Immer wieder sind diese Bilder in mir aufgestiegen, immer wieder musste ich kurz innehalten. Sogar in der Karaoke-Bar saß ich am Anfang einfach nur da und habe die anderen singen und tanzen lassen. Ich meine, nicht, dass sie mir enteilt seien mit ihrem Alkohol-Konsum. Das habe ich schon auch im Sitzen noch hinbekommen. Als wir dann so gegen fünf Uhr am Morgen gegangen sind, war ich allerdings schon sehr froh, dass Corinna bei mir war ... So lange habe ich jedenfalls noch nie gelitten nach einem Fest – im Urlaub in Thailand brauchte ich fast zwei Tage, um die Nachwehen zu verdauen. Aber das war es absolut wert.

Im Nachhinein muss ich sagen, dass dieses Rennen logischerweise absolut etwas Besonderes für mich ist. Aber nicht nur, weil es den Titel brachte, sondern auch, weil es ein solch hochklassiges Rennen war. Ich meine, die Saison war schon spektakulär genug, aber dieses Rennen, das ich mir da mit Mika geliefert habe, war extrem außergewöhnlich. Das war wirklich Rennsport auf Top-Level, das war unglaublich befriedigend und hat unglaublich Spaß gemacht. Wir sind beide über vierzig Runden nahezu identische Zeiten gefahren, wie ein Dauer-Qualifying. Das war mit Sicherheit eines der besten Rennen, die ich je gefahren bin, wenn nicht das beste. Auch – oder leider? – dank Mika, der wahnsinnig gut war. So ein Rennen dann zu gewinnen, ist doppelt schön.

Seit diesem Tag, seit diesem 8. Oktober 2000, bezeichnet sich Michael Schumacher gerne als Spaßfahrer. Sagt, er sei in der glücklichen Lage, aus reinem Spaß an der Freud' seinem Beruf, seinem Hobby, seiner Leidenschaft nachzugehen. Das sei alles, worum es noch gehe. Jeder zusätzliche Sieg sei nun willkommen – als Tüpfelchen auf dem i. Mal abgesehen davon, dass Schumacher noch nie der Statistik wegen gefahren ist: Der Druck ist weg. Der Druck, den er sich selbst auferlegt hatte. Denn das Wichtigste ist geschafft. Das große, eine Ziel, die Weltmeisterschaft mit Ferrari, das ist erreicht. Versprochen hatte Michael sie nicht, diese Weltmeisterschaft, der Ferrari seit 1979 so verzweifelt hinterher gehetzt war – dazu ist er zu vorsichtig, und Versprechen muss man schließlich halten. Aber es war klar, dass das sein Vorhaben war. So wie es auch klar war, dass sie das von ihm erwarteten. In Deutschland. In Italien. Bei Ferrari. Schließlich kam dieser Deutsche als zweimaliger Weltmeister. Und dann war er dreimal hintereinander bitter gescheitert. Um so explosiver die Freude, als er seine Mission endlich erfüllt hatte.

Es war keine *amore a prima vista*, keine Liebe auf den ersten Blick, zwischen Michael Schumacher und der Scuderia Ferrari, das bestimmt nicht. Eher im Gegenteil. Schon die Vertragsverhandlungen, damals, im Sommer 1995: Welcher andere Pilot hätte sich wohl von Ferrari so lange bitten lassen? Selbst der große Ayrton Senna hatte sich kurz vor seinem tragischen Tod beim italienischen Traditionsrennstall angedient. Schumacher aber musste richtiggehend überzeugt werden. Die Verhandlungen zogen sich ununterbrochen über rund 24 Stunden hin, erst im Hotel de Paris in Monaco und danach, als man dort hinauskomplimentiert wurde, in Michaels damaliger Wohnung in Les Cyclades, Fontvieille. Jean Todt erinnert sich noch heute daran, dass der junge Mann damals misstrauisch »akkurat jedes einzelne Blatt Papier kopierte«. Immerhin war sich sein Manager Willi Weber des Potentials einer Verbindung Ferrari – Schumacher bewusst, und so unterschrieb der 26-Jährige. Jean Todt erinnert sich: »Willi wusste, dass ein Titel mit Ferrari für Michaels Karriere eine ganz andere Bedeutung haben würde als einer mit Williams beispielsweise.«

Heute schüttelt Michael selbst den Kopf über sich. »Ich habe damals den Zauber dieses Namens nicht verstanden«, sagt er, »ich habe nicht verstanden, was hinter diesem Namen steht. Für mich war das ein Team wie viele andere auch, und weil ich auch ein sehr gutes Angebot von McLaren hatte, habe ich den Unterschied nicht gesehen. Ich dachte, das sind doch beides große Teams, und im Gegenteil: Damals schien es eher so, als sei McLaren das aufstrebendere von beiden. Heute bin ich sehr froh, dass ich mich so entschieden habe, denn etwas Besseres hätte mir nicht passieren können. Ich bin in der Lage, gemeinsam mit Freunden etwas Großes zu erreichen und unendlich viele Menschen damit glücklich zu machen. Besser kann es doch wirklich nicht sein. Wenn man zum Beispiel in Monza auf dem Siegespodest steht und die Gesichter der Tifosi sieht, dann kann man nur noch überwältigt sein von so viel Liebe und Leidenschaft und Verehrung. Ich kann das nicht richtig erklären, man muss das erleben. Das ist etwas nicht greifbares, schwer verständliches, schwer definierbares. Für mich machen die Tifosi den Mythos Ferrari aus. Ihre Leidenschaft für dieses rote Auto ist grenzenlos, die Emotionen daher auch. Ich glaube, keiner kann sich dieser Begeisterung entziehen, der jemals diese Erfahrung gemacht hat.«

Aber er musste sie eben erst machen. Mythos, Traum, Legende – das sind Begriffe, mit denen der nüchterne Realist noch nie etwas hatte anfangen können. Nicht einmal als Kind. Er war nie jemand, der an den Zäunen von Rennstrecken hing und die Fahrer um ein Autogramm anbettelte. Oft wurde er später gefragt, ob er sich mit der Formel-1-Karriere einen Kindheitstraum erfüllt habe oder ob er von seinen Erfolgen als kleiner Junge geträumt habe – meist waren hochgezogene Augenbrauen die Antwort. »Ich habe in Kerpen gelebt, die Kartbahn war meine Welt. Die Formel 1 dagegen war so jenseits aller Vorstellungskraft, dass ich mich damit nie beschäftigt habe. Ich war immer froh, wenn ich mir einen fahrbaren Untersatz organisiert hatte. Da ist die Formel 1 viel zu weit weg. Daher hatte ich auch keine Poster von den großen Fahrern in meinem Zimmer hängen – die waren schlichtweg so außerhalb jeglicher Reichweite, dass ich daran nie gedacht hätte. Aber ich war eh kein Kind, das Idole hatte.« Michael Schumacher war immer ein Pragmatiker, einer, der in der Gegenwart lebt und immer nur den nächsten Schritt vor Augen hat. Es wäre gar nicht anders gegangen. Als Junge schraubte er an Gokarts herum, in Kerpen-Manheim. Da schwärmte er vielleicht für das Junior-Kart Dino, weil es das erste eigene Kart für Jugendliche war und er davor Fahrzeuge für Erwachsene fuhr, aber für die Nobelmarke Ferrari? »Für uns zu Hause waren Autos Mittel zum Zweck, nicht mehr. Ein fahrbarer Untersatz. Meistens waren sie alt, und wenn sie am Ende waren, kauften wir ein anderes altes Auto. Dass ein Auto auch ein Luxusartikel sein kann, dass es etwas mit Ästhetik und Stil zu tun haben könnte, habe ich erst viel später gelernt.« Dann allerdings beim besten Lehrmeister: La Ferrari.

Schwer vorstellbar im Nachhinein. Michael ist bereits jetzt der mit Abstand dienstälteste Fahrer in der Geschichte des italienischen Traditionsrennstalls. Und Ferrari gehört als einziges Team von Anfang an zum elitären Club der Teams, die in der Formel-1-Weltmeisterschaft organisiert sind. Die Saison 2003 ist das achte gemeinsame Jahr, so lange dauert bei den meisten Rennfahrern nicht einmal die ganze Karriere. Die Zweckgemeinschaft zu Beginn – hier der zweimalige Weltmeister, der nach neuen Aufgaben sucht, dort der prestigereiche Rennstall, der nach neuen Erfolgen sucht – ist längst zu einer Symbiose tiefer Wertschätzung verschmolzen. Man hat sich aneinander gerieben, man hat sich gegenseitig abgeschliffen, und herausgekommen ist eine Einheit, die Perfektion zu einem Label erhoben hat. In den vergangenen drei Jahren war Ferrari das mit Abstand beste Team der Formel 1, 2002 gewannen die Roten aus Maranello 15 von 17 Rennen, die Szene spricht noch heute von totaler Dominanz. *The fine art of perfection.* »Ich bin einmal heftig dafür kritisiert worden, dass ich gesagt habe, die Motorenwerkstatt von Ferrari sieht aus wie die von meinem Kumpel auf der Gokart-Bahn, als ich zum ersten Mal die Fabrik besichtigte«, erklärte Schumacher mehr als einmal. »Jetzt ist Ferrari ein Team, das in jeder Hinsicht auf dem neuesten Stand ist. Das aber, und das habe ich nie behauptet, ist nicht mein Verdienst. Ohne mein Team wäre ich nichts. Die Formel 1 ist ein Teamsport, so habe ich diesen Sport immer verstanden. Angefangen bei den Leuten in der Fabrik in Maranello, trägt jeder Einzelne dazu bei, dass ich am Ende in einem solchen Auto sitzen kann.«

Das wiederum liegt auch und vor allem an Jean Todt. Und an dem Umfeld, das dieser dank der souveränen Weitsicht von Ferrari-Präsident Luca di Montezemolo für seinen Piloten schaffen durfte. Ferrari ist in erster Linie eine italienische Marke; früher wäre es undenkbar gewesen, dass Ausländer dort das Sagen haben. Heute arbeiten neben Italienern in den führenden Positionen ein Franzose, ein Engländer, ein Südafrikaner, ein Deutscher, ein Brasilianer – durchgeboxt hat das Montezemolo, der erkannt hatte, dass die Scuderia Mitte der neunziger Jahre festgefahren war in konfliktreicher Hauspolitik. Die Tradition, eines der höchsten Güter der Scuderia, wirkte zugleich bremsend. Todt lockte Schumacher, Ross Brawn und den Designer Rory Byrne nach Maranello, und so entstand der im Spitzensport wohl einmalige Umstand, dass vier enge Freunde gemeinsam an einer Sache arbeiten – und das extrem erfolgreich. Schumacher, der von seinem Manager Weber zu Recht als »Harmoniemensch« beschrieben wird, schätzt diese Arbeitsatmosphäre unglaublich hoch ein. »Mit den Jahren wird unser Verhältnis eigentlich immer harmonischer, intensiver, freundschaftlicher und lockerer«, sagt er. »Mit jedem Jahr, das man sich mehr kennt, teilt man mehr Erfahrungen – und das sind gottlob mittlerweile hauptsächlich positive Erfahrungen. Zuvor waren es ja viele negative und schwierige Momente, die wir zusammen durchgestanden haben. Aber dadurch wächst man nur noch enger zusammen. Viele Leute haben mich 2002 gefragt, ob zu viel Harmonie nicht auch kontraproduktiv sein könne. Ich finde nicht. Wir verstehen uns so gut, dass das Arbeiten, das Feilen an den Details einfacher wird. Weil intern die Transparenz groß ist. Weil jeder vom anderen weiß, was er meint. Und weil wir uns alle vertrauen können. So können wir uns auch gegenseitig kritisieren, ohne falsch verstanden zu werden. Das ist ein nicht zu unterschätzender Vorteil.«

Dieser Vorteil zahlt sich schließlich – endlich – aus an diesem 8. Oktober 2000 in Suzuka, an dem die Mechaniker freudetrunken, die Finger in die Schultern des Nebenmannes gekrallt, vor dem Podest hüpfen und singen: »Chi non salta, è tutto nero« – wer nicht springt, ist komplett schwarz. Eine kleine Anspielung auf den Gegner McLaren-Mercedes, den abgelösten Weltmeister, dessen Mechaniker komplett schwarz gekleidet sind.

Oben auf dem Podest hüpft Schumacher mit ihnen, und er hüpft auch innerlich – was sich in einem stammeligen ersten Interview des neuen Weltmeisters dokumentiert:

Michael, du bist jetzt dreimaliger Weltmeister und endlich auch Weltmeister mit Ferrari. Wie fühlt es sich an?

Vielleicht wie in Monza – aber erwartet nicht, dass ich jetzt wieder weine. Nein, es ist schwierig, die richtigen Worte für diese Gefühle zu finden. Als ich die Linie überquerte, das war ein wahrer Vulkanausbruch an Emotionen. Die Bedingungen waren heute nicht einfach: Zuerst Regen, dann wieder keiner, dann wieder ein bisschen Regen und wieder mehr Regen. Die Ups and Downs in dieser Saison – und dann heute der Titel mit einem Sieg, die Art, wie wir es geschafft haben … Dank Mika dauerte der Fight bis zur letzten Kurve. Es war außergewöhnlich. Ich kann mir kein besseres Wort für diese Situation vorstellen.

Dein letzter Titel mit Benetton liegt fünf Jahre zurück. Hast du manchmal gedacht, dass du es nie mehr schaffen würdest?

Nein, eigentlich nicht. Aber natürlich ist es ewig nicht passiert, Jahr für Jahr, es dauerte immer länger und länger. Klar, dass man dann ärgerlich wird, wenn man immer wieder aufs Neue scheitert, auch wenn die Chancen vorhanden waren. Es ist wunderbar, dass wir es nun geschafft haben. Ich will gar nicht wissen, was jetzt in Italien los ist. Es muss erstaunlich sein...

Wie würdest du diesen Titel mit deinen ersten beiden vergleichen?

Die Umstände – dieser Titel und der von 1994 sind ganz anders. Aber es gibt Ähnlichkeiten zu 1995, weil es beide Male in Japan passierte, mit einem engen Rennen. Auch in Aida 1995 übernahm ich beim Stopp die Führung und dann holte ich den Titel mit einem Sieg. Mit Ferrari habe ich fünf Jahre hart gearbeitet, und wir sind dreimal gescheitert. Natürlich sorgt das heute deshalb für besondere Emotionen. Man kann das nicht mit 1994 oder 1995 vergleichen, es ist außergewöhnlich. Es ist der erste Titel seit 21 Jahren für Ferrari – das spricht für sich. Ich will niemandem zu nahe treten, aber die Geschichte von Benetton ist nicht so grandios wie die von Ferrari. Daher bedeutet mir dieser Titel viel mehr.

Ist dir der Erfolg schon so richtig bewusst?

Ich würde schon sagen, dass mir klar ist, was mir da passiert – obwohl, vielleicht nicht in vollem Umfang. Es ist immer schwierig, in so einer Situation die richtigen Worte zu finden, auch jetzt fällt es mir nicht leicht. Die Gefühle speziell unmittelbar nach dem Rennen, die waren schon extrem. Ich kann mich nicht erinnern, dass ich mich in meiner Karriere jemals so gefreut habe. Jetzt, wenn ich so drüber nachdenke, glaube ich, habe ich es doch noch nicht so ganz kapiert, was dieser Sieg bedeutet, auch weil ich persönlich die Emotionen ja gar nicht so mitbekommen habe, was in Maranello so abgeht, was in den Leuten vorgeht. Das macht es ein bisschen schwieriger, alles zu kapieren, was da eigentlich heute passiert ist.

Die Saison war ein einziges Auf und Ab. Hast du sehr gezittert? Und in welchem Rennen wurden dann die entscheidenden Weichen gestellt?

Da gibt es keinen speziellen Zeitpunkt. Solche Aufs und Abs gehören letzten Endes dazu. Die hat jeder, glaube ich, auf seinem Weg zur Weltmeisterschaft gehabt. Auch wenn ich an Mikas zwei Titel denke, hatte er da solche Momente. Da muss man durch. Da darf man nicht die Nerven verlieren, da muss man stark bleiben. Das haben wir alle zusammen sehr gut hinbekommen.

Du hast dir einen Lebenstraum erfüllt. Welche Ziele bleiben noch?

Lasst mich doch erst einmal den Traum auskosten, den ich eben erreicht habe.

Möchtest du einen Gruß an die Heimat loswerden?

Ja, den würde ich gern loswerden. Weil es harte Momente gab, in denen wir zusammen gelitten haben, aber auch Momente, in denen wir uns zusammen gefreut haben. Ich danke euch, dass ihr in den schweren und auch in den schönen Momenten zu mir gehalten habt – zumindest denen, die es getan haben. Ich wünsche uns allen noch eine schöne Zeit und hoffe auf ein paar mehr Titel in der Zukunft.

Welches Gefühl hast du jetzt?

Ich habe gerade mit meinem Bruder geredet. Das hier ist das stärkste Gefühl, das ich in meiner sportlichen Karriere je hatte, als ich über die Linie gefahren bin. Ich meine, hier und jetzt ist die Freude noch nicht mal richtig da, die wird wohl erst dann kommen, wenn ich mit den Jungs zusammen feiere. Und nach und nach werden die Gefühle wahrscheinlich immer mehr. Leider kann ich nicht die Menschen in Maranello sehen, wie sie feiern, ganz Italien. Ich habe gerade mit unserem Ferrari-Präsidenten telefoniert und er hat gesagt, es ist unglaublich, was in Italien abgeht, in Rom, in Maranello. Es freut mich sehr, dass ich ihnen einen schönen Tag schenken konnte.

Hattest du nicht Angst, dass es nicht mehr klappen könnte?

Ich weiß nicht, ich habe nicht wirklich geglaubt, dass ich es verlieren würde. Die ganzen Zeichen habe ich einfach so genommen, dass ich mir gesagt habe: Das wird alles andere als eine einfache Meisterschaft. Es war schwirig, aber gerade dadurch hat es heute eine noch größere Bedeutung. Wenn man sich vorstellt, ich hätte diese Schwierigkeiten nicht gehabt, Monte Carlo, Magny Cours, Zeltweg, Hockenheim, dann hätte ich diese Meisterschaft früh beenden können. Aber so, wie wir's heute gemacht haben, war es außergewöhnlich, mit all diesen Problemen in der Saisonmitte. Daher macht es jetzt besondere Freude.

Ist das das allerbeste Resultat deiner Karriere?

Ja, das ist nicht vergleichbar mit dem, was ich bis jetzt erreicht hatte. Schau dir nur die Fakten an: Das Team, Ferrari, die 21 Jahre, die es dauerte, die Art, wie wir die Meisterschaft geholt haben. Da gibt es so viele Punkte, die es besser machen als alles, was ich bisher erlebt habe. Wie muss das erst in Italien sein, wo die Leute 21 Jahre gewartet haben, wo mir die fünf Jahre schon wie eine Ewigkeit vorkamen!

Was hast du im Helm gesagt ganz zum Schluss?

Man muss nicht alles verraten, oder?

Vor fünf Jahren, als du zu Ferrari kamst, hast du da gedacht, dass es so lange dauern würde, bis du wieder Weltmeister werden würdest?

Ich habe gehofft, dass es kürzer werden würde. Aber das Leben ist nicht vorhersehbar. Das Leben ist so, wie es ist, wir müssen das akzeptieren. Und wenn es dann so ausgeht wie bei uns heute – was will man noch mehr? Was gibt es Schöneres?

Der Deutsche und die Italiener

Ein dunkelgrüner Fiat Multipla schneidet die Kurven der kleinen Straßen zwischen Bologna und Maranello. Die Autobahn ist wieder einmal verstopft, daher hat Michael diesen Weg gewählt. »Kennt sich hier jemand aus?«, fragt er nach hinten und lacht. Vorn neben ihm sitzt Corinna. Es ist noch ziemlich heiß, obwohl es so gegen neun Uhr abends ist. Sie kommen von einer Veranstaltung in Bologna und wollen schnell nach Maranello, in das Ristorante Montana, zu Rosella. In einem der Dörfchen steuern sie auf eine Eisdiele zu. »Hat jemand Lust auf ein Eis?«, fragt Michael und steuert den Multipla direkt vor den Eingang. Draußen sind zwei Tische besetzt, drinnen stehen ein paar Männer am Tresen, alle schauen unwillig auf. Im Blick die deutliche Botschaft: Wer parkt denn da so unverschämt? Der Mann links am Tisch unterbricht seine Unterhaltung und schaut hoch, drinnen aber sind sie schon wieder am Reden. In Italien nimmt man solche Dinge locker. Corinna stößt die Tür auf, läuft in die Eisdiele und bestellt fünf Eis. Drinnen am Tisch schaut eine Frau zur Theke, und plötzlich drückt sie ihren Rücken durch und wird größer auf ihrem Stuhl. Der Mann draußen setzt sich jetzt ebenfalls auf und versucht, mit seinen Augen das Dunkel des Wagens zu durchdringen. Corinna kommt wieder aus der Eisdiele, Michael öffnet ihr von innen die Tür, und in dem Moment geht innen im Auto das Licht an. Der Mann draußen und die Frau drinnen öffnen ihren Mund – »Shumaker?!« Die anderen Gäste schauen hoch und laufen nach draußen. Aber Michael setzt schon zurück und legt dann den Vorwärtsgang ein. Ein Lachen, ein Winken, dann fährt er los. Zurück bleiben zehn verdutzte Menschen, die dann auch in Lachen ausbrechen. Chance verpasst. Solche Szenen passieren häufiger, wenn Michael sich in Italien befindet. Eine nächtliche Fahrt von Maranello nach Mugello wird kurz am Autogrill unterbrochen: »Hast du auch so Durst?« An der Mautstation zwischen Flughafen und Maranello, der müde Mann im Kontrollhäuschen schaut den Fahrer erst an, als er ihm das Wechselgeld aushändigt – »Shumaker?!«, doch da geht die Schranke schon hoch und Michael gibt Gas. Der Überraschungseffekt ist Schumachers Freund.

Nur im Montana nicht. Wenn er dort die Holztür zum Ristorante öffnet und eintritt, wenden sich zwar ebenfalls Köpfe und öffnen sich Münder in Erstaunen, aber dann kommt schon Rosella. Rosella ist die Wirtin im Montana, und sie liebt »Mikele« wie einen zweiten Sohn. Sagt sie. Überschwänglich und wie immer unglaublich herzlich läuft sie dem Ferrari-Fahrer entgegen und umarmt ihn schwungvoll. Nimmt sein Gesicht zwischen ihre Hände: »Un bacio!«, ein Kuss! Und zerrt ihn dann entweder in einen kleinen Raum hinten links im Restaurant, den man mit einer Schiebetür abtrennen und so etwas Privatsphäre herstellen kann. Oder gleich die Treppen mit nach unten. Dort ist gegenüber der Küche eine Art Wohnzimmer der Familie, während die im Ristorante arbeitet: ein Tisch mit bestickter Tischdecke, ein Bord voller Nippes und Fotos, ein Sofa und ein immer laufender Fernseher. Dort sitzt Michael, wenn oben im Lokal keiner der Ferrari-Leute isst – sonst sitzt er mit denen in dem kleinen abgetrennten Raum.

Das Montana ist im Prinzip ein Schrein. Eine Art Kapelle voller Ferrari-Kitsch. Kurz vor der Einfahrt nach Maranello, bevor man über die berühmte Brücke kommt, auf der bei Tests die Tifosi und Kamerateams stehen, um einen freien Blick auf den röhrenden Ferrari zu bekommen, fährt man rechts in eine Straße, von der man den Eindruck hat, sie führe nirgendwohin. An der ersten scharfen Rechtskurve liegt das Ristorante, das kürzlich ausgebaut und verschönert wurde. Die Architektur ist eine Mischung aus Zweckgebundenheit und Almhütte, ansonsten atmet alles »La Ferrari«. An den Wänden, auf weißem Stoff und in Holzrahmen gefasst, Unterschriften aller früheren und aktuellen Fahrer – »con grande amicizia«, »a la grande Rosella«, »grazie tante« von Alesi, Berger, Schumacher. Ein Helm von Luca Badoer, ein Overall von Eddie Irvine, alte Zeitungsausschnitte, die Wände eine einzige Sammlung von Memorabilien. Kleine Ferrari-Modelle, Aschenbecher mit dem springenden Pferd, Fahnen, Karten, und mittendrin Rosella und Maurizio, ihr Mann. Wenn Michael es nicht schafft, zum Essen vorbei zu kommen, springt er zumindest schnell auf einen Cappuccino rein – wenigstens ciao muss er Rosella doch sagen. Die wiederum bringt ihm jeden Mittag heiße Pasta an die Strecke, wenn er in Fiorano, der Hausstrecke von Ferrari in Maranello, testet. »Das ist das, was ich an Ferrari so liebe: die Herzlichkeit der Leute, die mit dem Team zu tun haben«, sagt Michael. »Das ist hier nicht ein reines Arbeitsverhältnis, das ist wie zu Freunden zu kommen. Alle Leute hier sind unheimlich nett. Ich hatte das natürlich gar nicht in meine Überlegungen damals mit einbezogen, ich konnte es ja auch nicht wissen. Aber es hat sich dann so ergeben, und heute fühle ich mich sehr, sehr wohl hier. Außerdem habe ich auch viel gelernt, unter anderem, dass ein bisschen Improvisation durchaus sehr hilfreich sein kann. Früher dachte ich, das sei in diesem Business eher hinderlich, aber es gibt da so eine Mitte, die wirklich gut tut.«

Diese Mitte haben in den mittlerweile langen Jahren der Zusammenarbeit wahrscheinlich beide Seiten gefunden, indem sie sich unbewusst aufeinander zubewegt haben. Michael ist vielleicht etwas lockerer geworden, und die Italiener haben vielleicht gelernt, dass Perfektionsstreben auch eine Tugend sein kann. Und vor allem: dass es nicht bedeutet, dass man keine Gefühle hat, wenn man sie nicht offen zeigt.

Monza, 10. September 2000: Michael sitzt in der obligatorischen internationalen Pressekonferenz, hinter sich die blauen FIA-Panels, und wird auf den Sieg angesprochen, den er gerade geholt hat, der so wichtig war, um den WM-Kampf noch offen zu halten. Und darauf, dass er damit genauso viele Siege geholt habe wie Ayrton Senna, 41 also, und ob ihm das etwas bedeute. Michael schaut starr geradeaus, und seine Finger spielen mit der Wasserflasche vor ihm, wie so oft. Aber diesmal klammert er sich eher an die Flasche, er presst ein heiseres »Ja« über die Lippen, und die Journalisten vor ihm, bis dahin routinierte Zuhörer, schauen interessiert auf. Plötzlich quält sich ein Schluchzer aus Michael Schumachers Körper. Die restlichen Journalisten schauen erstaunt hoch, dann schüttelt ein Weinkrampf den Rennfahrer. Er zuckt heftig, weil er die Tränen zu unterdrücken versucht. Zum ersten Mal versagt seine Selbstkontrolle in der Öffentlichkeit – es ist, als hätte ihm jemand das schützende Visier, das sonst immer alle seine Gefühle verdeckt, vom Gesicht gerissen. Mit Mühe beendet er die Pressekonferenz und flüchtet aus dem Raum. »Das war alles irgendwie zu viel für mich an diesem Tag«, wird er später sagen. »Die Vorgeschichte dieses Rennens: zwei Ausfälle und zwei zweite Plätze bei Rennen, von denen wir dachten, wir könnten sie gewinnen. Die Angst, es könnte wieder nicht klappen mit dem Titel. Daher das Wissen darum, wie wichtig dieser Sieg ist, und dann gerade noch in Monza, bei einem Grand Prix, der mir sehr viel bedeutet. Der riesige Stein, der mir vom Herzen gefallen ist. Die Begeisterung, die mir auf dem Podium entgegenschlug. Die Gedanken an Ayrton, den ich bewunderte, und seinen Tod, die alle wieder hochkamen. Der Unfall des Streckenpostens – von seinem tragischen Tod erfuhr ich ja erst später. Und dann hatte am Nachmittag noch einer meiner alten Bekannten einen Schlaganfall erlitten – das war ein einziger Mix, der in mir drin brodelte, und irgendwie hat sich das dann offenbar Bahn gebrochen.«

Auf dem Weg zu den Interviews mit den Fernsehstationen fühlt sich Michael Schumacher sichtlich unwohl in seiner Haut. Sehr verletzlich wirkt er da, sehr jung, sehr hilflos. Sehr liebenswert. Vom souveränen Rennfahrer keine Spur. »Michael, du musst dich doch nicht schämen dafür«, sage ich zu ihm, und er antwortet leise, den Blick auf den Boden gerichtet: »Tu ich aber.« Am Tag darauf titelt die »BILD«-Zeitung euphorisch: »Schumi, wir haben dein Herz gesehen«, und Italiens große Sportzeitung »Gazzetta dello Sport« gestand nahezu verwundert: »Schumacher weint ohne Scham und zerstört das Image des eiskalten Piloten, als den wir ihn kannten.«

Ein Jahr später, bei der Pressekonferenz ein paar Tage nach dem erneuten WM-Gewinn 2001, müssen sowohl die Journalisten als auch Michael Schumacher dann schmunzeln. »Du hast ja schon wieder geweint«, sagt ein Journalist mit gespielt-vorwurfsvollem Unterton, »bist du mittlerweile vielleicht sogar schon zu sehr Italiener?«

Es dauerte eine Weile, zugegeben, bis die Annäherung vollzogen war. Der Beginn war schwierig, die Ausgangssituation nicht eben einfach. Ausgerechnet der Feind? Der sollte es jetzt richten? Der Mann, der durch seine zwei Triumphe mit dem anderen italienischen Team in der Formel 1, Benetton, das erfolglose Vorzeige-Team Ferrari noch tiefer gedemütigt hatte – dieser Mann sollte nun der Heilsbringer sein? In Italien herrschte tiefe Skepsis. Hatten sie nicht gerade zwei Jahre lang versucht, die Leistungen dieses Deutschen kleinzureden und sie dessen agressivem Kalkül zuzuschreiben? Wusste der eigentlich, was ihm da in die Hand gegeben wurde: Tradition, Mythos, Leidenschaft, Personenkult?

Er wusste es nicht, wie gesagt. Mythos, das war für ihn ein Fremdwort, nicht vorhanden in seinem Vokabular. Wie »Überschwang« oder »Euphorie«, Eigenschaften, die die Tifosi an seinen Vorgängern Berger und Alesi geliebt hatten. Dieser Schumacher dagegen kam so kühl und deutsch daher. So zielgerichtet und gar nicht emotional. War nicht einmal in der Lage, so zu tun als sei er überwältigt von seiner geschichtsträchtigen Umgebung, und weigerte sich, wenigstens Bewunderung für diesen Mythos vorzuspielen, wie es andere gemacht hätten. Und so fiel der Empfang in Italien ein wenig frostig aus. Den Liebesvorschuss, den andere Fahrer allein wegen ihres Bekenntnisses zu Ferrari schon genossen, den gab es Ende 1995 nicht. Da herrschte eher Argwohn vor, auf beiden Seiten übrigens. Er war vorsichtig und misstrauisch, sie waren vorschnell und empfindlich.

Wenn er an seine ersten Tests mit Ferrari zurückdenkt, im Dezember 1995 in Estoril, muss Michael heute noch lachen. Der Testtag sollte um 9 Uhr beginnen, wie üblich, also war Michael gegen 8.30 Uhr an der Strecke, zum Briefing mit den Ingenieuren. Er war der Erste. Der Rest trudelte dann so nach und nach ein. Solche Szenen sind längst Vergangenheit. Die Truppe von Ferrari ist wahrscheinlich die professionellste überhaupt, und sie arbeitet extrem hart – sowohl Renn- als auch Testteam.

Damals aber schwappte bald ein großgedruckter Aufschrei über die Alpen. Deutschland, das sich gerade an die Erfolge seines neuen Helden gewöhnt hatte, zeigte weniger Verständnis dafür, dass ein Neuaufbau Zeit braucht, als der erfolgsverwöhnte Held selbst. »Schumi, steig aus der roten Gurke aus«, rief ihm die auflagenstärkste Zeitung nach den ersten Misserfolgen zu, und zu allem Überfluss zeigte sie die Fotomontage einer rotgefärbten Gurke auf Slicks. Die Tifosi schnappten nach Luft ob dieses Sakrilegs. Und versteiften sich gekränkt auf die Schilderung Schumachers als Rennroboter ohne Herz.

Es folgte die wohl schlimmste Zeit in der Erfolgsgeschichte Schumacher – Ferrari. Im Sommer 1996 plagte eine Pannenserie die Roten, und sie wurden genüsslich von allen Seiten mit Häme überschüttet. Der externe Druck wurde immer stärker. »Wenn ich überhaupt eine schwere Zeit mit Ferrari nennen kann, dann muss ich wohl diese Phase nennen«, sagt Michael, »im Herbst stand alles vor dem Aus, und ich weiß nicht, was passiert wäre, hätten wir das Rennen in Spa nicht gewonnen.« Jean Todt sollte geopfert werden, aber Schumacher stellte sich hinter den Mann, der ihm in den Monaten der intensiven Zusammenarbeit ein Freund geworden war: »Wenn er gehen muss, gehe ich auch.« Der Deutsche und der Franzose, vom Naturell her seelenverwandt, kamen sich in dieser harten Zeit extrem nahe – so nahe, dass Jean Todt heute oft davon spricht, er habe neben seinem Sohn Nicolas noch einen weiteren Sohn. »Wenn man so harte Zeiten zusammen durchsteht und dabei sieht, dass der andere auch nicht aufgibt und passioniert weiterarbeitet, dann entwickelt sich daraus eine wirklich besondere Beziehung, so wie wir sie heute haben. Und ich bin stolz auf diese Beziehung«, sagt Michael. Am Ende blieb aus der verkorksten Anfangssaison die Hoffnung auf Besserung – Technikdirektor Ross Brawn und Chefdesigner Rory Byrne, alte Freunde und anerkannte Spezialisten aus Schumachers Benetton-Tagen, hatten ihr Kommen für 1997 zugesagt. Zwar war klar, dass ihr Erscheinen nicht sofort Auswirkungen würde haben können – dazu ist die sogenannte Königsklasse des Motorsports längst zu diffizil –, doch war zumindest die Aussichtslosigkeit des Jahres 1996 gebannt.

Im darauf folgenden Jahr schaffte es Schumacher immerhin, die WM-Entscheidung trotz eines noch immer gegenüber dem Williams unterlegenen Ferrari bis zum letzten Rennen offen zu halten. Dort, in Jerez, beging er die Verzweiflungstat, die seine mittlerweile auch in der italienischen Öffentlichkeit etwas gefestigtere Beziehung zu Ferrari wieder aus dem Gleichgewicht brachte: Er fuhr Jacques Villeneuve bei dessen Überholversuch in der 48. Runde in dessen Auto, kreiselte daraufhin allerdings selbst ins Kiesbett. Und danach lange um die Erkenntnis herum, dass es sein Fehler gewesen war. Längst hat er sich in vielen Interviews einsichtig gezeigt, doch diese Aktion und sein anschließendes, zunächst uneinsichtiges

Verhalten trübten die Beziehungen besonders zur italienischen Presse erneut. »Wenn ich etwas ungeschehen machen könnte aus meiner Karriere, wäre das sicher diese Aktion«, sagt Michael. Das Wort »Fehler«, das alle Berichterstatter damals aus ihm herauszwingen wollten, benutzt er mittlerweile in diesem Zusammenhang locker und häufig. Damals aber ging besonders die italienische Presse wieder mit der alten Geschichte hausieren, dass der ruhmreiche Rennstall mit diesem Rennfahrer-Rambo eine Mesalliance eingegangen sei. Das Jahr 1998 war demzufolge geprägt von einer Art Nichtangriffspakt, weil der Deutsche es trotz hoffnungslos unterlegener Reifen vor allem in der ersten Hälfte der Saison am Ende wieder einmal schaffte, die Titelentscheidung bis zum letzten Rennen spannend zu halten. Würde es diesmal endlich geschehen, würde Ferrari endlich den ersten Fahrertitel seit 1979 gewinnen? Beim Start zum Großen Preis von Japan versagte die Kupplung an Michaels Auto. Er musste das Rennen vom letzten Startplatz aus aufnehmen. Er fuhr die schnellste Runde, aber Weltmeister wurde Mika Häkkinen im McLaren-Mercedes. Und als er dann am Abend in den Karaoke-Hütten gemeinsam mit Mika Häkkinen dessen Sieg feierte – wie übrigens Häkkinen dann auch 2000 mit Michael –, jaulte die italienische Presse auf: »Und wir dachten, er trinkt nur Milch!«

Auf ein Neues also. Ferrari-Präsident Luca di Montezemolo stellte sich erneut vor die internationale Presse und beschwor die Hoffnung, dass dies nun das Jahr der Wiederauferstehung für Ferrari sein könne. Sein müsse, sein werde. Und die Saison entwickelte sich gut, Michael Schumacher und Mika Häkkinen lieferten sich einen spannenden Schlagabtausch. Doch dann kam das Rennen in Silverstone, der 11. Juli, es kam der Bremsdefekt bei der Zufahrt auf die Stowe-Kurve, in einem Moment, in dem das Rennen schon abgebrochen war. Michael aber wusste wegen eines Funkproblems noch nichts davon, er wusste nur, dass es wehtun würde. »Als ich das Bremspedal durchtrat, wusste ich sofort, dass das nun heftig werden würde«, sagt er. »Und, ehrlich gesagt, es gibt schönere Gefühle als das, ungebremst auf einen Reifenstapel zuzurasen und zu wissen, dass man zuvor so richtig schnell gewesen war. Und es gibt auch schönere Erfahrungen als die, verletzt zu werden. Ich hatte Glück, ich habe sie in meiner Karriere nur einmal gemacht.« Der Einschlag erfolgte mit 107 Stundenkilometern, Michaels rechtes Bein brach. Und damit die Hoffnung auf den WM-Titel. »Ich hatte zwar mehrere Unfälle, manche davon auch ziemlich heftig, aber mir ist bis auf Silverstone nie etwas passiert. Und sobald ich die Ursache eines Unfalls kenne, sobald ich analysiert habe und mir selbst erklären kann, was passiert ist, kann ich gut damit umgehen.« So wie er plötzlich damit umgehen musste, dass auf einmal sein Teamkollege Eddie Irvine in der Position war, den lang ersehnten ersten Fahrertitel für Ferrari zu holen – eine seltsame Situation, gibt Michael zu. »Ich war sehr hin- und hergerissen damals. Es wäre schon hart gewesen für mich persönlich, wenn Eddie diesen Pokal geholt hätte, den ich diesem Team doch so unglaublich gerne geschenkt hätte. Auf der anderen Seite war ich ein Teil dieses Teams wie jeder andere auch, und ich wünschte mir wie jeder andere auch, dass wir dieses Ziel, dem wir seit Jahren hinterher gerannt waren, endlich erreichen.« Bei den letzten beiden Rennen der Saison kehrte Michael zurück, stärker denn je, und unterstützte Irvine nach besten Kräften. Doch Irvine spürte beim Saisonfinale in Suzuka den Druck, er war zu langsam und lag allein rund 45 Sekunden hinter Michael, der jedoch ebenfalls gegen den starken McLaren-Mercedes nichts ausrichten konnte. Weltmeister wurde wieder Häkkinen.

Bald darauf aber kam der 9. Februar 2000, der Abend, an dem Michael den Ferrari für die 2000er Saison zum ersten Mal fuhr. An diesem Abend spürte er, dass er nun ein Auto hatte, das denen seiner Gegner ebenbürtig war. Ein Auto, das den Kampf um die WM-Trophäe aussichtsreich machen würde. Mit dem die Leidenszeit vorüber sein könnte. Nach dem Titelgewinn 2000 blickte Jean Todt, der nicht minder gelitten hatte, zurück: »Ich erinnere mich genau daran, wie Michael die Ziellinie als Erster überfuhr, und an all die Emotionen der Mechaniker. Die roten Flaggen wehten. Das Gefühl der Vollkommenheit kam sofort über mich. Endlich hatten wir erreicht, wofür wir all diese Wochen, Monate, Jahre gearbeitet hatten. Ich habe im Parc fermé auf Michael gewartet und ihn umarmt. Ich habe ihm gedankt und ihm dann, bevor ich für die offizielle Siegeszeremonie auf das Podium kletterte, gesagt, dass unsere berufliche Beziehung von nun an nie mehr die gleiche sein würde. Ich habe gesagt, dass, was immer auch passieren würde, die Dinge sich für immer geändert hätten. Und so ist es.«

Die WM 2001

Am Tag zuvor ist alles noch unklar: Wann würde er zum ersten Mal auf die Piste gehen, der F2001, das Auto, mit dem die Erfolge aus dem Vorjahr wiederholt werden sollen? Wann würde er fahrbereit sein? Nicht vor Nachmittag, heißt es aus Maranello, mit ziemlicher Wahrscheinlichkeit eher am späteren Nachmittag. Am Abend dann plötzlich die Nachricht: Alles klar, er kann schon am Morgen auf die Piste. Später am Abend fliegt Michael Schumacher nach Parma, von dort aus fährt er nach Fiorano. Er übernachtet wie immer in Enzo Ferraris Haus auf der Piste, so dass er am nächsten Tag bereit ist für den großen Moment.

Donnerstag, 1. Februar 2001. Zum ersten Mal seit Wochen strahlt die Sonne über der Emilia, die sich sonst im Winter häufig so trostlos grau präsentiert. Kalt ist es, es herrschen keine fünf Grad, aber die Kälte ist trocken, die Luft erfrischend. Das rote Auto mit der charakteristischen Nase steht in der kleinen Box der Ferrari-Hausstrecke in Fiorano. Ferrari-Präsident Luca di Montezemolo, Rennleiter Jean Todt, Technikdirektor Ross Brawn, Motorenchef Paolo Martinelli – die gesamte Ferrari-Führungscrew ist angetreten, alle blicken erwartungsvoll auf den roten Renner. Die Mechaniker schrauben die Reifen fest, es kann losgehen.

9.40 Uhr, Michael Schumacher steigt in den Rennwagen. Ein Mechaniker lässt den Motor an. Vorsichtig noch bewegt sich der Ferrari F2001 auf die Strecke, nach wenigen Metern aber fährt er bereits in voller Geschwindigkeit. In den Fabriken um die Strecken herum kreischen die Sirenen auf – vielleicht nur das Zeichen zur Frühstückspause, aber es wirkt, als grüße Maranello den Anwärter auf den neuen WM-Titel.

Eine Installationsrunde, Michael Schumacher kommt zur Box zurück. Der dreimalige Weltmeister ist kein Mann starker Gefühlsausbrüche, aber man spürt, er ist zufrieden. »Unsere Erwartungen haben sich voll erfüllt«, wird er später sagen, am Abend nach dem ersten Testtag mit dem F2001.

10.05 Uhr, Schumacher geht zum zweiten Mal raus. Er dreht einige wenige Runden, und sofort steht eine recht gute Zeit zu Buche: 1:02.210. Um 10.36 geht er wieder raus, die Zeitnahme stoppt bei 1:00.650. Rund eine Stunde später, in seiner 15. Runde, wird er bei 1:00.271 gestoppt, damit ist Michael Schumacher bereits schneller als er es im Vorjahresauto jemals war: 1:00.542 war mit ihm seine beste Zeit. Luca Badoer, der rührige Ferrari-Testfahrer, der nahezu ständig in Fiorano testet, fuhr mit dem F12000 eine 1:00.310 und mit dem F399 (allerdings bereits mit vielen Komponenten des 2000er-Autos) im Februar 2000 eine 1:00.226 – Fiorano-Bestzeit mit Rillenreifen.

Bis zur Mittagspause hat Michael Schumacher dreißig Runden mit dem neuen Auto gedreht, eine stolze Zahl. Am Nachmittag geht es genauso problemlos weiter, und Schumacher unterbietet schon an diesem Tag alte Bestzeiten: Erst fährt er 1:00.220 und damit schneller als Badoer, am Abend dann 59.505, so schnell wie seit 1997 keiner mehr in Fiorano – damals auf den weitaus schnelleren Slicks. »Das neue Auto läuft sehr rund, sehr sauber, es hat eine stabile Kurvenlage und fühlt sich sehr gut an«, sagt er über seine ersten Eindrücke. »Die Zeiten sind auch schon sehr ansprechend, wobei die sicherlich zum größten Teil auf die neuen Reifen zurückzuführen sind.«

Selten wohl verlief eine Jungfernfahrt so problemlos. Der Ferrari F2001 schien ein gelungener Wurf zu sein. Und das war vielversprechend bei der neuerlichen Jagd auf den Titel.

Das Rennen in Budapest am 19. August 2001 bildete den Abschluss dieser Jagd. Es bescherte Michael den zweiten Titel mit Ferrari, seinen vierten insgesamt, und die neue Erfahrung, einen solchen Titel mit Tausenden von Fans aus Deutschland, Italien und dem restlichen Europa feiern zu können. Und er feiert ihn ausgiebig. Ferrari, das wieder einmal, aus der guten Erfahrung des Vorjahres heraus, nichts vorbereitet hatte, mietete spontan den Raum Regina im Kempinski Hotel in Budapest, in dem das Team untergebracht war. Große runde Tische, weiße Decken, üppiger roter Blumenschmuck. Links und rechts am Saalende ein riesiges Buffet, warm und kalt. Links hinten in der Ecke eine kleine Bar, für später. Draußen, vor dem Eingang, wurden Gläser Champagner gereicht, und die ersten Teammitglieder, die eintrudelten, hatten etwas glasige Augen – verführerisch, so ein Hotelbett, wenn man das ganze Wochenende über hart gearbeitet hat.

Als Corinna und Michael eintreffen, bestellen sie erst einmal um. »Ich brauche eine Grundlage im Magen, damit ich richtig feiern kann«, sagt Michael lachend, und so essen sie Wiener Schnitzel mit Pommes frites, das Lieblingsessen aus alten Kart-Tagen. Heribert Füngeling, einer von Michaels alten Freunden aus Kerpen, sein Bruder Ralf, sein Manager Weber – alle schwenken sie um. Das Argument ist unschlagbar, denn sie kennen schließlich die Ausdauer ihres Weltmeisters. Jemand, der konditionell so fit ist, wird auch beim Feiern nicht so schnell müde. In Budapest 2001 verfeinerte Michael seine Technik im Sirtaki-Tanzen, und Nigel Stepney, Race Technical Manager, trieb derweil die Kunst des Überraschungsangriffs zur Vollendung. Der Mann hatte einfach immer eine Flasche Champagner in der Hand, und er fand immer wieder ein Opfer, das er bewässern konnte. Wie ein unruhiger Poltergeist trieb er über die Tanzfläche, streunte um die Tische, lungerte scheinbar abgespannt am Buffet herum, eine dicke Zigarre im Mund – und wehe, er fasste jemanden ins Auge. Die Farbe von Michaels Hemd änderte sich im Lauf des Abends von weiß in dunkelblau, aber natürlich blieb auch Nigel Stepney die Champagner-Dusche nicht versagt.

Am nächsten Morgen fahren Michael und Corinna gerade mit dem Aufzug in die Parkgarage hinab, da kommt ein atemloses Zimmermädchen zur Rezeption gerannt: ob Mister Schumacher schon ausgecheckt habe? Hat er. Aber sie habe seinen Reisepass, den habe sie beim Saubermachen in seinem Zimmer gefunden. Also schnell hinterher. Der Hotelmanager nimmt die Treppen, erwischt Herrn und Frau Schumacher beim Einsteigen ins Auto noch und übergibt Michael seinen Pass, der bei der Einreise in die Schweiz schließlich nicht ganz unwichtig ist... Corinna grinst in sich hinein. Auf dem Weg zum Flughafen dann der zweite Schreck: Die Straße, die Michael kennt, ist gesperrt. Am Abend zuvor waren in der Innenstadt von Budapest viele Straßen abgesperrt worden, weil die Stadt den Nationalfeiertag beging. Direkt vor der Sperre stoppt Michael das Auto und schaut Corinna an. Ob sie vielleicht einen anderen Weg zum Flughafen kennt? Corinna schüttelt den Kopf, da bremst ein Auto neben ihnen. Es ist das Kamerateam, das ihnen die ganze Zeit gefolgt war, und die Jungs haben einen Stadtplan. »Das war wahrscheinlich das erste Mal, dass es von Vorteil war, von einem Kamerateam ›verfolgt‹ zu werden«, erzählt Michael hinterher lachend.

Die Saison 2001 bringt der Verbindung Schumacher und Ferrari die ersten ›ewigen‹ Rekorde. Michael wird der Mann mit den meisten Grand-Prix-Siegen überhaupt, Ferrari umweht ein Nimbus der Unschlagbarkeit, der sich im folgenden Jahr noch verfestigen soll. Die Welt verneigt sich vor einer Mannschaft, die fehlerfrei und mit scheinbarer Leichtigkeit den Titel holt. Und vor Michael Schumacher.

Auszüge aus seinem Interview nach dem WM-Gewinn 2001:

Michael, recht herzlichen Glückwunsch. Dein siebenter Saisonsieg, dein 51. insgesamt und dein vierter WM-Titel. Wie fühlst du dich?
In der langsamen Auslaufrunde habe ich mich am Funk mit dem Team unterhalten. Wie immer fand ich dabei einfach nicht die richtigen Worte. Ich bin vielleicht ein ganz guter Rennfahrer, aber in solchen Momenten kann ich mich nicht richtig ausdrücken. Bitte deswegen nicht böse sein. Ich kann nicht viel mehr sagen. Es war ein wunderschönes Wochenende. Wir haben alles getan, was man tun kann. Aus welchem Grund auch immer kam ich mit einem komischen Gefühl hierher. Ich habe mich mit Jean unterhalten und ihm gesagt, dass ich denke,

dass es hier noch nicht klappen wird. Jetzt haben wir die Pole, den Titel und ich meinen 51. Sieg, genauso viele wie Alain Prost. Das alles zusammen ist ein bisschen viel auf einmal für mich. Ich möchte loswerden, dass das ein toller Erfolg ist – wegen der Art und Weise, wie wir das erreicht haben. Das Team um Rubens und mich ist einfach wundervoll. Ich kann gar nicht beschreiben, wie wir in guten und schlechten Zeiten – vor allem in schlechten – zusammenhalten. Es ist so eine großartige Crew, dass ich jetzt sagen muss, dass ich sie alle liebe und es Spaß macht, mit ihnen zu arbeiten. Das ist ihr Erfolg und ich möchte ihnen danken.

Wie siehst du diesen Titel verglichen mit den bisherigen?

Ihr fragt immer nach einem Vergleich. Das spielt doch überhaupt keine Rolle. Wir wollen es einfach genießen. Jeder Titel und jeder Sieg fühlt sich anders an. Einen Grand Prix zu gewinnen oder sogar einen Titel, das ist immer ein ganz spezielles Gefühl.

Michael, deine Karriere überlappt sich mit der von Alain Prost. Hast du ihn bewundert, als du in die Formel 1 gekommen bist, und hast du schon mit ihm über den Rekord gesprochen, den du heute eingestellt hast?

Das ist eine lustige Geschichte, denn gestern war ich bei ihm im Motorhome und er hat gesagt, ich soll heute gewinnen, damit er nicht dauernd diese nervenden Fragen beantworten muss. Jetzt ist er sicher happy. Wahrscheinlich muss ich noch ein Rennen gewinnen, wir sind ja erst gleich. All die großen Namen haben mir natürlich etwas bedeutet, als ich in die Formel 1 gekommen bin, aber sie waren so weit weg, dass ich mir darüber nicht den Kopf zerbrochen habe, sie eines Tages zu überflügeln. Was Alain erreicht hat, bewundere ich sehr und es macht mich stolz, dass ich es auch geschafft habe.

Welche Herausforderungen gibt es für dich jetzt in dieser Saison noch?

Rennen zu gewinnen. Nach dem Gewinn der Weltmeisterschaft im Vorjahr habe ich gesagt, dass ich so oft wie möglich gewinnen will. Obwohl ich jetzt den Titel in der Tasche habe, will ich weiter gewinnen, denn wenn es beim nächsten Rennen nicht läuft, wird mich niemand daran erinnern, wie toll es hier in Ungarn war. Man wird mich dann eher auf meine Fehler aufmerksam machen. So ist die Formel 1. Jedes Rennen ist für mich eine neue Herausforderung, und ich will mich messen. Der Wettbewerb ist die Faszination. Es gibt noch genug Feuer in mir, um noch zu pushen.

Dieses Jahr schien ziemlich einfach zu sein. Bedeutet das, dass der Titel weniger schön ist?

Überhaupt nicht. David Coulthard liegt schon richtig, wenn er vorhin sagte, dass er ohne seine ganzen Probleme bis zum Ende mit mir hätte kämpfen können. Ich habe also überhaupt nicht das Gefühl, dass ich mich weniger anstrengen musste als früher. Abgesehen von den ersten beiden Rennen war es immer sehr knapp und hart umkämpft.

Glaubst du, die fünf Titel von Juan Manuel Fangio übertreffen zu können?

Es ist kein wirkliches Ziel von mir. Und der Vergleich hinkt sowieso ein bisschen, denn was dieser Mann zu seiner Zeit in der Formel 1 geleistet hat, ist einfach außergewöhnlich. Alles ist anders geworden, wie man auch anhand der Sicherheit sieht. Früher hätte man sich gar nicht vorstellen können, eines Tages so schnelle Rennen zu fahren. Es ist nicht fair, so einen Vergleich anzustellen.

Wie groß ist deine Genugtuung darüber, die perfekte Kombination aus Team, Auto und Fahrer gefunden zu haben?

Sehr groß. Von Anfang an, seit wir zusammenarbeiten, war es unser Ziel, eine solche Situation zu erreichen. Und ehrlich gesagt habe ich das Gefühl, dass wir noch nicht an der Spitze unserer Möglichkeiten sind. Ich glaube, wir können noch mehr erreichen.

Also seid ihr deiner Meinung nach noch nicht im Bereich der Dominanz?

Nein, sicherlich noch nicht. Ich glaube schon, dass Ferrari noch steigerungsfähig ist und dass wir mechanisch noch einige Verbesserungsmöglichkeiten haben.

Was kann jetzt noch kommen, was willst du noch erreichen?

Einfach weiter fahren, weiter gewinnen, so lange wie möglich. Wir haben immer gesagt, dass wir eine Art Ferrari-Ära begründen wollten, eine gewisse Zeit in der Formel 1, die Ferrari gewidmet ist. Wir haben damit begonnen, und ich hoffe, wir können sie noch eine Weile aufrecht erhalten.

Die Ära Ferrari

Unbesiegbar. Unbezwingbar. Dominierend. Und schließlich: Regeländerungen in der Formel 1, von den Medien weitgehend als Versuch interpretiert, Ferrari einzubremsen. Das Jahr 2002 war die Demonstration der Vollendung, die Erfüllung der Versprechungen aus den beiden Jahren zuvor. Ein bisschen war das Jahr 2002 auch eines der Demütigung der Gegner, nachdem die Scuderia die Saison mit dem alten Auto begonnen und selbst damit noch gewonnen hatte. Ferrari siegte in 15 der 17 Saisonrennen, Michael in elf davon. Viel schlimmer für die Gegner: Michael Schumacher fiel nicht ein einziges Mal aus, bei keinem der Siege war die Scuderia so richtig gefordert, meist mutierten die Runden nach dem letzten Boxenstopp zum Schaulaufen für die Sponsoren und das eigene Team. Rot siegte, Rot leuchtete, Rot war wieder die Farbe der Formel 1.

Das Jahr 2002 war wohl auch die überdeutliche Demonstration dessen, dass dieser Fahrer und dieses Team sich über die Zweckgemeinschaft der ersten Monate hinweg zu einem ineinandergreifenden Sensorium entwickelt haben – zur sinnbildlichen Verwirklichung der Motor-Getriebeeinheit, die als Geheimnis von Ferrari zu Beginn der Saison durch das Fahrerlager geisterte (und als solches immer nur ein Gerücht blieb). Herausragende Eigenschaft dieser Beziehung ist die herrschende Akzeptanz, Wertschätzung und Gleichberechtigung aller beteiligten Personen und Gruppen. Dieses Modell hat die Ära Ferrari wahrscheinlich erst möglich werden lassen – eine *Hochzeit*, die durchaus noch eine geraume Weile andauern kann. Das Rennen in Magny Cours, das Michael zum »schnellsten« Weltmeister aller Zeiten macht – kein anderer Fahrer entschied die WM so früh in der Saison für sich – verdeutlicht diese Gemeinschaft. Es war perfektes Teamwork, und als Michael nach der Siegerehrung darauf angesprochen wird, dass er nun eine lebende Legende sei, wehrt er das Kompliment ab: »Nein, das Team ist die Legende, nicht ich. Ohne diese Unterstützung könnte ich all das ja gar nicht tun. Dass wir den Titel so früh geholt haben, liegt in erster Linie an der Arbeit all der Leute, die man nicht so oft sieht – auch der Leute in der Fabrik in Maranello, die unermüdlich für unseren Erfolg arbeiten. Alle haben ihren Anteil daran. Und auch das Team an der Strecke: Die sind alle so fantastische Menschen.« Menschen, mit denen sich mittlerweile auch das Feiern etwas besser eingeschliffen hat ...

Die Mechaniker, alle noch in der roten Teamkleidung, fordern das berüchtigte Glas Rotwein. Sie sind erst spät ins Hotel Renaissance gekommen, in dem Ferrari den fünften WM-Titel seines Piloten Schumacher feiert, denn die Autos mussten erst noch auseinandergebaut und reisefertig gemacht werden – bis zum nächsten Rennen in Hockenheim bleibt nur eine Woche. Es wird daher erst gegen Mitternacht gefeiert, und als sie durch die Buschhecke um die Terrasse des Renaissance treten, bringen sie ein Stückchen Wirklichkeit mit in die Feier, die bereits in vollem Gang ist. Die Hosen noch dreckig, die Hemden noch ölig – eine personifizierte Bestätigung: Ja, es stimmt, da war dieses Rennen und da war dieser Triumph. Jeder Einzelne, der durch den Heckeneingang tritt, wird mit standing ovations begrüßt. Sie gehen in das Haus hinein, in einen großen Raum. Dort sitzen schon die Kollegen, weil draußen nicht mehr genug Platz war. Und dann kommt der Rotwein. Eine Art Initiationsritual. Jeder, den sie aufrufen, muss hereinkommen und sich ans Kopfende des ersten Tisches stellen. Dann bekommt er ein volles Glas Rotwein gereicht und muss es unter der akustischen Begleitung der Mechaniker austrinken ohne abzusetzen. Auf ex. Und alle stellen sich: Michael. Corinna. Jean Todt. Luca di Montezemolo. Ross Brawn. Und dazwischen die Jungs.

Michael trägt ein beiges Hemd und eine dicke Zigarre. Und irgendwann später einen Streifen Jeans, verwegen um den Kopf geschlungen. Die Jeans gehört Rubens Barrichello, leider hängt sie nun in Fetzen an seinem linken Bein hinunter. Dazu trägt der Weltmeister ein entrücktes Lächeln im Gesicht, und irgendwann endet er hinter der Bar. Die Jungs verlangen Cuba Libre, er mixt einen Cuba Libre à la Schumi, mit ständig veränderten Zutaten. Seine Ingenieure – Luca, Chris und die anderen – merken sowieso keinen Unterschied mehr, ständig drückt er ihnen ein anderes Glas in die Hand. Dazwischen Spülen, Gläser abtrocknen, an der Zigarre ziehen und Corinna zugrinsen, die derweil die Jungs auf der anderen Seite mit Gin-Tonic versorgt. Das beige Hemd ist mittlerweile ein paar Knöpfe weiter offen, und Michael geht jetzt lieber tanzen. Vielmehr, er animiert andere dazu, indem er sie gnadenlos und ungeachtet ihrer Gegenwehr auf die improvisierte Tanzfläche zerrt. Oder sie bei der Polonäse einfach mitzieht. Aussetzen gilt nicht, und Schlappmachen schon gar nicht. Der Weltmeister wird nicht müde, und nur mit den vereinten Kräften von Corinna und Manager Willi Weber gelingt es später, den Mann aus dem Hotel und in ein Taxi zu ziehen. Zu diesem Zeitpunkt allerdings ist sowieso kaum noch jemand da.

Am nächsten Morgen, beim Frühstück, sieht sogar der immer-fitte Athlet ein wenig mitgenommen aus.

Dafür scheint er sich mittlerweile an die Nach-WM-Interviews gewöhnt zu haben:

Michael, ein tolles Ergebnis, deine fünfte Weltmeisterschaft. Damit hast du den Rekord des großen Juan Manuel Fangio egalisiert. Wie fühlst du dich?

Ja, wie fühle ich mich? Eigentlich erstaunlicherweise ziemlich entspannt das ganze Wochenende schon. Ich habe ehrlich gesagt gar nicht an den Titel gedacht, weil ich irgendwie nicht das Gefühl hatte, dass es hier schon passieren würde. Natürlich habe ich gesehen, wie Rubens stoppte, und ich sah die Pace, die wir im Vergleich zu Montoya hatten, und, ja, so langsam habe ich dann angefangen, daran zu glauben. Aber ich hatte ja diesen Fehler, also meinen Fehler, als ich aus der Boxengasse rausgefahren und dabei über die weiße Linie gefahren bin. Ich weiß nicht, um wie viel, aber ich glaube, es waren eher Millimeter als Zentimeter – aber ist auch egal, drübergefahren ist drübergefahren – und alles war wieder weg. Und dann das Rennen, voller Ereignisse, die Drive-through-Strafe und einige Angriffe auf Kimi, der ein fantastisches Rennen fuhr, aber es schien nicht passieren zu sollen, und ich habe auch nicht mehr daran geglaubt. Zehn Runden vor Schluss habe ich noch mal begonnen, Druck zu machen, weil man ja nie wissen kann, was passiert. Ich glaube nicht, dass der Druck, den ich machen konnte, das Problem für Kimi war, das ihn zum Fehler provozierte. Es ist einfach so, wenn man das Öl nicht sieht, dann sieht man es nicht, und das ist es dann, egal wo du bremst. Ich war natürlich gewarnt, als ich sah, dass er ein Problem hatte, so konnte ich rechtzeitig reagieren, und das war dann meine Chance. Und plötzlich war die Weltmeisterschaft wieder da, und das war etwas, was ich das ganze Wochenende über verdrängt hatte, weil ich wie gesagt nicht daran geglaubt hatte und deshalb auch den Druck dadurch nicht hatte, aber plötzlich, als ich jetzt vorne lag, fühlte ich, das kann die WM sein. Ich glaube, das waren die schlimmsten fünf Runden in meiner Karriere. Plötzlich war da dieses Gewicht auf meinen Schultern und der Druck, jetzt keine Fehler zu begehen, nichts falsch zu machen. Obwohl es dann sehr schwierig ist, jemanden zu überholen, wenn der erst mal vorne liegt, war es doch noch enorm und der Ausbruch an Gefühlen, der dann kam, war ziemlich heftig. Da habe ich erst kapiert, unter welchem Druck ich wahrscheinlich war, das hatte ich vorher gar nicht realisiert. Ich war einfach so glücklich, dass wir das zusammen erreicht haben, mit einem unglaublichen Team, mit Leuten hinter dir, die du einfach nur lieben und bewundern kannst für den Einsatz, den sie bringen, die Anstrengung und die Motivation, die sie haben. Ich meine, es wäre falsch, jetzt Namen zu nennen, weil wir so viele sind. Ich mag all diese Jungs unheimlich gern, weil wir so eine tolle Beziehung zueinander haben, und es ist einfach fantastisch, so etwas gemeinsam zu erreichen. Danke ist nur ein sehr kleines Wort für das, was ihr für mich getan habt, vielen, vielen Dank.

Michael, dieser Titel scheint doch sehr speziell für dich zu sein, sehr emotionell.

Ja, obwohl sie alle sehr speziell waren, auf unterschiedliche Weise. Du kannst keinen mit dem anderen vergleichen, und das ist das Tolle daran. Jeder Sieg war eigentlich anders als der andere, und es gab nie einen Moment, wo du dich an irgendwas daran gewöhnt hast. Man genießt es immer noch und fühlt sich großartig dabei.

Bevor Kimi Räikkonen rausgerutscht ist, hast du gedacht, dass du in der Lage wärst, an ihm vorbei zu kommen? Hast du dich bereit gemacht, um ihm zum Ende hin noch mal richtig einzuheizen?

Direkt nach dem Boxenstopp habe ich sehr gepusht. Dann habe ich es wieder etwas lockerer genommen, weil ich keine Gelegenheit fand. Und dann, so zehn, elf Runden vor dem Ende, habe ich wieder begonnen, die Pace aufzunehmen und es einfach zu probieren. Ehrlich gesagt glaube ich aber nicht, dass ich einen Weg vorbei gefunden hätte ohne vielleicht einen Nachzügler an der richtigen Stelle, denn Kimi fuhr ein fantastisches Rennen, und an den richtigen Stellen hatte er genug Abstand von mir. Es war einfach Glück, und ich habe so etwas wirklich nicht erwartet, aber so was passiert halt im Motorsport – man muss es bis zum Schluss probieren, und manchmal kriegst du deine Möglichkeit.

Wie hast du diese letzte Runde empfunden, was war in dir los, welche Nachrichten hast du in den Funk bekommen?

Ich glaube, ihr habt wahrscheinlich mehr gesehen als ich erklären kann. Das ist echt schwierig. Wie gesagt, ich fühlte keinen Druck vor dem Rennen, weil ich wirklich nicht gedacht hatte, dass es hier passieren würde. Ich war mir eigentlich ziemlich sicher, dass zumindest einer der zwei – Montoya oder Rubens – eine Position erreichen würde, die mir den Titel unmöglich machen würde. Aber dann waren beide hinter mir, und plötzlich war ich da vorne, und wie gesagt, es waren die schlimmsten fünf Runden meiner Karriere, und sie schienen gar nicht zu enden, sie dauerten ewig. Das sind dann die Momente, wo dir das alles bewusst wird, wie viel Last da auf deinen Schultern ist und wie viel dir das doch bedeutet, wie sehr du diesen Sport liebst und wie entschlossen du bist, und wenn du dann endlich über die Ziellinie fährst und alles von dir abfällt und du dir bewusst wirst, dass du es geschafft hast – das ist ein fantastischer Moment, unglaublich, und deine ganzen Gefühle kommen raus und ... sorry, aber ich kann einfach die richtigen Worte dafür nicht finden.

Die Tatsache, dass du nun gleichgezogen bist mit Fangio, was bedeutet das für dich? Und hast du daran gedacht?

Ich wurde logischerweise sehr oft danach gefragt, aber ich muss mich entschuldigen, ich persönlich werte das nicht zu hoch, weil ich finde – und das habe ich schon sehr oft gesagt –, dass das, was Fangio seinerzeit gemacht hat, nicht vergleichbar ist mit dem was wir tun. Ich finde, dass das, was er damals machen musste, viel mehr war als wir Fahrer heute tun. Wir haben so viele Menschen um uns herum, das ist viel mehr Teamwork als in der Vergangenheit. Meiner Meinung nach ist es nicht angemessen, diese Dinge überhaupt zu vergleichen. Ich versuche einfach, meinen Erfolg zu genießen, ohne ihn mit anderen zu vergleichen.

Michael, ich weiß, du willst es jetzt erst einmal genießen, aber fühlst du schon den Hunger nach einer weiteren Weltmeisterschaft, der sechsten, dem alleinigen Rekord?

Den Hunger habe ich schon noch, aber nicht aus dem Grund, den du gerade genannt hast. Sondern einfach aus der Freude am Rennfahren heraus werde ich versuchen, noch so viele gute Rennen wie möglich zu erleben. Und hoffentlich endet das dann in einer weiteren Meisterschaft. Unser Team, wir sind in einer solch guten Form, dass ich glaube, wir können eine solche Vorstellung und so interessante Rennen auch noch eine Weile länger liefern. Dafür leben wir schließlich, dafür arbeiten wir, das ist das, was wir am meisten genießen.

Es sieht nach einer Art blindem Zusammenspiel im Team aus ...

Ja, wir wissen, was wir aneinander haben, und schätzen das auch sehr. Und wir tun alles dafür, dass das auch weiterhin so bleibt. Wenn man einen Freund hat, muss man ja auch alles dafür tun, um diese Freundschaft zu pflegen. Das Schöne ist, dass das bei Ferrari auch immer wieder getan wird und auch selbstverständlich ist.

Jean Todt hatte auf dem Podest Tränen in den Augen – was hast du zu ihm gesagt?

Das würde ich gerne für mich behalten. Aber es war sicherlich ein ganz spezieller Moment. Wir haben ja schon einige Erlebnisse gemeinsam durchgemacht, sowohl positive als auch negative, und das hat uns ein so enges Verhältnis entwickeln lassen wie wir das jetzt haben. Wir wurden so große Freunde und sind trotzdem so akribische Arbeiter geblieben – da ist es etwas ganz Besonderes für mich, mit einem Menschen, den ich wirklich extrem schätze, einen solchen Moment da oben zu feiern, etwas ganz Außergewöhnliches. Und das Schöne ist, dass wir das gleich empfinden.

Am Ende der Formel-1-Saison 2002 beklagten manche Beobachter die Langeweile. Andere wiesen darauf hin, dass man Zeuge der hohen Kunst des Motorsports habe sein können.

Kann Vollkommenheit langweilig sein?

Arbeiter

Der Star ist die Mannschaft

Die Tür oben links auf der Galerie ist verschlossen, seit einer ganzen Weile schon. Die Jalousien am kleinen Fenster sind fest zugezogen; kein Blick gelangt ins Innere. »Scuderia Ferrari Marlboro« steht auf einem kleinen weißen Zettel an der gelblich gestrichenen Tür, und es ist klar: Betreten für Unbefugte verboten. Es ist Sonntag, später Nachmittag in Suzuka an diesem 13. Oktober 2002, das letzte Rennen der Saison ist schon seit einigen Stunden vorüber, die Weltmeisterschaft sogar schon seit dem Sommer entschieden. Ein paar Treppenstufen weiter unten, im Fahrerlager, stehen Norbert Haug und Mario Illien von McLaren-Mercedes, ein paar Journalisten und Physiotherapeut Balbir Singh. Sie warten. Darauf, dass die Tür oben sich endlich öffnet. Balbir Singh schaut auf die Uhr, schüttelt ungläubig den Kopf. Einer holt eine Runde Dosenbier, denn oben rührt sich immer noch nichts. Mario Theisen von BMW-Williams kommt dazu, auch ihm wird ein Bier in die Hand gedrückt. Die Saison ist vorbei, nun soll noch gefeiert werden an diesem letzten Tag, dann werden sich alle trennen und auf die kommende Saison hinarbeiten. Ralf Schumacher schlendert vorbei, schaut nach oben zur verschlossenen Tür, grinst. Stellt sich dazu, nimmt auch ein Bier. Da öffnet sich die Tür und heraus tritt ein Ferrari-Ingenieur. Er blickt nach unten, sieht die Menschen im Fahrerlager sich entspannen und verdreht halb amüsiert, halb genervt die Augen. Zückt sein Mobiltelefon, spricht kurz, geht wieder hinein. Die Gruppe unten bricht in Lachen aus. Scuderia Ferrari Marlboro, alles gewonnen, und dennoch alle am Arbeiten.

Länger als eine Stunde dauert die Besprechung dann, die sich an das Saisonfinale in Japan 2002 anschließen wird, nach den obligatorischen Pressekonferenzen, versteht sich. Ferrari hat bei diesem Rennen wieder mal einen Doppelsieg gelandet, den neunten in dieser Saison. Ungefährdeter und überlegener Sieger: Michael Schumacher. Der Mann, der hinter dieser Tür sitzt. Der Mann, der schon einen Tag zuvor zwölf Flaschen weißen Bacardi (»nicht den braunen, der weiße ist besser zum Mischen, dann brauchen wir noch viel Cola«) bestellt hat, um an der Strecke mit seinen Freunden, Kollegen und Konkurrenten zu feiern. Der Mann, der alles erreicht hat in dieser Saison, was es zu erreichen gibt: fünfter WM-Titel, mit dem Titelgewinn nach elf von 17 Rennen schnellster Weltmeister in der Geschichte dieses Sports, so viele Siege in der Saison wie kein Fahrer vor ihm. Der Mann allerdings auch, der sich wieder einmal in Ideen und Vorschläge verstrickt hat, die er unbedingt noch loswerden möchte, bevor es in die Winterpause geht. Also sitzt er da mit seinen Ingenieuren. Ihm ist etwas aufgefallen während des Rennens: Bei einem der 19 Knöpfe an seinem Lenkrad könnte noch eine Funktion dazu geschaltet werden, das würde sicherlich einen kleinen Vorteil bringen. Und so sitzt er und diskutiert und überlegt und regt an und geht dabei so auf in seiner Welt, dass er gar nicht bemerkt, wie die Zeit vergeht. Und um ihn herum verlieren sich auch all die Ingenieure, die schon längst Weltmeister geworden sind, in Daten und Ideen und vergessen dabei fast, dass sie jetzt einfach mal feiern sollen.

Die Tür öffnet sich erneut, rot gekleidete Menschen drängen aus dem Raum. Die Männer unten unterbrechen erwartungsvoll ihre Gespräche, schauen nach oben: Zwei, fünf, acht – Michael gehört nicht dazu. Er hat sich festgekeilt in eine Diskussion mit seinem Renningenieur Chris Dyer. Sie sind die einzigen, die noch in dem kargen Raum zwischen all den Laptops sitzen. Draußen ist es mittlerweile stockdunkel. Vier Flaschen Bacardi sind schon aus dem Kühlfach verschwunden, in dem sie Balbir gebunkert hatte. Irgend jemand muss das Versteck entdeckt haben. Haug, Illien, Theisen und Ralf sind auch verschwunden, zu Karl-Heinz, dem Wirt von Formel-1-Chefvermarkter Bernie Ecclestone. Dort, in einem kleinen Raum weiter oben im Fahrerlager, auch da die Tür verschlossen, findet das Eintrinken für später statt, die Vorbereitung für die traditionelle große Karaoke-Nacht. Als Michael nach einer weiteren halben Stunde endlich dazu stößt, bricht großes Gejohle aus. Und Balbir läuft los, um Nachschub aus dem Kühlfach zu holen.

Diese Szene versinnbildlicht Michaels Einstellung zu seinem Beruf, seinem Sport. Nicht nachlassen, akribisch an jedem Detail feilen, jedem Problem auf den Grund gehen, fast schon pedantisch nach immer neuen Lösungsansätzen suchen. Sepp Herberger, der legendäre Trainer der deutschen Fußball-Weltmeistermannschaft von 1954, hat einmal gesagt: Nach dem Spiel ist vor dem Spiel. Mit ihm hätte sich Michael sicher gut verstanden. Auch eine andere scheinbare Fußball-Binse und der Titel eines Buchs des Journalisten, Fußballreporters, Regisseurs und Kabarettisten Sammy Drechsel, hat der begeisterte Hobby-Kicker Michael verinnerlicht: Elf Freunde müsst ihr sein (wenn ihr Siege wollt erringen).

Gegen 22 Uhr verlässt Michael den kleinen Raum, er will zurück ins Hotel, sich umziehen für ein spätes Dinner und die Karaoke-Nacht. Oben in der Ferrari-Garage wuseln die Mechaniker noch hin und her, alles ist in gleißend-helles Licht getaucht. Die Autos sind mittlerweile auseinander gelegt und in große Kisten verpackt, zum Einladen in die Jumbos für den Rückflug nach Europa. Die Kisten sind mit einer roten Plane umhüllt, darum herum verlaufen dicke Seile, zur Sicherheit. Die Jungs sind müde, ihre roten Hosen völlig verdreckt, auch sie freuen sich nun darauf, dass sie bald fertig sind und zum Dinner ins Hotel gehen können. Doch dann ist einer für einen Moment unachtsam, er läuft vor einen Gabelstapler, der mit einer dieser riesigen Kisten beladen ist, und bricht sich dabei den rechten Knöchel. Wie immer bevor er die Strecke verlässt, schaut Michael noch mal in der Garage vorbei, um sich von den Mechanikern zu verabschieden; da liegt der arme Mann am Boden, und die Jungs stehen ratlos um ihn herum. Sofort verwandelt sich Michael wieder vom *Party-Animal* in den logisch denkenden Fahrer, der schnell entscheiden und präzise Anweisungen geben muss: Er schickt jemanden los, um Sid Watkins zu holen, den Formel-1-Arzt, der gerade die Strecke verlassen will. Ein anderer soll zum Rennbüro laufen, damit ein Notfalltransport organisiert wird. Kurze, knappe Fragen: Welches Krankenhaus ist das nächste? Wo ist der Übersetzer, der Italienisch und Japanisch spricht? Jemand muss den Mann sofort suchen und in die Garage bringen. Als Watkins und sein Kollege endlich ankommen, schienen sie das Bein; als die Ambulanz eintrifft, schiebt Michael den Übersetzer hinten mit ins Auto und gibt dem Mann seine Handy-Nummer. Er soll ihn unbedingt sofort anrufen und die wichtigsten Informationen durchgeben: In welches Krankenhaus fahren sie, was passiert mit dem Mechaniker, wer ist der Ansprechpartner. Schließlich fährt der Wagen los, und Michael kann sich endlich verabschieden. Es ist mittlerweile tiefe Nacht, zu spät fürs Dinner. Als Michael im Restaurant eintrifft, direkt von der Strecke und noch immer im selben grauen T-Shirt, ist das Essen schon abgeräumt. Macht jetzt auch nichts mehr, wechselt der Weltmeister eben direkt in die Karaoke-Hütte.

Nie vergisst Michael nach einem Rennen, dem Team zu danken, das Team herauszustellen, die Bedeutung des Teams hervorzuheben. Nie vergisst er, die Formel 1, in der viele eine Ein-Mann-Show sehen, als Mannschaftssport darzustellen. Eine Eigenschaft, die nicht nur Teamchef Jean Todt schätzt: »Selbst unter sehr schweren Bedingungen hat sich Michael nie beklagt. Er hat sich den Dingen gestellt und nie auch nur die leiseste Kritik geübt. Vorbildhaft ist das Wort dafür. Er hat ein springendes Pferd in seinem Herzen eingraviert, und das gesamte Team, vielmehr alle bei Ferrari, bewundern ihn grenzenlos«, sagte er einmal.

Ein Testtag in Fiorano, der Ferrari-Hausstrecke in Maranello. Es ist später August, heiß, Samstag Nachmittag, und es ist schon der vierte Testtag mit Michael – von morgens um 9 bis abends um 19 Uhr, für die Mechaniker demnach mindestens von 7 bis 22 Uhr. Kein Lüftchen regt sich, der Schweiß rinnt allen den Rücken hinab, die Gesichter in der Garage glühen vor Hitze, und dieser Fahrer lässt einfach nicht nach. Plötzlich fährt ein kleiner Lieferwagen vor die Garage, ein Mann in einer dunkelroten Livree steigt aus und holt einen Klapptisch aus dem Auto. Baut ihn auf, breitet ein gelbes Tischtuch drüber und verteilt Kanister mit Eis darauf. Ein anderer hat derweil eine Leiter an den Baum dahinter gelehnt und daran eine alte Glocke befestigt. Der Eismann ist da, heimlich organisiert von Michael. Er wollte zwar einen richtigen Eiswagen, eben einen mit Glocke, der aber ist an einem Samstag Nachmittag selbst in Italien spontan nicht mehr aufzutreiben. Improvisieren gilt nicht umsonst als große Kunst der Italiener, und so stehen schließlich die Mechaniker wie die Schulbuben in einer Reihe vor dem Eismann, und der Fahrer steht dazwischen. Alle lachen, sie stoßen sich an: Tolle Idee, typisch Schumacher.

Es sind auch diese spontanen Einfälle, die kleinen Gesten, die Michaels Führungsstil beschreiben. Er beobachtet permanent und verwertet die Hinweise. Alle wischen sich nur noch den Schweiß von der Stirn, die Bewegungen werden unwillkürlich langsamer? Stopp, ein kurzes Auflockern kann helfen, damit es danach wieder mit vollem Einsatz zur Sache geht. Vieles läuft dabei unbewusst ab. Weil Michael sich vor seinen Leuten nie eine Schwäche erlauben würde, strengen die sich unbewusst ebenfalls einen Tick mehr an. Weil er immer 100 Prozent gibt, versucht jeder seiner Leute ebenfalls, genauso viel zu geben. Wenn Michael aus der Garage geht, fällt kaum merklich die Spannung etwas ab. Wenn er in die Garage kommt, straffen sich die Mechaniker kaum merklich ein wenig. Es ist die Autorität, die er ausstrahlt, der Respekt, den er einflößt, es sind natürlich auch seine Erfolge, die diesen kaum spürbaren Unterschied bewirken. Es ist aber auch die Tatsache, dass er sich nie gehen lassen würde, dass er seine schlechte Laune nie an ihnen auslassen würde, dass er nie die Schuld an einem schlechteren Abschneiden nach unten weitergeben würde, dass er nie eine etwas schwächere Leistung auf das Auto schieben würde. Und dass er nie ungerechtfertigt laut würde, falls etwas nicht funktioniert. »In meinen Augen ist es wichtig, dass man Leute unterstützt, dass man sie bestärkt – gerade, wenn sie einen Fehler gemacht haben«, beschreibt Michael seinen Führungsstil, den er jedoch so nicht nennen würde. Er würde sagen, er arbeite so. »Es bringt nichts, in Schuldzuweisungen auszubrechen, wichtig ist doch vielmehr, dass jemand, der einen Fehler gemacht hat, das auch einsieht und vor allem weiß, was er falsch gemacht hat. Ist ja nichts dabei, Fehler machen wir ja alle mal. Wir sind alle Menschen. Es geht aber darum, dass wir den gleichen Fehler nicht noch mal machen. Und ich finde, das funktioniert. Vorwürfe nicht, die sind auch nicht akzeptabel. Es hat bei uns, zumindest von mir, noch nie ein lautes Wort gegeben. Das würde sowieso nicht zu mir passen, ich bin keiner, der schreit. Ich bin generell sehr ausgeglichen, sowohl zu Hause als auch bei der Arbeit. Für mich hat Schreierei keine Wirkung.«

Nachhaltigkeit aber hat Wirkung, Konzentration, Fokus. Die Fähigkeit, sich ausschließlich und unglaublich tief in eine Sache hineinversetzen zu können, unterscheidet Michael von den meisten Menschen. Es ist augenfällig, verblüffend und beeindruckend, wie scheinbar problemlos sich ein Mensch so stark konzentrieren kann über eine solch lange Zeit. Das ist einer der entscheidenden Teilbereiche des Talents, das den Rennfahrer M. Schumacher von anderen Rennfahrern abhebt. Talent, Charakter, Naturbegabung – kein Mental-Training, wie viele vermuten. »Ich bin so«, sagt Michael schlicht. »Schon immer gewesen. Wenn mich etwas interessiert, dann bin ich ganz und gar bei der Sache, dann beschäftige ich mich intensiv und ausschließlich damit. Dann kann mich jemand ansprechen, und ich würde ihn nicht einmal hören – meine Frau Corinna kann ein Lied davon singen. Manchmal lese ich Zeitung und sie spricht mich an, aber ich höre sie gar nicht, weil ich so vertieft bin. Ganz am Anfang, als wir uns näher kennen lernten, führte das manchmal zu Irritationen. Aber Corinna hat bald gemerkt, dass das keine Absicht ist, und heute sieht sie das gleiche Muster bei unserer Tochter. Die ist genauso: Wenn sie sich mit einer Sache beschäftigt, ist sie komplett abgeschottet.«

Und dann ist da noch seine Anpassungsfähigkeit, die Kapazität, sich auf veränderte Situationen blitzschnell einzustellen, und zwar »angemessen«, wie sie es in der Formel 1 nennen. Ebenfalls angeboren, allenfalls ausgeprägt durch die jahrelange Praxis, ebenfalls nicht bewusst trainiert. Laut Ross Brawn, Technischer Direktor bei Ferrari und schon in Benetton-Zeiten einer von Michaels Vertrauten, ist Schumacher mehr als seine Berufskollegen in der Lage, am Limit zu fahren, gleichzeitig aber auch das Rennen um sich herum zu verarbeiten – und so Strategien während des Wettkampfs mit zu überdenken oder zu verändern. »Er kann die Rolle des Formel-1-Fahrers ausfüllen, und dann hat er zusätzlich noch Kapazitäten frei, um an das Rennen zu denken, daran zu denken, was um ihn herum passiert«, erklärte Brawn in einem Fernsehinterview. »Manchmal melde ich mich über Funk, und dann ist es so, als ob Sie und ich uns unterhalten – man könnte denken, er sitzt genau neben einem und tut nichts. Im Gegensatz dazu habe ich mit Fahrern gearbeitet, die so gerade eben mit dem, was sie tun, zurechtkommen, und daneben keine Kapazitäten mehr frei haben. Das ist der Unterschied zwischen ihm und anderen Normalsterblichen.« Schumacher selbst erachtet dies als seine wahrscheinlich deutlichste Stärke. Er scheint zudem ein Raster im Kopf zu haben, das ihm hilft, bei einer Problemstellung Wichtiges von Unwichtigem zu trennen. Selektieren, das ist die Kunst, und Michael beherrscht sie ziemlich gut. Dadurch hält er sich nicht mit Unerheblichem auf und schreitet gedanklich geradezu in Riesenschritten voran. »Jeder ist so im Motorsport«, sagt er. Denkt er. »Wir sind alle so gefangen von dem Ziel, das wir uns gesetzt haben, dass wir ständig damit befasst sind. Manchmal ist das seltsam, denn kaum haben wir das Ziel dann erreicht, scheinen wir es kaum zu genießen, sondern denken sofort weiter. Du verlierst nur wertvolle Zeit, wenn du vergebenen Chancen nachtrauerst. Denn es gibt immer eine nächste Stufe, die du erreichen willst.«

Zuweilen wirkt es dann so, als würden die Siege geschäftsmäßig abgehakt. Vor allem direkt nach dem Rennen, wenn die einen feiern, derweil die anderen schon Tassen, Tische, Stühle einpacken. Es ist jedoch lediglich Ausdruck dieser schnellen Arbeitswelt. »Wenn man so im Arbeitsprozess drin ist, dann holt einen das sehr schnell wieder zurück in die Realität, man kostet den Erfolg zunächst nur einen kurzen Moment aus. Manchmal ist das schon schade, aber das ist dieser Rhythmus, dem man unterliegt. Aber wenn ich dann alleine bin, und etwas erinnert mich an einen gewissen besonders schönen Moment, dann kann ich dieses Gefühl auch sofort wieder rekapitulieren.«

Beim Rennen

Formel 1 bedeutet früh aufstehen. Meist sind die Rennstrecken nicht unmittelbar neben dem Hotel gelegen, die Anfahrt dauert also einige Zeit, und die ersten Besprechungen finden schon früh statt. Michael ist nicht sonderlich verwöhnt; für ihn ist es wichtig, dass das Hotel nahe zur Strecke liegt, und nicht, dass es einen Whirlpool hat. In Barcelona beispielsweise wohnen viele Fahrer in der Stadt, weil sie wunderschön ist und es dort entsprechend traumhafte Hotels gibt. Schumacher wohnt meist in einem unspektakulären Flachbau an einer Autobahnausfahrt, der nicht unbedingt als wunderschön zu bezeichnen ist – eher im Gegenteil. Die Zimmer sind klein und recht muffig, in dunklem Braun gehalten. Aber die Fahrt zur Strecke dauert nicht einmal zehn Minuten, ein unschlagbares Argument, während andere Fahrer aus Barcelona heraus gut und gerne 45 Minuten brauchen. Der Luxus in diesem Fall sind die Minuten, die er länger schlafen kann. Denn der Renn-Sonntag ist komplett durchgeplant und sah bis zum Saisonende 2002 folgendermaßen aus:

- 8.30 Uhr Briefing
- 9.30–10.00 Uhr Warm-up
- 10.15 Uhr Briefing
- 11.00 Uhr Paddock Club
- 11.15 Uhr Fahrerparade
- 11.45 Uhr Briefing
- 12.00 Uhr Briefing
- 14.00 Uhr Rennen
- 16.30 Uhr Briefing

Michael selbst beschreibt sein Rennwochenende so:

Ein bisschen im Kreis rumfahren, das ist es schon. Und an so einem Wochenende, an dem ein Rennen stattfindet, halt ein bisschen mehr. Ein bisschen öfter als sonst, zweimal am Tag, und das drei Tage hintereinander. Aber damit hat es sich dann auch.

Vorurteile von Zynikern, von Motorsport-Gegnern, von Ignoranten – damit könnte ich diese Bemerkungen leicht abtun. Aber offenbar stellen sich viele Leute so oder so ungefähr meinen Job vor. Jedenfalls werde ich häufig gefragt, was ich denn an so einem Rennwochenende alles treibe, nach dem freien Training, dem Qualifikationstraining und vor dem eigentlichen Rennen. Oft kommt die Frage in einem latent vorwurfsvollen Ton daher, in dem ein wenig Neid mitklingt über mein angeblich süßes Nichtstun. Und ich muss schon zugeben: An so einem Rennwochenende bin ich wirklich nicht häufig zu sehen. Zu selten wahrscheinlich für meine Fans, auch nach meinem Geschmack. Nur hat das einen ganz simplen Grund: Wie bei den Testfahrten auch, besteht so ein Wochenende eben nicht nur aus Fahren, sondern aus vielen anderen Verpflichtungen. Das Wort, das diese Verpflichtungen zusammenfasst, das Wort, das Leute, die mit mir in Kontakt treten wollen oder müssen, zuweilen schier zur Verzweiflung treibt, das Wort, das an einem solchen Wochenende vielleicht am häufigsten fällt, ist: Briefing. Und »Michael ist beim Briefing« ist wahrscheinlich der Satz, den Freunde, Verwandte, Mechaniker, Journalisten und Ferrari-Gäste am häufigsten zu hören bekommen. Bis zum Ende der vergangenen Saison muss man sich das so vorstellen:

Das erste Briefing ist am Donnerstag um 14.30 Uhr. Immer genau zu diesem Zeitpunkt, weil da alle eingetrudelt sind und weil eine halbe Stunde später die große internationale Pressekonferenz der FIA, des Weltverbands, stattfindet – der traditionelle und offizielle Auftakt ins Rennwochenende sozusagen. An diesem ersten Briefing nehmen wir Fahrer, Jean Todt, Ross Brawn und der Ferrari-Pressechef teil, und wir reden kurz über die letzten Neuigkeiten und über Dinge, die es eventuell in Gesprächen oder Interviews zu berücksichtigen gilt. Und weil ich meist für die große FIA-Pressekonferenz gebucht bin – wir Fahrer werden dafür ausgewählt, der Sieger des letzten Rennens ist eigentlich immer dabei, die Teilnahme ist verpflichtend, und Zuspätkommen kostet Geld –, renne ich fast jedesmal hektisch in den betreffenden Raum, in dem schon rund 400 Journalisten auf mich und die anderen Piloten warten. Hinterher stelle ich mich noch den Fragen der Fernsehsender aus aller Welt, im »Gatter«, wie der eigens abgetrennte Bereich unten im Fahrerlager oft bezeichnet wird. Danach endlich habe ich Zeit für das eigentlich Wichtigste: in der Box vorbeizuschauen und den Ingenieuren und Mechanikern Hallo zu sagen. Oft fahre ich danach auch die Strecke ab, denn das ist eine meiner Aufgaben als Präsident der Fahrervereinigung GPDA. Sicherheit war mir schon immer extrem wichtig, und seit dem schrecklichen Wochenende 1994, als Ayrton Senna und Roland Ratzenberger starben, hat sich das noch verstärkt. Wir geben Anregungen, welche Stellen an den Rennstrecken wie verbessert werden können, und einer von uns muss dann natürlich nachsehen, ob die Veränderungen auch in unserem Sinn ausgeführt sind. Danach werden fast regelmäßig noch ein oder zwei exklusive Fernseh-Interviews, manchmal auch Foto-Termine oder andere kurze Dates abgehalten, bevor dann um 17.30 Uhr das erste technische Briefing des Wochenendes startet, mit Jean Todt und Ross Brawn und mit Ingenieuren, Motoren- und Reifenleuten und Aerodynamikern.

Da werden dann noch mal Sachen aus dem letzten Rennen aufgearbeitet und Vorschläge für das kommende Rennen gemacht.

Am Freitag geht es dann zum ersten Mal zur Sache. Mein übliches Programm: 9.30 Uhr Briefing, es werden Vorschläge diskutiert und der Rahmen für das freie Training abgesteckt. Wenn ich dann aus dem Truck komme, warten oft schon Kamerateams auf mich und ich gebe schnelle Interviews. Dann von 11.00 bis 12.00 Uhr das erste freie Training, natürlich muss man da kurz Veränderungen und Verbesserungsvorschläge besprechen. Dann schaffe ich es, mal einen kleinen Snack zu essen, bevor zwischen 13.00 und 14.00 Uhr das zweite freie Training stattfindet. Kurze TV-Interviews folgen, und Mittagessen. Um 15.00 Uhr wieder Briefing. Das dauert oft ziemlich lange, weil dann erste Eindrücke von uns Fahrern mit ersten Daten der Telemetrie verglichen werden können. Alle sind hochkonzentriert und teilen kurz die Erkenntnisse ihrer Bereiche mit, also Reifen, Motor, Schaltung, Aufhängung, Aerodynamik und solche Sachen. Wir besprechen dann zum Beispiel, wie man welche Gänge einrichten soll, oder Dämpfereinstellungen, oder welchen Eindruck das Auto gemacht hat. So gegen 16.30 Uhr habe ich meist wieder ein oder zwei längere Fernseh-Interviews und um 17.00 Uhr ein von der FIA veranstaltetes Fahrer-Briefing, bei dem mich unser Teammanager Stefano Domenicali begleitet. Um 17.30 Uhr, zurück bei Ferrari, wieder ein Briefing, bei dem es um erste konkrete Vorschläge für die Abstimmung für Samstag geht. Denn die Ingenieure und Fachleute haben inzwischen die Daten aus dem freien Training soweit ausgewertet, um genauere Vorschläge machen zu können. Die werden dann um 18.30 Uhr beim nächsten Briefing noch genauer diskutiert, aber danach ist dieser Tag zu Ende. Zumindest, was Briefings angeht.

Der Samstag ist eigentlich immer der härteste Tag, rein von der Zeit her betrachtet. Das erste Briefing an der Strecke beginnt morgens um 8.00 Uhr, das bedeutet wirklich früh aufstehen. Die Techniker berichten von den letzten Änderungen, also von den Arbeiten über Nacht, und wir sprechen natürlich auch über die Wettervorhersage. Meist schaffe ich es nicht mehr, vorher zu frühstücken, und nehme mein Müsli und meinen Tee mit in die Besprechung. Von 9.00 bis 9.45 Uhr und von 10.15 bis 11.00 Uhr noch mal freies Training, dazwischen bleibt nur wenig Zeit für echte Absprachen. Um 11.15 Uhr wieder Briefing, die Stimmung wird immer ernster und konzentrierter. Die Zeiten der einzelnen Sektoren werden verglichen, die Meinungen eingesammelt, es geht darum, welches Setup, welche Reifen, welche Einstellungen von Federn, Flügeln und so weiter im Qualifying gefahren werden sollen. Das sind manchmal ziemlich harte Entscheidungen, und manche Dinge beschließt man auch aus dem Bauch heraus.

Fast immer geht dieses Briefing nahtlos über in das um 12.00 Uhr. Dann heißt es auch schon sich innerlich vorbereiten – manchmal schaffe ich es dabei sogar, zwanzig Minuten zu schlafen, das ist für mich am besten – auf das Qualifying zwischen 13.00 und 14.00 Uhr. Wenn ich unter den ersten drei bin, muss ich sofort im Anschluss in die internationalen Pressekonferenzen, also zweimal fürs Fernsehen und einmal für schreibende Journalisten, und danach um 15.00 Uhr wieder ins Briefing. Die Vorstellung im Qualifying wird analysiert, sämtliche Daten und Eindrücke werden kommentiert. De-Briefing heißt das dann, findet erst im größeren Kreis statt und ab 15.30 Uhr im kleineren Kreis – also hauptsächlich mit Ross Brawn und den Renningenieuren. Falls ich nicht in der Pressekonferenz war, ist um 16.00 Uhr meist wieder Gelegenheit für deutsche und italienische Print- und Radio-

journalisten, mich auszuquetschen über meine Fahrt, ebenso wie für die Leute von RTL, die dann meist noch ein exklusives Interview mit mir machen. Erst danach komme ich dazu, auch mal etwas durchzuatmen und abzuschalten oder mich mit meiner Frau Corinna oder Freunden entspannter zusammenzusetzen und zu unterhalten. Allerdings nicht allzu lange, der Abend gehört wieder den Briefings, schließlich geht es nun darum, langsam aber sicher die Rennabstimmung und die Taktik festzulegen. Also: 18.00 Uhr Briefing, 19.00 Uhr Briefing – und dann endlich Abendessen. Ich liebe die Spaghetti Aglio e Olio, die unser Koch macht, und ich haue mir oft eine riesige Portion rein. Wenn ich dann so gegen 21.30 Uhr von der Strecke schleiche, bin ich meistens hundemüde und will nur noch ins Bett. Wie gut, dass dann Balbir da ist und mir mit seinen Massagen hilft, entspannt einzuschlafen.

Sonntag, die Stimmung wird angespannter. Um 8.30 Uhr das erste Briefing, wir reden über letzte Änderungen und Erkenntnisse aus dem Vortag. Von 9.30 bis 10.00 Uhr findet das Warm-up statt, direkt im Anschluss daran versammeln wir uns wieder im Briefing, zu letzten Auswertungen. Daran anschließend wiederum gehe ich in den Paddock Club, um mit Gästen von Ferrari und den Sponsoren zu sprechen, Hände zu schütteln, Fragen zu beantworten, Autogramme zu geben. Es bleibt allerdings nicht viel Zeit, denn schon um 11.15 Uhr ist die Fahrerparade, wir werden um die Strecke gefahren, damit die Zuschauer uns auch mal ohne Helm sehen können … Für uns ist das fast die einzige Möglichkeit, einen Eindruck von den Zuschauern zu bekommen, denn später im Auto siehst und hörst du dann nicht mehr allzu viel – na ja, ganz zum Schluss dann schon, falls alles gut gelaufen ist. Um 12.00 Uhr ist noch das letzte technische Briefing, um 12.30 Uhr das letzte sportliche Briefing, wo wir noch mal über die Strategie sprechen. Und dann versuche ich meist, bis 13.30 Uhr, wenn dann das Rennen so losgeht, abzuschalten. Ich suche mir einen Platz, wo ich meine Ruhe habe und mich vor allem langlegen kann. Ich muss liegen, damit ich abspannen kann. Manchmal muss da eine große Kiste herhalten, wie in Brasilien, wo die Box relativ klein ist und wir Fahrer nur einen kleinen Raum für uns haben, weil die Motorhomes nicht dabei sind. Das ist mir aber egal, lege ich mich eben auf einer Kiste flach … Augen zu, Atmung runterfahren, einschlafen. Ja, meistens schlafe ich kurz. Ach ja, und dann gibt es noch eines, ein letztes Briefing eines solchen Wochenendes: Nach dem Rennen, nach den Pressekonferenzen (hoffentlich) und vor dem Feiern (hoffentlich): um 16.30 Uhr. Das De-Briefing.

Ein starres Korsett, in das die Fahrer da eingezwängt sind. Da bleibt nicht viel Zeit für Plaudereien. Kein Wunder, dass sich viele Beobachter der Szene darüber beklagen, dass die Fahrer abgehobene Diven seien – dieser Eindruck kann sich schon aufdrängen, wenn man die Jungs in ihren Overalls durch das Fahrerlager rennen sieht, ohne nach links und rechts zu schauen. »Für mich ist das auch oft notwendig«, sagt Michael allerdings. »Oft bin ich in Gedanken so bei einer Sache oder bei dem Thema, das wir gerade im Briefing durchgesprochen haben – wenn ich mich dann öffne und den Blickkontakt suche, bin ich gedanklich wieder weg davon und abgelenkt. Und es dauert dann länger, wenn ich ins Briefing zurückkomme, bis ich wieder dabei bin. Oder ich weiß, dass ich einen Termin und nur wenig Zeit habe, also versuche ich, mich nicht aufhalten zu lassen, um ihn einzuhalten.« Der berühmte Fokus eben, der sogenannte

Tunnelblick. Für die Menschen um Michael herum ist die zunehmende Konzentration spürbar; von Donnerstag bis Sonntag verengen sich sein Sichtfeld und seine Bereitschaft, auf abseitige Themen einzugehen, sichtlich. Am Sonntag dann sind die Abläufe so eingeschliffen, dass jeglicher Wechsel eine Störung darstellte.

Und das einzige wirkliche Ritual, das der Weltmeister vor dem Rennen braucht, ist sein Schläfchen. »Ja, das mache ich immer«, nickt er. »Wie lange, ist unterschiedlich, mal kürzer, mal länger – je nachdem auch, wie lange das Briefing sich vorher hinzieht. Manchmal bin ich nur eine ganz kurze Phase weg, aber das reicht dann schon. Manchmal schlafe ich auch tief und fest für eine halbe Stunde. Ich mache das jetzt seit 1998. Wie es dazu kam, weiß ich selbst nicht mehr, aber erst von da an habe ich überhaupt die Zeit dafür gefunden und mir einen Kopf darum gemacht. Wahrscheinlich war ich mal müde und habe geschlafen und mich dabei wohl gefühlt, und danach habe ich's dann beibehalten. Es ist einfach angenehmer, wenn ich es schaffe – ob ich es wirklich brauche, weiß ich selber nicht. Aber wenn ich mich so eine halbe Stunde, Stunde hinlegen kann, dann ist das schön, dann tut mir das gut.« Und wie ist es vor einem entscheidenden Rennen? »Auf jeden Fall nicht so, dass ich dann so aufgedreht bin, dass ich nicht schlafen könnte. Das hat damit nichts zu tun. Es gibt schon mal Nächte vor einem Rennen, in denen ich weniger gut schlafen kann. Ich habe aber dann eher den Eindruck, dass das weniger mit den Gedanken zu tun hat, die ich mir mache, als zum Beispiel mit der Zeitumstellung. Manchmal habe ich so Phasen, da kann ich einfach schlecht schlafen. Da wache ich öfters in der Nacht auf oder kann schlecht einschlafen. Ich würde das aber nicht an irgend welchem Druck oder Stress festmachen – vielleicht schon mehr an Stress, aber weniger der Stress vom Rennen her als der von anderen Dingen, die ich noch nebenher machen muss. Termine mit der Presse zum Beispiel, aber auch andere, private Dinge, um die ich mich ja logischerweise auch kümmern muss.«

Rituale bestehen aus Regelmäßigkeiten, und die wiederum haben mit Sicherheit zu tun. Natürlich gilt das auch für die Menschen um Michael herum. Für seine Frau Corinna zum Beispiel, die zugibt: »Wenn ich bei einem Rennen nicht dabei bin, gehe ich immer um 13.10 Uhr nach oben, in mein Zimmer, damit ich allein bin. Dann weiß ich, Michael ist fertig. Und um Punkt 13.15 Uhr rufe ich dann bei ihm auf seinem Handy an. Ich rufe immer an und wünsche ihm Glück, und ich werde wahnsinnig, wenn ich ihn mal nicht erreiche. Aber das passiert fast nie, ansonsten ruft er zurück. Er weiß ja, dass ich versucht habe, ihn zu sprechen.«

Und dann? Was in den Momenten vor dem Rennen in den Köpfen der Rennfahrer abläuft, ist wohl kaum nachzuvollziehen. Michael selbst tut sich schwer damit, es zu erklären. »Wie stark du unter Spannung stehst, wie aufgeregt oder ruhig du bist, hängt von so vielen Dingen ab. Das variiert mit deiner Gefühlslage, und die ist halt ständig anders bei jedem Menschen, natürlich auch vor einem Rennen.« Der Ablauf dagegen ist immer der gleiche: »Erst kommst du auf die Startaufstellung, dann sprichst du mit deinem Renningenieur, ob am Auto alles in Ordnung ist, dann gibt es oft Interviews, danach verschwinde ich immer noch mal auf die Toilette, danach eventuell wieder Interviews, bevor du noch mal alles checkst, ob alles so gemacht wurde, wie es abgesprochen war und eben, ob alles in Ordnung ist. Dann setze ich mich ins Auto und stelle meinen Sitz immer noch ein bisschen mit diesen Airbags ein. Das sind so die letzten kleinen Veränderungen, und dann kommt die Phase der Konzentration, dann geht's los.« Herrscht dann das Gefühl, nun kommt der Moment, auf den das gesamte Wochenende zugelaufen ist? »Nein. Das habe ich eigentlich vor allem, wenn es um etwas Wichtiges geht. Oder ganz zu Beginn der Saison vielleicht, in Australien, weil das das erste Rennen ist und du nicht weißt, wo du stehst. Aber dann flacht dieses Gefühl über die Saison hinweg bei mir ab und steigt entsprechend der Meisterschaftssituation wieder an.« Unmittelbar vor dem Rennen, kommt dann eine Art Leere im Kopf? »Nicht unbedingt. Da gibt's natürlich auch solche Momente, aber dann wird das Auto angelassen, dann bist du damit beschäftigt. Du hast vielleicht so zwei Minuten, wo es wirklich leer wird im Kopf – dann, wenn ich wirklich die Zeit habe, mich voll zu konzentrieren. Manchmal versucht man auch bewusst, seinen Kopf leerzuräumen, gerade wenn der sehr voll ist, aber es ist nicht immer so. Das kommt auch auf den Ablauf davor an: Manchmal brechen Hektik und Stress aus, weil am Auto irgendetwas nicht in Ordnung ist und noch daran gearbeitet werden muss. Dann machst du dir natürlich Sorgen. Aber manchmal bist du dir auch völlig sicher, bist total relaxed. Und manchmal ist es auch so, dass du kurz vor der Meisterschaft stehst und eigentlich weißt, dass alles in Ordnung ist – und trotzdem machst du dir Sorgen. Es ist immer irgendwie anders. Das ist ja gerade das Spannende daran.«

Beim Test

Der Morgen ist kühl, es liegt eine klare Frische über Mugello, dem Gebirgszug zwischen Bologna und Florenz, in den Ferraris zweite Rennstrecke eingebettet ist. Es ist eine wunderschöne Gegend, hügelig, abweisend auch, nicht so lieblich wie weite Teile der Toskana. Die Leute unten in Scarperia sagen, hier im Gebirge gebe es noch Wölfe. Die Mechaniker in der Garage atmen kleine Rauchwolken aus, sie werkeln konzentriert an dem roten Korpus, den sie bald in eine professionelle Rennmaschine verwandelt haben werden. Immer wieder neu erinnert das Innere einer Formel-1-Box an die Intensivstation einer Klinik: Alles penibel sauber, geheimnisvolle Schläuche führen in den Bauch dieses Gebildes, das so nackt und ohne die rotlackierte Haut aufgebockt daliegt, bestrahlt von gleißenden Scheinwerfern. Menschen in roten Uniformen – es könnten auch Doktorkittel sein – wuseln geschäftig um diesen Korpus herum, stecken Messgeräte in Rohre und verzeichnen akribisch die Werte, leuchten mit Taschenlampen in Verbindungen, treffen sich ständig zu Besprechungen und studieren dann die Daten der allgegenwärtigen Laptops, auf denen bunte Striche seltsame Linien formen. Sie sagen: Alles in Ordnung, der Patient befindet sich in guter Verfassung. Nun kann die Mutation zum Rennauto beginnen. Die Mechaniker bauen das Auto zusammen.

Gegen viertel nach acht fährt ein dunkelblauer Maserati neben das Motorhome von Ferrari. Michael steigt aus, helle Jeans, braune Lederjacke, klappt den Fahrersitz nach vorn und holt seine schwarze Tasche aus dem Auto. Er geht ins Motorhome und direkt weiter Richtung Führerhaus. Dahinter ist der kleine Raum, in dem er sich bei Testfahrten aufhält, umzieht und in dem er auch massiert wird. Schnell den Overall angezogen, um halb neun beginnt das Briefing. Sein Physiotherapeut bereitet derweil das Frühstück vor: eine ausgewogene Müslimischung und Kräutertee. Das bringt er dann ins andere Motorhome, wo Michael mit den Ingenieuren zusammen sitzt und das Testprogramm dieses Tages bespricht. Um kurz nach neun Uhr dröhnt zum ersten Mal dieses charakteristische Geräusch eines Formel-1-Motors aus der Garage nach draußen: tief zu Beginn, voll, fast ein wenig bedrohlich. Sie lassen den Motor warmlaufen. Die Tür des Briefing-Trucks geht auf, die ersten Ingenieure kommen heraus und laufen zur Garage, dann kommt auch Michael die Treppe herunter und geht die paar Schritte in die Garage, in diesem federnden Gang, der so viel gebündelte Energie ausstrahlt und der so typisch für ihn ist. Der Testtag kann beginnen.

Rote Stellwände drinnen trennen die eigentliche Garage, in der das Auto steht, vom Telemetrie-Bereich – hier sitzen die Ingenieure vor ihren Computern und können dort jede Bewegung des Autos nachvollziehen, denn das ist mittels Hunderter von Sensoren mit der Telemetrie vernetzt – und den Bereichen, in denen Ersatzteile, Reifen, Flügel, Motoren gelagert sind oder auch Treibstoff, Öle, Schmiermittel. Jeder Einzelne, der hier arbeitet, ist ein Spezialist auf seinem Gebiet. Schumacher kommt in die Box und begrüßt die »Jungs«, wie er sein Team nennt. Sein Renningenieur tritt dazu und nickt ihm zu: Das Auto ist fertig. Draußen im Gang vor der eigentlichen Garage steht ein kleines Tischchen, wie alles hier rot lackiert: die Ablage für den Helm, die Handschuhe, die Ohrstöpsel – im Lauf des Tages wird hier immer eine Flasche mit einem Elektrolytgetränk stehen, Michaels Handy liegen oder auch Briefe für ihn, die im Büro der Rennstrecke abgegeben wurden. Michael stopft sich die Stöpsel in die Ohren, streift sorgfältig die feuerfeste Kopfhaube über und danach den Helm. Nun die Handschuhe, dann tritt er zum Auto, steigt von links ins Cockpit und lässt sich in die Sitzschale gleiten. Weil man in einem modernen Formel-1-Auto beim Fahren eher liegt als sitzt und die Schalen maßgeschneidert sind, ist es gar nicht so einfach, da hineinzugleiten. Zuletzt holt er beide Ellbogen in einem runden Schwung nach innen, dann beugen sich die Mechaniker über ihn und schnallen ihn fest. Noch mal ruckeln, ob alles sitzt, dann hebt Michael die linke Hand – bereit, das Zeichen, dass der Motor angelassen werden kann. Es ist kurz nach neun, als das rote Auto an diesem Morgen langsam aus der Garage fährt und die Stille über Mugello zerstört. In den hohen Drehzahlbereichen bohrt sich das Geräusch fast schmerzhaft in die Gehörgänge. Genau eine Runde fährt Michael, die sogenannte Einführungsrunde, dann kommt er zurück in die Box und klettert wieder aus dem Auto – jetzt wird gecheckt, ob alle Systeme richtig laufen, für Michael Zeit für einen Pott heißen Tee.

Dann beginnt die Tretmühle Test. Den ganzen Tag raus, einige Runden, rein, kleine Veränderungen am Auto, wieder raus, wieder ein paar Runden, möglichst genau gleich, damit die Ergebnisse wirklich vergleichbar sind, dann wieder rein, wieder eine Nuance mehr Flügel, wieder raus, rein, nein, die alte Flügeleinstellung war doch besser, probieren wir es jetzt mit einer anderen Federeinstellung, raus, rein, dazwischen aussteigen aus dem Auto, Besprechungen mit den Ingenieuren: Liegt der Zeitunterschied an der veränderten Einstellung oder an der veränderten Asphalttemperatur – schließlich ist es draußen jetzt wärmer geworden? Rechtfertigt der Zeitgewinn die Umbauphase? Wie fühlt sich diese Reifenmischung an im Vergleich zur vorigen? Detailarbeit auf höchstem Niveau. »Manchmal ist es ermüdend«, sagt Michael. »Manchmal fährst du drei Tage lang im Kreis und kommst keinen Deut weiter. Das ist frustrierend für uns alle. Aber wenn dann plötzlich so ein Kick kommt, eine Idee, eine Einstellung, irgend etwas, und macht das Auto eine halbe Sekunde schneller, dann bekommst du ein Hoch, und die ganze Plackerei hat sich wieder gelohnt.« Jedesmal wenn das Auto in die Garage zurückkommt, fallen die Spezialisten darüber her wie die Fotografen über Michael, sobald er irgendwo auf der Welt ein Fahrerlager betritt. Der Reifenmann misst sofort die Reifentemperatur und die Tiefe der Rillen, der Bremsenmann die Temperatur der Bremsscheiben, Motor, Kühlung, Asphalt- und Außentemperatur, alles permanent unter Kontrolle. In der Garage wird leise gesprochen, es herrscht eine hochkonzentrierte Arbeitsatmosphäre.

Das ist die andere Seite der Formel 1, die Seite, die kaum sichtbar wird. Die nichts zu tun hat mit Models und Moneten, High-heels und Helikoptern oder Promis und Polizeieskorten. Hierher kommt das Fernsehen selten. Das ist die Seite, in der es nach Benzin riecht und nicht nach Parfum. Laufband statt Laufsteg. Für die Fahrer ist das die wahre Welt der Formel 1. Mit Glamour hat sie nichts zu tun.

Mittagszeit, eine Stunde Pause. Die Mechaniker und Ingenieure schlendern rüber zum Motorhome, in dessen Vorzelt nun ein üppiges italienisches Buffet aufgebaut ist. Michael sitzt am Tisch und isst bereits. Ein Salat, danach Pasta, manchmal Fisch oder ein mageres Steak. Seine Stunde ist vollgestopft mit Terminen: Interviews, Fotos, ein Aufsager für einen Sponsor, Händeschütteln, und immer sind die deutschen und italienischen Fernsehreporter da und brauchen kurze Aussagen für die Nachrichten am Abend. Die Zeit reicht nie, und meist schafft er nicht mal noch eine kurze Massage, bevor die Testerei weitergeht. Am Nachmittag der gleiche Rhythmus: einige Runden drehen, Eindrücke vermitteln, Anregungen geben, Diskussionen, rausfahren, zurückkommen in die Box, bereit sein. Ferrari-Motorenchef Paolo Martinelli sagt über den erfolgreichsten Fahrer in der Geschichte des Traditionsrennstalls: »Er kann das Verhalten des Motors bei jedem Punkt der Strecke beschreiben. Und er kann Prioritäten setzen und fordert nicht alles auf einmal. Und wenn das Auto nicht zu seinem Fahrstil passt, weiß er trotzdem, wie er das Beste aus ihm rausholt. Weil er seinen Stil anpassen kann.«

Eine von Michaels Stärken, das bestätigen alle, die mit ihm arbeiten, ist seine Fähigkeit, während des gesamten Tages immer auf dem gleichen Level zu bleiben. Dadurch sind die Erkenntnisse enorm aussagekräftig, weil die Wahrscheinlichkeit, dass Zeitunterschiede auf

Leistungsschwankungen zurückzuführen sind, extrem niedrig ist. »Er kann sehr konstant fahren, jede Runde innerhalb einer Zehntel, was sehr wertvoll ist. Er kann genau beschreiben, wie es sich anfühlte, und er weiß, was er will«, sagt Ferrari-Chefaerodynamiker Rory Byrne. »Er ist wirklich eine große Hilfe für jeden Ingenieur, weil er gerne testet und an Details arbeitet, um genau die Sache herauszufiltern, um die es ihm geht. Zudem hat er diese Fähigkeit, in nur wenigen Runden 100 Prozent aus dem Auto herauszubringen und es dann exakt zu beurteilen. Für einen Ingenieur ist das ideal, vor allem wenn man ein neues Auto entwickelt: Dann ist es extrem wichtig, die Schwachpunkte des alten zu verstehen. Ich weiß sofort, wozu mein neues Auto in der Lage ist. Darin ist Michael wirklich gut, er hilft uns, genau die Bereiche zu definieren, die wir verbessern müssen. Außerdem hat er ständig eine Menge neuer Ideen, wie man das machen könnte. Er liebt die ganze Technik und er will alles verstehen.«

Zumal Michael auch nach so vielen Jahren in der höchsten Motorsportklasse und mit so viel Erfahrung nie der gefährlichen Versuchung erliegt, an ähnliche Probleme mit gleichen Lösungsansätzen heranzugehen. Das widerspricht seiner Einstellung, aber vor allem seiner Überzeugung, dass immer noch ein bisschen mehr geht. »Es ist ja nicht so, dass die Probleme gleich sind. Selbst wenn es die gleiche Diagnose ist, hat sich doch das Auto von einem Rennen zum anderen geändert und noch mehr von einem Jahr zum anderen. Die gleiche Diagnose bedeutet also etwas ganz anderes. Daher sind in der Formel 1 die Probleme immer wieder neu, immer wieder anders. Es gibt keine Modelllösung, wie du bestimmte Sachen in den Griff kriegen kannst. Du hast natürlich nach einer Weile gewisse Erfahrungen und erkennst das Problem schneller, aber wie du es dann löst, ist immer wieder eine neue Sache. Generell jedenfalls. Natürlich gibt es gewisse Basis-Ansätze, die du verfolgen kannst: Wenn das Auto untersteuert, versuchst du es erst mal mit mehr Frontflügel oder so. Trotzdem wirken sich die Bedingungen oder die Probleme immer wieder anders aus, man muss also immer wieder neu probieren und testen und tüfteln. Das finde ich gerade so interessant, ansonsten würde es ja langweilig werden.« Als gelernter Kfz-Mechaniker versteht Michael genau, was rund ums Auto passiert, und er fühlt sich in der Werkstatt-Atmosphäre einer Formel-1-Garage zugleich äußerst wohl. »Ich sitze unheimlich gerne in der Garage und schau den Jungs bei der Arbeit am Auto zu – ich versuche sowieso, so oft wie möglich ein Auge auf mein Auto zu haben. Aber mir fehlt mittlerweile meistens die Zeit dazu.«

Und so wirkt es nie, als sei Michael gelangweilt beim Testen, unlustig oder genervt. Irgendwie ist er immer motiviert. Denn er könnte nicht einmal benennen, was für ihn den größeren Reiz an seinem Beruf ausmacht: fahren oder tüfteln, Rennen fahren oder testen. »Das ist auch schwer zu sagen, weil es so sehr unterschiedlich ist«, gesteht Michael. »Ich kann mich genauso dafür begeistern und bin genauso glücklich, wenn ich eine tolle Runde beim Testen fahre – wenn ich das Gefühl habe, da hat alles gepasst – wie wenn ich beim Testen im Renntrimm fahre und eine Runde wie die andere hinkriege. Im Rennen selbst gibt es dann zusätzlich noch Momente, wo einfach der Zweikampf sehr interessant und emotional ist, wo du kämpfst und dich behaupten musst, wo du fightest – und wenn das gelingt, hast du natürlich auch ein Hoch. Oder im Qualifikationstraining: Wenn du alles hinkriegst, wenn die Runde passt, der Zeitpunkt passt – auch toll. Aber das eigentlich Schöne ist der Wechsel, ist die Entwicklung. Denn es gibt immer auch die Momente, in denen zunächst mal gar nichts geht. Wo du dich nicht verbessern kannst, zum Beispiel beim Freitags-Training, weil du die Reifen nicht hinkriegst. Da machst du dir Gedanken, du fährst und fährst und es funktioniert nicht. Du kriegst es einfach nicht gebacken. Und wenn du es dann doch wieder rumdrehst am Samstag, das gibt dir dann wieder ein Hoch. Dieses Wechselbad der Gefühle, das ist es, und das kann über ein Wochenende sehr schnell passieren. Und wenn's dann im Endeffekt klappt, ist das natürlich eine noch schönere Erfahrung – und gottseidank klappt es ja doch recht häufig.«

Ein Mann strebt nach Perfektion. Daher bringt er sich ein, informiert sich ständig über den neuesten Stand der Dinge, feilt mit am kleinsten Detail. Feinjustierung auf höchstem Niveau. Das sei eine Art Automatismus bei ihm, sagt er: »Ich hab permanent ein Auge auf mein Auto. Für mich ist es immer wieder aufs Neue wichtig, mir alles anzugucken. Nicht, weil ich die Mechaniker kontrollieren will, denen vertraue ich voll, sondern weil ich immer denke, dass ich vielleicht noch eine Kleinigkeit finde, die man verbessern kann. Das ist so in mir drin. Wenn zum Beispiel beim Vorstart die Ritzen des Autos mit dem Helikopter-Tape abgeklebt werden und ich sehe noch irgendwo eine Luftblase, muss ich mit dem Daumen drüber gehen. Das hat nichts mit Beziehung herstellen zu tun, wie manche schon gemutmaßt haben, das ist ein schlichter technischer Blickwinkel meinerseits. Ich finde, es ist normales Interesse an der Sache. Manchmal sitze ich da und schaue zu, und dann fallen mir Dinge auf oder mir fällt etwas ein, und dann frage ich Ross, warum das so ist, und er erklärt es mir. Da geht es zum Beispiel darum, wie die Nase ans Fahrzeug angeschraubt wird oder um Dinge bei der Verarbeitung. Oder ich entdecke einen meiner Meinung nach unsauberen Übergang in der Aerodynamik, um solche Sachen geht es mir dann. Oder ich schaue in der Elektronik nach, in der Kabelverlegung, in der mechanischen Infrastruktur, ob da Dinge sind, die mir auffallen. Nicht, dass ich der Ingenieur bin, der dann sagen kann, wie es gemacht werden muss, aber manchmal sehe ich eben so Kleinigkeiten. Es wird allerdings immer weniger. Früher hatten wir relativ viele Baustellen am Auto, heute passt da eigentlich alles zusammen.«

Und weil er so ist, wie er ist, hat er natürlich nicht nur sein Auto im Blick, sondern feilt auch beständig an sich selbst – getreu seinem Credo, dass man in der Formel 1 immer alles noch verbessern kann, und den Fahrer sowieso. »Überall kann man Kleinigkeiten finden, an denen gedreht werden kann«, sagt er. »Nur weil ich mich permanent hinterfrage, entdecke ich immer wieder neue Wege. Bessere Wege. Erfolg ist doch nichts selbstverständliches. Ich war nie der Meinung, dass keine Steigerung mehr bei mir möglich ist, und ich bin bislang immer darin bestätigt worden. Ist doch klar, dass man sich entwickelt; zum Beispiel wird man abgeklärter und erfahrener in der Renneinteilung. Außerdem habe ich über die Jahre hinweg gelernt, mein Auto sehr schnell so zu trimmen, dass ich es am technischen Limit bewegen kann. Mit jedem neuen Auto, mit jeder neuen Konstruktion, die das Fahrverhalten beeinflusst, ergeben sich ja neue Möglichkeiten der Abstimmung, und von Jahr zu Jahr lernt man dazu. Das führt unter anderem auch dazu, dass sich der Fahrstil ändert, wenn auch natürlich nur in Nuancen. Das muss auch so sein, man muss sich anpassen. Als wir zum Beispiel noch Einheitsreifen fuhren, die nicht viel Haftung, aber eine große Haltbarkeit boten, konnte man aggressiv fahren und trotzdem während des gesamten Rennens schnell sein. Damals hatte ich daher einen wesentlich aggressiveren Fahrstil. Heute, mit der großen Konkurrenz auf dem Reifensektor, ist das zwar zum Teil im Qualifikationstraining genauso, aber im Rennen muss ich auf die Eigenschaften des Reifens viel mehr aufpassen als früher und dementsprechend anders fahren. Das sind alles Nuancen, klar, das ist alles minimal und von außen nicht ersichtlich. Für uns Fahrer aber sind diese Kleinigkeiten spürbar. Ich merke, wie sich die Dinge verändern. Das berühmte Fahrgefühl also, das so schwer zu beschreiben, zu quantifizieren, zu verstehen ist. Ayrton Senna sagte einmal, für ihn seien die Räder des Autos seine verlängerten Extremitäten. Ob das Chassis sein Körper sei und die Radaufhängungen seine verlängerten Arme wurde auch Michael häufig gefragt, doch bei solchen Beschreibungen tat er sich vor allem in früheren Jahren immer schwer: »So erlebe ich das nicht«, sagte er dann häufig. »Aber bei der Abstimmung des Autos versuche ich schon, mein Gefühl zu übertragen, die Dämpfer und Federn so einzustellen, dass ich ein direktes, optimales Gefühl für die Kraftübertragung, für den Druck auf die Reifen, die Haftung des Gummis bekomme. Man kann das als Einheit von Pilot und Auto bezeichnen, aber diese Worte empfinde ich als nicht so passend.« Erst seit dem vergangenen Jahr schwindet die Scheu vor diesem Begriff, immer häufiger spricht Michael nun von der Einheit von Auto und Fahrer, die sich aus anderen Aussagen schon vorher ableiten ließ. Wenn er zum Beispiel von nahezu körperlichen Schmerzen erzählte, die ihn ereilen, wenn ein Motor bei einem Probelauf im Stand gequält werde: »Wenn beim Start die Motoren auf Drehzahlen gehalten werden, tut das schon mal weh. Stimmt schon, manchmal gibt es eine Art Seelenbeziehung zwischen Mensch und Maschine. Auf der anderen Seite macht man viel schlimmere Sachen, wenn man mit dem Auto fährt, es im Qualifying über die Randsteine prügelt, den Motor bis zum Anschlag dreht. Da ist man so fokussiert, da nimmt man auf nichts Rücksicht. Weil ich dann weiß, dass es für eine Runde hält.« Sein Sensorium für jede Kleinigkeit macht Michael so stark – und gibt ihm zugleich Motivation. »Weil es nie gleich ist, weil immer etwas anderes auf dich zukommt, deshalb ist der Sport für mich so schön, so interessant. Wer zu früh sagt, er habe alles im Griff, wird blind für die entscheidenden Nuancen.« Der ehemalige Ferrari-Weltmeister Niki Lauda erklärte diese Fähigkeit einmal plastisch damit, dass Schumacher von allen Fahrern schlicht den sensibelsten Hintern habe. Die »BILD« erfand, nicht minder anschaulich, das Bild vom »Popometer«.

Kondition ist Konzentration

Die Einschätzung ist eindrucksvoll: »Man kann sein Alter nicht mit Sport überlisten. Aber ich sage mal so: Michael hat die Fitness-Werte eines voll austrainierten 25-Jährigen.« Es ist das

Urteil von Dr. Johannes Peil, dem Leiter der Sportklinik Bad Nauheim, und es stammt aus dem Jahr 2002. Er ist der Mann, der dafür sorgt, dass Michael stets in optimaler Verfassung ist. Weil er ihn rundum betreuen lässt, nach neuesten wissenschaftlichen Erkenntnissen. Zwei Physiotherapeuten begleiten Michael Schumacher rund um die Uhr zwischen den Rennen, zu denen wiederum sein langjähriger Betreuer anreist – der Fahrer weiß, was er seinem Körper abverlangt, und er weiß, wie wichtig körperliche Fitness für die geistige Aufnahmefähigkeit ist. »Je fitter du bist für die physischen Belastungen eines Rennens, desto besser für die Konzentration«, erklärt Schumacher. »Es ist ein unschätzbarer Vorteil, an gewissen Punkten des Rennens noch genügend Freiheit und Kapazitäten für andere Dinge zu haben – Dinge wie die Boxenstopp-Strategie, wann man schnell fahren soll und wann vielleicht die Reifen schonen, wie man überholen kann, wo oder wann. Genau das macht den Unterschied aus im Rennen, wenn es schwierig wird.« Genau das macht den Unterschied aus, wenn der Stratege am Kommandostand plötzlich die Taktik ändert und vom Fahrer etwas schier Unmögliches fordert – wie 1998 in Ungarn, als Ross Brawn Michael über Funk mitteilte, er müsse nun in den nächsten 20 Runden 20 Sekunden Zeit gut machen. Ein Ding der Unmöglichkeit für die meisten Fahrer, weil sie sowieso bereits am persönlichen Limit operieren. Michael, so erzählt er, »schluckte kurz, und dann dachte ich: okay, versuchen wir's.« Ohne ausreichende körperliche Reserven wäre das nicht machbar.

Die Formel 1 wird als Sport häufig unterschätzt. Auch, weil durch den Helm hindurch die Gesichter der Protagonisten bei ihrem Tun nicht zu sehen sind und sich dadurch ihr Kampf, ihre Anspannung, die Anstrengung nicht vermitteln lassen. Und, so lautet ein gängiges Vorurteil, fahren würde schließlich das Auto. Mit Auto fahren aber hat Motorsport nichts zu tun.

Vielleicht hat es auch mit Michaels Naturell zu tun, dass er von Anfang an großen Wert auf sportliches Training legte. Schon bei seinem Einstieg in die höchste Motorsportklasse fiel auf, wie durchtrainiert dieser Neue war, und wahrscheinlich war Michael wirklich der erste Fahrer, der überzeugt war, dass der Trainingszustand ein wesentliches Kriterium für die Qualität eines Fahrers darstellt. Als er 14 Jahre alt war, hatte ihm sein Förderer Jürgen Dilk einen ehemaligen Fußballprofi zum Training engagiert. »Peter Stollenwerk sollte mit ihm laufen gehen, damit der Michael fit bleibt«, erinnert sich Dilk, »Ich weiß noch, dass man anfangs sah, dass Waldlauf nicht gerade Michaels Sache war, und ich musste schmunzeln, als er sich hinter Stollenwerk den Berg hinter der Kartbahn hoch quälte. Nach ein paar Wochen rief mich der Trainer an: ob ich mal zur Bahn kommen könne. Ich kam hin, da fingen die gerade zu laufen an. Da war mir alles klar – Michael war dem Stollenwerk weit voraus.« Schumachers Engagement in dieser Richtung ging sogar so weit, dass er anfangs aus Ehrgeiz sein Knie überbeanspruchte und danach lange eine Reizung mit sich herumschleppte. Heute ist sein Training perfekt ausbalanciert und vor allem auf Koordination und Ausdauer abgestimmt. Seine Werte sind phänomenal: Als ihm an einem Testtag in Mugello im Sommer 2002 ein Langzeit-EKG-Gerät angelegt wurde, war der Spitzenwert des Sportlers ein Puls von 151, bei einem Ausrutscher von der Strecke am Vormittag, immerhin mit Tempo 220, lag er bei gerade mal bei 140.

Kraft dagegen ist für einen Rennfahrer nicht ganz so wichtig, mit Ausnahme eines Bereichs: dem Nacken. Wie mittlerweile jeder Fahrer trainiert Michael ihn mittels eines speziellen Geräts, in dem er sitzt wie in einem Cockpit und an dem ein Helm befestigt ist. Dann neigt er seinen Kopf nach rechts und links und zieht dabei Gewichte – »die Querbeschleunigung während eines Rennens oder auch die Verzögerungskräfte beim Bremsen sind in der Formel 1 extrem«, erklärt Michael. »Da wirken Kräfte von ungefähr dem vier- bis fünffachen deines Körpergewichts, und das während fast zwei Stunden, die so ein Rennen dauert. Meist ist das eine halbseitige Belastung, weil die Strecken ja fast alle rechts herum gefahren werden – deshalb muss man zum Beispiel für Brasilien eigens trainieren, weil diese Strecke links herum gefahren wird. Und dann kommt ja noch das Gewicht des Helms dazu, also so runde 1,5 Kilo – da muss man schon gute Nackenmuskeln haben. Ich weiß noch, in der Formel 3, bevor ich überhaupt Sportwagen gefahren bin, bin ich mal in Dijon gefahren, und nach zehn Runden konnte ich meinen Kopf nicht mehr gerade halten. Ich bin gefahren, und mein Kopf ist mir irgendwann zur Seite gekippt, obwohl ich doch eigentlich aus der Rennfahrerei kam und die verschiedenen Stufen alle durchlaufen hatte. Die Querbeschleunigung ist so gewaltig, die Kräfte sind so groß, aber das ist für Außenstehende schwer nachvollziehbar.«

Und so schindet er sich eben mit dieser für ihn so typischen Konsequenz. Trainiert mehrere Stunden am Tag und oft auch noch abends nach einem Testtag. Wenn alle nur noch müde durch das Motorhome schleichen, sitzt er im mobilen Fitnesscenter und strampelt oder stemmt Gewichte oder macht Stretching. Knappe zwei Stunden am Abend. Und tagsüber, wenn er nicht testen muss, gerne auch mal vier oder sechs oder sogar acht – je nachdem, in welcher Trainingsphase er sich gerade befindet. Vor der Saison, in der Vorbereitung, absolviert er längere Einheiten, denn vom Ergebnis wird er lange zehren. »In den rennfreien Wochen trainiere ich im Schnitt so fünf- bis sechsmal pro Woche, vor allem Ausdauertraining auf dem Fahrrad. Dazu kommen ein paar wichtige, speziell auf meine Bedürfnisse abgestimmte Muskelübungen im Kraftraum: rund um den Hals, die Brust und die Lende, um die Wirbelsäule zu stabilisieren. Meine Betreuer achten darauf, dass ich gelenkschonend trainiere, also mit wenig Gewicht und vielen Wiederholungen. Meistens mache ich das mit freien Gewichten, seltener an Maschinen. Dann spiele ich so oft ich kann Fußball, denn das macht mir einfach Spaß, und dann wird es auch nicht lästig. Abwechslung ist wichtig. Deshalb habe ich auch noch Klettern dazugenommen, das ist gut für Kraft und Ausdauer zugleich. Die Mischung ist sehr gut. Das Fahrradfahren wird eher mal öde, da muss man ein bisschen aufpassen. Deshalb fahre ich mittlerweile nur noch draußen. Früher bin ich viel drinnen gefahren, aber zweieinhalb Stunden auf dem Hometrainer machen mich mürbe.« Während der Saison, vielleicht noch nach langen Flügen, sind die Einheiten sinnvollerweise kürzer – Regeneration ist ein nicht zu unterschätzender Bereich für einen Leistungssportler. Peil: »Michael hat sensationelle Erholungswerte. Er ist im Training so konsequent wie kein anderer Mensch, den ich kenne. Er quält sich und quält sich immer ein bisschen mehr. Er holt das Maximale aus seinem Talent heraus. Und die individuelle Betreuung, die er sich leistet, schützt ihn vor der Überbelastung, an der Spitzensportler oft scheitern.«

Familienmensch

Der öffentliche Schumi

Roter Helm, rotes Auto. Rot ist die Leidenschaft, rot ist die Liebe, darf man sich da verweigern? Allgemeingut ist er, zu Gast in den Wohnzimmern alle zwei Wochen, in schöner Regelmäßigkeit, seit mehr als einem Jahrzehnt. Man kennt ihn. Kleine Kinder rufen begeistert »Schumi«, wenn das rote Männchen wieder mal in die Höhe hüpft, die Väter ballen die Hände zur Faust. Wenn er siegt, siegen sie ein bisschen mit. Er siegt oft.

Ist er deshalb ihr Eigentum? Hat ein Prominenter die Pflicht, sich zu öffnen? Darf ein Bekannter unbekannt sein? Muss einer, der so gut Auto fahren kann wie niemand sonst auf der Welt, deshalb auch gut reden können, beschreiben, reflektieren? Muss er es wollen? Darf er nur preisgeben, was er preisgeben will?

»Prominente sind Menschen, die sich sehr bemühen, ihr Inkognito zu wahren, und die sehr enttäuscht sind, wenn das gelingt«, soll der deutsche Schauspieler Victor de Kowa einmal gesagt haben. Für Michael Schumacher trifft das nicht zu.

Vielleicht weil er kein Schauspieler ist. Die lieben es, Rollen zu spielen, auch in der Öffentlichkeit. Michael tut sich da schwer. Jeder öffentliche Auftritt bedeutet für ihn die Überwindung seines Naturells, denn er ist eher zurückhaltend und mag es nicht, im Mittelpunkt zu stehen. Allerdings mag er es auch nicht, dass man ihm seine Unsicherheit anmerkt. In den Anfangsjahren geriet ihm das zuweilen zum Problem. Da versuchte er, sein Unwohlsein mit einer Art barschen Lässigkeit zu überspielen, doch die wirkte dadurch eher aufgesetzt und fast schon aggressiv. Statt ruhig und ernsthaft empfanden ihn die Leute manchmal schlicht als verbohrt und unfreundlich. Heute ist Michael Schumacher älter, erfahrener, erfolgreicher – und dadurch viel mehr eins mit sich selbst. Nun wirkt seine klare Ruhe richtungsweisend und seine Ernsthaftigkeit nachdenklich. Der Mann ist souverän geworden, ein Elder Statesman seines Sports.

Kein Zweifel, dass ihm seine Erfolge dabei helfen. Nicht nur bei der Akzeptanz der anderen, auch seinem Ego. Wahrscheinlich spielt auch das Gefühl dabei eine Rolle, seine Bringschuld abgetragen zu haben. Denn so ist er aufgewachsen, mit diesem Gefühl, dass er etwas schuldig sei. Irgendwie war da immer jemand, der dem Sohn eines Handwerkers half, ihn im teuren Motorsport unterstützte, und dem er es daher besonders recht machen musste. Ein Gönner, ein Mäzen, ein Geldgeber. Menschen wie Gerhard Noack beispielsweise, der ihm aus Begeisterung für Michaels Fähigkeiten ein Kart und seine Tuning-Kenntnisse zur Verfügung stellte, oder Jürgen Dilk, der Vater eines gleichaltrigen Jungen, der ihm erst dessen Sportgerät auslieh und später den jungen Michael über Jahre hinweg zu den Rennen mitnahm. Ohne ihn, erzählt Michael, wäre er nie in die Formel-Szene gekommen, weil Dilk im entscheidenden Moment eine Bürgschaft übernahm. Oder Adolf Neubert, bei dem der Jugendliche die Tuning-Tricks ausprobieren konnte. Oder Willi Bergmeister, der ihm in der Lehre freie Tage schenkte, weil er nachvollziehen konnte, wie wichtig Rennfahren für den Teenager war. Dann

Eugen Pfisterer und Helmut Daab, die dem jungen Schumacher das erste Formel-König-Cockpit ermöglichten, wo er mit seinem Fahrer-Kumpel Joachim Koscielniack und Mechaniker Peter Sieber »eine Super-Zeit«, so Michael, erlebte. Oder Gustav Hoecker, der ihm das Auto zur Verfügung stellte. Schließlich Willi Weber, Michaels Manager, der ihm erst das Geld für das teure Formel-3-Cockpit erließ und ihn später in die Formel 1 boxte. Oder seinem Vater, der seinen Sohn so gut es ging unterstützte und dabei manches Mal über seine Verhältnisse hinausging. Heute noch beantwortet Michael Schumacher pflichtbewusst jede Frage, die ihm gestellt wird – wenn sie allerdings, was häufig vorkommt, zum wiederholten Mal gestellt wird, kann er dabei leicht genervt sein. Das sind dann die Momente, in denen er etwas besserwisserisch über den Bildschirm kommt. »Für mich ist das Spiel mit den Medien sehr schwierig«, sagt Michael. »Eine halbe Stunde Pressekonferenz strengt mich mehr an als ein ganzes Rennen. Das ist einfach nicht meine Welt. Ich bin nicht so ein Schauspieler, und alle versuchen immer, alles in dich hinein zu interpretieren. Dazu kommt, dass ich keine Gefühle auf Knopfdruck liefern kann. Liefern will. Wenn die Zieldurchfahrt schon seit über einer Stunde vorüber ist und ich im zehnten Interview bin, ist meine Freude doch logischerweise geringer.«

Und so arbeiten sie sich aneinander ab, seit Jahren, die Journalisten und ihre *Story*: der Mann, der Mittelpunkt ihrer Geschichten ist. Der der mächtigste aller Fahrer ist, in Personalunion Conferencier, Regisseur, Intendant und Hauptdarsteller des Theaters, das alle zwei Wochen das Stück Formel-1-Rennen aufführt, ein eineinhalb Stunden währender Dauerwerbespot, subventioniert von allen großen Firmen dieser Welt. Der Kerpener Kartbetreibersohn ist seit Jahren Ausgangspunkt und Ziel des Medieninteresses, das dem Theater volle Kassen garantiert, denn es bündelt die Mechanismen unserer Informationsgesellschaft: Aufmerksamkeit bedingt Marktwert, Marktwert bedingt Aufmerksamkeit. Und so versuchen die Journalisten, hinter die Maske zu blicken, und er versucht, sie noch undurchdringlicher zu gestalten und sich einen intimen Bereich zu bewahren. Zum Teil erfolgreich, nicht immer zur vollen Zufriedenheit aller. »Ich muss zugeben, es ist sicher sehr schwierig, mich richtig kennen zu lernen«, sagt Michael. »Das dauert seine Zeit. Ich tue mich schwer damit, mich sofort zu öffnen. Ich kann das nur, wenn ich die Leute kenne, und ich bin sicherlich eher ein distanzierter Typ. Ich kann nicht so tun, als sei einer mein bester Freund, wenn es einfach nicht so ist. Ich habe eine gesunde Skepsis, das ist meine generelle Einstellung. Allerdings ist sie bestärkt worden durch gewisse Ereignisse in meinem Leben. Sicher hat mich auch die Formel 1 in dieser Hinsicht geprägt. Das Dilemma ist: Ich bin allein, und auf der anderen Seite gibt es Hunderte von Journalisten, die über mich schreiben, von mir berichten sollen. Die können mich ja gar nicht alle kennen, zumal ich an einem Rennwochenende eigentlich andere Dinge zu tun habe und daher kaum greifbar bin.«

Kein Wunder, dass es dabei oft zu Fehlinterpretationen kam. Oder zu Missverständnissen, gerade und vor allem, weil in diesem internationalen Sport Menschen aus verschiedensten Nationen und Kulturen in für sie fremden Sprachen miteinander kommunizieren – nicht selten aneinander vorbei. Und es kam auch zu Verletzungen. Für Michael ist es nur schwer zu verstehen, dass er kritisiert wurde für makellose Leistung, weil sie manchen dann schon wieder zu glatt oder nach außen hin zu unspektakulär war. Und er hat immer darunter gelitten, als Maschine bezeichnet zu werden, als Roboter oder Computer, auch wenn er das wohl kaum zugeben wird. Der Mann ist sensibel, sonst wäre er innerhalb des Teams menschlich nicht so anerkannt. Dann hätte er nämlich kein Sensorium dafür, ob jemand ein Problem mit sich herum schleppt. Schumacher aber merkt das, und er wird im Zweifelsfall die Tür schließen, sich zu ihm wenden und fragen, was denn los sei. Sonst auch wäre ihm die Verehrung, die ihm von den Fans entgegenschlägt, nicht so peinlich, und er würde nicht zuweilen so ungelenk und linkisch darauf reagieren. Als einmal ein kleiner Junge vor ihm laut zu schluchzen begann und in Tränen ausbrach, weil Michael ihm das heiß ersehnte Autogramm gab, war der Weltmeister so erschüttert, dass er dem Jungen schnell übers Haar strich und sich dann sofort umdrehte und ging. Im Motorhome wischte er sich heimlich Tränen aus den Augen. Draußen fragte sich der Junge enttäuscht, warum sein Idol so schnell verschwunden war.

»Es ist immer wieder erschütternd, wie falsch Michael oft eingeschätzt wird«, sagt sein Manager Willi Weber. »Auch wenn er natürlich gelernt hat, Angriffe aus dieser Hochdruck-Gesellschaft Formel 1 abzuwehren, ist er doch ein sensibler junger Mann, der Wert auf das Urteil anderer legt. Eigentlich ist er der Junge aus Kerpen geblieben.« Und Ferrari-Teamchef Jean Todt meint: »Michael wurde in jungen Jahren im Dschungel des Lebens ausgesetzt und hat gelernt, sich nicht unnötig zu offenbaren. Die sogenannte Arroganz ist ein Selbstschutzmechanismus.« Und ein Verweigern der Annahme, dass ein öffentlicher Mensch auch öffentliches Gut ist. Michael hat klare Vorstellungen davon, was er preisgeben will und was nicht. Der Rennfahrer, der stellt sich vor die Objektive und Mikrofone und antwortet, das ist sein Job, auf alle Anliegen rund um den Motorsport. Der Mensch – manche Dinge lassen sich sowieso nicht geheim halten. Und andere kann man erzählen, ohne allzu viel von sich zu verraten. Der Vater – hier wird es schwierig. Das Familienleben ist heilig und gehört in seinen Augen zur Privatsphäre, auch wenn gerade das von großem Interesse ist, eben weil es im Verborgenen stattfindet. Nachfragen zu diesem Bereich empfindet Michael als penetrant, und nochmaliges Insistieren führt in der Regel zu einer Abfuhr.

Denn natürlich kann er auch brüsk sein, direkt ist er ohnehin. Und alles andere als konfliktscheu. Misstöne müssen ausgeräumt werden, ohne Umschweife und unverzüglich. Aussprachen steuert er so kompromisslos an wie Schikanen auf der Rennstrecke, denn unausgesprochene (Miss-)Stimmungen, so lautet seine Einstellung, können sich zum Problem entwickeln. Natürlich hat er auch gelernt, mit seinem Status umzugehen. Damit, dass er ständig beobachtet wird. Er hat sich damit arrangiert, ist nun routiniert, auch wenn ihm das Grundverständnis dafür zuweilen fehlt. »Vernünftig« sei das gegenseitige Verhältnis jetzt, würde er vermutlich sagen – »vernünftig« ist eines seiner Lieblingswörter. Und natürlich hat er auch registriert, dass er längst anders wahrgenommen wird als früher. Wenn er auch der festen Überzeugung ist, sich treu geblieben zu sein: »Ich für mich selbst habe mich eigentlich gar nicht so sehr verändert, ich habe früher nur immer sehr versucht, mich zu kontrollieren, mich zu verstecken. Das hat, denke ich, viel mit Reife und Alter zu tun. Wenn man jung ist, hat man ja auch noch nicht das Standing und die Erfahrung, daher versucht man, viele Dinge zu vermeiden, weil viel hineininterpretiert wird, Schwäche oder so. Man weiß eben nicht, wie man mit gewissen Situationen umgehen soll. Und dann versucht man halt, sich in dieser Hinsicht zu verstecken, selbst wenn man es nicht müsste. Ich kann nur das Beispiel Mika Häkkinen nennen, wie dessen Tränenausbruch in Monza kommentiert wurde, da wurde für meine Begriffe viel Blödsinn geschrieben. Nach einer Weile, mit der Erfahrung, mit der Zeit, entwickelt man dann eine größere Sicherheit. Oder eine Wurschtigkeit, und sagt: So bin ich, schreibt doch, was ihr wollt.«

Ein Lernprozess, der nicht ohne Schrammen vor sich ging. Er könne keine Fehler zugeben, ist einer der häufigsten Vorwürfe an Schumacher. Der wiederum fühlt sich dann ungerecht behandelt. Denn er gibt Fehler durchaus zu – aus sich heraus, spontan und offen, allerdings weniger, wenn er es mehrmals tun soll oder sich dazu genötigt fühlt. Dann läuft die gleiche Spirale ab wie in Momenten, in denen er sich zu Gefühlen gezwungen sieht: Er igelt sich ein und verweigert sich solchen Forderungen, zum Teil auch aus einem gewissen Trotz und Stolz heraus. Bis heute möchte er nicht verstehen, dass er eine Rolle spielen soll, die er sich so nicht ausgesucht hat.

Auszüge aus einem Interview im »Stern«, Anfang 2001

Niki Lauda sagt, vor fünf Jahren seien Sie »nur ein schneller Autofahrer« gewesen, heute aber »ein emotionaler, langsam charismatisch wirkender Typ, der ein Auto um sich herum aufzubauen beginnt«. Charakterisiert Lauda Sie zutreffend?

Ich tue mich schwer damit, nach meinem Erfolg als ein anderer Typ zu gelten. Klar: Ich entwickle mich, aber ich bin immer noch die Person, die ich früher war. So etwas wie Ausstrahlung kannst du nicht von Beginn an haben. Gerhard Berger hat mich früher als egoistisch beschrieben, ohne dass er mich wirklich kannte. Heute sieht er das auch etwas anders. Als Nachwuchspilot bist du halt eine Konkurrenz für die etablierten Fahrer, deshalb betonen sie nur deine schlechten Seiten. Es ist schön, dass manche mich langsam anders betrachten, aber es ist schade, dass sie es erst so spät erkennen.

Nicht erst seit dem Gewinn der Weltmeisterschaft mit Ferrari wirken Sie entspannter und offener. Das erstaunt viele.

Ich bin auch heute noch zurückhaltend in der Öffentlichkeit und kontrolliere mich, um nicht etwas zu sagen, was falsch verstanden werden könnte.

Fühlen Sie sich dennoch sicherer als früher?

Erfahrener. Und ich fühle mich stärker akzeptiert. Die Leute versuchen nicht mehr so oft, etwas, was ich sage, umzudrehen. Selbst wenn es so kommt, dann kümmert es mich weniger. Ändern kann ich es sowieso nicht. Vielleicht hat sich das bei mir gewandelt: Lange habe ich viele Dinge schwarz und weiß gesehen. Was falsch interpretiert worden war, wollte ich unbedingt gerade rücken. Aber ich habe gemerkt, das funktioniert nicht immer. Manches musst du einfach laufen lassen. Vielleicht drücke ich mich heute auch klarer aus. Früher habe ich bei Fangfragen versucht, um den heißen Brei herumzureden.

Nach Ihrem Sieg vorige Saison in Monza haben Sie plötzlich geschluchzt und mit gesenktem Kopf minutenlang geweint. Tat Ihnen der Gefühlsausbruch gut?

Im Nachhinein gesehen, ja. Aber zuerst wusste ich nicht, wie ich damit umgehen sollte. Ich hatte mich dafür geschämt. In der Öffentlichkeit war mir so etwas noch nie passiert.

Zuvor hatte man Ihnen nur einmal ins Gesicht schauen können, als Sie die Kontrolle verloren. 1998 stürmten Sie in der Boxengasse von Spa auf David Coulthard los, wutentbrannt, als wollten Sie ihn verprügeln. Sie beschuldigten ihn, er habe Sie absichtlich im dichten Regen auffahren lassen. Damals war ein böser Schumi zum Vorschein gekommen, später in Monza jedoch ein sanfter, sensibler.

Ja, aber ich hadere damit, dass die Leute erst dann verstehen wollen, dass ich ein Mensch wie alle anderen bin, wenn sie eine Art Beweis bekommen, wie Emotionen oder Fehler. Abseits der Öffentlichkeit kann man bei mir feststellen, jawoll, dat is' eben auch der ganz normale Jung', der mit seinen Kumpels mal einen trinken geht. Okay, ich habe bisher wenige Fehler begangen, die sichtbar waren. Muss ich aber erst welche machen, damit ich als Mensch gesehen werde? Dafür habe ich kein Verständnis. Ich bin sehr kontrolliert, weil ich auch sehr ausgeglichen bin. Der Anlass muss mich extrem reizen, um die Beherrschung zu verlieren. Und ich wüsste nicht, dass ich seit Spa jemals wieder so aufgebracht war.

Anders als etwa Boris Becker schirmen Sie Ihr Privatleben ab. Warum?

Sonst würden meine Frau und unsere Kinder sehr oft erkannt werden und könnten sich nicht mehr so frei bewegen. Das ist der Hauptgrund. Nebenbei: Ich habe das früher beobachtet bei den Frauen von Becker, Stich und vielen anderen. Am Anfang wurden sie für ihre Offenheit gelobt – und später dafür kritisiert. Da hat einem irgendwas nicht gepasst, und er ließ sich darüber aus, was die denn da zu suchen habe. Da haben meine Frau und ich gesagt: Dieser Situation müssen wir uns erst gar nicht aussetzen.

Es tauchen fast nie Fotos von Ihnen auf, die Paparazzi aus dem Verborgenen geschossen haben. Lassen die Sie in Ruhe?

Nicht immer. Früher, wenn wir in Monaco auf dem Boot waren, gab es genau solche Fotos. In der Schweiz, wo wir leben, und in Norwegen, wo wir ein Ferienhaus haben, wird unser Privatleben akzeptiert. Wenn ich aber in Italien leben würde, könnte ich das vergessen. Wir haben mal in Sardinien Urlaub gemacht, das ging völlig in die Hose. Ständig Paparazzi. Wenn du das weißt, lässt du's eben. Ich habe ein Auge dafür. Ich achte darauf, mich stört es, und wenn ich weiß, da ist was, dann schotte ich mich ab.

Becker und seine Ex-Frau Barbara waren ein glamouröses Paar, das sich gern auf Partys zeigte. Folglich wurde auch die Scheidung öffentlich ausgetragen.

Das muss jeder für sich selber entscheiden, wie er damit umgeht. Für uns war von vornherein klar: Corinna gibt keine Interviews, weil sie sich dabei unwohl fühlt. Das hat mittlerweile jeder akzeptiert. Und VIP-Veranstaltungen sind nicht unsere Welt, uns ist das zu oberflächlich. Da verbringe ich meine Zeit lieber zu Hause bei Familie und Freunden.

Während Sie viel unterwegs sind, kümmert sich Ihre Frau meist daheim um die beiden Kinder. Werden Sie sich nach Ende der Karriere vor allem Ihrer Familie widmen?

Sicher, dann lebe ich eine Zeit lang nur für sie. Aber ich muss gestehen: Seitdem ich bei Ferrari bin – und erst recht, seitdem unsere Kinder geboren sind –, haben sich meine Prioritäten schon arg verschoben. Ich kann mich nicht beklagen. Ferrari achtet darauf, dass ich genug Abstand zum Rennsport bekomme. Weil sie merken, dass es mir gut tut und ich meine Leistungsstärke auch daraus gewinne. Wenn ich irgendwann einmal aufhöre, dann ohne zu wissen, was ich danach mache. So stelle ich mir das vor. Ich möchte mich nicht von einer Sache in die andere stürzen.

Das kleine große Glück

Der kleine blonde Junge rutscht ungeduldig auf seinem Platz hin und her. Still sitzen und drei Jahre alt sein, das passt nicht gut zusammen. »Kann ich nicht schon jetzt etwas essen?« Mick greift schon mal zur Gabel, aber sein Vater bremst ihn aus: »Gleich, wir warten auf Gina und Mama, die sind in wenigen Minuten da.« Wenige Minuten auf einem Fleck sitzen aber kann Mick nicht; er rutscht unter den großen Holztisch und taucht mit einer gewagten Grimasse im Gesicht direkt zwischen Michaels Hosenbeinen auf. Der muss lachen: »Komm mal her, du schwitzt doch, wir ziehen mal deinen Pulli aus.« Hilft ihm aus seinem Wollpulli, streicht ihm über die zerzausten Haare und schiebt ihn dann wieder zurück auf seinen Platz. Draußen fährt ein Auto vor. Michael steht auf und holt das Essen auf den Tisch. Es gibt Schnitzel mit Reis und Gemüse.

Gina stürmt in die Küche, in der Hand eine Zeichnung. »Papa, schau mal, das haben wir heute gemalt!«, ruft sie und wirft sich voller Schwung auf Michaels Schoß. Stolz wedelt sie das Blatt Papier vor seiner Nase herum. Der Papa versucht, ihren Arm festzuhalten, damit er einen Blick auf das Gemälde werfen kann. Corinna kommt etwas langsamer hinterher und zieht dabei ihren Mantel aus. Sie hat die Kleine aus der Vorschule abgeholt. Jetzt können sie essen.

Mittagessen zu Hause bei den Schumachers im Winter 2002. Ein Tag wie viele andere in der formel-1-freien Zeit. »Gina, iss bitte schneller. Mick, möchtest du etwas trinken?« Ganz normaler Alltag. Mick mag kein Gemüse, und Gina findet die Soße zu scharf. Das Haus der Schumachers wird gerade renoviert – »es wurde mal Zeit, wir leben schließlich schon eine ganze Weile hier« –, daher hält sich die Familie viel im Esszimmer auf, das kuschelige Gemütlichkeit ausstrahlt. Durch eine Tür, vorbei an den beiden Wellensittichen, geht es in den Wintergarten, den die Kinder längst okkupiert haben. Dahin zieht Mick den Papa nach dem Essen. Er will jetzt *Spiderman* sein, wie an Karneval, und der Papa soll mit ihm in der großen Kiste nach dem Kostüm suchen. Der Mann, dem im Beruf nichts schnell genug gehen kann, sitzt seelenruhig auf dem Boden und durchwühlt mit seinem Sohn die Holzkiste. Die Hose haben sie schon gefunden, aber wo ist nur das Oberteil?

Gina schießt um die Ecke. Sie hat einen dicken Winteranorak an und rote Backen. Schnell, alle mit rauskommen vors Haus! Mick ist schon fast aus der Tür, da erwischt ihn Michael noch: erst eine Jacke anziehen, ohne ist es zu kalt. Draußen steht Corinna, in Jeans, dicker Jacke und Stiefeln. Sie strahlt. Ein Freund ist vorbeigekommen, er hat die Shetland-Ponys der Kinder mitgebracht – und dazu eine kleine Kutsche, vor die man sie spannen kann. Gina rennt verzückt zu den Tieren, Mick düst hinterher, der Hund Bonnie bellt erschrocken auf, die übrigen Hunde trotten um die Hausecke und beschnuppern die Ponys. Michael verschwindet schnell noch mal ins Haus und holt eine Kamera. Während Mick auf den Sitzbänken herumklettert und Gina schon erwartungsvoll auf dem Kutschbock sitzt, knipst der stolze Vater ein paar Fotos fürs Familienalbum.

»Ich liebe diese Tage«, sagt Michael. »Das sind Momente, in denen ich das Gefühl habe, dass die Welt langsamer geworden ist. Ich kann dann so richtig abspannen. Abends gehe ich Fußball spielen, und alles in allem habe ich das Gefühl, wir sind eine Familie wie jede andere. Corinna und mir, uns beiden ist es sehr wichtig, dass unsere Kinder so normal wie möglich aufwachsen. Wir möchten, dass sie sich zu Menschen entwickeln, die gewisse Werte und Wertigkeiten kennen und natürlich auch annehmen. Deshalb wachsen die Kleinen nicht mit Kindermädchen auf, sondern weitgehend eben mit uns, ihren Eltern, und mit ihren Großeltern. Das Gute ist, dass sowohl Corinna als auch ich aus ganz gewöhnlichen Verhältnissen stammen, deshalb kennen wir selbst es ja gar nicht anders. Wir hatten beide unserer Meinung nach eine tolle Kindheit, und die sollen unsere Kinder auch haben. Klar können wir uns viel mehr leisten als unsere Eltern damals, aber man muss ja nicht alles nur aus einer momentanen Laune heraus oder gar aus Langeweile haben wollen. Das versuchen wir Gina und Mick zu vermitteln, und bis jetzt, denken wir, haben wir das ganz gut hingekriegt.«

Es gibt sie wirklich, die zwei Seiten an Michael Schumacher. Die eine ist die von Schumacher, dem Rennfahrer: energetisch, konzentriert, fokussiert auf die wesentlichen Dinge, zielorientiert. Immer auf dem Sprung, immer schon wieder weiter. Die andere ist die private Seite: weicher, langsamer, entspannter. Geduldiger auch. Selbst seine Gesichtszüge, die, wenn er innerlich angespannt ist, oft kantig wirken, scheinen dann zu zerfließen. So wie seine Grundsätze: zu Hause ist es okay, wenn etwas nicht auf den Punkt erledigt ist. Mach ich's heute nicht, mach ich's eben morgen. Im Job wäre diese Einstellung undenkbar.

Wenn Michael sich selbst beschreibt, fällt immer dieses eine Wort: ausgeglichen. Wenn Michael sein Leben beschreiben soll, sagt er, er sei wunschlos glücklich. Der Mann, der ein Weltstar ist, wertet das kleine Glück als großes Glück. Weil es, dessen ist er sich voll bewusst, außergewöhnlich und sehr selten ist. Und kostet es daher bestmöglich aus. »Ich habe eine wunderbare Frau, wir haben zwei tolle Kinder, wir sind alle gesund, ich konnte mein Hobby zu meinem Beruf machen, habe Erfolg, arbeite gemeinsam mit Freunden – mehr geht eigentlich nicht. Daher versuche ich diese Zeit zu genießen«, sagt er, und dann, mit einem Grinsen: »Gerade beruflich werden auch wieder andere Zeiten kommen. Mir ist bewusst, dass das nicht ewig so weitergehen kann – die berufliche Seite, meine ich.« Ein Realist, das ist er ganz bestimmt. Ein nüchterner Pragmatiker. Kein Romantiker, kein Träumer. Ein Mann, der mit beiden Beinen, wie man so sagt, fest auf dem Boden steht. Der dort aber auch gehalten wird von der Frau, die er liebt, schon seit seiner Jugendzeit. Ein Liebender, auch das ist Michael Schumacher.

Welchen Anteil Corinna an seiner unglaublichen inneren Ruhe habe, wurde er gefragt, als er die WM 2000 gewonnen hatte und sich die Beobachter während des gesamten Wochenendes darüber gewundert hatten, dass er kaum aufgeregt schien. Michael sagte, ihr Anteil sei unschätzbar. »Nicht umsonst ist dieses Wochenende für mich so sehr reibungslos abgelaufen. Man fühlt sich schlichtweg um ein Vielfaches wohler, wenn man seine Frau dabei hat. Das gibt einem viel Sicherheit, es ist so schön, sich auf eine solche Freundschaft und Partnerschaft stützen zu können. Man sagt, hinter jedem starken Mann steht eine starke Frau, und in unserem Fall passt dieser Spruch zu hundert Prozent. Ich empfinde es als außergewöhnlich, eine solche Frau gefunden zu haben, und ich bin dankbar dafür.« Wie viel Kraft Michael aus seinem harmonischen Familienleben zieht, wird noch aus einer anderen Liebeserklärung deutlich, die er an dem gleichen Tag machte. Es ging darum, ob er sich darauf freue, seinen Kindern stolz den Titel zu präsentieren. Seine Antwort: »Das Gefühl hier und heute in mir drin, das teile ich mit dem Team und den Tifosi, aber meine Kinder sind zu klein, um wirklich verstehen zu können, was hier passiert ist. Und darüber bin ich froh. Weil sie in guten und in schlechten Tagen dafür sorgen, dass ich auf dem Boden bleibe. Wenn ich heimkomme, werde ich einfach ein glücklicher Mann sein, der nach Hause kommt und nach seinen Kindern schaut.« Ein Harmoniemensch, das vor allem ist der private Michael Schumacher.

Die Familie ist sein Rückzugsgebiet. Das Kraftfeld, aus dem er seine Energien zieht. Am liebsten wäre es ihm wohl, er könnte den privaten und den öffentlichen Menschen komplett trennen. Dass das eine Wunschvorstellung ist, wird ihm nicht nur beim Mittagessen klar. Auf dem massiven Holztisch liegt die Zeitung mit den großen Buchstaben, die am Tag zuvor noch schwelgerisch von *Schumis neuer Traum-Villa* berichtet hatte, die der Rennfahrer gerade gekauft hat – in allen Einzelheiten und mit Fotos, die aus einem eigens gecharterten Hubschrauber geschossen waren. An diesem Tag nun schreckt sie ihre Leser mit der üppig bebilderten Geschichte vom Spukhaus auf, das Schumi da erstanden habe. Der Vormieter sei auf mysteriöse Weise verschwunden und Nachbarn hätten Geräusche gehört. Michael schaut die Zeitung an und verzieht seinen Mund zu einem spöttischen Grinsen. »Schon seltsam, wie schnell sich unser Haus von der Traumvilla zum Spukschloss verwandelt hat«, sagt er. »Gut, dass Gina und Mick noch nicht lesen können. Sonst hätten wir jetzt ein echtes Problem. Erst gestern nämlich waren wir zusammen am Haus, und weil ich selbst den Keller noch nicht gesehen hatte, spielte ich mit ihnen, wir seien Höhlenforscher. Jeder bekam eine Taschenlampe in die Hand gedrückt, und dann sind wir in den Keller vorgedrungen. Für die Kinder war das total aufregend, aber ich glaube, wenn sie heute das von dem Spukhaus hätten lesen können, fänden sie das nicht mehr so lustig. Ich weiß nicht, ob wir sie dann noch dazu bringen könnten, da einzuziehen. Gespenster sind gerade total interessant für sie, aber natürlich auch sehr gruselig.«

Die Konsequenz aus solchen Erlebnissen, nein: die Vorahnung ist, die Familie herauszuhalten aus dem öffentlichen Leben, das der Rennfahrer Schumacher führt. Das war einer der Hauptgründe dafür, in die Schweiz zu ziehen. Die Schweizer sind ähnlich unaufgeregt im Umgang mit sogenannten Promis wie Michael selbst als Mensch. Im französischen Teil zumal, wo Corinna und Michael seit Jahren leben, lassen sie die Familie völlig zufrieden. Keine Paparazzi, keine Anrufe. Dafür ein höfliches Bonjours, wenn man sich zufällig beim Gassigehen begegnet. Noch heute erzählt Michael von der kleinen Episode, als er mal mit den Hunden spazieren ging und eine Frau traf, die ebenfalls ihren Hund ausführte. Man sprach über das Wetter, über den vielen Regen, die Ernte, die Hunde. Was man eben so spricht, wenn man offensichtlich im gleichen Dorf wohnt, sich aber nicht kennt. Schöne Hunde haben Sie. Oder: Gott, was werden die Hunde heute wieder dreckig. Kein Wort über die Formel 1. Die Frau kannte ihn nicht, sie war einfach nur höflich. Man grüßte und ging seiner Wege. Es existiert keine einzige Homestory über die Schumachers, es wird auch künftig keine geben. Er wird auch seine Kinder nicht mit ins Fahrerlager bringen. Denn er möchte nicht, dass sie diese »künstliche Welt«, wie er es nennt, als Normalität erleben. »Wir wollen auch nicht, dass sie denken, sie wären etwas Besonderes. Das würden sie aber zwangsläufig, wenn alle auf sie zulaufen und sie fotografieren würden. Natürlich wissen sie, dass ich Rennfahrer bin, aber sie wissen nicht, was das bedeutet. Das wollen wir so lange wie möglich aufrecht erhalten.« Konsequenz, das weiß man aufgrund seiner Formel-1-Karriere, ist eine der hervorstechenden Eigenschaften von Michael Schumacher.

Die andere, wie gesagt, ist diese Unaufgeregtheit. Der Mann ist irgendwie im Reinen mit sich selbst, er wirkt so ausbalanciert wie sein Ferrari in guten Rennen, und er weiß immer etwas anzufangen mit sich – oder gerne auch mit Freunden. Die Schumachers führen ein offenes Haus, sehr oft sind Leute bei ihnen zu Besuch. Corinnas Eltern, Freunde aus Kerpen oder anderswo. Gerade im Winter, in Norwegen, sind die Wochen meist ausgefüllt mit Unternehmungen und Besuchen. Ferrari-Rennleiter Jean Todt kommt dann schon mal zur Silvester- oder Geburtstagsfeier, Ralf oder auch der ehemalige Fahrerkollege Jos Verstappen. Schon traditionell ziehen die Männer dann los, auf ihre Hüttentour. Mit Schneeschuhen und Schlitten und Skibobs, und abends wird in einfachsten Hütten übernachtet. »Das war toll«, erzählt Michael. »Wir saßen dann da, haben zusammen gekocht und gegessen und danach Karten gespielt oder einfach nur geredet. Das fand ich unheimlich schön, es herrschte so eine tiefe Gemeinschaft.« Es ist wie immer im Leben: Die einfachen Dinge sind die schönsten. Um so mehr, wenn sie eine Art Luxus darstellen, weil sie selten sind. Auf Fotos sieht man dann Menschen, dick vermummt und mit roten Nasen, die sich gegenseitig die Arme um die Schultern gelegt haben und herausfordernd in die Kamera blicken.

Dieses neue Konzept hat Michael erst lernen müssen. Es war zunächst undenkbar für den Aktiv-Menschen Schumacher. Stillhalten? Ruhe einkehren lassen? Ist das nicht Schlendrian? So dachte er früher, bis die Zwangspause kam. Der Unfall beim Rennen in Silverstone, im Juli 1999, stellte mehr als eine sportliche Zäsur dar. Die Ferse verheilte damals nicht gut, und Michael war zu Untätigkeit verdonnert – so jedenfalls sah er es. »Ich muss Corinna unheimlich auf den Wecker gegangen sein. Das war ja auch für sie ungewohnt, dass ich mich nicht selbst beschäftigen konnte. Ich empfand mich wirklich als eine Last. Aber sie hat das gut hingekriegt.« Als Michael dann nach drei Monaten wieder auf die Rennstrecke zurückkehrte für die beiden letzten Saisonrennen, als Helfer für Eddie Irvine im Kampf um die WM gegen Mika Häkkinen, da wirkte er unglaublich frisch. Und fuhr stark wie nie. »Ich war selbst überrascht«, sagt er heute. »Es war ja nicht so, dass ich mich vorher ausgelaugt gefühlt hätte. Überhaupt nicht. Ich dachte immer, es ist besser, alles selber zu machen und sich keine Pause zu gönnen. Aber Tatsache war, dass mir auf einmal alles leichter fiel, dass mir die Pause fühlbar gut getan hatte. Es war wirklich, als seien meine Batterien vollständig aufgeladen. Ich hatte richtig Power. Seither versuche ich, mich über den Winter so gut es geht auszuklinken. Ich nehme keine Termine wahr, ich teste nicht vor Januar, wenn es nicht unbedingt sein muss, ich gehe nicht zu Galas oder anderen Veranstaltungen, reduziere für eine Weile mein Training. Ich versuche, einfach so in den Tag hinein zu leben. Viele Leute verstehen nicht, warum ich nicht zum Beispiel zu Preisverleihungen komme. Aber für mich ist das Stress, ich fühle mich auf solchen Veranstaltungen generell nicht wohl, es sind immer viele Menschen da und es herrscht meist ein großes Gedränge. Außerdem muss ich an einem bestimmten Punkt mein Training wieder anfangen, und ich käme sonst ständig aus dem Rhythmus. Ich merke einfach, dass mir diese Ruhe gut tut. Wenn die Saison dann mit den ersten Tests und Sponsorenveranstaltungen wieder beginnt, sind meine Batterien aufgeladen, ich bin frisch und freue mich richtig darauf. Ich bin manchmal sogar so ausgeruht, dass ich es kaum abwarten kann, wieder ins Auto zu steigen. Und ich glaube, das ist genau das Gefühl, das man haben muss, vor allem, wenn man so lange dabei ist wie ich. Eine Formel-1-Saison ist so lang und zehrt so an den Kräften, da muss man einfach fit sein, wenn es losgeht – auch mental. Denn über das Jahr betrachtet, wirst du sowieso müde. Auch wenn du noch so sehr auf dich achtest.«

Eine Einsicht, die zunächst nicht zu Michael Schumacher passen will. War sein Credo doch jahrelang: Je mehr Arbeit, desto besser. Aber auch das gehört wohl zu der Erfahrung, die auch mit dem Alter kommt. Welcher andere Spitzensportler, in welcher Sportart auch immer, kämpft schließlich seit nahezu zehn Jahren ununterbrochen mit um den Weltmeistertitel? Seit nahezu zehn Jahren lebt Michael Schumacher damit, dass er in jedem Rennen im Fokus der Öffentlichkeit steht und jede seiner Bewegungen genauestens analysiert wird. Alles andere als diese Einsicht wäre Raubbau am Körper. Das Ausklinken ist wohl ein Stück weit, vielleicht auch unbewusst, eine Maßnahme zum Selbstschutz.

Die Suche nach Anonymität

Es ist heiß, sehr heiß. Der Asphalt glüht, und die Hochhäuser multiplizieren die Hitze noch, als reflektierten die Betonmauern die Sonnenstrahlen. Ein Stadtbummel laugt da ganz schön aus. Michael und sein Kumpel haben sich einen Kaffee auf Eis geholt und sitzen jetzt draußen vor dem Laden auf einer Steinbank. Schlürfen gemütlich ihren eisgekühlten Kaffee, die Ellbogen auf die Knie gestützt, und betrachten die Passanten. Die Frau da mit dem kleinen Kind – nicht zu beneiden, es ist eindeutig zu heiß, klar, dass das Kind so quengelt. Hat ja einen ganz roten Kopf. Der Mann mit seiner Gitarre – schon ziemlich viel Geld in seinem Kasten, scheint ein einträgliches Geschäft zu sein hier unten, obwohl die wenigsten stehen bleiben und sich Zeit nehmen zuzuhören. Michael und sein Kumpel haben Zeit, sie sind hier im Urlaub. Beide haben ihren Stetson tief ins Gesicht gezogen. Wegen der Sonne. Nicht wegen der Leute. Warum auch? Keine Kamera weit und breit. Niemand, der wie sonst so oft ganz unauffällig einen Bogen macht und scheinbar gelangweilt zurückschlendert. Nur Menschen in Jeans und T-Shirts, die sich erkennbar gar nicht um die beiden Männer da scheren. Neben ihnen sitzt ein Pärchen, die Frau hat ihre Schuhe ausgezogen und die Füße beim Mann auf die Beine gelegt. Sie lächelt etwas verlegen herüber – die Hitze! Michael verflucht gerade, dass er sich eine Jeans angezogen hat. Und gleichzeitig genießt er es, hier einfach so sitzen zu können.

Auffallend häufig erzählt Michael Schumacher von dieser Stunde, die er da saß. Im Sommer in Dallas, Texas. Einfach so. Kein Mensch hat den Kopf gedreht, als er auf der Straße lief, kein Autofahrer gehupt, niemand zückte das Handy, kein erregtes Flüstern. Niemand hat ihn erkannt; auch am Abend nicht, als er seinen Pass zücken musste, um in einen Club eingelassen zu werden: Der Name Michael Schumacher weckte keinerlei Reaktion. »Normalerweise werde ich immer beobachtet. Egal, wo ich bin, egal, was ich mache, die Leute schauen. Wie ich esse, wie ich trinke, wie ich angezogen bin, alles offenbar interessant. Daher war das so schön, einfach mal auf der anderen Seite zu sein. Mal nicht beobachtet zu werden, sondern selber zu beobachten.« Die Begeisterung, mit der Michael davon berichtet, ist zunächst schwer nachvollziehbar. Bis man sich in seine Lage versetzt. Dann merkt man, wie ungewöhnlich ein solches Erlebnis für ihn sein muss.

Wenn Michael nach seinen Träumen gefragt wird, nach seinen geheimen Wünschen, dann fällt immer sehr schnell das Wort Anonymität. Er wünsche sich, unsichtbar zu sein, sagt er dann, oder, er möchte einfach unbeobachtet bleiben. Unsichtbar sein eben. Es gibt Menschen, die genießen es, wenn sie Blicke auf sich spüren. So ist Michael Schumacher nicht. Selbst nach mehr als zehn Jahren im Blickpunkt der Öffentlichkeit, nach mehr als zehn Jahren, in denen regelmäßig wiederkehrend Objektive auf ihn gerichtet sind, spürt man, wie er sich ein klein wenig verspannt, bevor er sich ihnen stellt.

Maranello, der Firmensitz von Ferrari in der Nähe von Modena, Italien. Präsentation des neuen Autos, 29. Januar 2001. Michael soll ein paar Worte sagen, er will sie auf Italienisch sagen, er hat eigens eine kleine Rede vorbereitet. Den Zettel hat er in der Tasche, und als er jetzt die paar Schritte in den Vordergrund der Bühne geht, umgreifen seine Finger den Zettel in der Tasche, spielen mit ihm. Herausholen? Nein, er würde lieber frei reden. Er weiß, dass sein Italienisch nicht flüssig ist. Trotzdem. Der Anfang ist gut, er beginnt zu reden. Doch nach ein paar Sätzen bleibt er stecken, er nimmt einen neuen Anlauf, das Wort will nicht über seine Lippen, er schaut verkrampft auf den Boden, flüstert leise »shit«. Das Mikrophon überträgt es deutlich in den Raum. Die rund 1000 Gäste lachen auf, freundlich. Dann fängt sich der Fahrer wieder. Als er seine kurze Ansprache beendet, ist er ein klein wenig rot.

Das sind die Momente, in denen Michael am liebsten im Erdboden versinken würde – oder besser, im Cockpit, hinter einem Lenkrad. Und dann Gas geben und wegfahren.

Wie in Monza, draußen im Park, der die Rennstrecke umschließt, ein Auftritt vor den Fans, organisiert von einem Sponsor. Die Fahrer als Stimmungsanheizer, solche Termine sind durchaus nichts Ungewöhnliches. Dennoch sind sie purer Stress. Als Michael aus dem Kleinbus aussteigt, schieben ihn zwei Bodyguards durch einen Korridor aus Leibern. Aus schreienden Mündern. Grapschenden Händen. Gut, dass es nicht weit ist bis zur Bühne, die Organisatoren haben vorgesorgt. Sein Kollege Rubens Barrichello steht schon oben. »Nicht wahr, Rubens«, schreit der Moderator in sein Mikro, »mit dieser Unterstützung hier bist du übermorgen im Rennen gleich eine Sekunde schneller!« Ja, klar, ruft Rubens zurück, mindestens! Alle jubeln. Dann geht er, und Michael hat seinen Auftritt. Wieder jubeln alle, lauter noch: der Weltmeister! Zum Abschluss fragt der Moderator, ob man nicht sagen könne, dass einen eine solche Unterstützung eine Sekunde schneller mache ...? Na ja, sagt Michael da bedächtig, das könne man eigentlich so nicht sagen. Es wäre natürlich toll, eine solche Unterstützung zu haben, aber eine Sekunde? Also, ehrlich gesagt, das könne man wirklich nicht behaupten. Der anschließende Jubel fällt ein bisschen weniger euphorisch aus als bei Rubens' Bestätigung zuvor.

Etwas sagen, was in seinen Augen schlichtweg *Quatsch* ist, selbst wenn es keinen Unterschied macht – das kann Michael Schumacher nicht. Das wäre ihm peinlich, das empfände er als Heuchelei. Er lügt auch Journalisten nicht an, selbst wenn sie ihm Fragen stellten, die er nicht beantworten darf. Michael umgeht die klare Antwort dann geschickt, oder er lacht und fragt, ob der Journalist wirklich darauf eine Antwort erwarte. Einmal hat er in einer Pressekonferenz auf eine direkte Frage eine falsche Antwort gegeben. Da hat er dann am nächsten Tag auf der Pressekonferenz von sich aus das Wort ergriffen und sich entschuldigt dafür, dass er gelogen habe.

Der Junge im Mann

Nieselregen, erst fein, dann heftiger. Es ist kalt und grau. Auf dem ungepflasterten Weg bilden sich Pfützen, in denen Herbstlaub schwimmt. Kein Wetter zum Spaßhaben. Die Menschen haben ihre Kapuzen tief ins Gesicht gezogen, darunter spitzen fast ausnahmslos rote Kappen hervor. Manche klammern sich an einen Schirm. Wenn man einen bestimmten Pass hat, darf man ins Fahrerlager gehen, und wer dort hineingeht, der geht mit großer Sicherheit zielstrebig ganz nach hinten. Nach links, dorthin, wo das große grüne Zelt von Tony Kart ist. Davor ist ein Zaun aufgestellt, und zwei Sicherheitsmenschen kümmern sich darum, dass nur Teammitglieder in das kleine Areal von Tony Kart kommen.

Ende Oktober 2001, die Kartbahn in Kerpen-Manheim. Auf der Anlage drängen sich die Menschen. Sie sind alle nur wegen des einen gekommen, doch den sehen sie nicht – das Wetter. Die Fahrer haben sich alle in Zelten verkrochen. Dem großen Zelt gegenüber ist noch ein kleineres aufgebaut. Darin befindet sich ein langer Campingtisch, an der Seite entlang hat Raffaella eine Art Buffet aufgebaut: Plastikkannen mit heißem Wasser stehen da, diverse Sorten Teebeutel, Plätzchen noch in der Verpackung, dazwischen liegen Zuckerbeutel herum. Natürlich steht auch eine Espressomaschine da, Tony Kart ist ein italienisches Team. Am Tisch mit der Plastikfolie drüber sitzen, auf Klappstühlen, Michael und Corinna Schumacher und ein paar gute Freunde und umklammern mit beiden Händen einen Pott Tee. Die Frauen haben dicke Jacken und Stiefel an, Michael hat einen Plastikschutz über seine dünnen Rennschuhe gestülpt. Er trägt einen grünen Rennoverall, eine grüne Jacke – grün ist die Farbe von Tony Kart, und es wirkt sehr ungewohnt an Michael – und ein sehr kantiges Kinn zur Schau. Der Mann, der vor zwei Wochen seine zweite Weltmeister-Saison für Ferrari abgeschlossen hat und am Wochenende danach für die sogenannten Ferrari-Days nochmals nach Monza musste, sitzt nun in Kerpen-Manheim auf der Bahn, auf der für ihn alles begonnen hat. Obwohl er ausgelaugt ist von der langen Saison, konnte er sich dieses Kart-Rennen zu Hause doch nicht entgehen lassen. Es ist der letzte Lauf zur Super-A-Weltmeisterschaft, kein Juxrennen also. Weil aber Michael rund doppelt so alt ist wie die anderen Teilnehmer und aufgrund lebenslangen Sports auch ein ganzes Stück muskulöser als die Jungs, hat er eigens für dieses Rennen vier Kilo abgespeckt, was sich am Gesicht besonders bemerkbar macht. »In der Formel 1 braucht man mehr Muskeln, daher war ich zu schwer«, erklärt er. »Als wir uns zum ersten Mal gewogen hatten, hatten wir neun Kilo zu viel auf der Waage, denn im Kart gibt es ein Limit von 140 Kilo, und jedes Kilo mehr bringt Nachteile. Das Team von Tony Kart hat es dann geschafft, das Kart um fünf Kilo leichter zu bauen, für den Rest musste ich sorgen. Also habe ich in erster Linie für den Abbau meiner Muskeln trainiert, bin zum Teil vier Stunden Rad gefahren anstatt wie sonst üblich zwei. Und schließlich haben wir 140,5 Kilo auf die Waage gebracht.« Wohlgemerkt: In den WM-Kampf kann er nicht mehr eingreifen.

Michael hat seinen Tee ausgetrunken, gibt Corinna einen Kuss und geht rüber ins andere Zelt. Dort ist sein Rennkart aufgebockt, ein Mechaniker kümmert sich schon darum. Michael holt sich einen Schraubenschlüssel und fängt an, den Tank abzuschrauben. Draußen, vor dem Gitter, rufen die Leute »Schumi!«, aber Michael hört sie längst nicht mehr. Er ist eingetaucht in die Welt, die er so sehr liebt. Konzentriert schraubt er an dem Gefährt, diskutiert mit Signore Robazzi, dem Teamchef, welche Abstimmung wohl die beste sei für den Regen da draußen. Die Jacke hat er ausgezogen, er trägt nur noch eine Weste über dem Overall. Sein Freund Peter Kaiser kommt dazu, für dessen KSN-Team Michael normalerweise fährt. Diesmal ist er sein Mechaniker, weil Schumacher beim offiziellen WM-Lauf nur für Tony Kart starten kann. »Ich liebe das, an den Karts zu arbeiten«, sagt der Formel-1-Fahrer auf Abwegen. »Ich liebe auch die Formel 1, aber da kann man ja nichts mehr selber machen, da gibt es die ganzen Mechaniker, die all die Dinge erledigen, die man hier noch selber richten kann. Früher, als Ralf noch Kart gefahren ist, war ich sein Schrauber, und ich habe es unglaublich gerne getan. Dies ist einfach meine Welt, es gehört zu meinem natürlichen Rhythmus, es ist Teil meiner Kindheit, und ich habe nur beste Erinnerungen daran. Wenn ich ein Kart sehe, läuft eine Art Automatismus in mir ab. Ich bin überzeugt: Wenn ich nicht Formel-1-Fahrer geworden wäre, würde ich Karts fahren oder verleihen. Ich wäre damit sicher nicht so reich geworden, aber mit Bestimmtheit genauso glücklich.«

Weltmeister an diesem Tag wurde Tonio Liuzzi aus Italien. Michael, wie gesagt, hätte sowieso nicht Weltmeister werden können, da der Titel in insgesamt zehn Läufen vergeben wird und er ja nur bei den letzten zweien am Start war. Aber darum ging es nicht. »Mir ging es hier wirklich nur um den Spaß. Ich wollte schon so lange mal wieder an einem hochklassigen internationalen Kart-Rennen teilnehmen. Und ich muss sagen, anfangs im Trockenen war ich von den Zeiten noch wirklich konkurrenzfähig. Im Nassen war es komischerweise etwas schwieriger für mich, obwohl das früher immer meine Paradedisziplin war.« Im ersten der beiden Finalläufe war Michael, der von Platz 16 startete, an dritter Stelle liegend wegen eines doppelten Achsschenkellagerbruchs ausgeschieden – innerhalb der ersten 400 Meter war er von 16 auf Platz 4 gefahren. Im zweiten fuhr er bis auf den dritten Platz vor und wurde dann sogar nachträglich als Zweiter gewertet, weil der Sieger Marco Ardigo disqualifiziert wurde. »Ich kann es nur immer wieder sagen: Ich genieße diesen Zweikampf, diesen Kampf Rad an Rad, die vielen Überholmanöver – und das hatte ich hier zur Genüge, weil ich ja im Mittelfeld starten musste. Es hat unglaublich viel Spaß gemacht und war ein bisschen wie in alten Zeiten. Im Kart ist es nun einmal so, dass du in der ersten Runde die meisten Plätze gutmachen kannst.« Und am späten Nachmittag saß er dann mit seiner Frau und seinen Freunden im klammen Zelt, schenkte sich erst mal ein Weißbier ein – die Diät war schließlich vorüber – und schwelgte in den frischen Erinnerungen an den letzten Lauf dieser Kart-WM – seiner ersten übrigens, denn zu aktiven Kart-Zeiten hatte er zwar 1983 an der Junioren-WM teilgenommen, aber eine Senioren-WM gab es damals nicht.

Anderntags auf dem Fußballplatz in Echichens, einem kleinen Dorf in der französischen Schweiz. Ein paar Jungs sind schon da. Die Umkleidekabine ist in einem kleinen Häuschen untergebracht, die langen Bänke darin aus abgegriffenem Holz. Michael sitzt auf einer der Bänke und schnürt seine Fußballschuhe. Patrick Ferrari kommt herein, der Trainer der Mannschaft, mit der der Formel-1-Weltmeister in seiner Freizeit Fußball spielt. Dritte Schweizer Amateurliga, überall sieht es ähnlich aus wie hier: Nicht nur das Vereinsheim könnte mal wieder einen Anstrich gebrauchen. Von der benachbarten Weide weht Kuhgebimmel herüber. Manchmal spielt Michael in der ersten Mannschaft, manchmal in der zweiten, manchmal auch bei den alten Herren. Kommt auf seine Termine an, schließlich ist er häufig unterwegs. Patrick sagt etwas zu den Spielern, das Michael wahrscheinlich nur zur Hälfte versteht – Französisch spricht er nicht allzu gut – und schaut dann zu Michael. Der nickt. Auf geht's. Die Spieler laufen nach draußen, in diesem typischen Trippelschritt der Fußballspieler, wenn sie auf Noppenschuhen über Pflastersteine laufen. Neben dem Häuschen wartet eine Frau mit ihrem Sohn, ob er mal ein Foto...? Michael stellt sich neben das Kind, ein Mann in blauen Stutzen, blauem Trikot, blau-weißer Hose, und lächelt artig in die Kamera. Der Trainer schaut ungeduldig herüber. Michael streicht dem Jungen schnell über die Haare, zieht noch mal die Stutzen in die Kniekehlen, dann läuft er auf den Platz.

Wie sehr Michael das Fußballspielen liebt, lässt sich am besten erahnen, wenn man sich in Erinnerung ruft, wie unwohl ihm bei öffentlichen Auftritten und inmitten von Menschenmengen ist. Würde er sich diesem Stress sonst freiwillig aussetzen? Wenn Michael für die Nazionale Piloti, eine Mannschaft aus ehemaligen oder aktiven Motorsportlern in Italien, auftritt, ist er immer der Mittelpunkt. Ist er angekündigt, ist das Stadion ausverkauft. Kann er nicht, sind die Gegner beleidigt, ebenso wie die Granden der Stadt. Deshalb ist ein solches Spiel für Michael ein einziger Spießrutenlauf. Schon vorher: Wie kommt er an, durch welches Tor gelangt er ins Stadion, kommt er mit dem Auto, kommt man da ran? Währenddessen: In welcher Umkleidekabine sind die Piloti – dort bauen sich Väter mit ihren Söhnen, gutaussehende Frauen und Journalisten auf. Und die Debatten beginnen: Wer kennt jemanden, der da rein kann? Es geht doch nur um ein paar Autogramme. Kann jemand mal schauen, ob Mikele überhaupt noch drin ist? Ach, er wird gerade massiert? Kann er da nicht nebenbei ein paar Autogramme geben? Kommt er so früh aus der Kabine, dass er noch ein Interview geben kann? Und ein paar Autogramme? Ach, er soll draußen auch noch Interviews geben? Ist es dazu nicht eh schon zu spät? Er muss dann gleich weg? Noch weitere Termine? Vielleicht kann er früher vom Feld gehen, dann hat er dazu doch noch Zeit? Wie gesagt: Sind doch nur ein paar Autogramme, und wenn er schon mal dabei ist, hat er sicher nichts dagegen, auch noch die Fahne und das Bild und die Turnschuhe ... In diesen Momenten gleitet Michael durch die Menge wie meist am Wochenende drauf durch den Verkehr auf der Piste: geschmeidig und unaufhaltsam. Ab durch die Mitte.

»Fußball ist für mich eine Mischung aus mehreren Dingen: Einerseits stellt es eine willkommene Abwechslung in meinem täglichen Trainingsprogramm dar. Es ist einfach eine andere Form der Belastung, und jeder kennt das ja von sich selbst, dass man gar nicht merkt, wie viel man läuft, wenn da dieser Ball im Spiel ist«, erklärt Michael. »Andererseits wirkt beim Fußball auch dieser Reiz, dass ich es eben nicht so gut kann. Wenn ich auf den Platz gehe vor einem Spiel mit Echichens beispielsweise, bin ich manchmal aufgeregter als wenn ich in mein Formel-1-Auto steige. Ich muss mich auch stärker konzentrieren, wenn ich einen Ball gut annehmen will, als wenn ich auf eine Kurve zufahre – selbst, wenn ich sehr schnell dabei bin. Es ist wirklich komisch: In einem Formel-1-Rennen habe ich während des Fahrens noch immer andere Kapazitäten frei im Kopf, beim Fußball dagegen habe ich, glaube ich, wirklich diesen Tunnelblick und habe für mein Umfeld kaum die Freiheit, es wirklich gut wahrzunehmen und das Spiel gut aufzubauen. Als Kind wollte ich wie jeder Junge in Deutschland immer Fußball spielen, aber ich war schlicht nicht gut genug und saß meistens auf der Ersatzbank. Jetzt bin ich immerhin so weit, dass ich einigermaßen ordentlich mithalten kann. Und wie gesagt: Es macht mir einfach Spaß. Corinna muss schon manchmal lachen, wenn unser Wochenende – was ab und zu vorkommt – um meine Fußballspiele herum organisiert wird. Denn wenn ich schon mal zu Hause bin und Zeit habe, muss ich das ja auch ausnutzen, dann spiele ich gleich in mehreren Mannschaften hintereinander mit.«

Dienstags Training, danach mit den Jungs noch auf eine Pizza oder ein Bier, und am Wochenende ein Spiel irgendwo auf einem Dorf. Freizeitgestaltung wie bei Tausenden von Familienvätern. Ist das bereits ein erster Vorgeschmack auf das Leben des Formel-1-Rentners Schumacher? Wer weiß. Michael selbst jedenfalls hat keine Ahnung, was *danach* sein wird. Und er will sich gar nicht groß damit beschäftigen. In einem Interview sprach er einmal davon, dass er »der TT« sein wolle, wenn er seine Rennkarriere beendet habe, der »Turniertrottel« für Corinna. Seine Frau habe schließlich momentan ihr ganzes Leben auf ihn ausgerichtet, dann würde er eben danach die Sache umdrehen: sie auf Reitturniere begleiten, den Stall ausmisten und all diese kleinen Dinge für sie erledigen, die ihn zum »TT« machen. Er sprach das mit einem Lächeln, doch ein Lächeln lässt sich nicht drucken. Das »TT« wurde weltweit begeistert aufgegriffen, auf unzähligen Internetseiten verbreitet, ohne dass sich im Ausland jemand vorstellen konnte, was es bedeuten sollte. Aber es war das erste Mal, dass Michael Schumacher gesagt hatte, was er nach seiner Karriere machen wolle, also eine echte Nachricht: *Michael Schumacher has revealed for the first time that after his racing career he will become a »TT«*...

Wie meist, ist die Ironie seiner Worte irgendwo auf der Reise um den Erdball verloren gegangen. »TT« symbolisiert schlicht »keine Ahnung«. »Danach« ist einfach zu weit weg, kommt in Michaels Vorstellungswelt (noch) nicht vor. Warum auch: Wenn er etwas gelernt hat in seinem Sportlerleben, dann, dass man einen Schritt nach dem anderen machen muss und nicht zu weit vorausschauen darf. Sonst gerät das Naheliegende aus dem Blick.

Für viele Beobachter ist diese Haltung dennoch schwer nachvollziehbar. Sie erleben den zielgerichteten Schumacher, den, der immer genau weiß, was er will und wie er es erreicht. Der feste Vorstellungen hat und feste Prinzipien. Einfach so in den Tag hineinzuleben, ohne Ziel und ohne Plan, das, denken sie, passt nicht zu diesem Menschen.

Da scheinen sie wieder durch, die zwei Seiten des Michael Schumacher. Privat kennt er durchaus die Bedeutung von Laissez-faire. »Einfach in den Tag hinein leben, einfach warten, was der Tag bringt, das stelle ich mir für eine Zeit lang spannend vor«, sagt er. »Wenn ich einmal aufhöre, möchte ich zunächst erst einmal gar nichts machen. Ich freue mich jetzt schon darauf, keine Termine zu haben und keinen komplett verplanten Jahresablauf. Ich konnte Mika Häkkinen auch gut verstehen, als er zurücktrat und sagte, es täte so gut, nicht packen zu müssen. Die Dinge nehmen, wie sie kommen, diesen Luxus möchte ich mir dann leisten. Ich will nicht im Februar schon wissen, was ich im Mai alles machen muss, ich will den Rhythmus des Rennkalenders loswerden. Und dann wird mir irgendwann sowieso die Decke auf den Kopf fallen. Mir werden sich sicher interessante Perspektiven bieten, von denen ich jetzt noch gar nichts weiß. Aber was das dann sein wird, damit beschäftige ich mich noch nicht. Ganz bewusst nicht, denn täte ich es, wäre ich nicht mehr mit dem Kopf zu 100 Prozent beim Rennfahren. Das wäre nicht ich.«

Für die »Frankfurter Rundschau« analysierte der Graphologe Andreas Franz vor einiger Zeit Michaels Unterschrift und kam zu folgenden Erkenntnissen:

Schon der Anfangsbuchstabe in Michael Schumachers Unterschrift wirkt wie eine Rennstrecke. Das »M« beginnt der Rennfahrer mit einem langen Aufwärtsstrich, der in einem Bogen endet. Wie eine Gerade mit einer anschließenden Haarnadelkurve sieht der Schriftzug aus. Mit der Schnelligkeit auf dem Papier, auch in »Schumacher« zu erkennen, verrät der Formel-1-Weltmeister rasches Denken. Er kann Pläne schnell umsetzen und ist flexibel. Durch die scharfe, stark nach rechts geneigte Oberlänge im »M« demonstriert er Risikobereitschaft. Allerdings kennt er seine Grenzen und ist nicht bereit, diese um des Erfolges willen zu überschreiten. Obwohl er der erfolgreichste Rennfahrer aller Zeiten ist, so ist seine Anfangsbetonung doch nicht übertrieben. Das zeigt: Schumacher ist sich seiner Anerkennung durch die Öffentlichkeit durchaus bewusst, aber ihn beeindruckt der Ruhm und der Rummel nicht besonders. Die Unleserlichkeit der Buchstaben zeigt, dass er sich nicht in die Karten schauen lässt. Ihm fallen immer wieder Tricks ein, mit denen er seine Gegner überrascht. Mit der Rechtsneigung belegt er, dass ihn allein die Zukunft interessiert, die Vergangenheit spielt nur eine untergeordnete Rolle. Auffällig ist außerdem, dass seine Unterschrift weniger scharf, sondern eher teigig ist, was ihn als einen Mann charakterisiert, der über menschliche Wärme und Großzügigkeit verfügt. Ein weiteres Indiz dafür sind die großen Schleifen. Er ist ein Künstler der anderen Art, einer, der das Auto wie kaum ein anderer beherrscht, aber dabei nie das Wesentliche aus den Augen verliert – seine Frau und seine Kinder. Und vielleicht ist das sein Erfolgsrezept.

Vielleicht hat der Mann ja Recht.

Corinnas Welt

Die Frau an seiner Seite. Die starke Frau im Hintergrund. Seine Stütze. Sein Halt. Wenn Corinna Schumacher beschrieben wird, greifen die Berichterstatter gerne auf Klischees zurück. So ist das, wenn man sich konsequent der Öffentlichkeit verschließt. Und immer nehmen diese Klischees Bezug auf ihren Mann. So ist das, wenn man mit Michael Schumacher verheiratet ist. Mit einem Mann, der jeden zweiten Sonntag, so sehen es nicht wenige, sein Leben riskiert.

Corinna sieht das nicht so. Vielmehr, sie sieht es selten so. Sie kennt Michael, sie kennt seine Leidenschaft. Sie vertraut ihm. Für sie ist die Formel 1 genauso Routine wie für ihn, und Rennsonntage gehören genauso zu ihrem Leben wie zu seinem – wenn auch natürlich aus einer anderen Perspektive. Eingebettet in den Ablauf eines für *sie* typischen Renntags, zeichnet die Frau von Michael Schumacher hier erstmals ihr Bild von ihrem Mann, ihrer großen Liebe. Und es zeigt sich, dass in den vielgescholtenen Klischees in diesem Fall viel Wahrheit steckt.

Es klopft an der Tür. Corinna schlägt die Augen auf. Der Mann neben ihr ist schon wach, grinst sie an und drückt ihr einen Kuss auf die Stirn. Er muss sich beeilen, so ein Rennsonntag beginnt früh. Michael Schumacher schält sich aus dem Bett und läuft ins Bad für eine schnelle Dusche. Draußen steht Balbir, sein Physiotherapeut, der ihn an Rennwochenenden jeden Morgen weckt. Er hat schon alles vorbereitet, das Auto steht bereit zur Abfahrt. Michael kommt aus dem Bad, streift sich ein T-Shirt über und schmiert sich noch etwas Gel ins Haar, trocknet sich die Hände an einem weißen feuchten Handtuch ab. Bis später, wir sehen uns an der Strecke. Ein Kuss, ein schneller Griff zur Aktentasche, weg ist er. Das Handtuch bleibt auf dem Boden zurück. Langsam steht auch Corinna auf. Sie hat Zeit für eine ausgiebige Dusche. Sie wird etwas später an die Strecke nachkommen.

Manchmal, wenn ich ihn so anschaue, überkommt mich ein unheimlich tiefes Glücksgefühl. Ich schaue ihn an und denke: Das ist dein Mann. Ein tolles Gefühl ist das. Michael ist so stark und so zärtlich, so energiegeladen und so innig. Er ist ein guter Typ und Familienvater mit ganzer Seele. Ich finde, wir vier sind ein tolles Team.

Ein Fahrer holt Corinna im Hotel ab. Auch sie hat nichts gefrühstückt, an der Strecke im Motorhome kann sie das in aller Ruhe nachholen. Sie hat alle Zeit der Welt, so früh am Morgen sind noch nicht viele andere Leute im Fahrerlager, und die Termine am Vormittag lassen Michael wie allen anderen Fahrern kaum Zeit für Privates. Briefing, Warm-up, wieder Briefing, Paddock-Club, Fahrerparade, Briefing – meistens schaffen es die Fahrer nicht einmal mehr, dazwischen ins Motorhome zurückzukommen. Zeit ist immer knapp in der Formel 1. Balbir bereitet Corinna ein Früchtemüsli von der gleichen Mischung, die er für Michael zubereitet. Genüsslich fängt sie an zu frühstücken.

Das Schönste ist, dass ihm nichts zu viel ist. Egal was, egal wann, egal wo – es ist okay. Ich habe noch nie gehört, dass er gestöhnt hätte oder die Augen verdreht oder gesagt: Später. Jetzt nicht mehr. Michael ist ein Macher. Er macht einfach, und es wirkt, als bereite ihm nichts Schwierigkeiten. Das ist ein tolles Gefühl, es gibt einem Sicherheit, zu wissen: Wenn er es in die Hand nimmt, kriegt er das schon geregelt. Der macht das schon. Gleich ist alles wieder gut. Ich liebe das. Und man kann irgendwie mit allem zu ihm kommen, ihn alles fragen. Wenn ich mir mal nicht sicher bin bei bestimmten Sachen, spreche ich sie eben mit ihm durch: Was hältst du davon? Und irgendwie weiß er immer weiter. Irgendwie wirkt er immer so, als hätte er alles im Griff.

Das Beste dabei aber ist, dass wir die Dinge wirklich gemeinsam besprechen und er sich nicht auf so eine Position des vermeintlich Stärkeren zurückzieht, sondern meine Meinung unbedingt auch hören will. Und sie dann auch gelten lässt. Das ist sowieso ein Grundzug von Michael: dass er absolut akzeptiert, dass andere sich in manchen Bereichen besser auskennen. Und diese Meinung dann auch sucht. Er interessiert sich für viele Dinge, gerade wenn er merkt, dass er damit nicht viel zu tun hat und sich daher darin nicht so gut auskennt. Er kommt oft auch zu mir und fragt mich um meinen Rat, das ist schlichtweg ein Austausch zwischen uns. Irgendwie stützen wir uns gegenseitig, je nachdem, was gerade ansteht. Manchmal, wenn ich echt überfordert bin oder mich richtig über irgendetwas aufrege, kommt so ein unglaublich beruhigendes Gefühl von ihm rüber. Er würde dann sagen: Bleib mal ganz ruhig, ich mach das schon. Er ist einfach nicht so ein zögerlicher Typ. Er hat meistens eine Antwort.

Corinna sitzt im Motorhome und schlägt die Zeit tot. Sie hat einige Bekannte getroffen, sie sitzen am Tisch und unterhalten sich. Oft hat Corinna auch Fotos von Pferden dabei, dann fachsimpelt sie gerne übers Reiten oder Züchten. In der Formel 1 trifft sie häufig Leute, die ebenfalls mit ihrem Lieblingssport zu tun haben, Patrizia beispielsweise, die Freundin von Nick Heidfeld, eine begeisterte und gute Westernreiterin. Endlich, nach zwölf, kommt Michael zurück. Er setzt sich auf einen Cappuccino zu den Frauen. Es sind die ersten zehn Minuten, die er und Corinna an diesem Rennsonntag gemeinsam verbringen können.

Als wir uns kennen gelernt haben, ganz am Anfang, hat Michael ständig irgendwelche Späßchen gemacht. Das hat mich anfangs eher genervt, weil ihm dauernd etwas anderes einfiel. Wenn ich irgendwo saß und bekam plötzlich einen Becher lauwarmes Wasser in den Nacken geschüttet, konnte ich sicher sein, dass es von ihm war. Ich weiß, dass das nach außen hin nicht so wirkt, aber der Mann kann unheimlich lustig sein. Michael lacht gerne, mit anderen und über andere. Das ist einer der Punkte, die ich unheimlich mag an ihm: Wir lachen uns manchmal zusammen schlapp über Nichtigkeiten, über völlig belanglose Dinge, wir haben einfach Spaß zusammen. Man kennt das aus der Zeit, wenn man sich in jemanden verliebt, dann ist es oft so, dass selbst die kleinsten Dinge witzig sein können. Bei uns ist das heute immer noch so wie am Anfang, und ehrlich gesagt finde ich das Wahnsinn, wo wir uns doch jetzt schon die Hälfte unseres Lebens kennen.

Wir können uns auch immer noch stundenlang unterhalten. An freien Wochenenden setzen wir uns oft am Abend gemeinsam in die Badewanne und reden über unseren Tag, was uns so gegenseitig passiert ist. Und dann ist es nicht so, dass nur ich rede, er erzählt auch viel. Das Schöne mit Michael ist, dass alles so harmonisch ist. Alles ist so schön mit ihm. Es gibt da einen Link zwischen uns, immer. Wir berühren uns auch immer, das tun wir automatisch. Das müssen wir einfach. Das hat sich auf unsere Kinder total übertragen. Wenn wir zum Beispiel essen, sitzen wir alle ganz eng beieinander. Manchmal muss ich dann lachen, weil wir so aufeinander drauf hängen, dass wir kaum noch essen können. Dabei haben wir einen so großen Tisch.

So richtig ungestört können Michael und Corinna im Motorhome nicht sein. Vor der Tür drängen sich Fotografen und Kameramänner, um den seltenen Moment von Zweisamkeit einzufangen. Im Motorhome sitzen außerdem natürlich noch andere Gäste, Freunde von Teammitgliedern oder Gäste von Ferrari, und alle wollen »nur mal schnell« ein gemeinsames Foto mit dem Weltmeister oder ein Autogramm. Ein ruhiges Gespräch kommt da nicht zustande. Daher: Rückzug. Michael nimmt Corinna an die Hand, sie gehen in den Bus und die Treppe hinauf in seinen kleinen Raum. Noch ein paar gemeinsame Minuten, dann verlässt Corinna das Zimmerchen: Michael schläft. Das ist das einzige Ritual, das dem Weltmeister wichtig ist. Tiefenentspannung vor der extremen Anspannung. Balbir Singh weckt ihn später, massiert ihn, bereitet ihn auf das Rennen vor. Unten sitzt Corinna und ist in Gedanken oben. Sie spielt an ihren Fingern, an den Ringen, am Halsband. Als Balbir nach unten kommt, huscht sie noch einmal zu Michael, bevor dieser in die Box geht. Ein langer Kuss, dann ist er weg.

Was ich klasse finde an Michael ist, dass er so ein Familienmensch ist. Wie er mit unseren Kindern umgeht, wie er sich immer wieder mit ihnen beschäftigt, ist mit Sicherheit einer der Punkte, wofür ich ihn liebe. Es ist so schön zu sehen, wie viel Spaß ihm das macht. Wenn er mit Gina und Mick herumtoben kann, ist er glücklich. Ihm fällt ständig etwas ein, was er mit ihnen unternehmen könnte, klettern, Trampolin springen, reiten, rumtoben. Solche Dinge eher, weniger mit ihnen singen oder lesen. Dafür bin eher ich zuständig, denn Michael ist der aktivere Typ. Stillsitzen kann der kaum. Wir haben noch nie zusammen einen Tag nur auf dem Sofa verbracht oder hingen sonst so einfach herum. Noch nie. So etwas kann der gar nicht. Klar schauen wir auch mal einen Film zusammen an, aber danach geht es weiter. So ist er halt, er hat Hummeln im Hintern. Er muss immer etwas machen. Aber ihm fällt auch immer etwas ein. Er probiert wirklich alles aus. Und vor allem: Er kann auch alles.

Wenn das Rennen losgeht, sitzt Corinna meist irgendwo, wo keine Kameras sie beobachten können. Im Büro von Ferrari-Rennleiter Jean Todt zum Beispiel, manchmal allein, manchmal mit Freunden. Immer drückt sie beide Daumen, oft hält sie die beiden Fäuste vor ihren Mund. Dreimal auf die

Daumen pusten, das bringt Glück. Jetzt ist auch sie angespannt. Bis der Start vorüber ist. Dann lockert sie sich, nur die Daumen bleiben während des gesamten Rennens gedrückt.

Wirkliche Angst habe ich eigentlich nicht um Michael. Ich weiß, dass das viele nicht verstehen können, dass sie sagen: Wie hält sie das aus, zu wissen, ihr Mann geht weg und kommt vielleicht nicht wieder. Ich sehe das nicht so, vielleicht, wenn ich ganz ehrlich bin, verdränge ich es auch. Aber ich kenne Michael nur so. Ich kenne ihn nur als Rennfahrer. Ich habe absolutes Vertrauen in ihn, zu seiner Stärke, zu seinen Einschätzungen, zu seinem Naturell. Michael wird immer kämpfen, verbissen kämpfen, er wird nicht aufgeben bis zum Schluss, aber er ist kein Hasardeur. Er geht kein unnötiges Risiko ein, dazu ist er zu sehr vernunftgesteuert. Er weiß, wann es keinen Sinn mehr macht, sich zu widersetzen, und wird eben später wieder versuchen anzugreifen. Ich weiß, dass das so ist, und das zu wissen hilft mir natürlich. Denn ehrlich gesagt gibt es schon Tage, an denen sich ein ungutes Gefühl einschleicht beim Gedanken an das Rennen – nach dem Motto: was wäre, wenn. Ich kann das nicht erklären, das ist so eine Art Tagesform. Manchmal mache ich mir gar keinen Kopf und manchmal eben doch. Denn Michael fährt da ja nicht alleine herum, und meine Unruhe dann geht eigentlich hauptsächlich von den anderen Fahrern aus, von Situationen, in die Michael geraten und die er nicht selbst beeinflussen könnte. Das darf man nicht falsch verstehen: Generell halte ich alle Fahrer, die in die Formel 1 gekommen sind, für gute Fahrer. Das muss man erst mal schaffen, die müssen alle was können.

Corinna ist ruhig während der Rennen. Die Frau des Weltmeisters kennt sich gut aus mit dem Sport ihres Mannes. Für beide ist es seine natürliche Umgebung. Sie weiß, was ein Rennfahrer machen muss, um vorne zu bleiben oder nach vorne zu kommen, Michael hat es ihr gesagt. Sie sprechen oft über solche Sachen, weil Corinna alles wissen will, was ihn beschäftigt. Weil sie sich dafür interessiert. Corinna verfolgt das Rennen konzentriert. Sie verfolgt es als Expertin. Nur manchmal, in kritischen Augenblicken, zieht sie leise die Luft zwischen die Zähne. Und pustet schnell dreimal auf die Daumen.

Noch so ein Punkt, der mich an ihm wirklich fasziniert: Er schaut sich etwas Neues an, beschäftigt sich innerlich ganz stark damit, und dann kann er's. Wenn er sich erstmal nicht ganz sicher ist, schaut er zunächst eine Weile zu – und wenn er es dann probiert, passt das irgendwie. Beim Skifahren zum Beispiel, das konnte ich eigentlich besser, weil ich im Gegensatz zu ihm als Kind öfters gefahren bin. Und dann? Fährt er ein Jahr lang und rauscht an mir vorbei. Und so war es jetzt auch wieder, als wir beim Reiten waren: Er setzt sich auf das Pferd, und es funktioniert. Der sitzt da wie einer, der jahrelang nichts anderes gemacht hat. Da brauchen andere zwei Jahre für, bis das so hinhaut. Da kriege ich manchmal die Krise! Ich trainiere und mache und bemühe mich und strenge mich an, und er macht's einfach – na ja, alles kann er natürlich auch nicht. Malen wäre zum Beispiel sicher nichts für ihn, selbst wenn er sich noch so sehr damit beschäftigen würde. Aber er selber hat mit Sicherheit dieses Talent, Dinge genau zu studieren und sie sich dabei einzuprägen. Beneidenswert. Auf der anderen Seite kümmert er sich auch unheimlich gerne um andere Leute. Beim Kartfahren zum Beispiel, es gibt nichts Schöneres für ihn als anderen dieses Kart herzurichten, alles perfekt vorzubereiten, ihnen Tipps zu geben. Er kann gar nicht genug davon bekommen, und er liebt es auch, wenn er sieht, dass ich Spaß daran habe. Mit so einem Püppchen könnte er sicher nichts anfangen, mit einer Frau, die immer wie aus dem Ei gepellt ist und Wert darauf legt. Oder mit einer völlig unsportlichen Frau.

Es kommt natürlich darauf an, wie sich so ein Rennen entwickelt, aber meist ist Corinna dann recht schnell entspannt. Schließlich kann sie einschätzen, was noch passieren wird. Die Finger sind nun nicht mehr so stark verknotet.

Michael ist auch unglaublich ehrlich. Das war eines der Dinge, die mir gleich an ihm aufgefallen sind, schon bald, nachdem wir uns kennen gelernt haben, so mit 16, 17. Da gab es ein paar Mal Gelegenheiten, schon beim Kartenspielen zum Beispiel, wo mir das unheimlich auffiel. Mogeln? Gibt's nicht. Würde Michael nie machen, kann er irgendwie nicht. Etwas in ihm sträubt sich dagegen, und zwar ganz gewaltig. Deshalb habe ich diese Geschichten auch nie verstanden, die da am Anfang mal aufkamen: von wegen Schummel-Schumi und so. Ich habe mich damals über diese Geschichten viel mehr aufgeregt als Michael. Das war mir ein absolutes Rätsel, wie Menschen so was annehmen konnten. Da habe ich gemerkt, dass alle diese Leute ihn so gar nicht kennen. Das wird sich wohl auch nie ändern, und irgendwie ist es wahrscheinlich auch gar nicht so schlecht. Trotzdem, ich könnte mich da immer noch drüber ärgern. Ich dachte nur: Wie bitte? Das ist doch der ehrlichste Mensch überhaupt!

Wenn ein Rennen besonders bedeutsam war, rennt Corinna kurz vor dem Ende rüber zur Box. Dann will sie vorne an der Absperrung stehen, so dass Michael sie sehen kann, wenn er aus dem Auto steigt. Zwar sind da auch die Kameras, aber das nimmt sie dann eben in Kauf. Hauptsache, Michael weiß, sie ist da. Das ist ihm wichtig. Das ist ihr wichtig. Ein langer Kuss, dann muss er wieder weg. Siegerehrung, Pressekonferenzen, Essen mit dem Team, Briefing. Erst am Abend gehört Michael wieder ganz ihr. Zusammen fliegen sie im Flugzeug nach Hause, zu den Kindern.

Shooting in Texas
Corinnas ganz persönliche Eindrücke vom Fotoshooting in Texas, Sommer 2002

Heuschrecken. Alles voller Heuschrecken. Auf uns, in den Haaren, den Klamotten, auf den Armen, Beinen, schrecklich, überall. Eine Bewegung, und Dutzende von diesen kleinen Biestern sprangen hektisch in die Höhe. Aber Michel Comte wollte unbedingt, dass wir da so ganz entspannt in der Wiese liegen. Lazy sunny afternoon, so was in der Art wohl. Okay, Michael und ich lagen also faul in der Wiese herum. Wir versuchten es zumindest, aber entspannen? Nicht, dass man vor Heuschrecken Angst haben müsste, aber so richtig die Seele baumeln lassen, das ging nicht. Dazu mussten wir zu sehr lachen, wenn uns wieder eines dieser Viecher in den Mund hüpfen wollte. Und das versuchten die dauernd.

Als nächstes hatte sich Michel überlegt, dass wir fürs Foto den Pferden die Halfter abnehmen sollten. Sieht besser aus, sagte er, echter, natürlicher. Wir liegen also da auf dieser Wiese, die Heuschrecken hüpfen lustig auf uns herum, neben uns die Pferde, die natürlich glücklich waren, dass sie endlich fressen konnten. Die Sonne brennt, die Bienen brummen leise, wir wurden so richtig schläfrig. Und plötzlich tritt das eine Pferd dem anderen volle Kanne mit der Hinterhand vor die Brust. Aber richtig heftig, und gleich mehrmals! Direkt zwei Meter davon entfernt lagen Michael und ich auf dem Boden und taten so, als seien wir entspannt. Es dauerte höchstens zwei Sekunden, da standen wir auf unseren Beinen und rannten ...

Michel hatte sowieso die abstrusesten Vorstellungen von uns bei diesem Shooting. Er kam in eine Art Rausch, ständig hatte er neue Ideen, und die meisten waren irgendwie kaum machbar. Wir sollten zum Beispiel den Fluss runter reiten, so ganz cool und cowboy-like. Klingt ja erst mal gut, nur waren das richtige Showpferde, die wir da hatten. Unglaublich feine, aber auch teure Zuchttiere. So was macht man mit denen nicht. Mit einem Ferrari fährt man ja auch nicht auf eine Rallye-Piste. Mir standen schon allein bei dem Gedanken die Haare zu Berge: mit solchen Pferden! Das konnte ich nicht, mir haben die Tiere leid getan, außerdem hatte ich Schiss, dass ihnen etwas passiert. Dann hätten wir nämlich wirklich ein Problem gehabt.

Oder wir sollten uns im Dreck wälzen. Danke sehr! Erst dachte ich, das wäre ein Witz. Aber Michel meinte es ernst. Und dann noch so auf Kommando, da kommt man sich schon etwas blöd vor. Am Schluss waren wir komplett verschmiert, im Gesicht, in den Haaren, unter den Fingernägeln, einfach überall Dreck und Erde. Obwohl ich zugeben muss: Als wir uns erst mal überwunden hatten, war dieses Rumtoben da auf dem Feld unheimlich lustig. Ich sollte Michael dann auch umschmeißen. Klar, nichts leichter als das, oder? Ich ihn umschmeißen – geschafft habe ich es dann, weil wir beide so lachen mussten. Ich habe ein paar Judo-Verrenkungen gemacht, da ist Michael schon vor Lachen halb umgefallen. Es war einfach nur noch witzig, Michael und ich haben nur noch herumgeblödelt. Ich glaube, das sieht man auch, wir hatten richtig Spaß.

Im Nachhinein muss ich sagen, war das klasse. Der ganze Urlaub war schön, wir haben das sehr genossen. Wir waren da auf einer Ranch in Texas, zum ersten Mal überhaupt nur zum Reiten, bei einem Ehepaar, das Quarterhorses züchtet. Ich liebe Westernreiten. Freunde von uns kannten dieses Ehepaar, die waren auch dabei, und wir haben uns direkt super verstanden mit ihnen. Das war alles sehr, sehr schlicht da, aber das fanden wir ja gerade so schön. Die hatten extra für uns so Hüttchen hingestellt, mit einer kleinen Veranda davor, da saßen wir dann am Abend alle zusammen. Wir fühlten uns unheimlich wohl, das war alles so ursprünglich und urig, nicht so überkandidelt. Das war ein ganz einfacher Stall, aber die Pferde – tolle Tiere.

Dass Michael mitgemacht hat, dass wir überhaupt reiten gegangen sind, fand ich fantastisch von ihm. Denn das war etwas, was ich immer machen wollte, was ihn aber nicht so reizte. Aber wir ergänzen uns da unheimlich gut. Jeder stellt sich auf den anderen ein, jeder interessiert sich für den anderen. Zuvor waren wir natürlich auch schon einige Male in den USA, meistens in Utah, das waren mehr so Michael-Urlaube, so Abenteuer-Sachen. Das fand ich völlig okay und habe auch alles mitgemacht: Quadfahren, Klettern, Fallschirmspringen und so was. Diesmal wollte ich eben lieber nach Texas und diese tollen Pferde sehen und reiten. Dass er das dann auch ausprobiert hat, mir zuliebe, fand ich schon mal klasse. Michael versteht mich da. Ich verstehe ihn – dass er halt aus Leidenschaft Rennen fährt –, und er versteht mich mit meinen Pferden.

Ich habe unheimlich viel gelernt in der Zeit dort, und auch beim Fotoshooting hatten wir absolut viel Spaß. Das lief eben alles so ab wie unter Freunden. Das Tolle an Amerika ist ja, dass Michael dort ganz normal rumlaufen kann und ihn keiner erkennt. Alles ganz easy: Ich bin ganz früh aufgestanden und reiten gegangen. Michael hat sein Trainingsprogramm durchgezogen, mit dem Fahrrad oder so, und kam dann so gegen zehn Uhr dazu. Wir waren wie eine Cowboy-Familie.

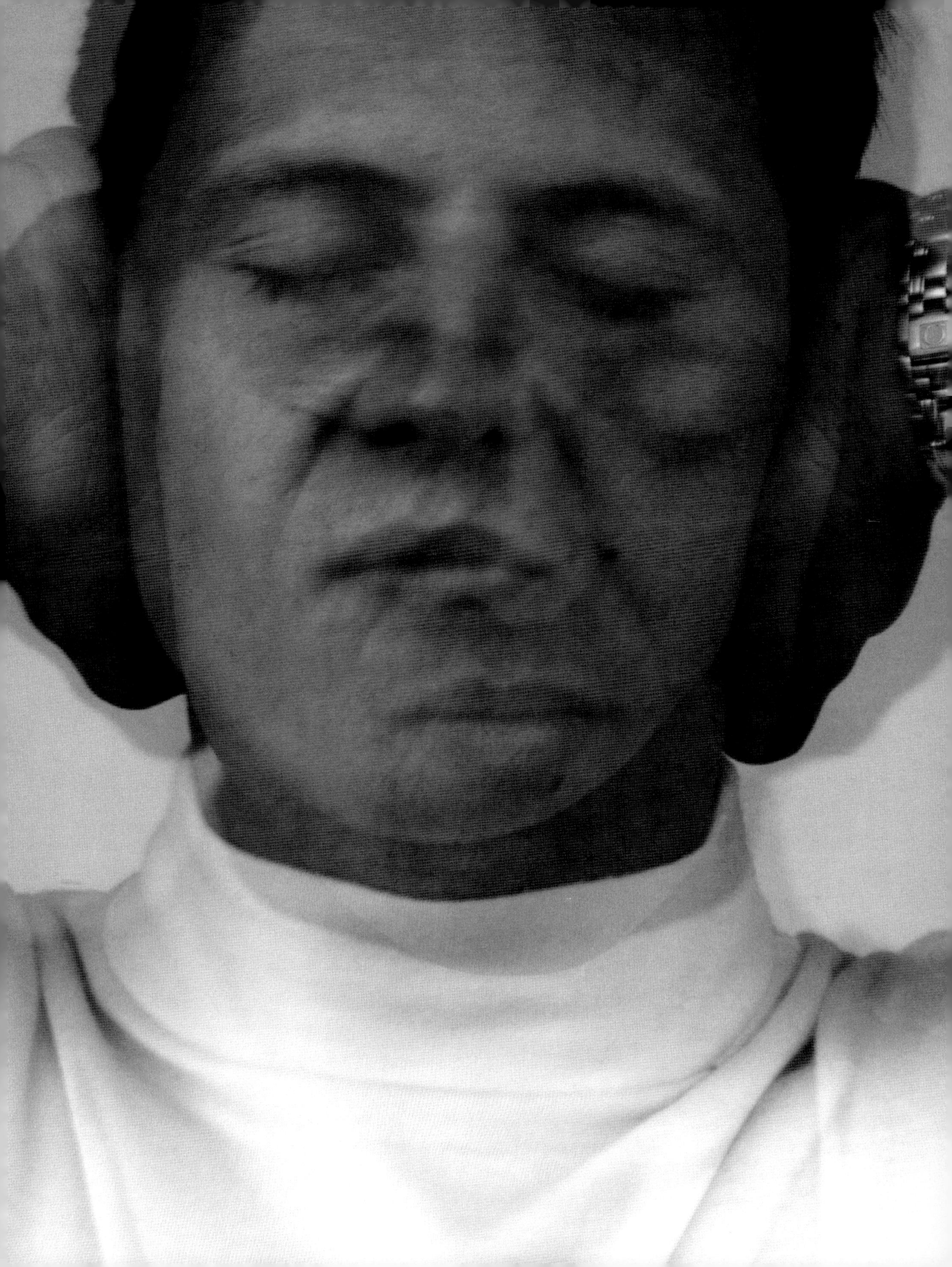

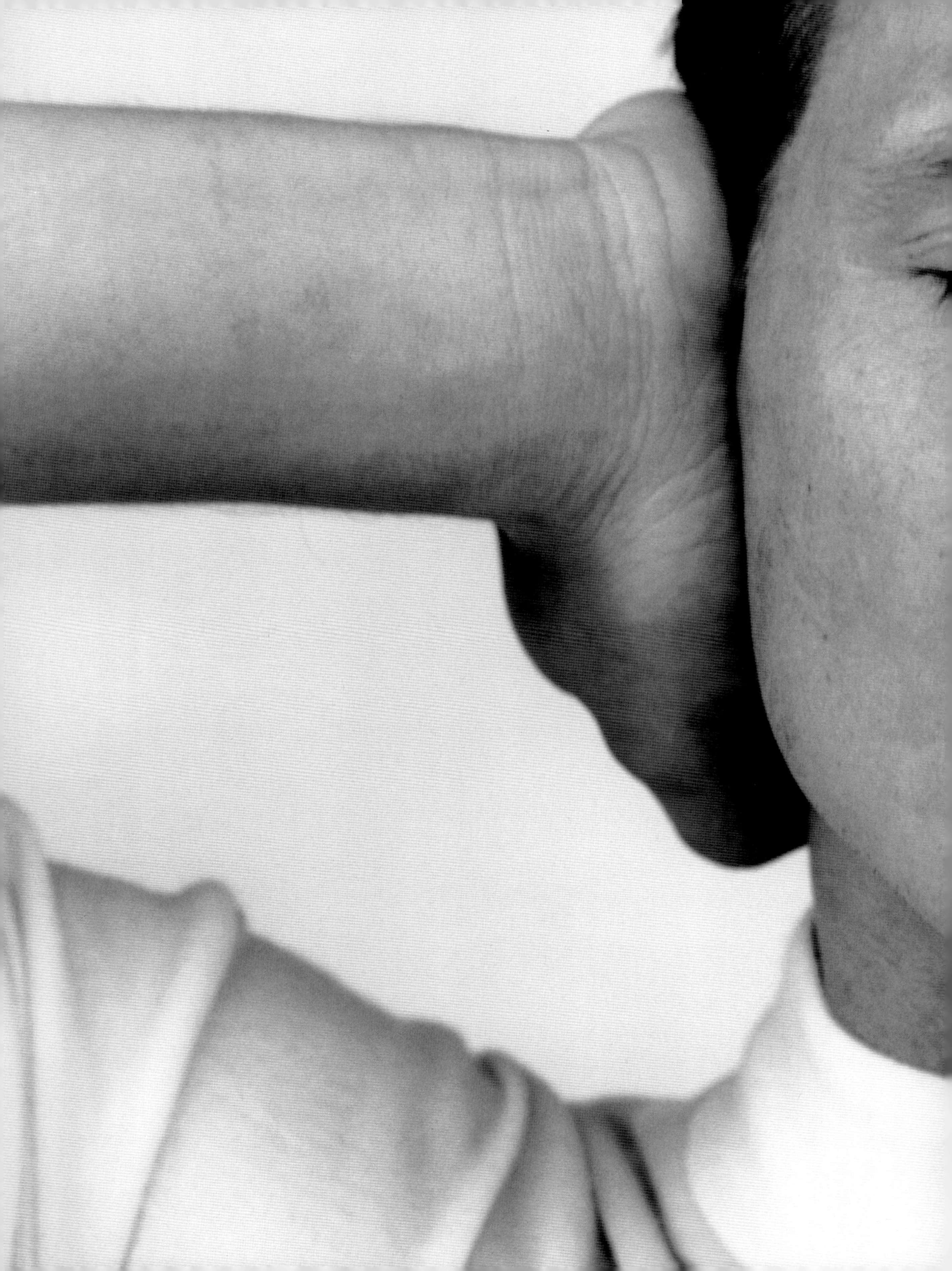

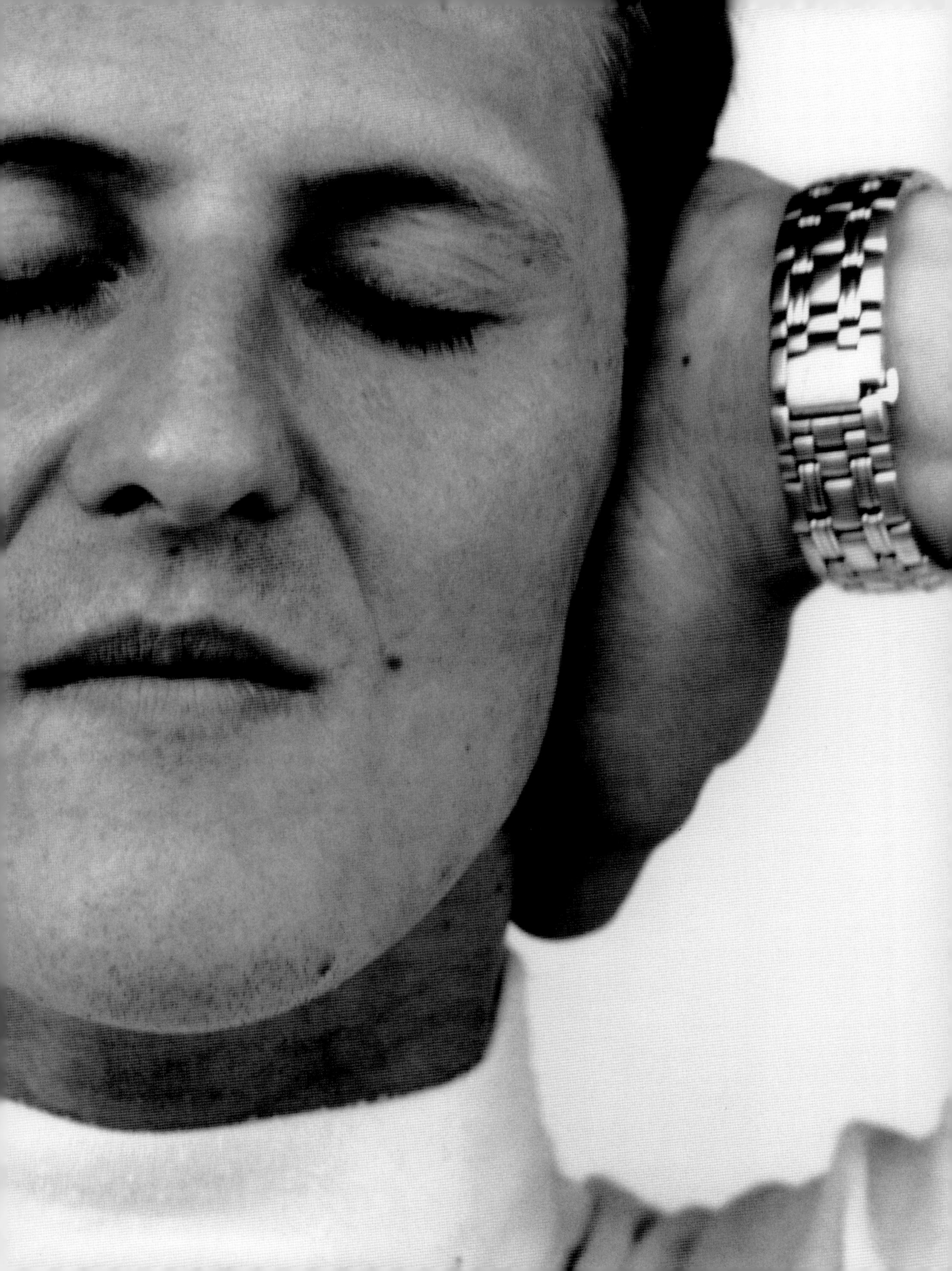

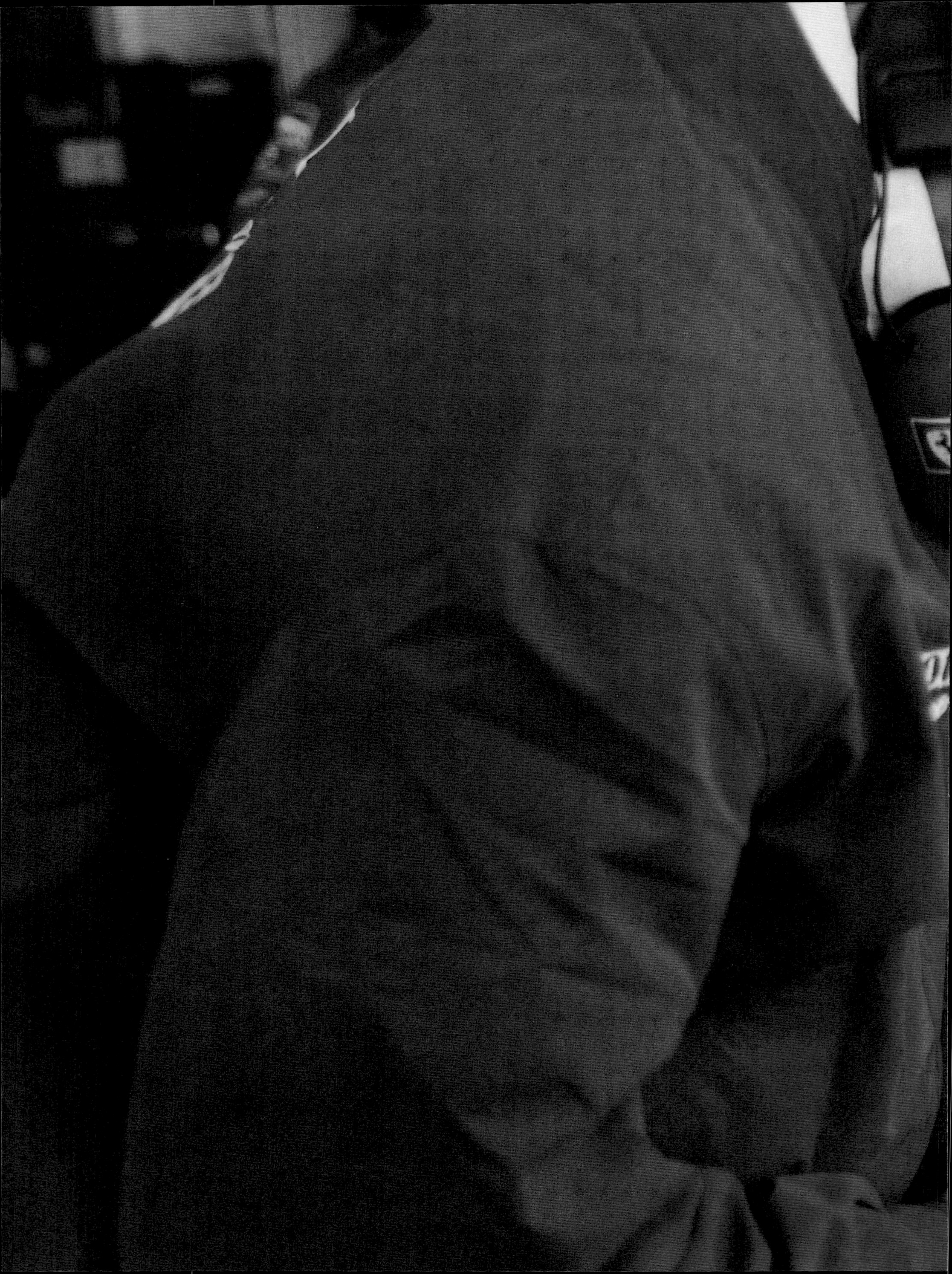

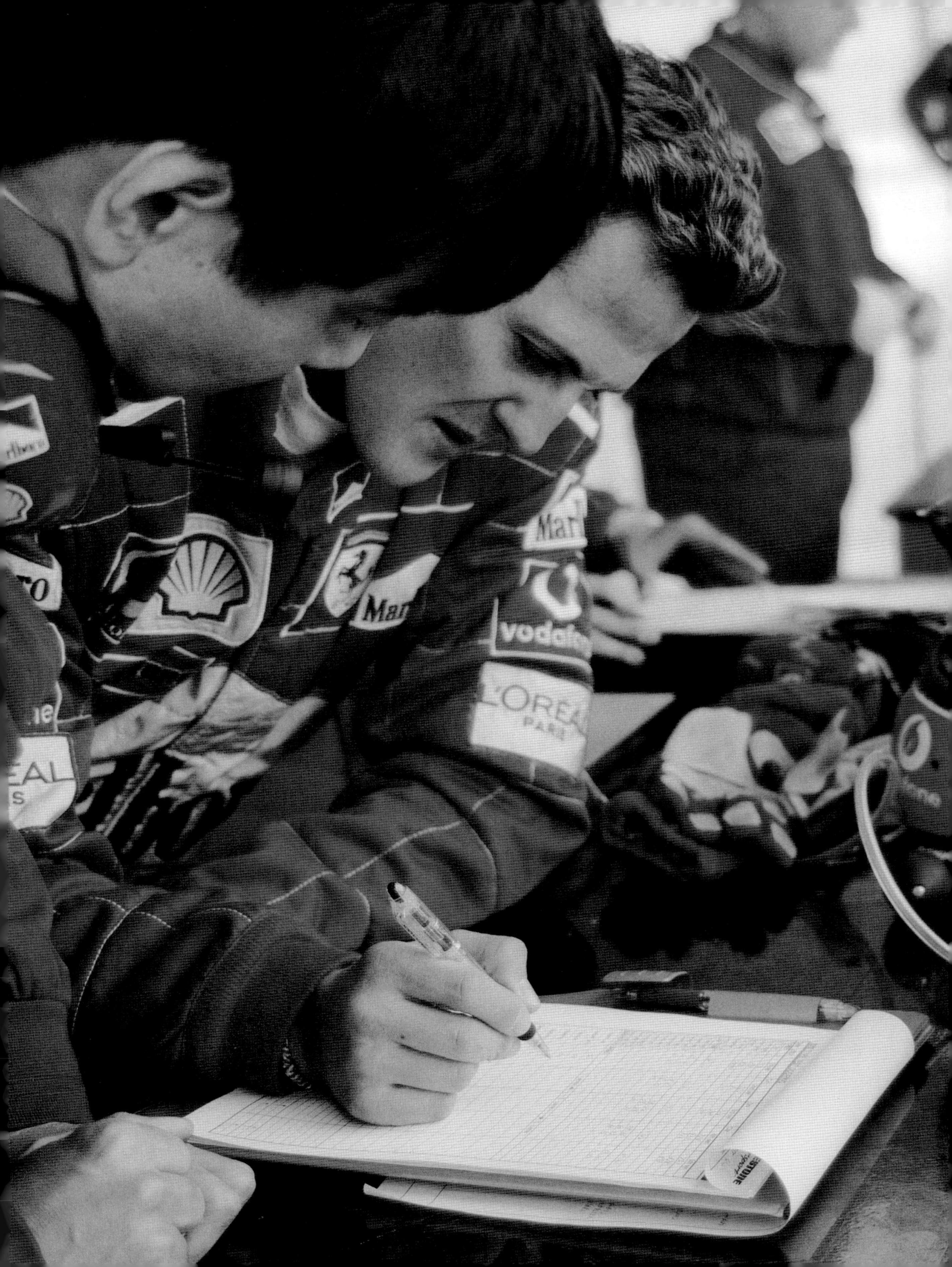

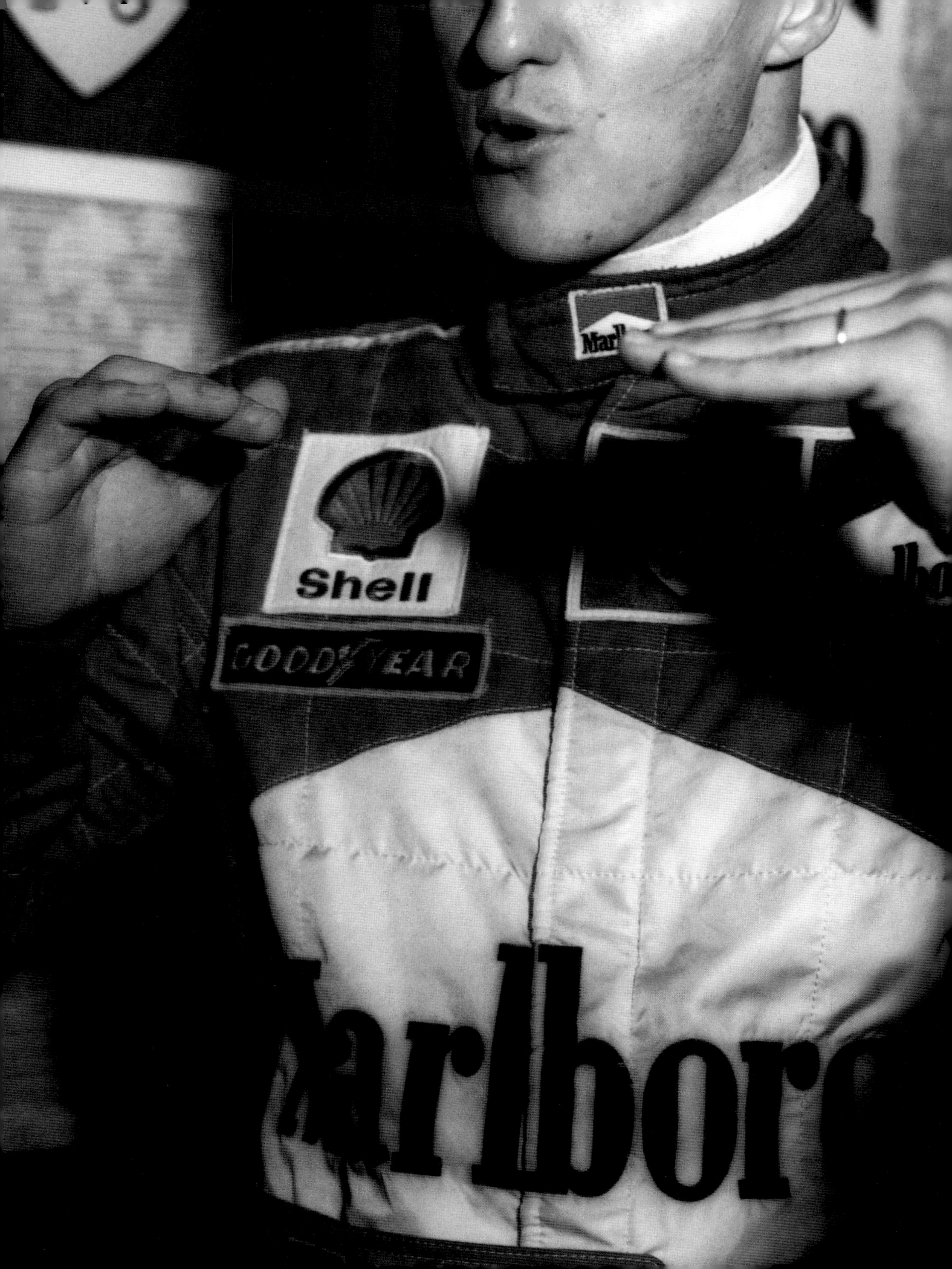
Shell
GOODYEAR

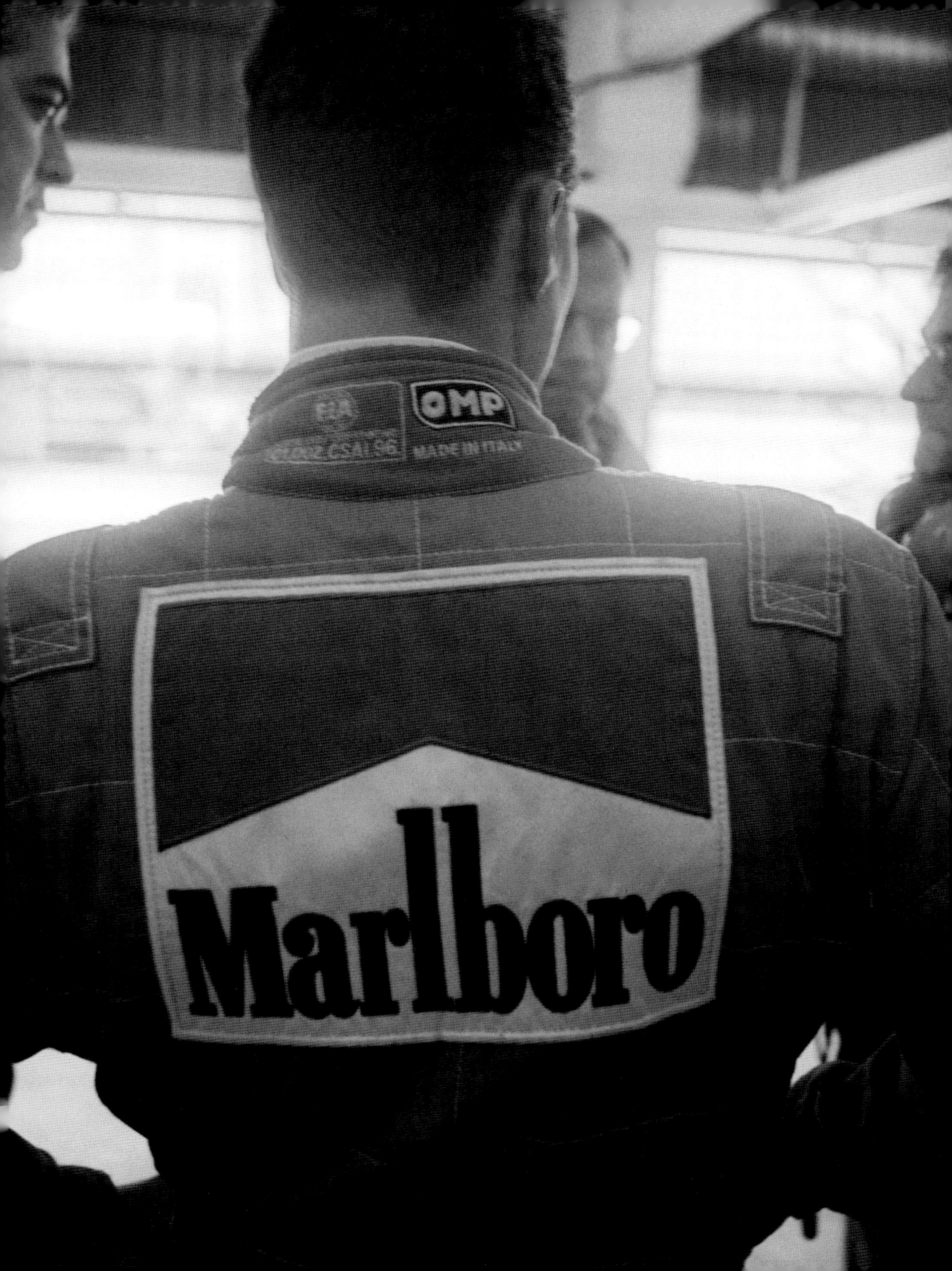
OMP
MADE IN ITALY
Marlboro

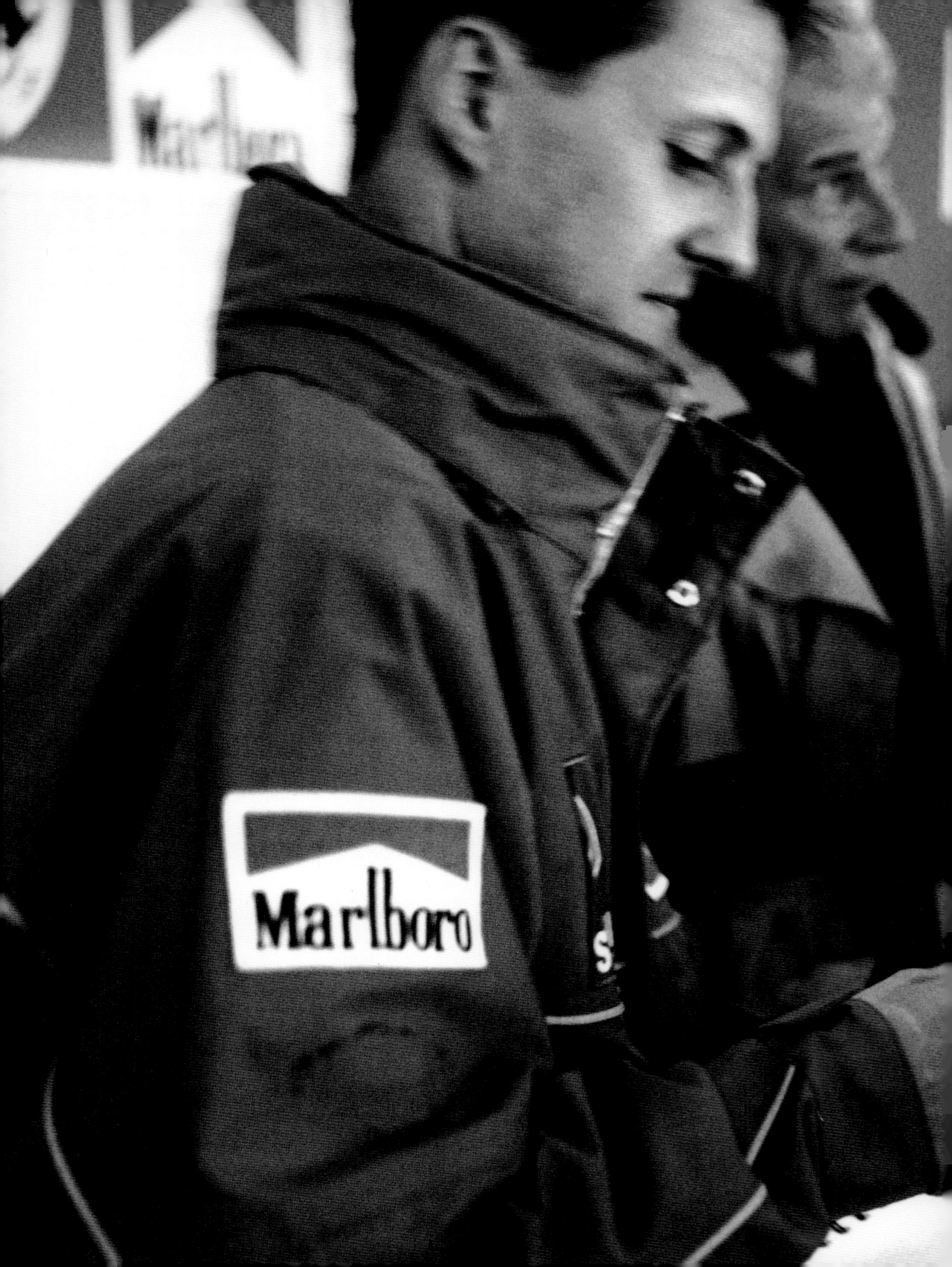
Marlboro
Marlboro

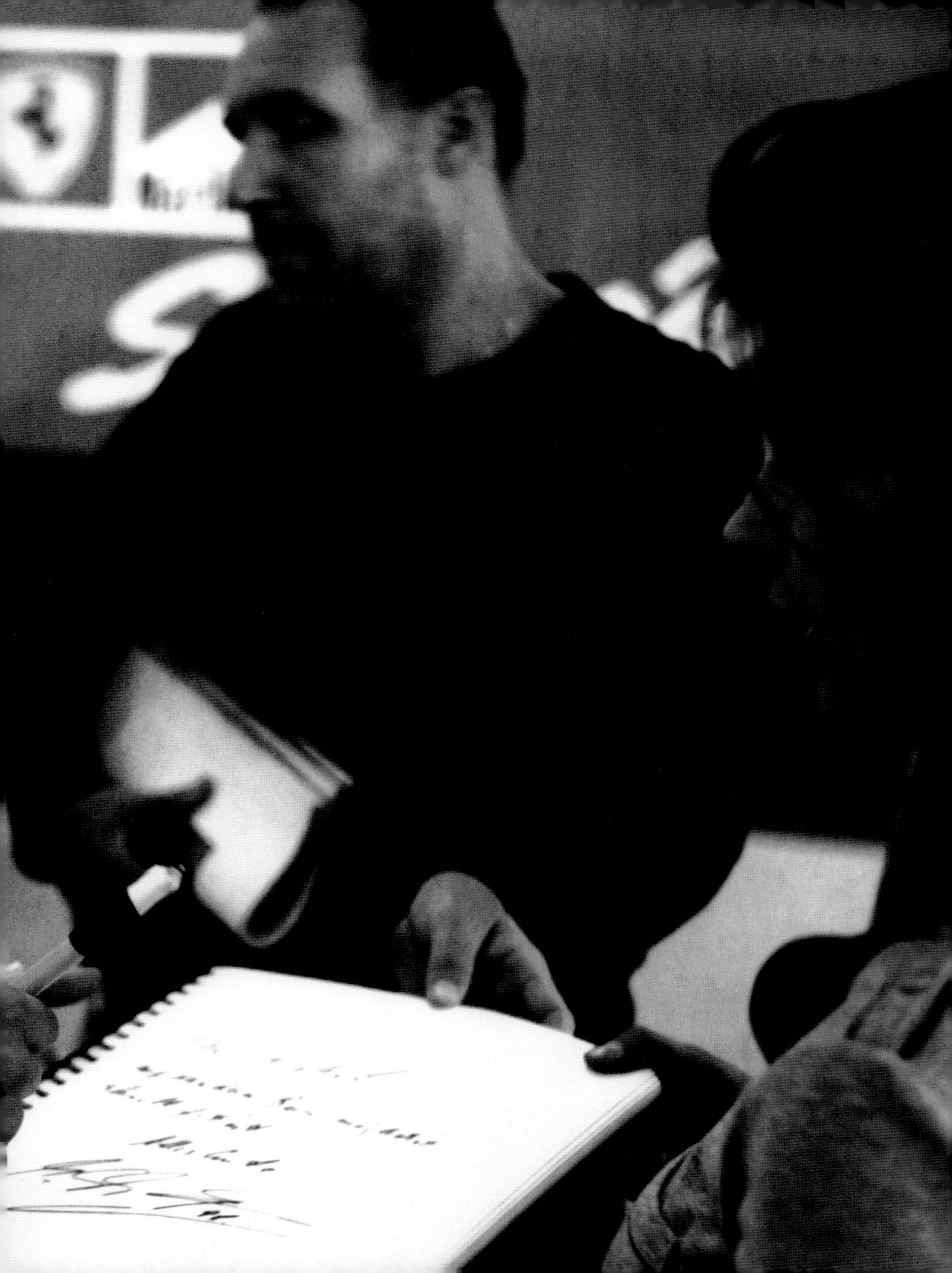

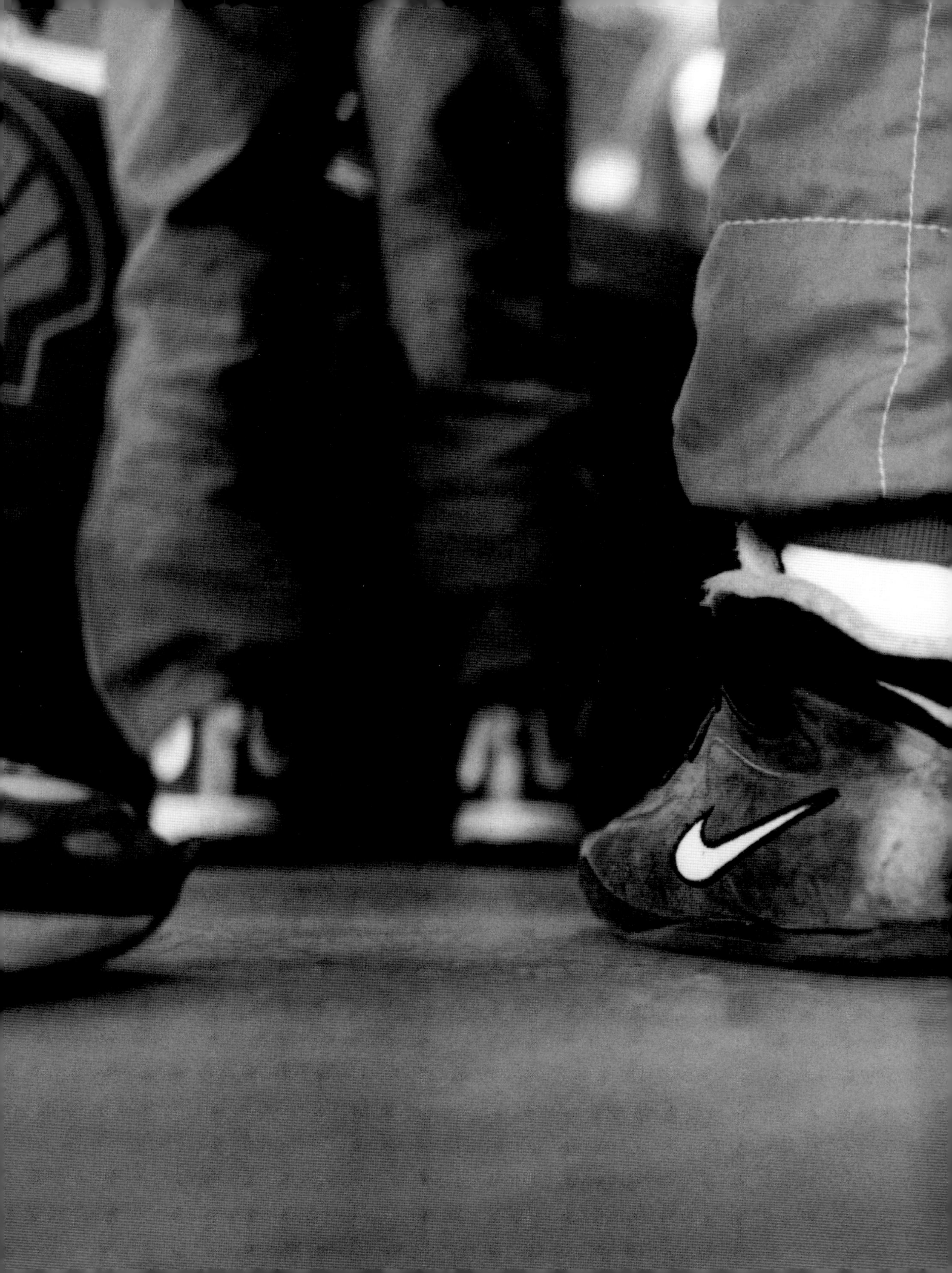

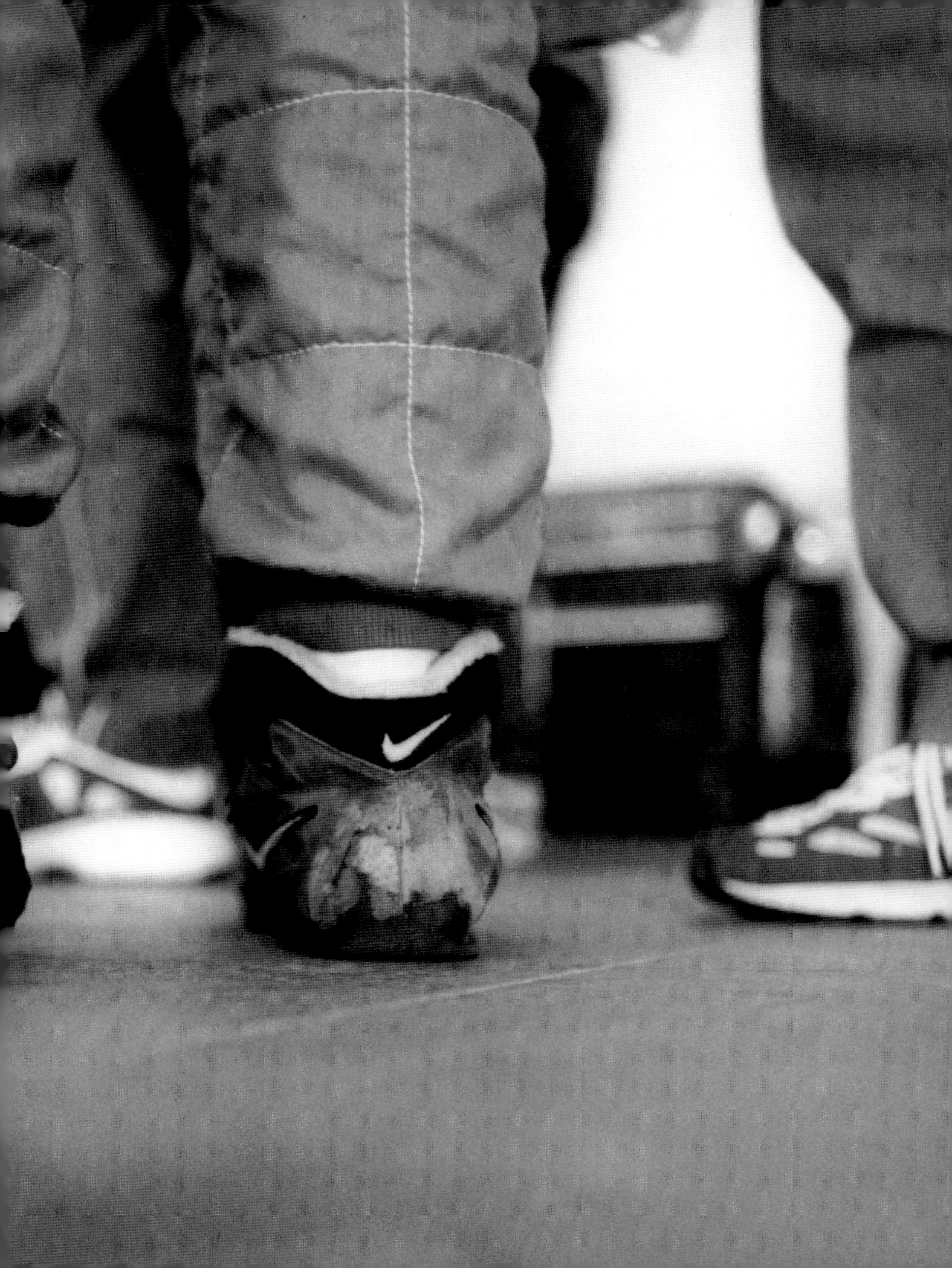

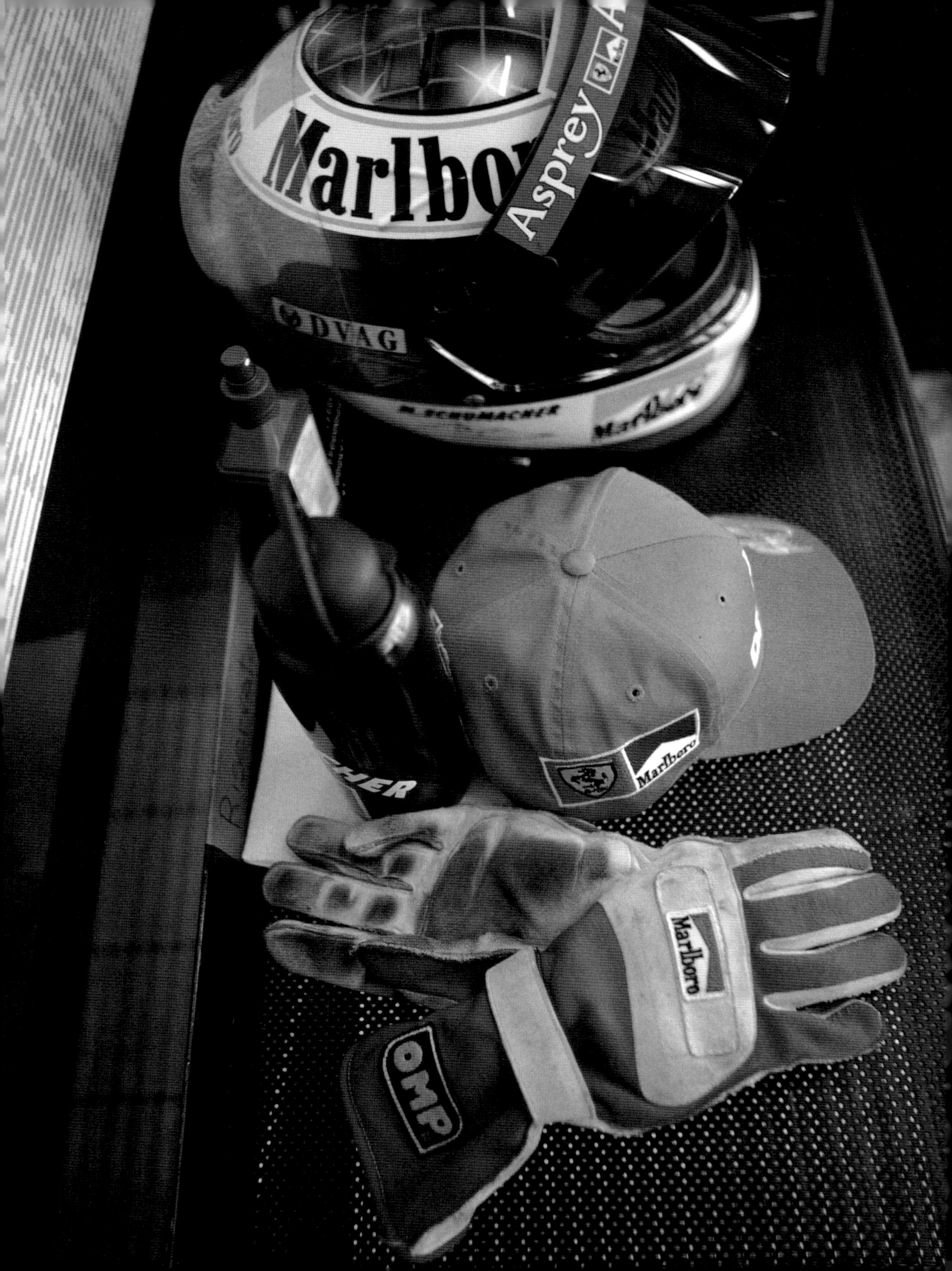
Asprey
DVAG
Marlboro
Marlboro
OMP

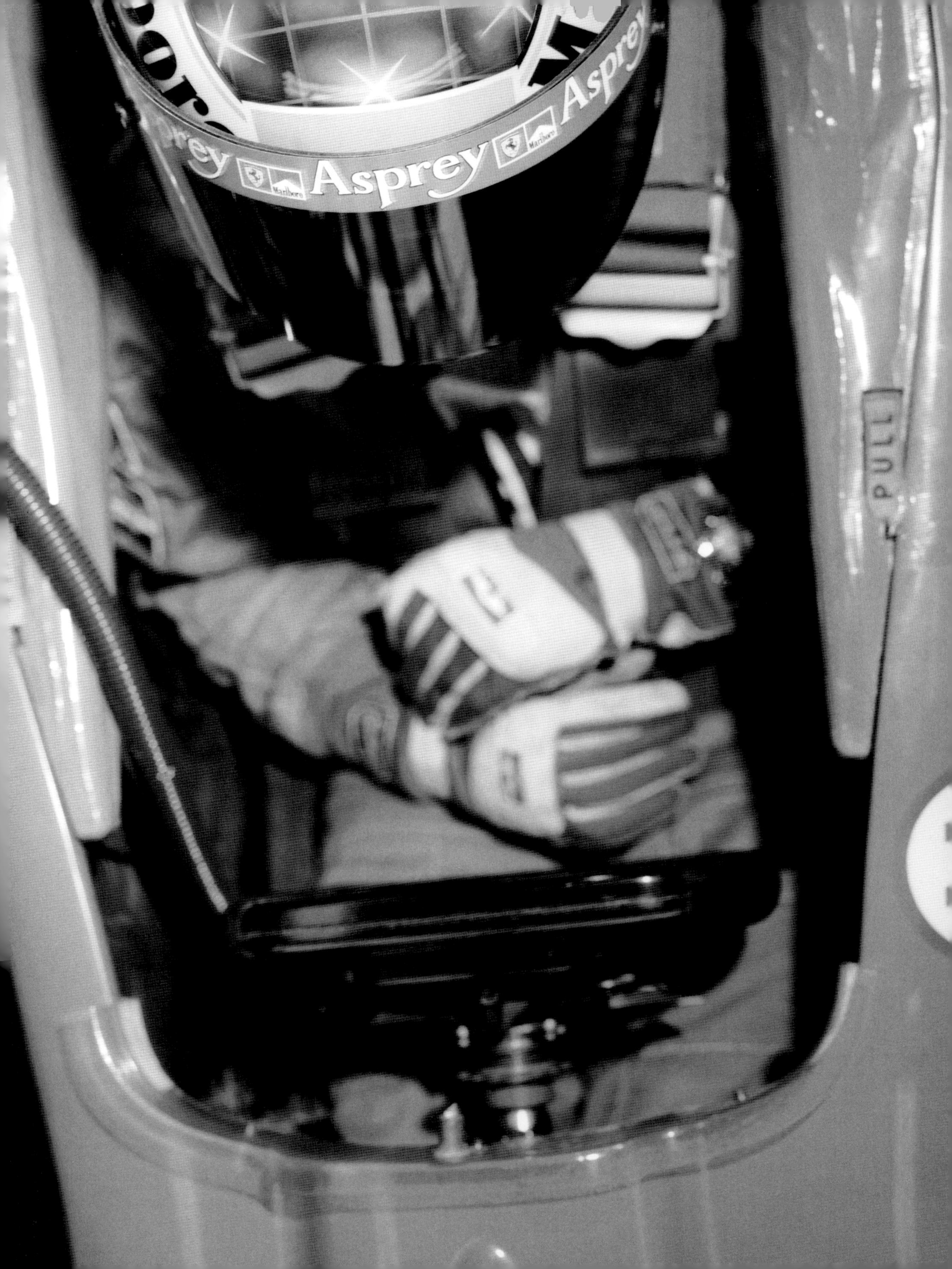
Asprey
Asprey
PULL

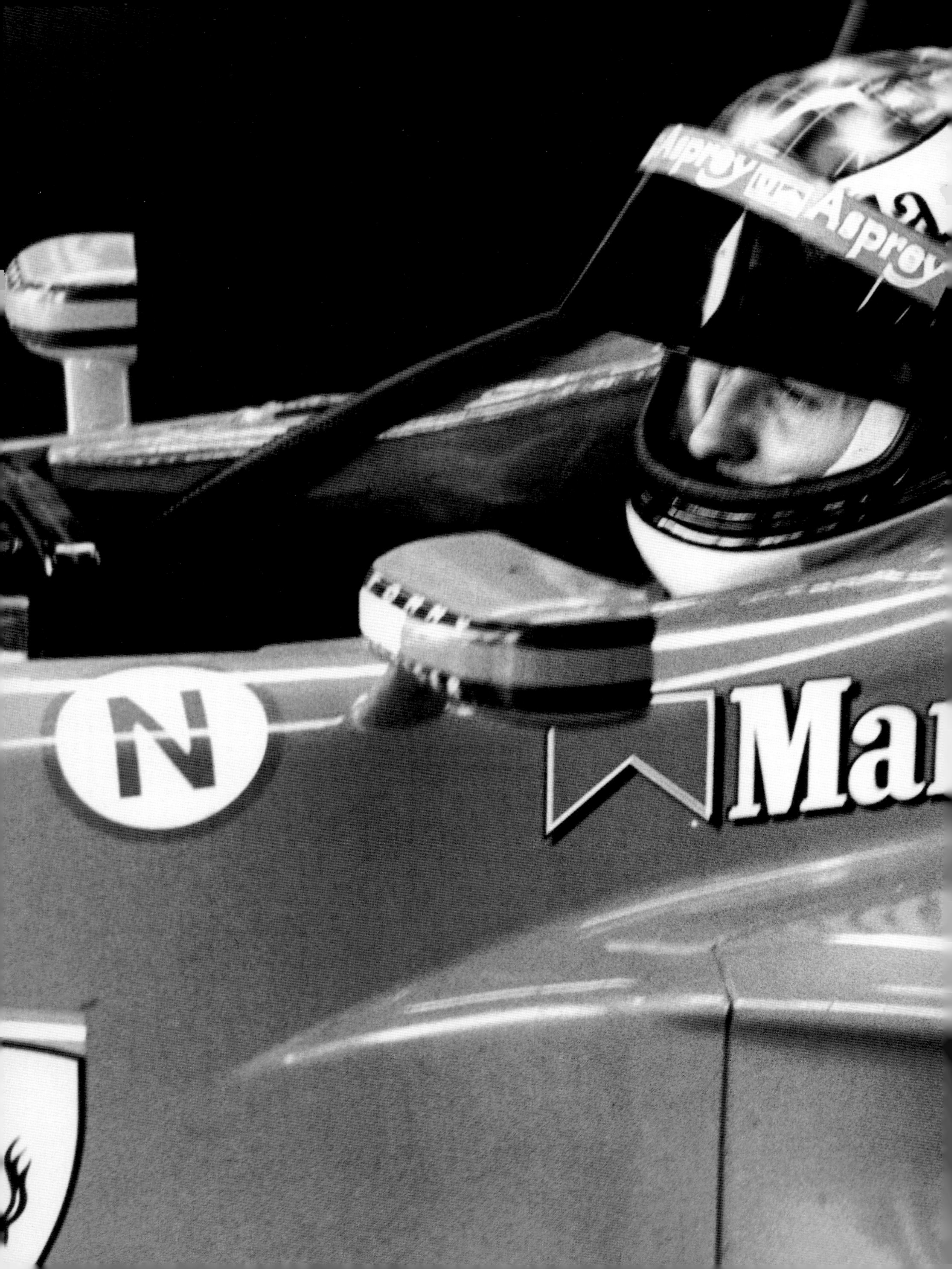
Asprey

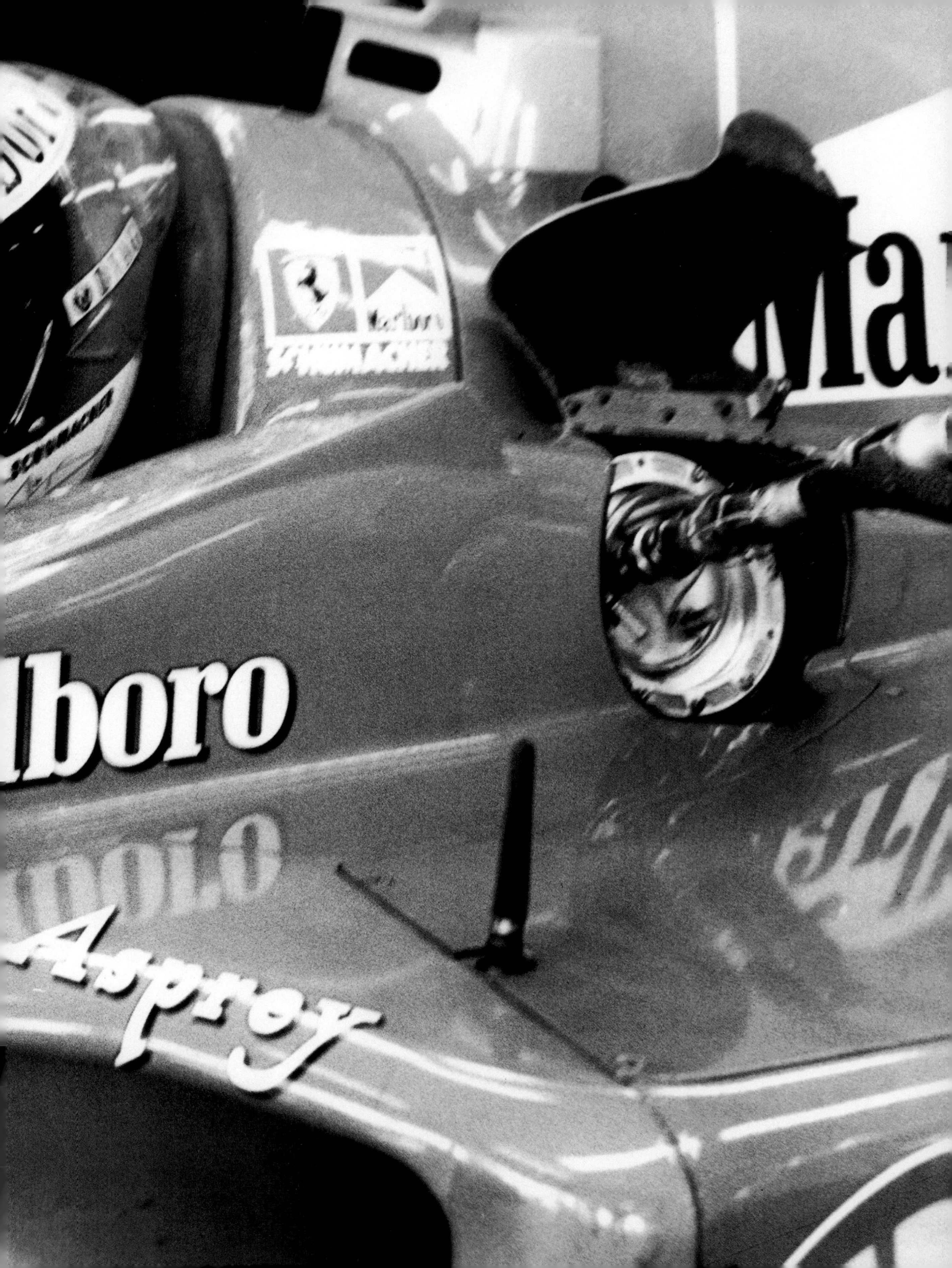
SCHUMACHER
lboro
Asprey

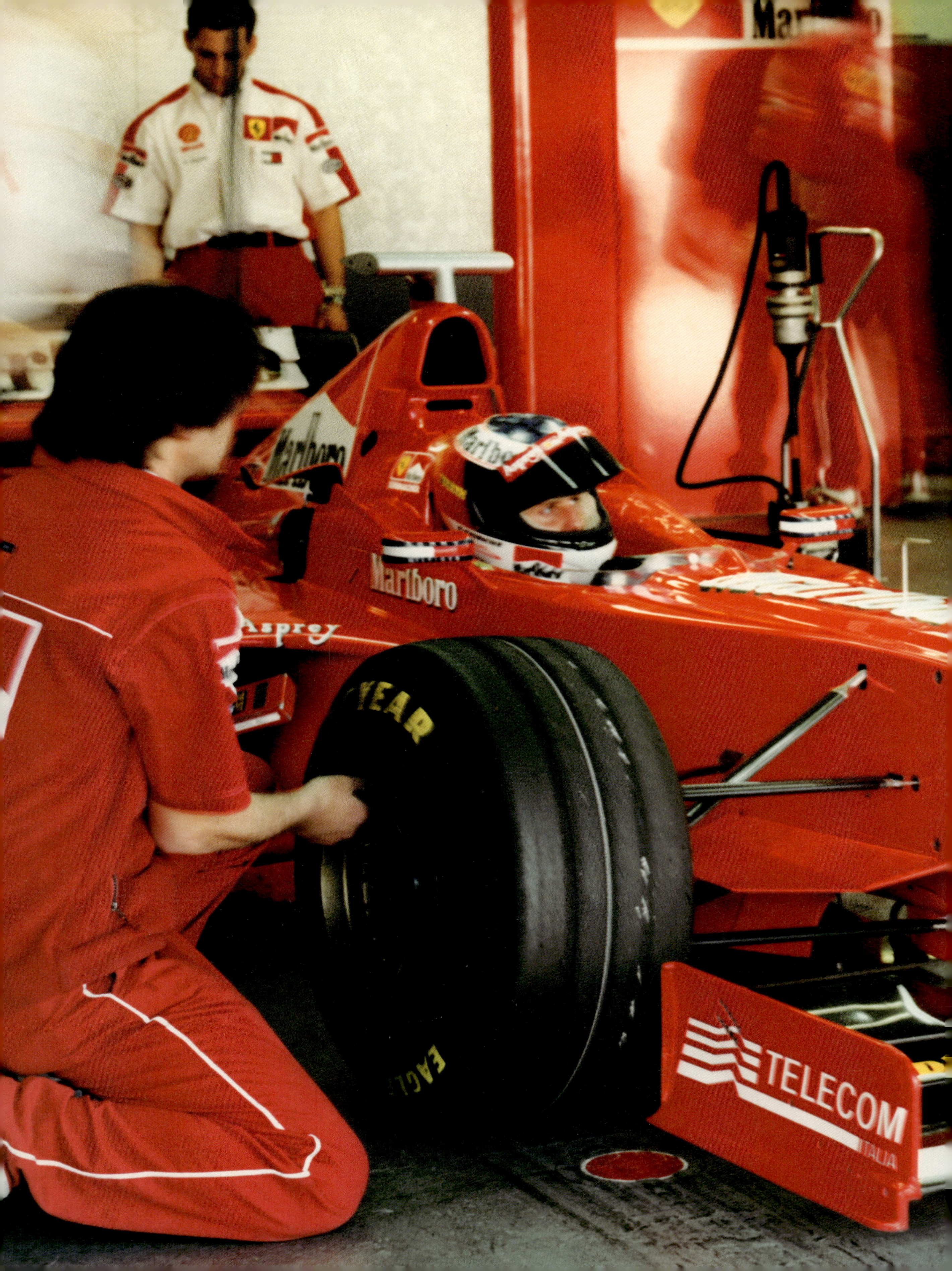
Marlboro
Marlboro
Asprey
TELECOM
ITALIA

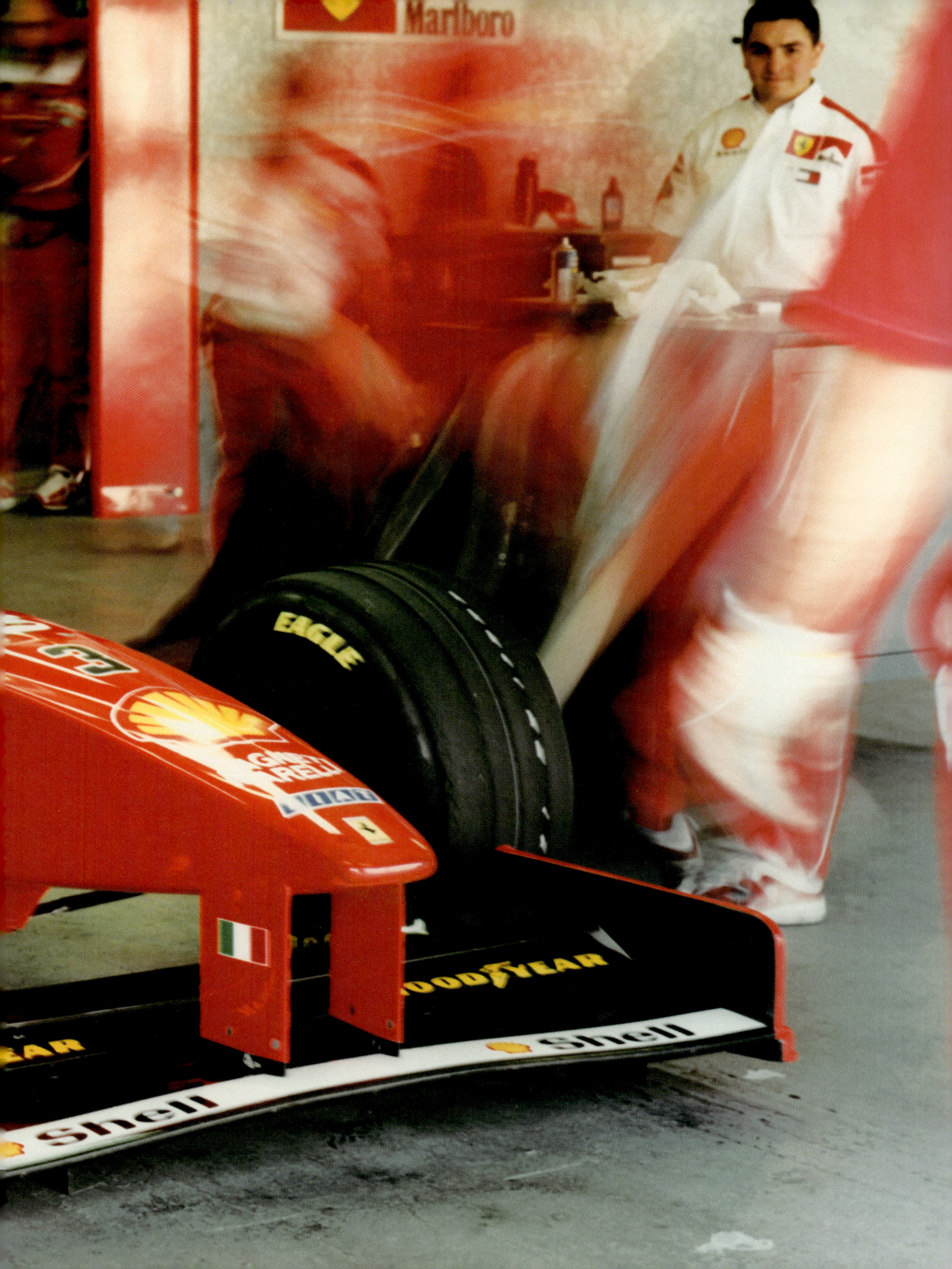
Marlboro
EAGLE
Shell
Shell

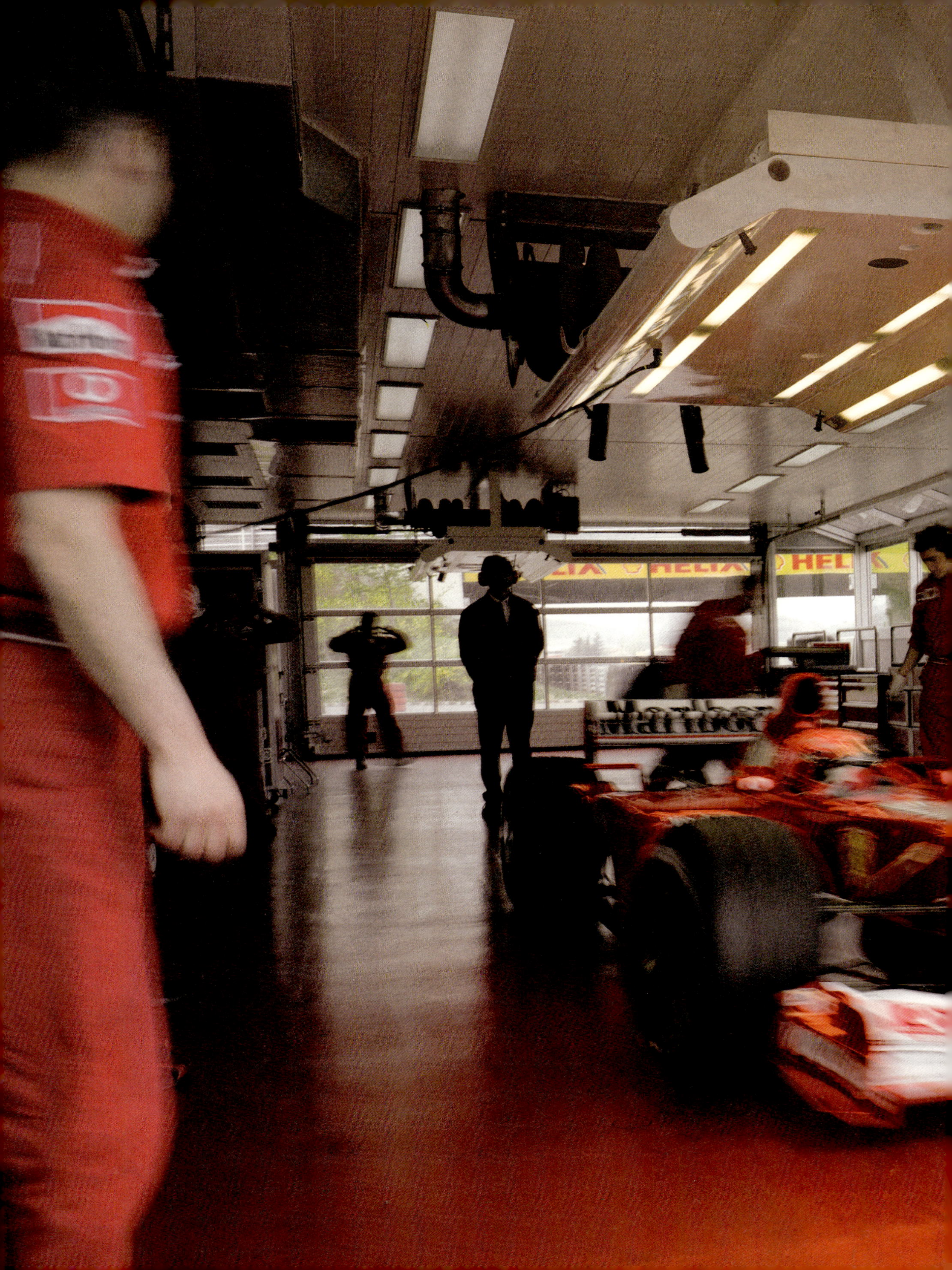
HELIX

Grand Prix
products for
Ferrari

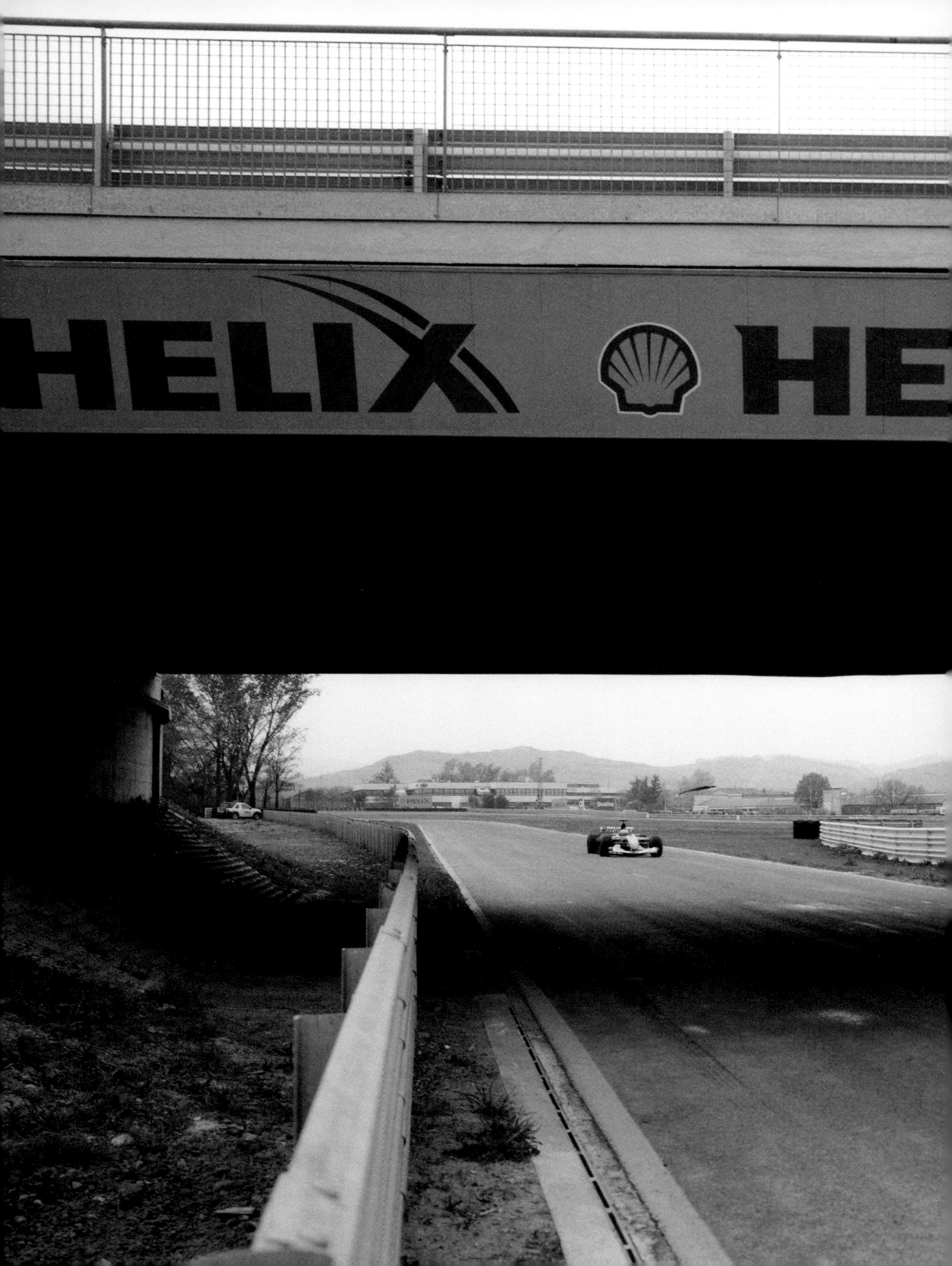
HELIX

LIX 🐚 HELIX

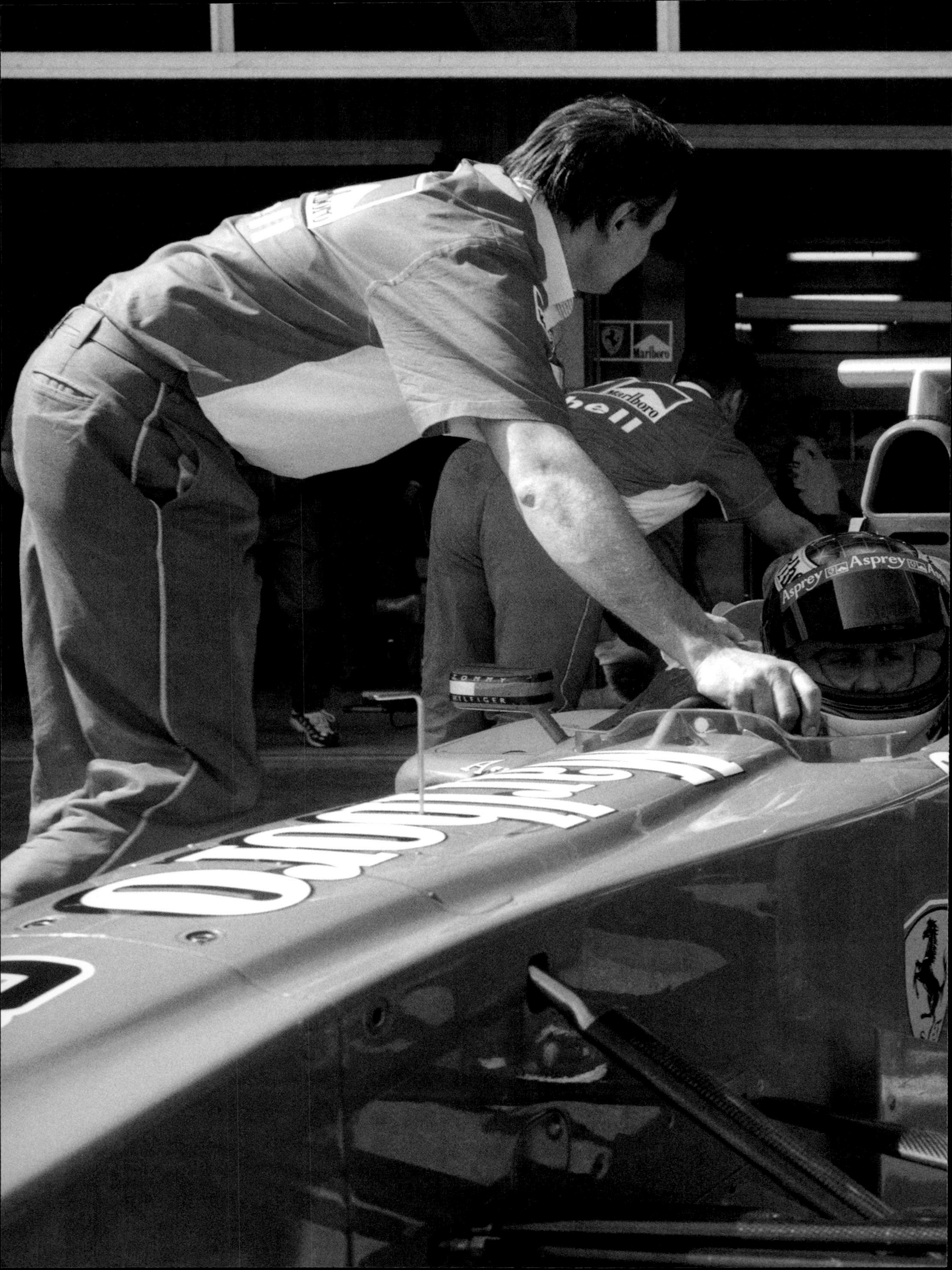
Marlboro
Asprey
Asprey
HILFIGER

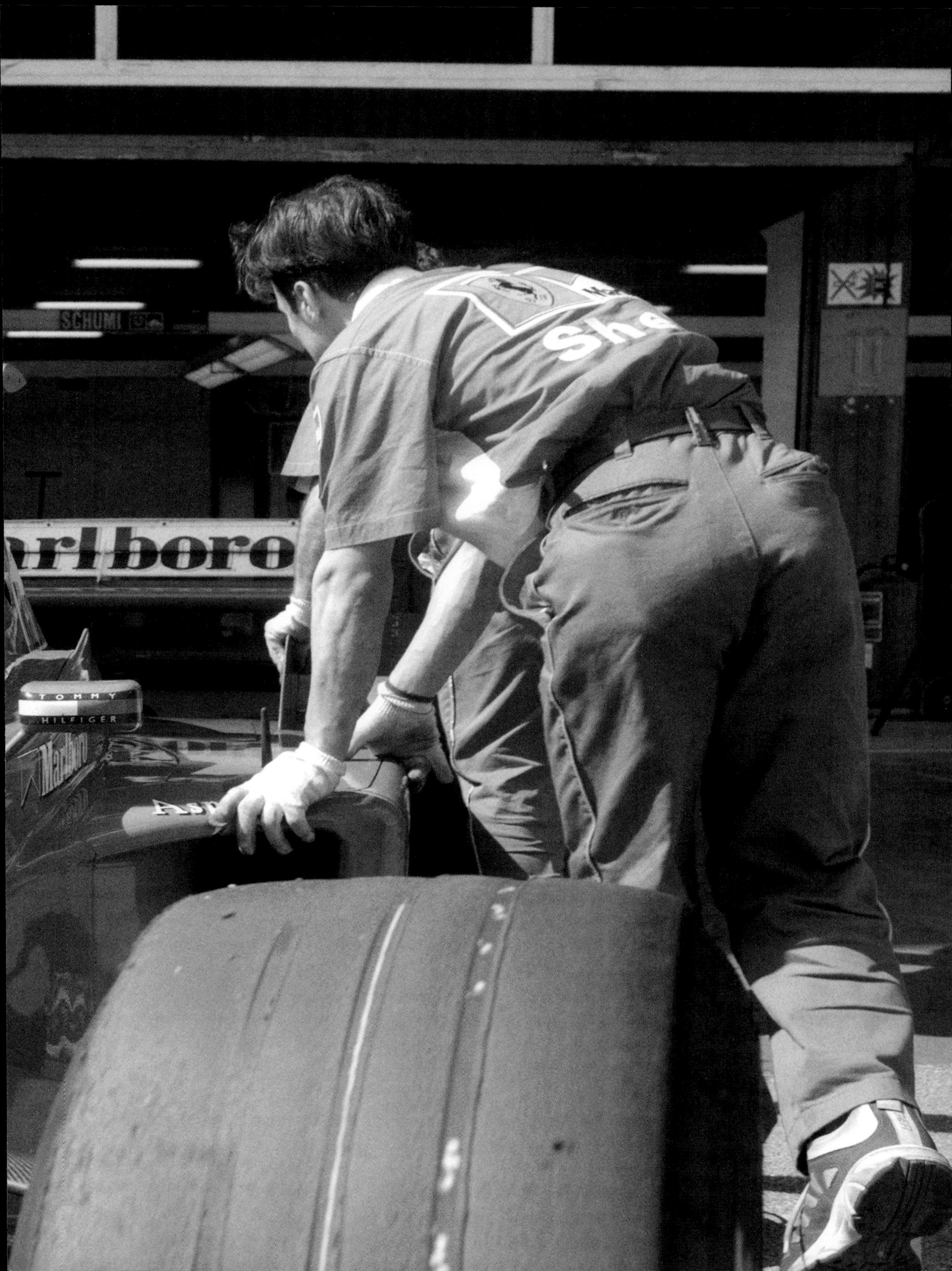
SCHUMI
TOMMY
HILFIGER

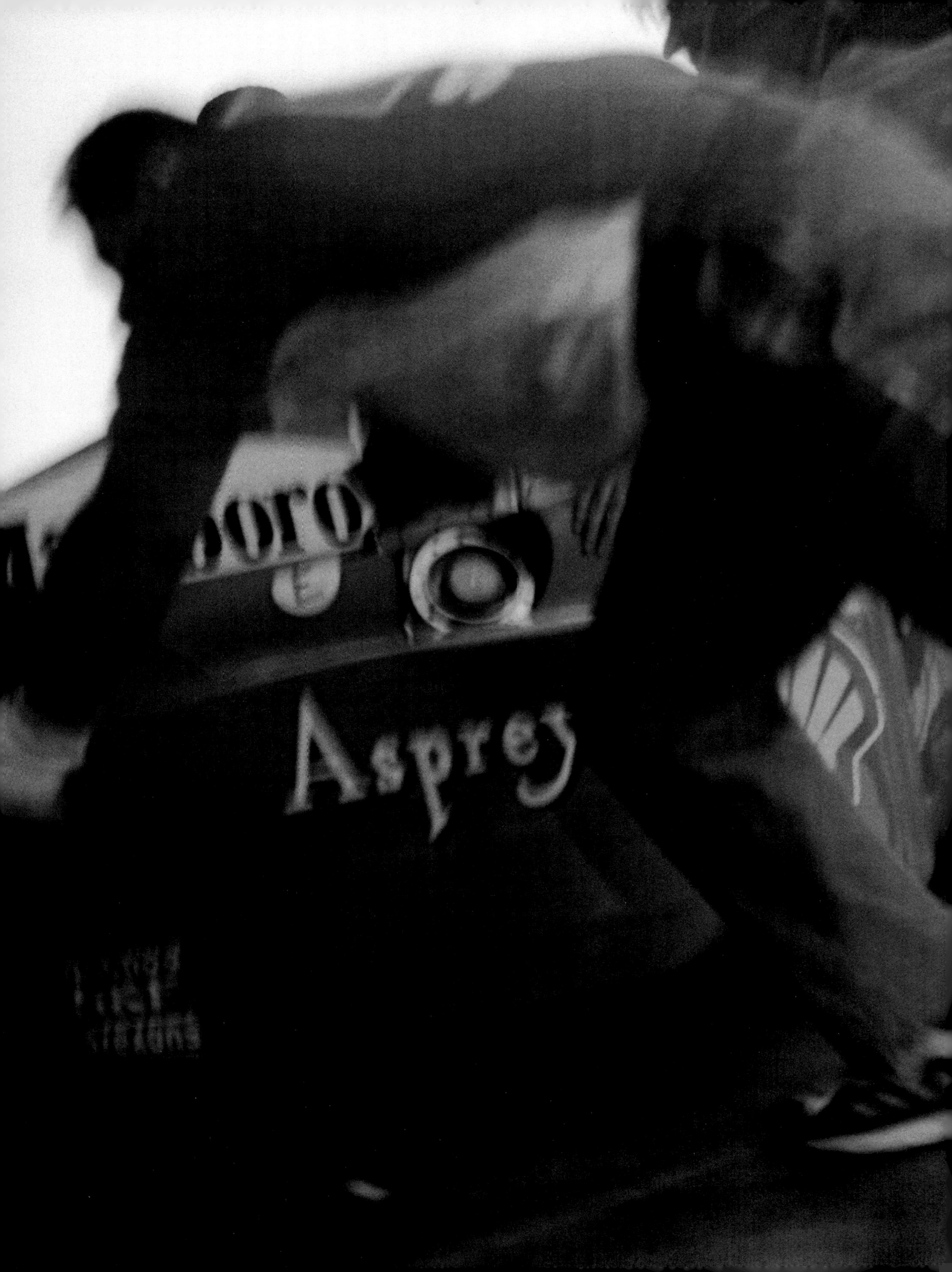
Aspres

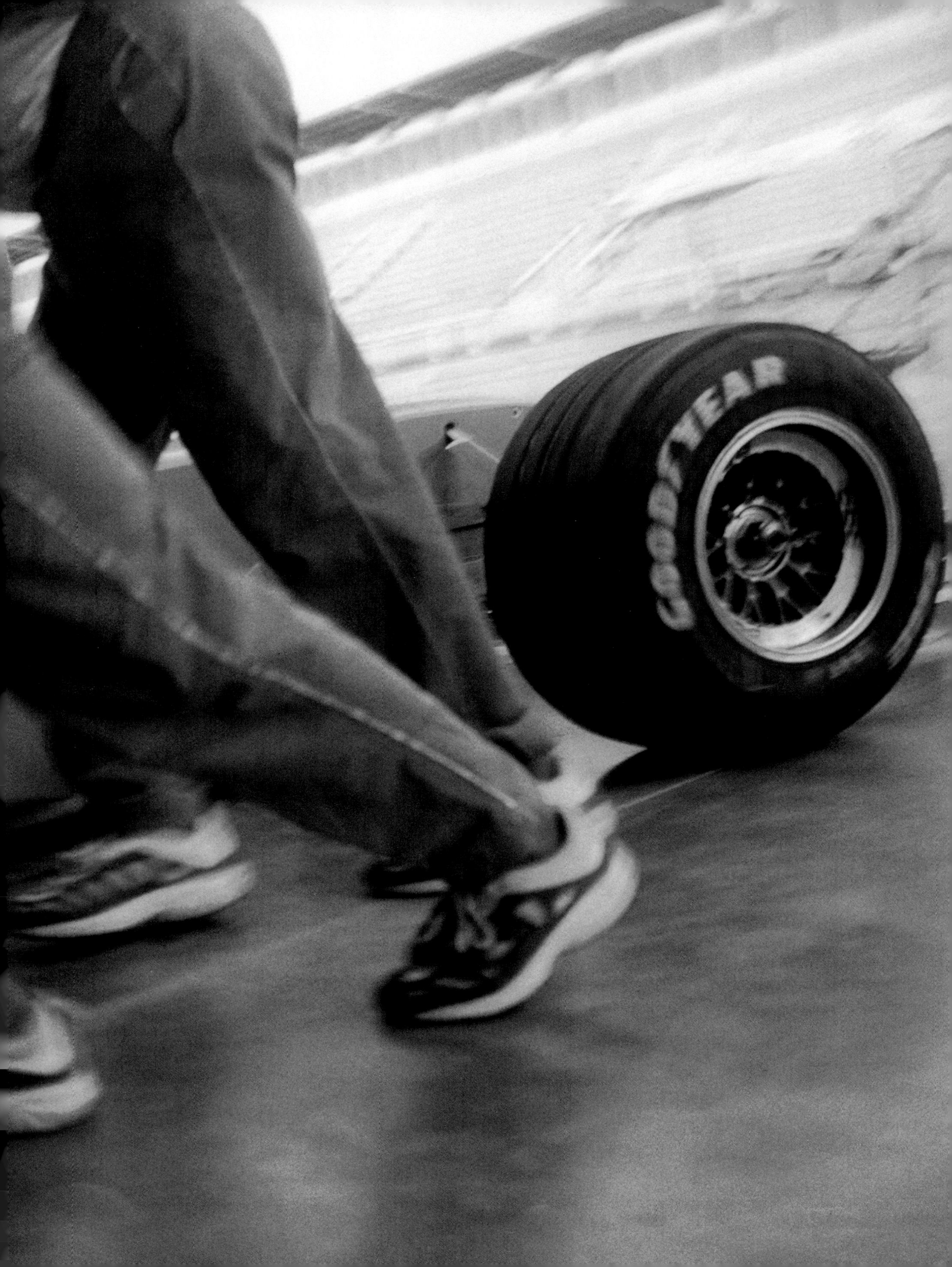
GOODYEAR

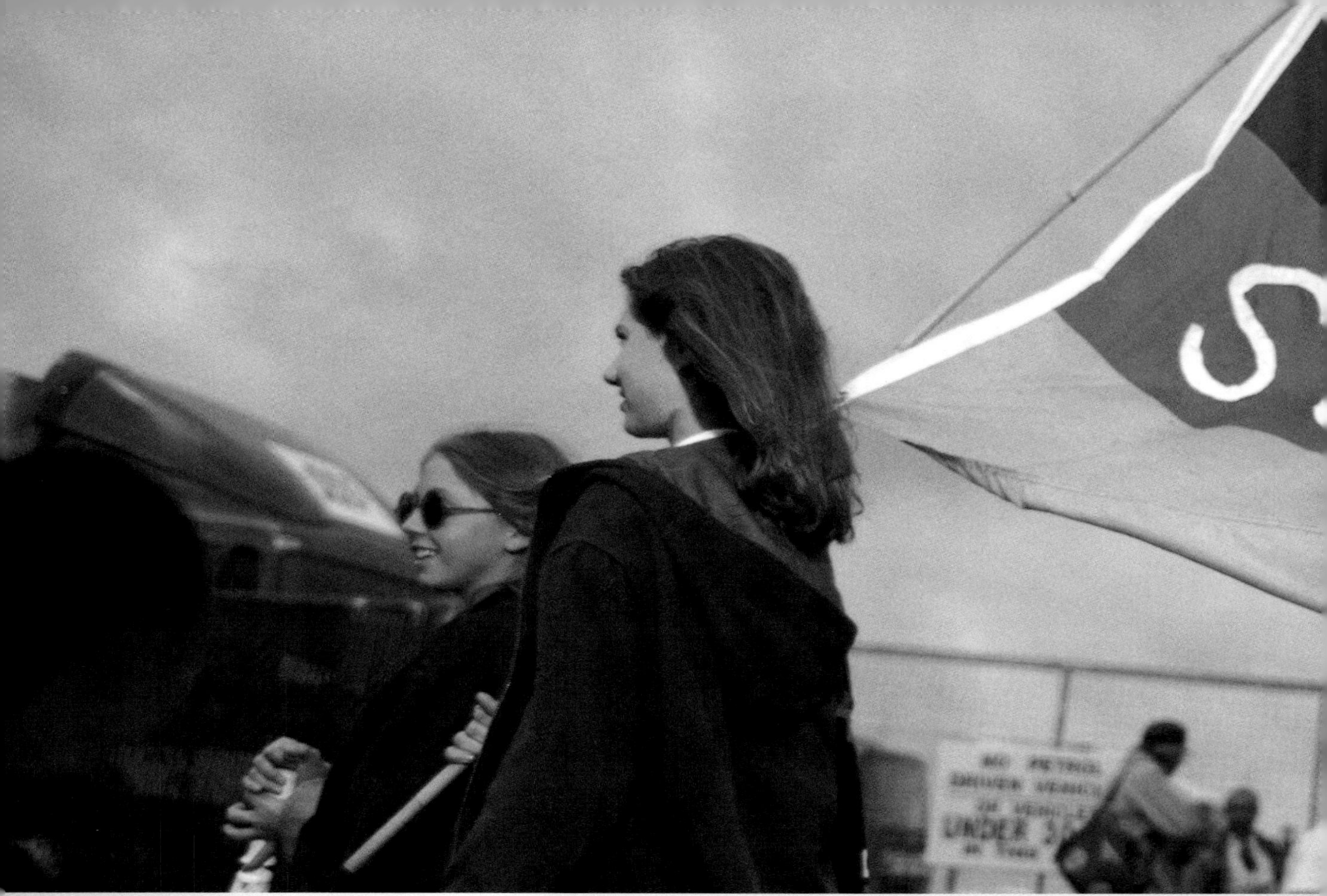

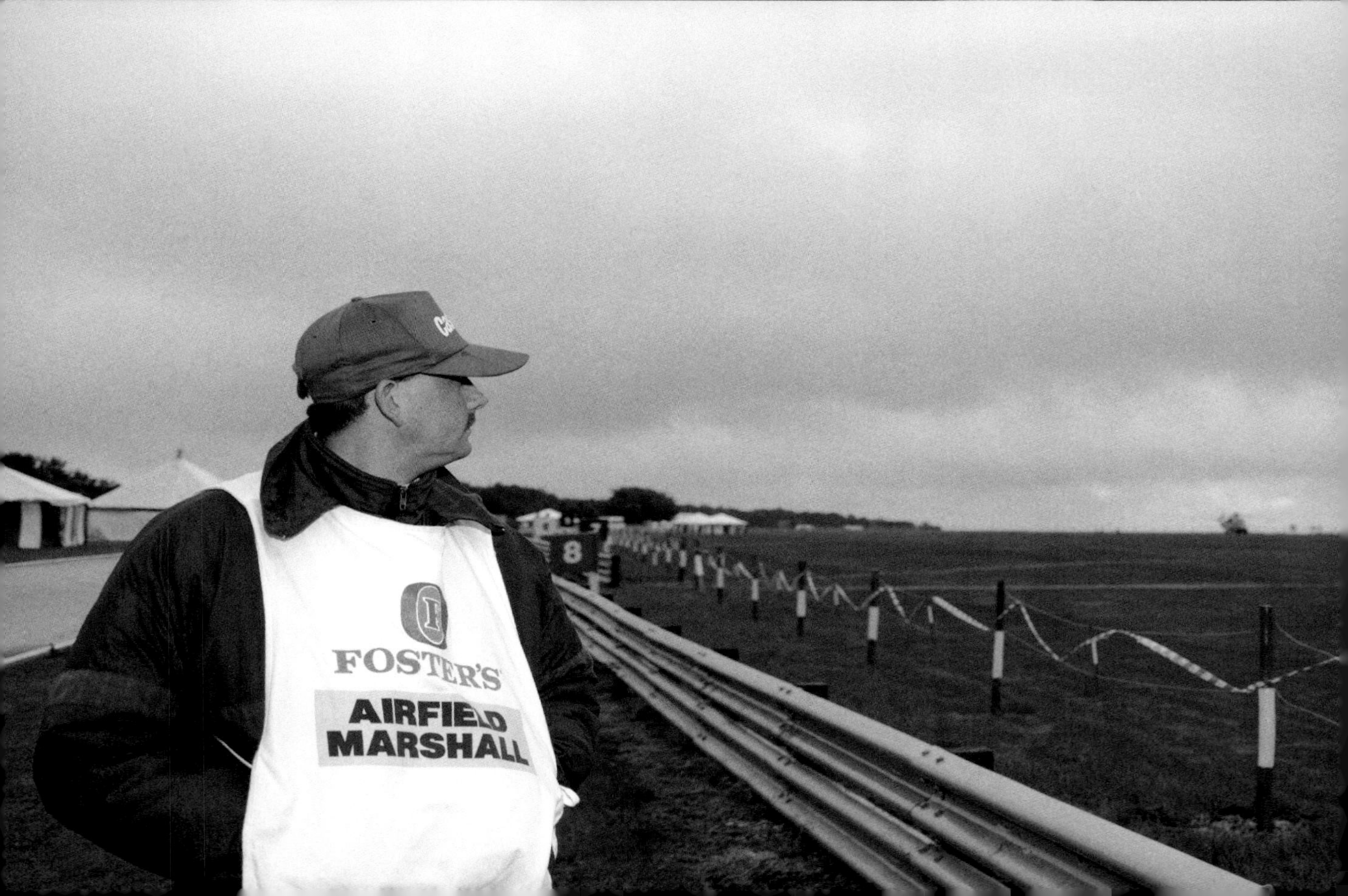
8
FOSTER'S
AIRFIELD
MARSHALL

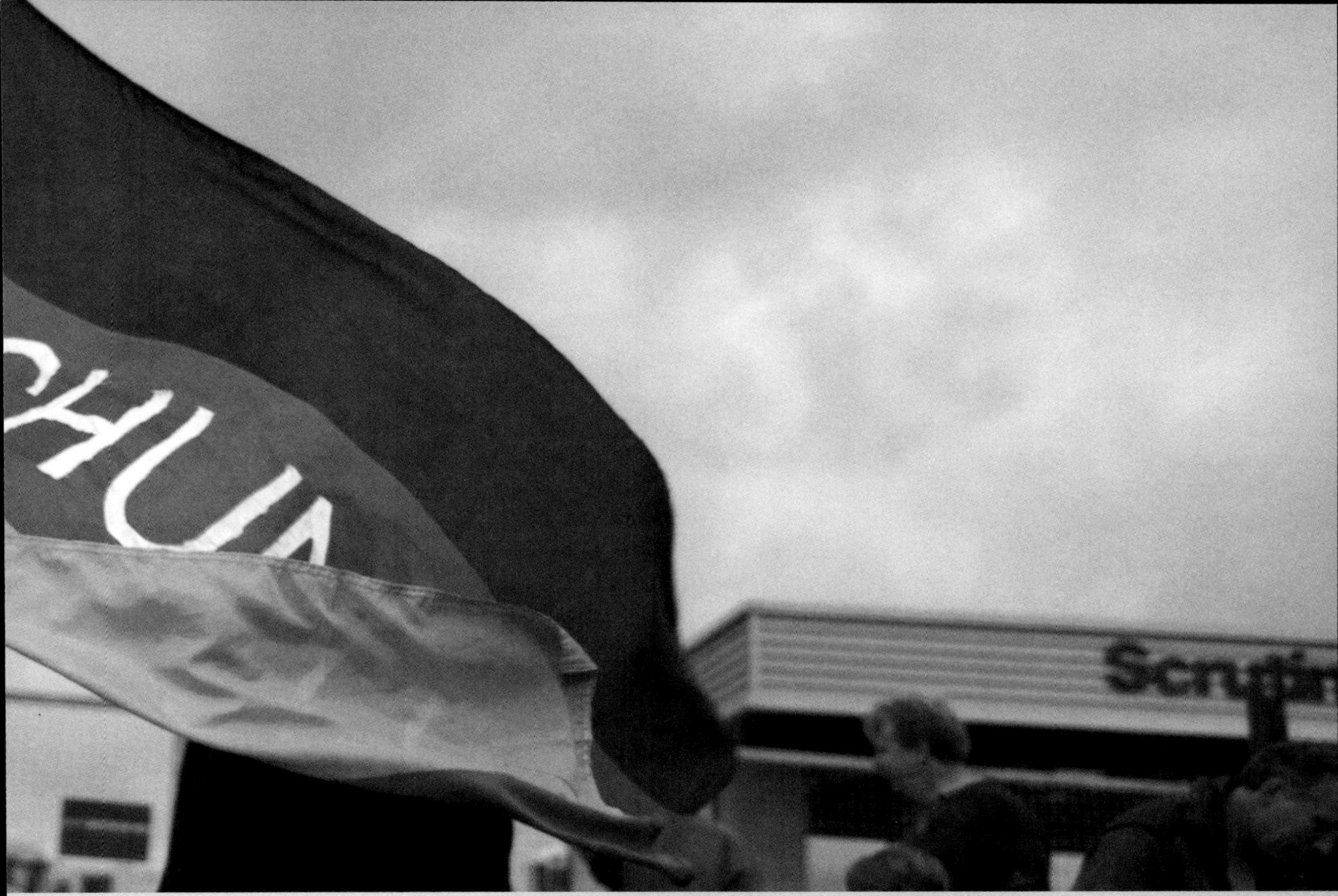

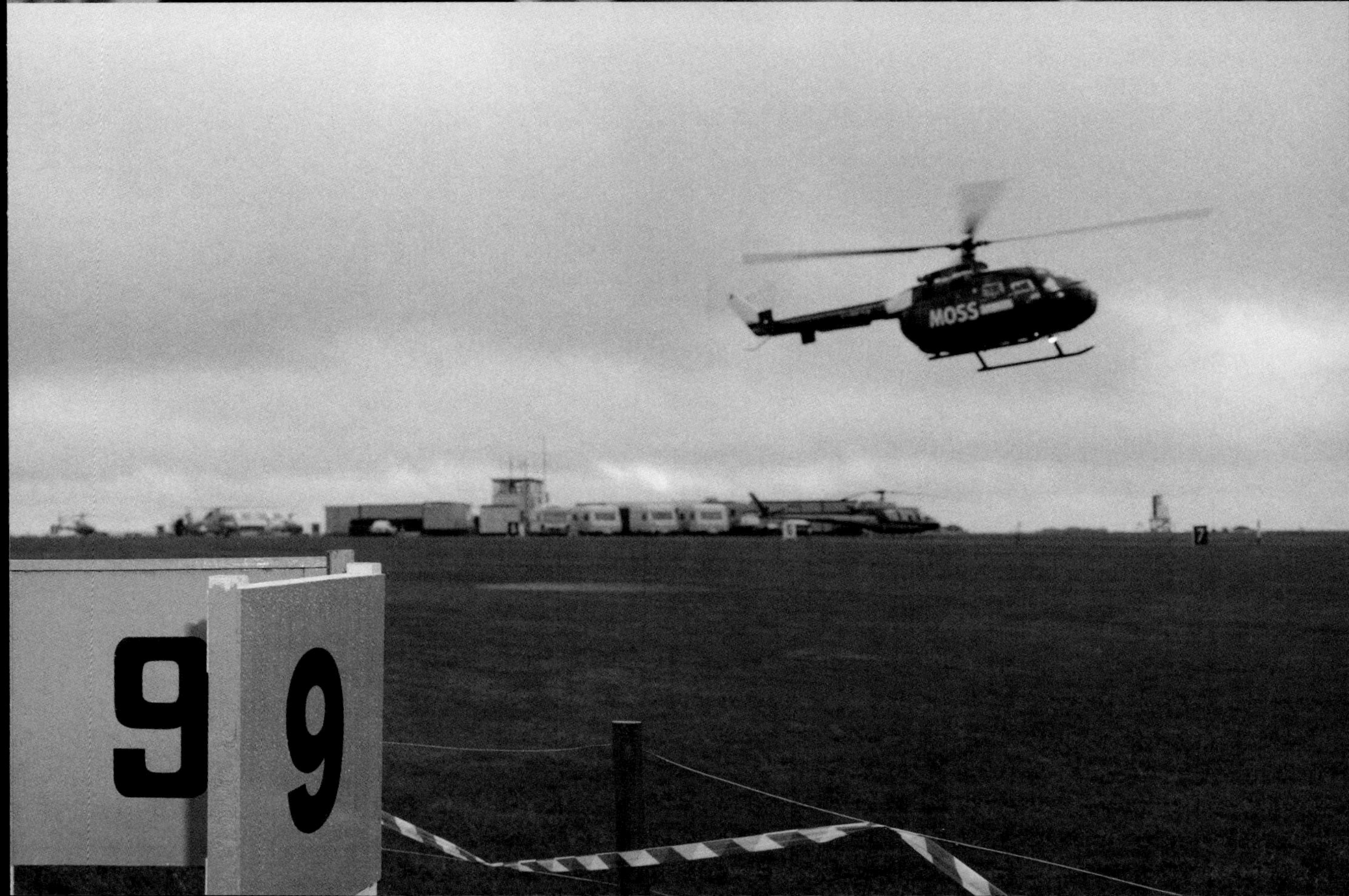
MOSS
9
9

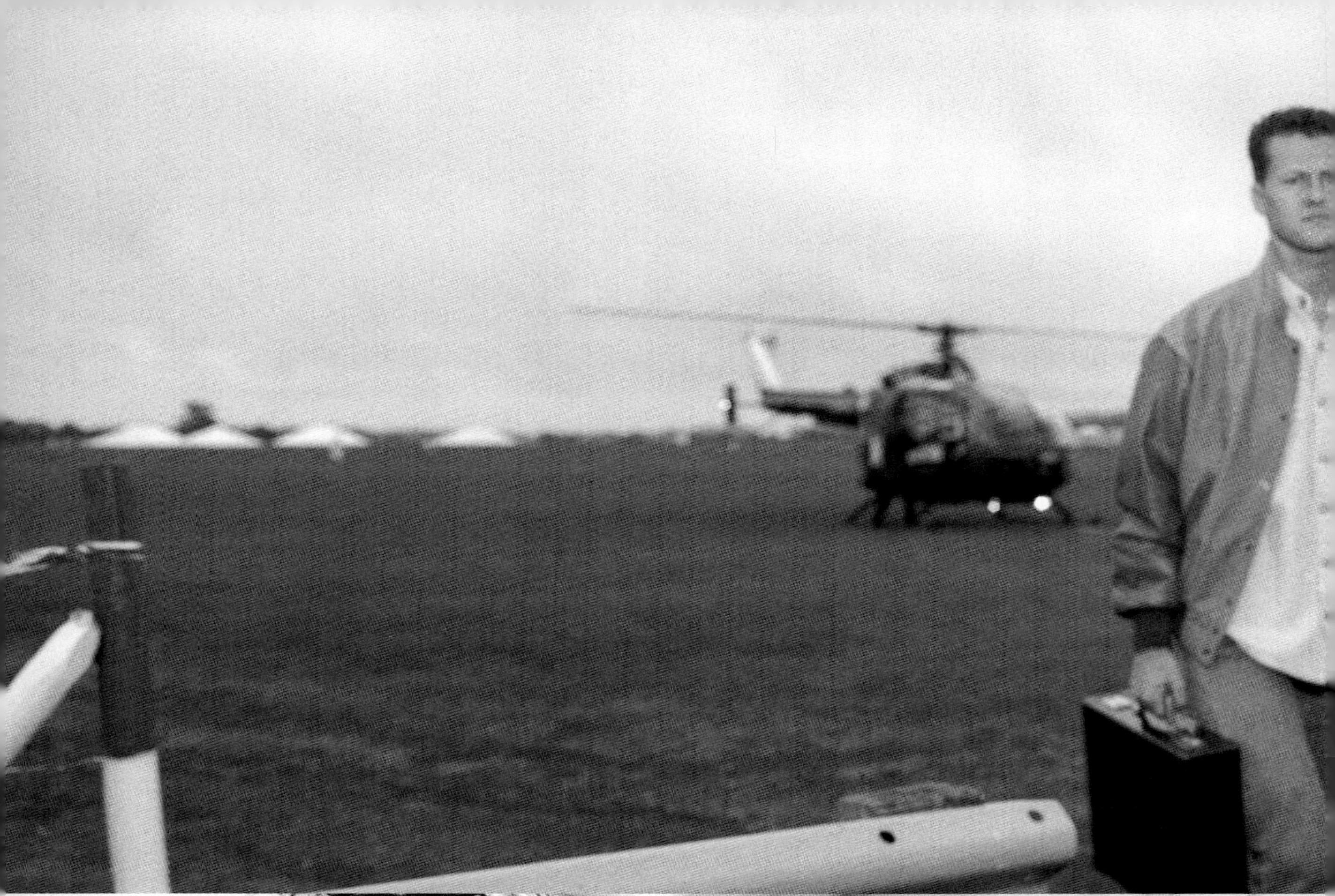

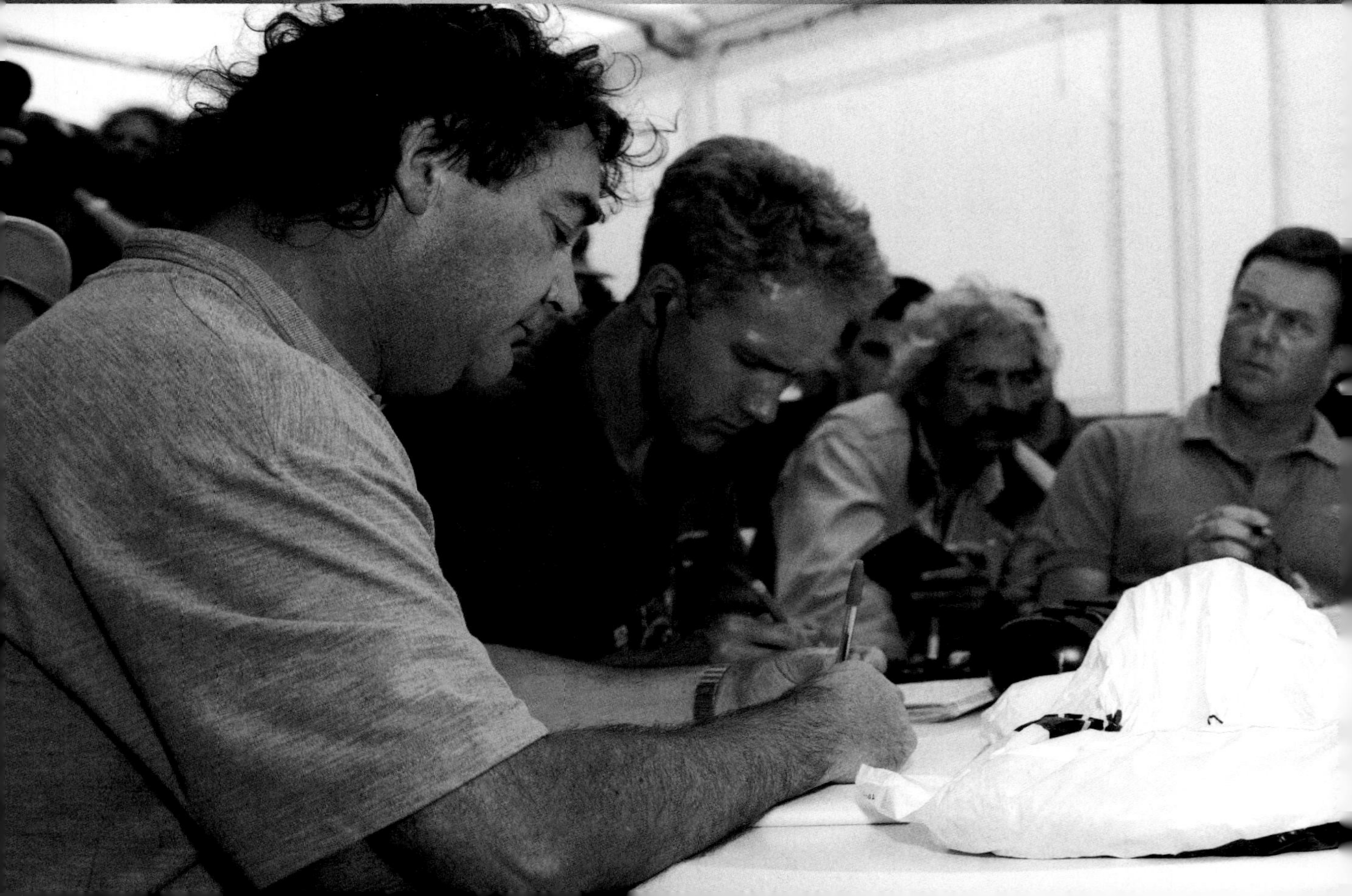

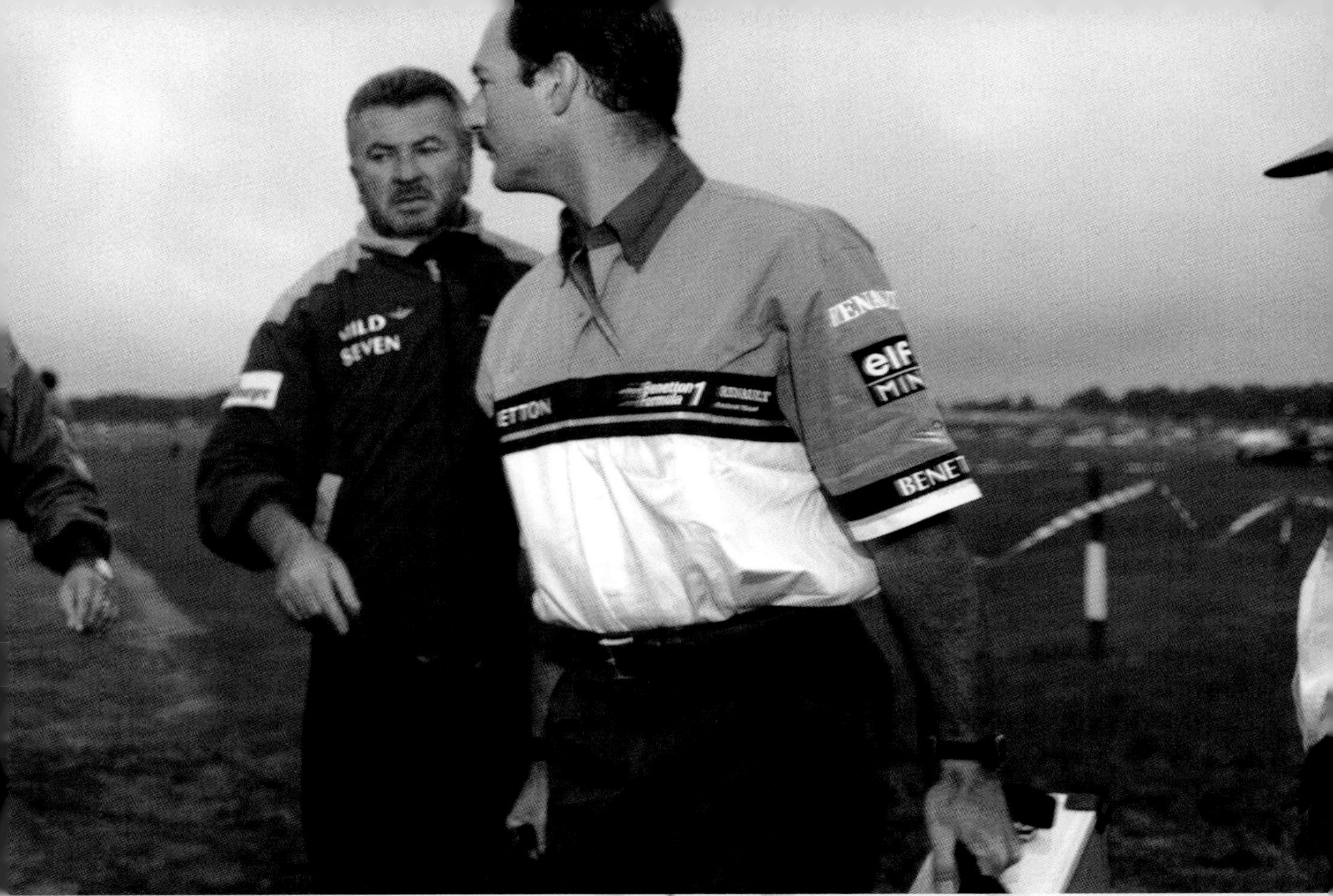
SEVEN
elf

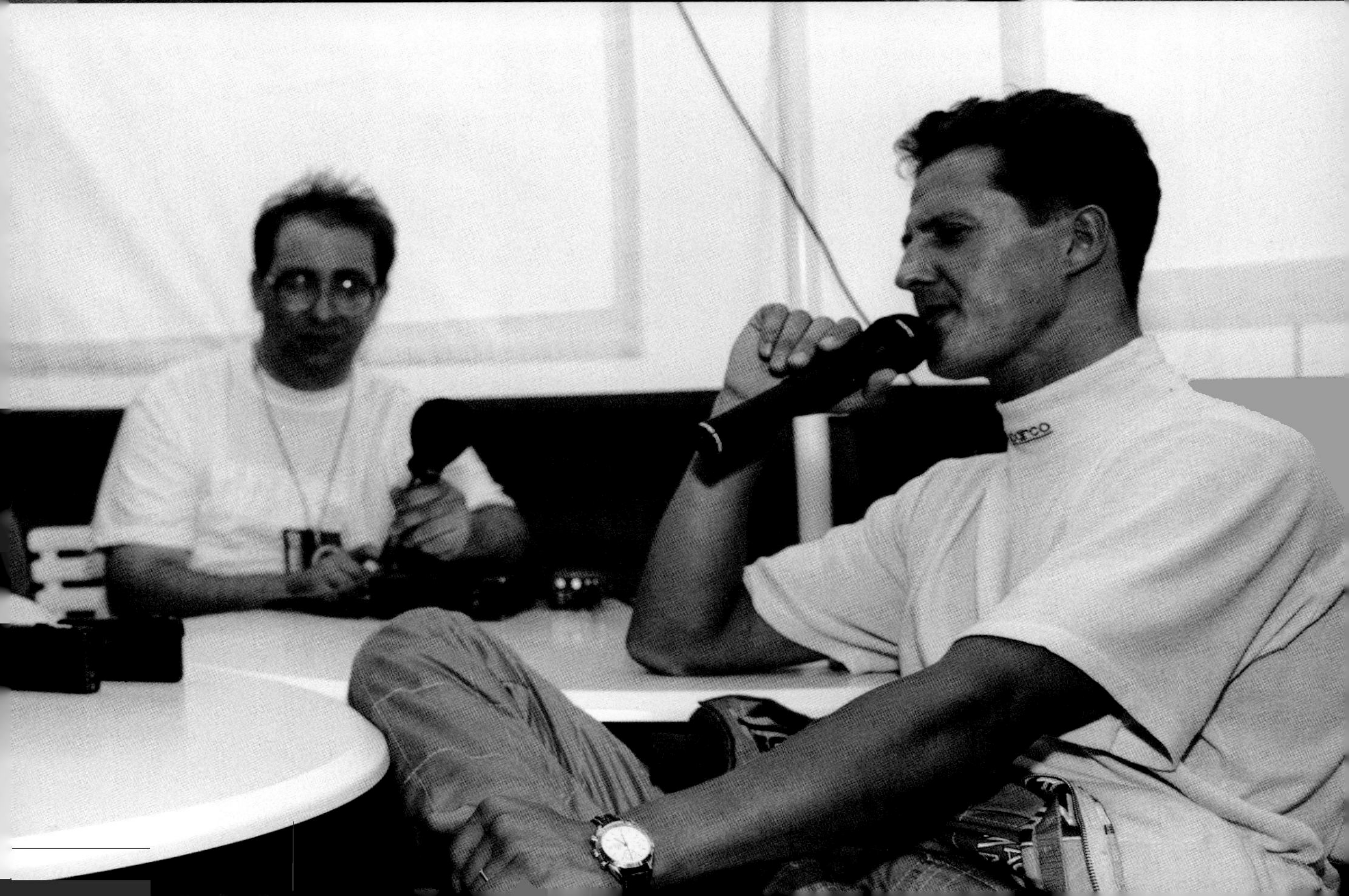

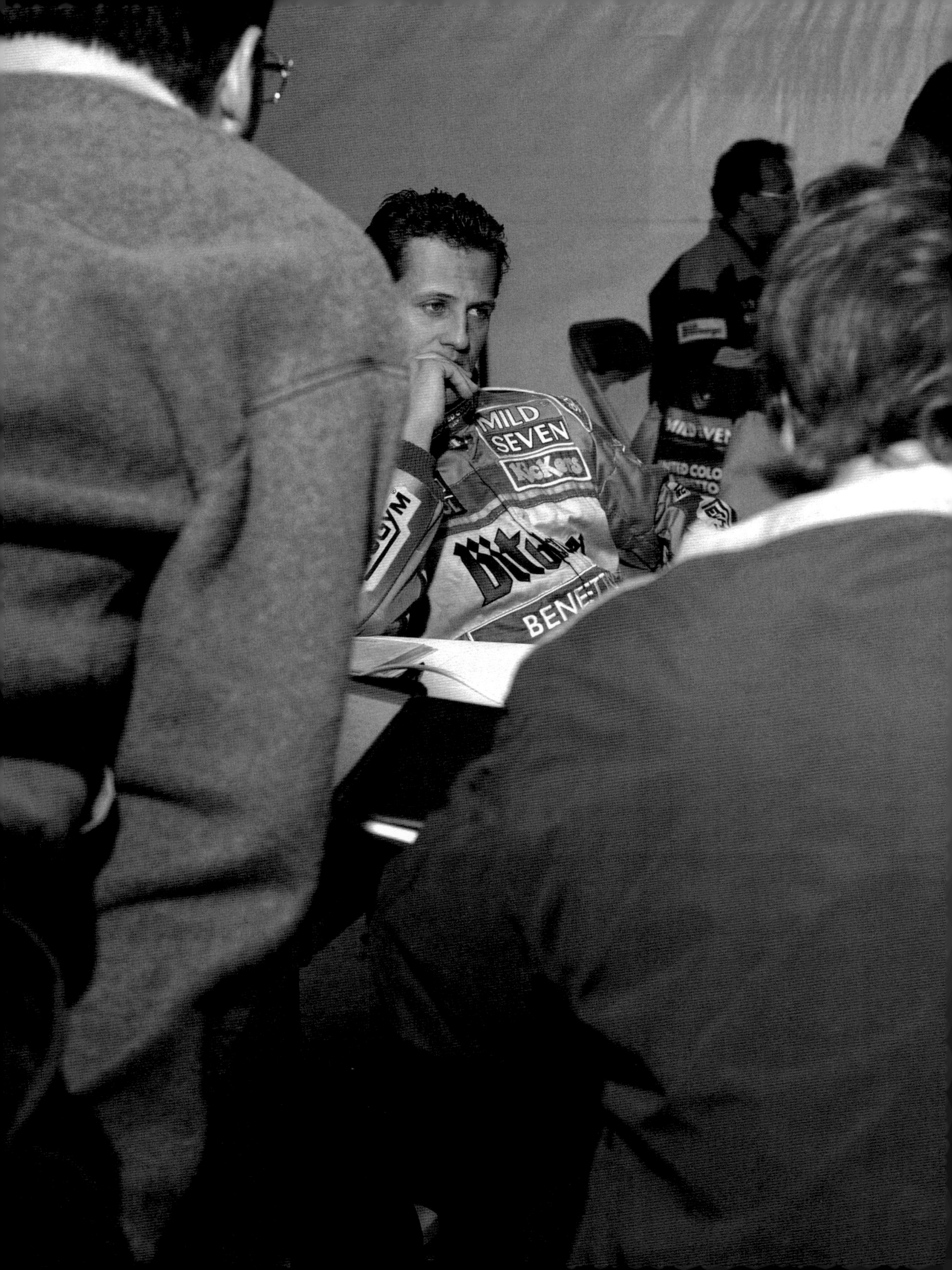
MILD
SEVEN

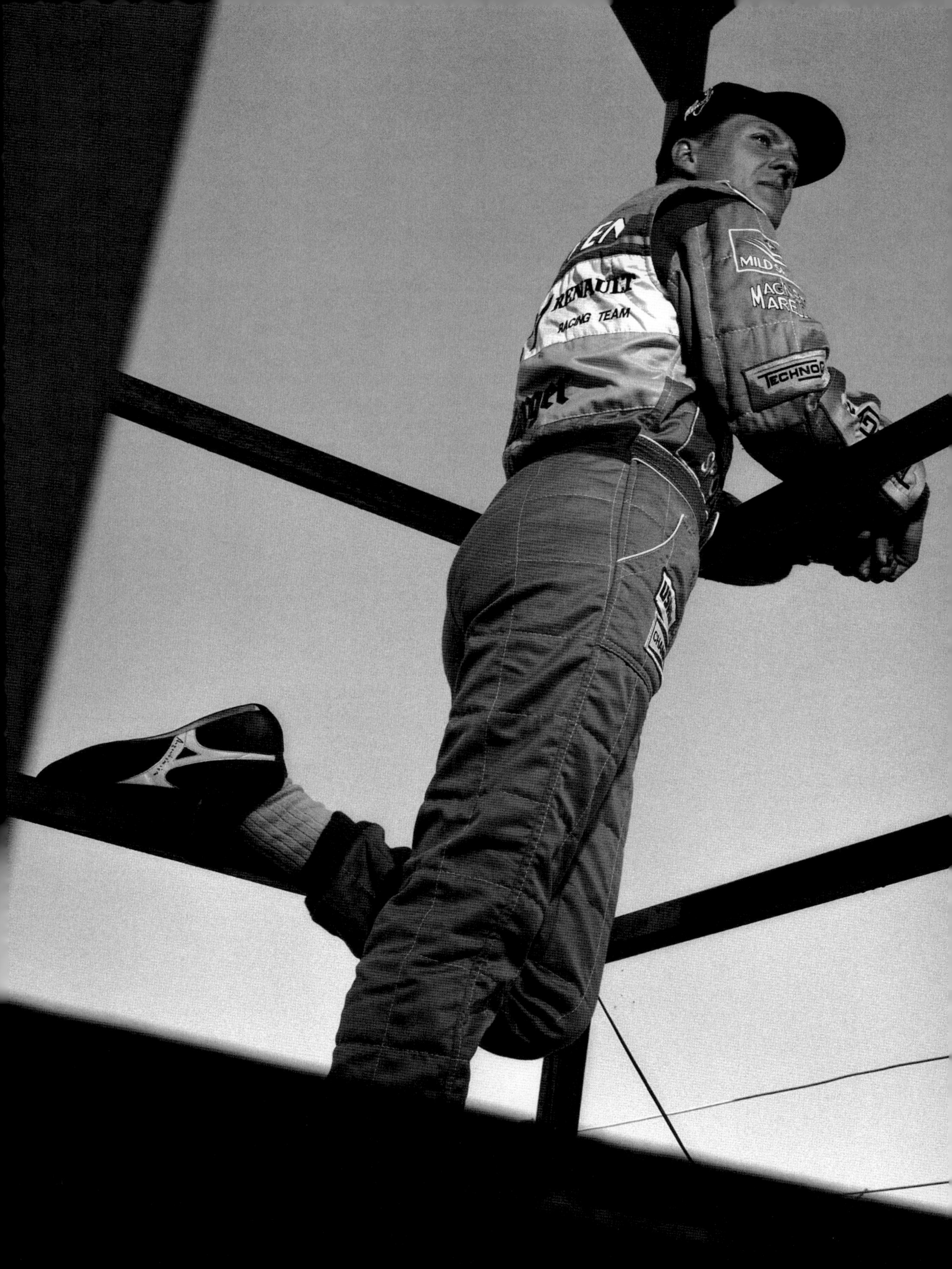
RENAULT
RACING TEAM

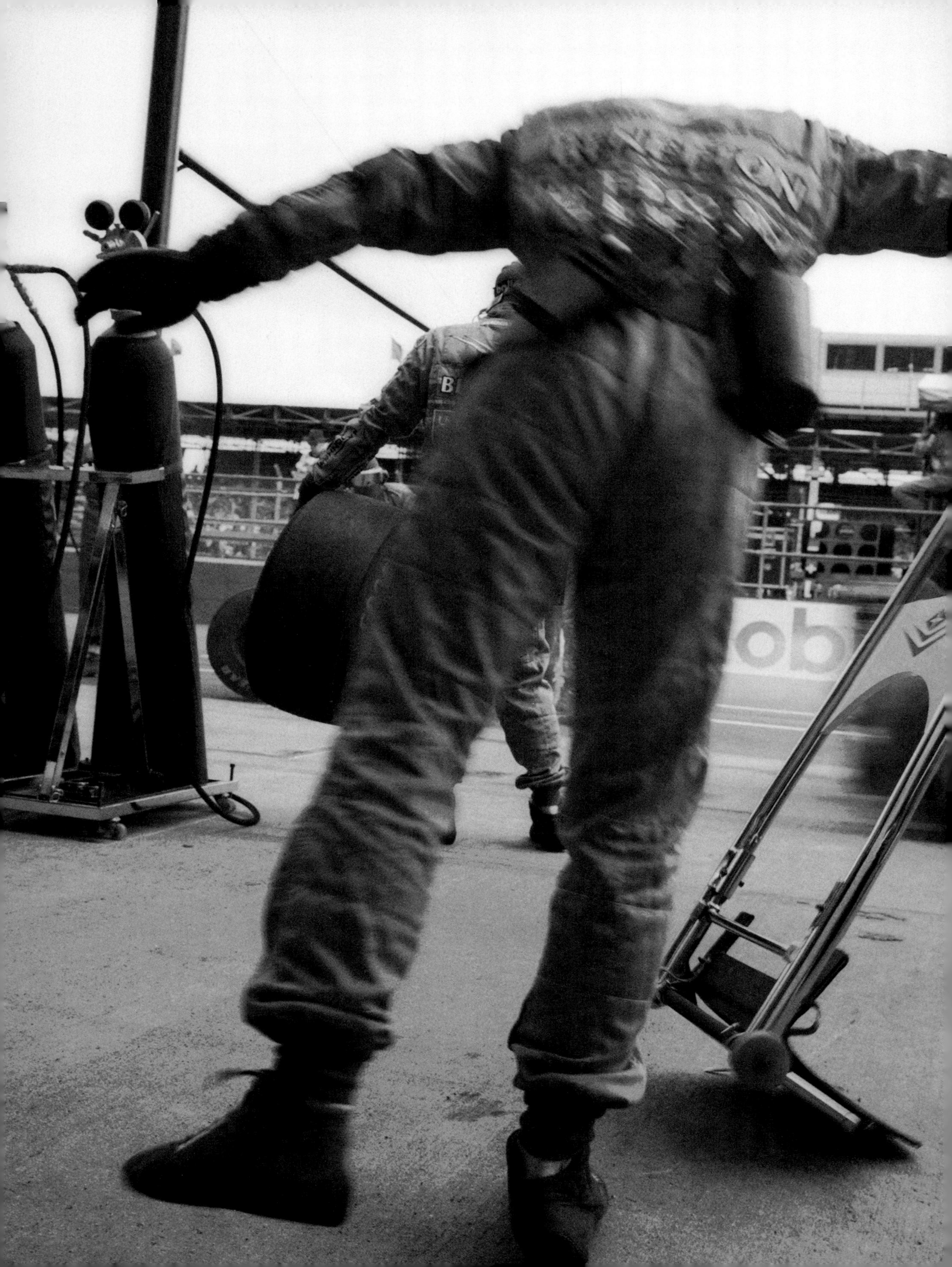

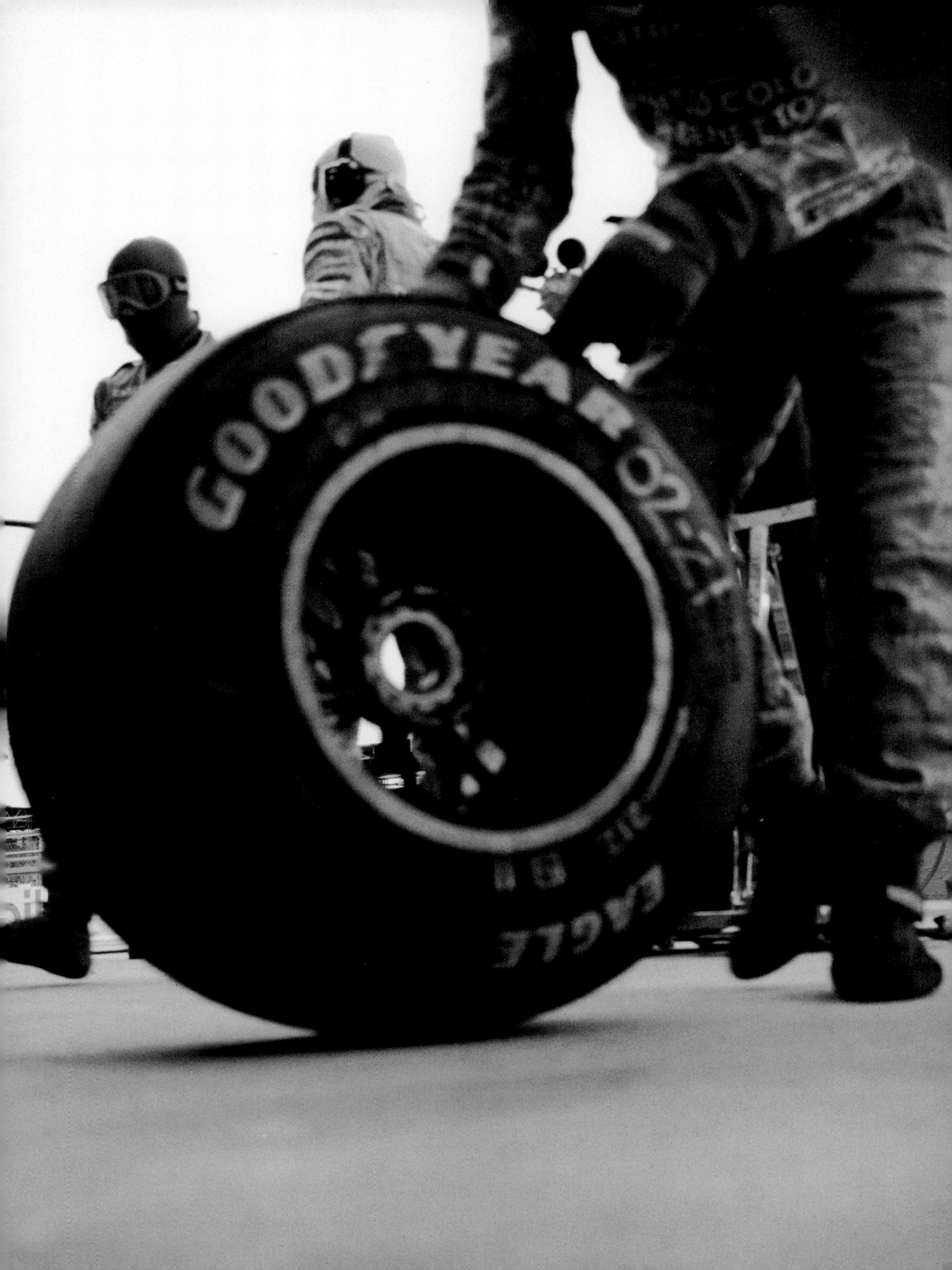
GOODYEAR

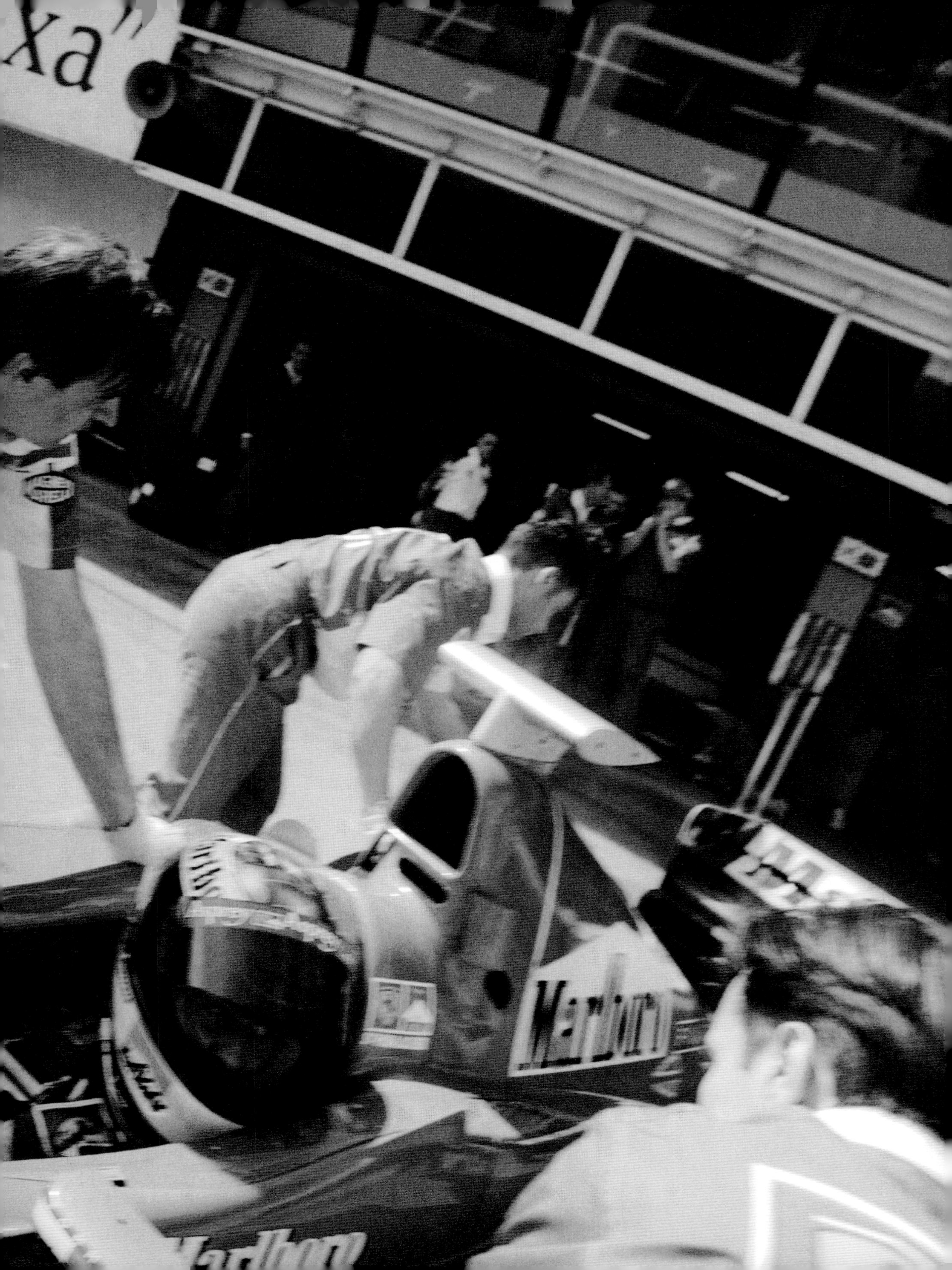
xa"
Marlboro

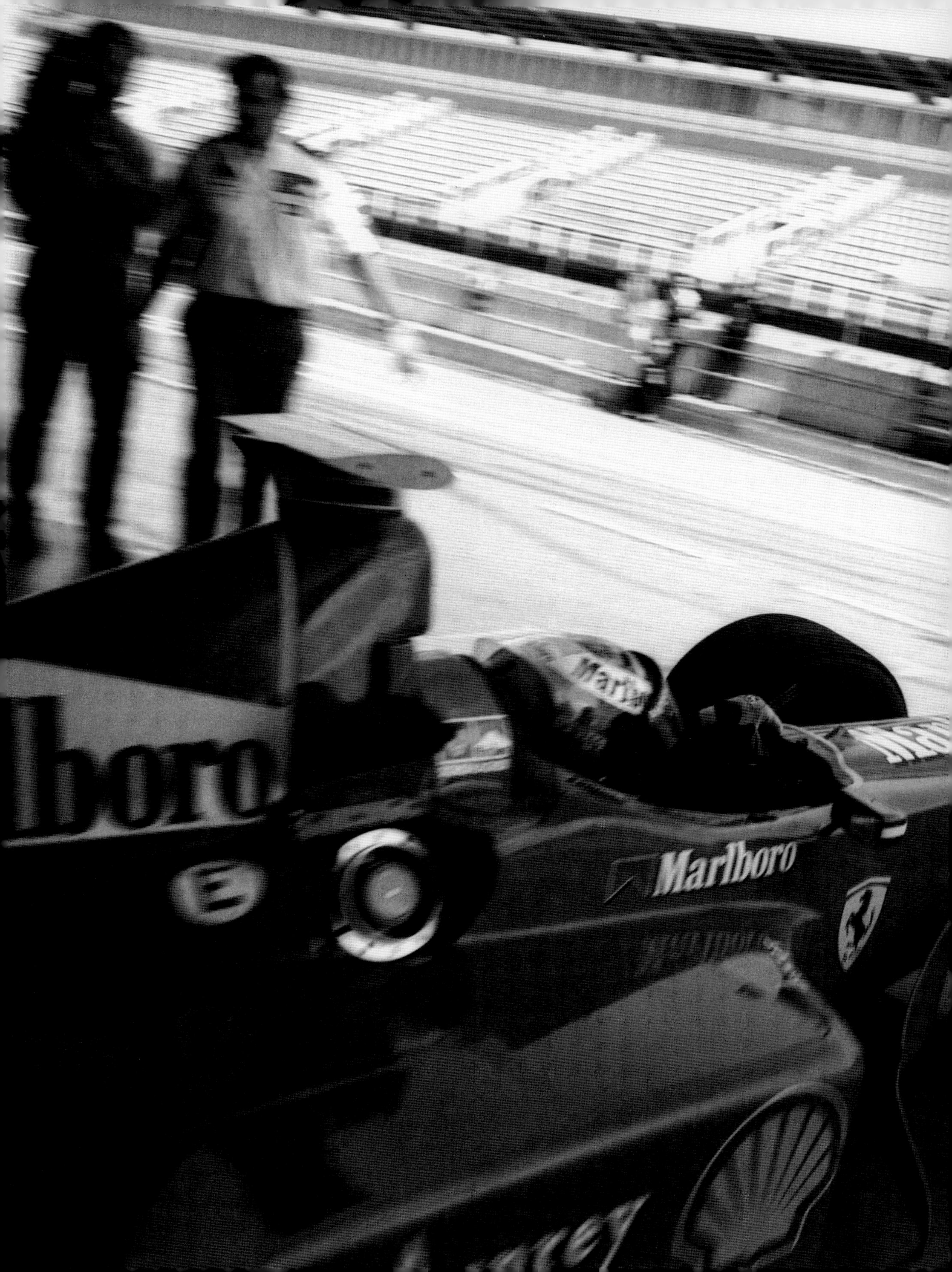
Marlboro

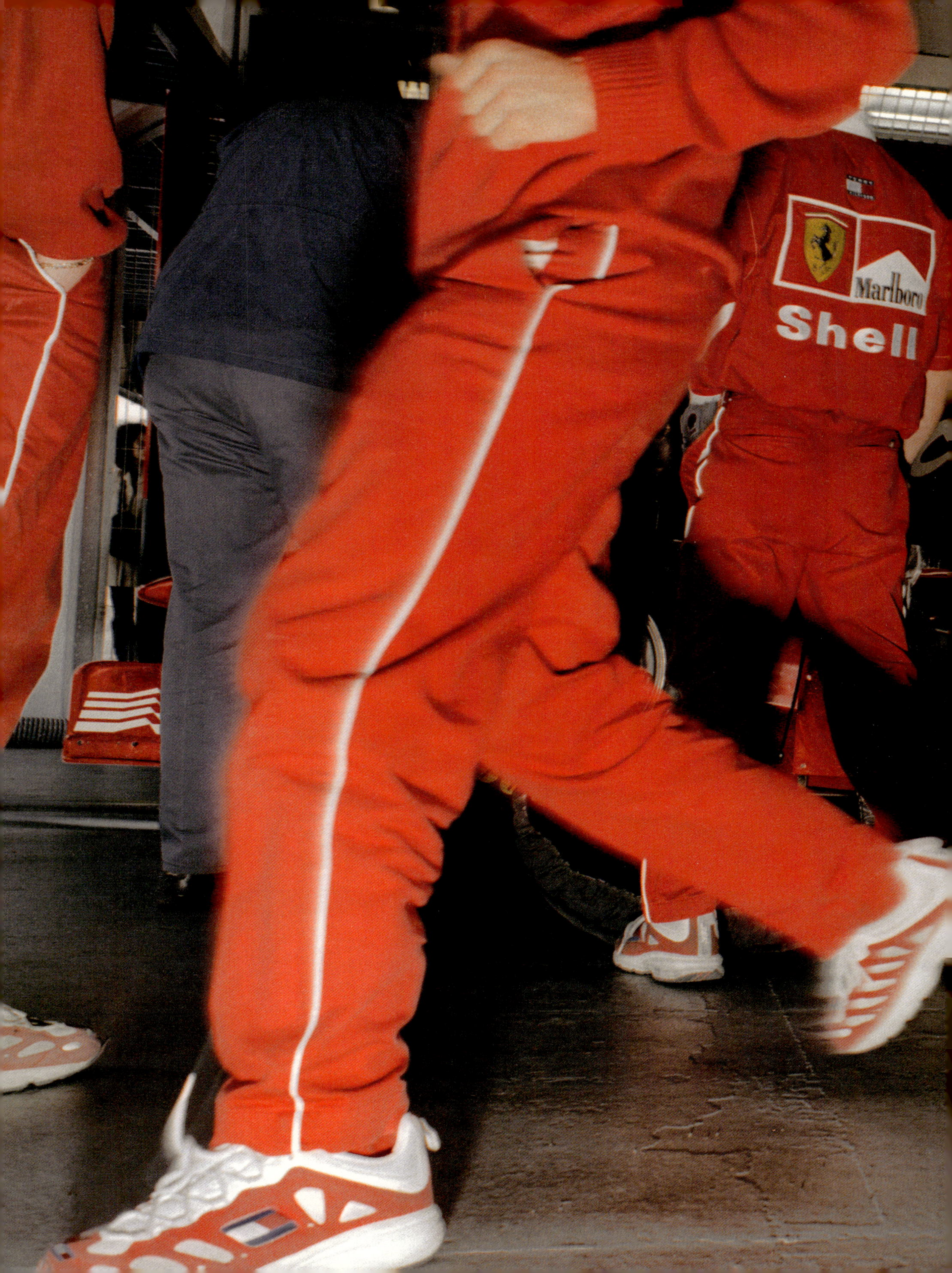
Marlboro
Shell

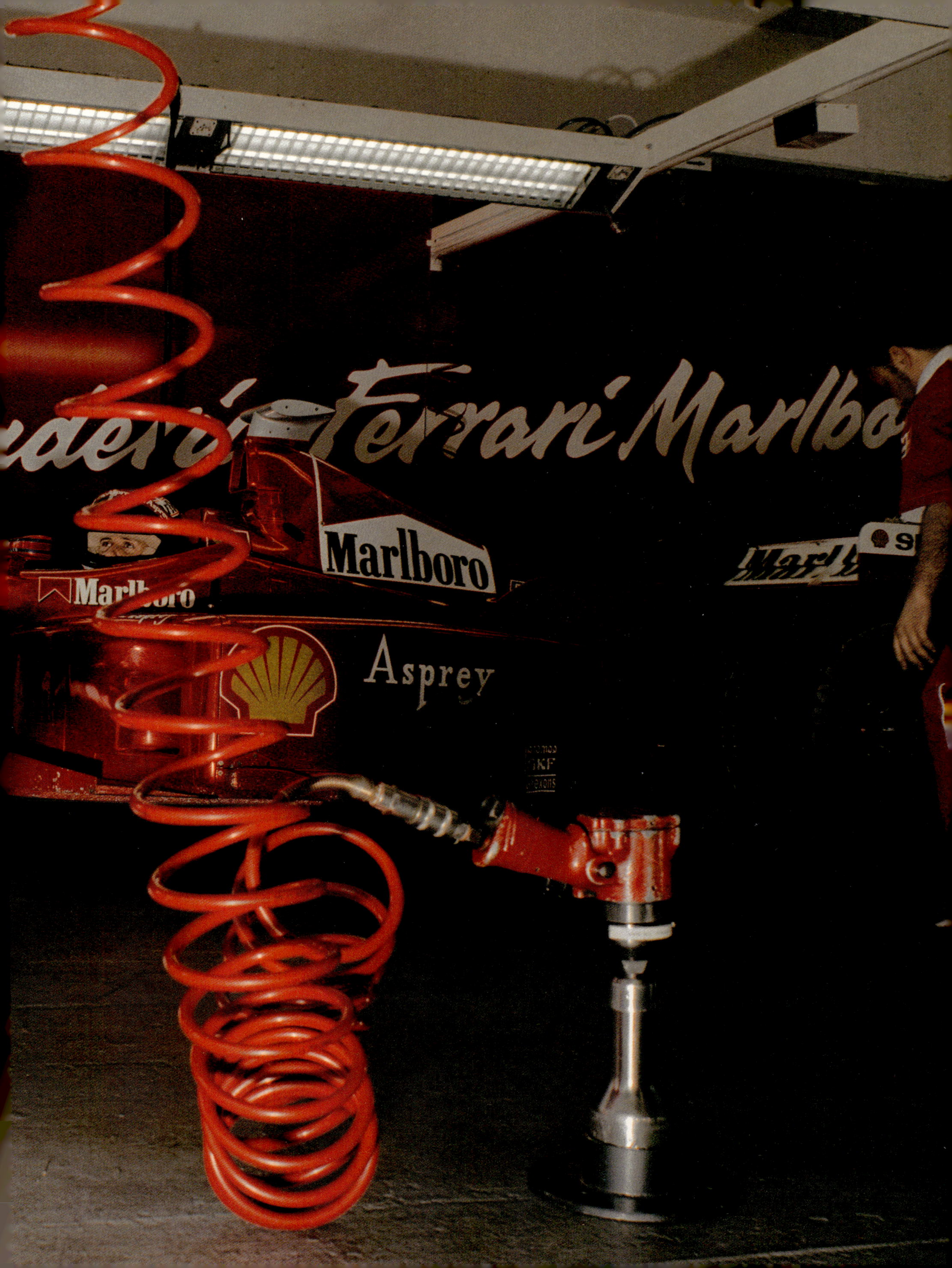
Ferrari
Marlboro
Marlboro
Asprey

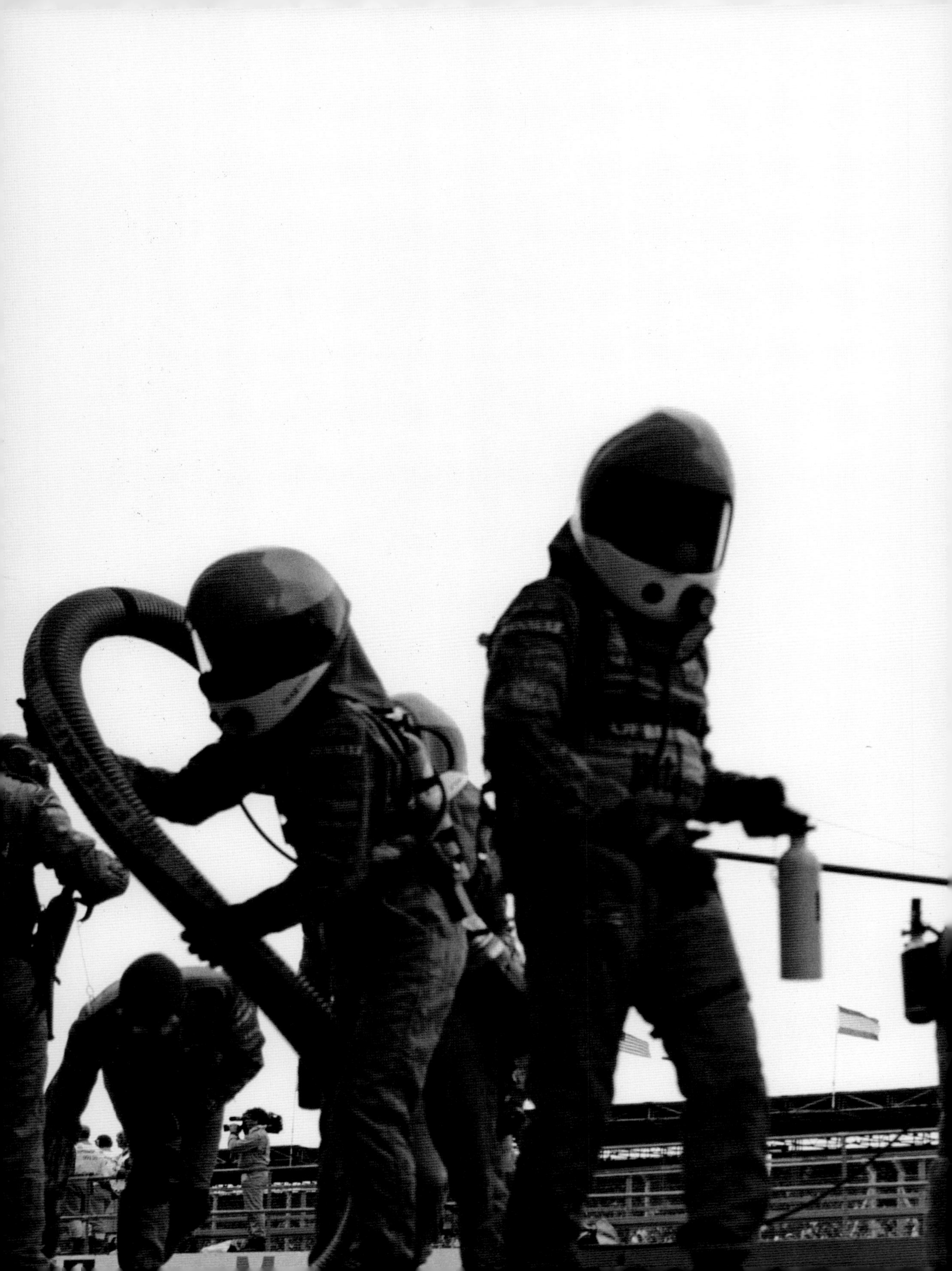

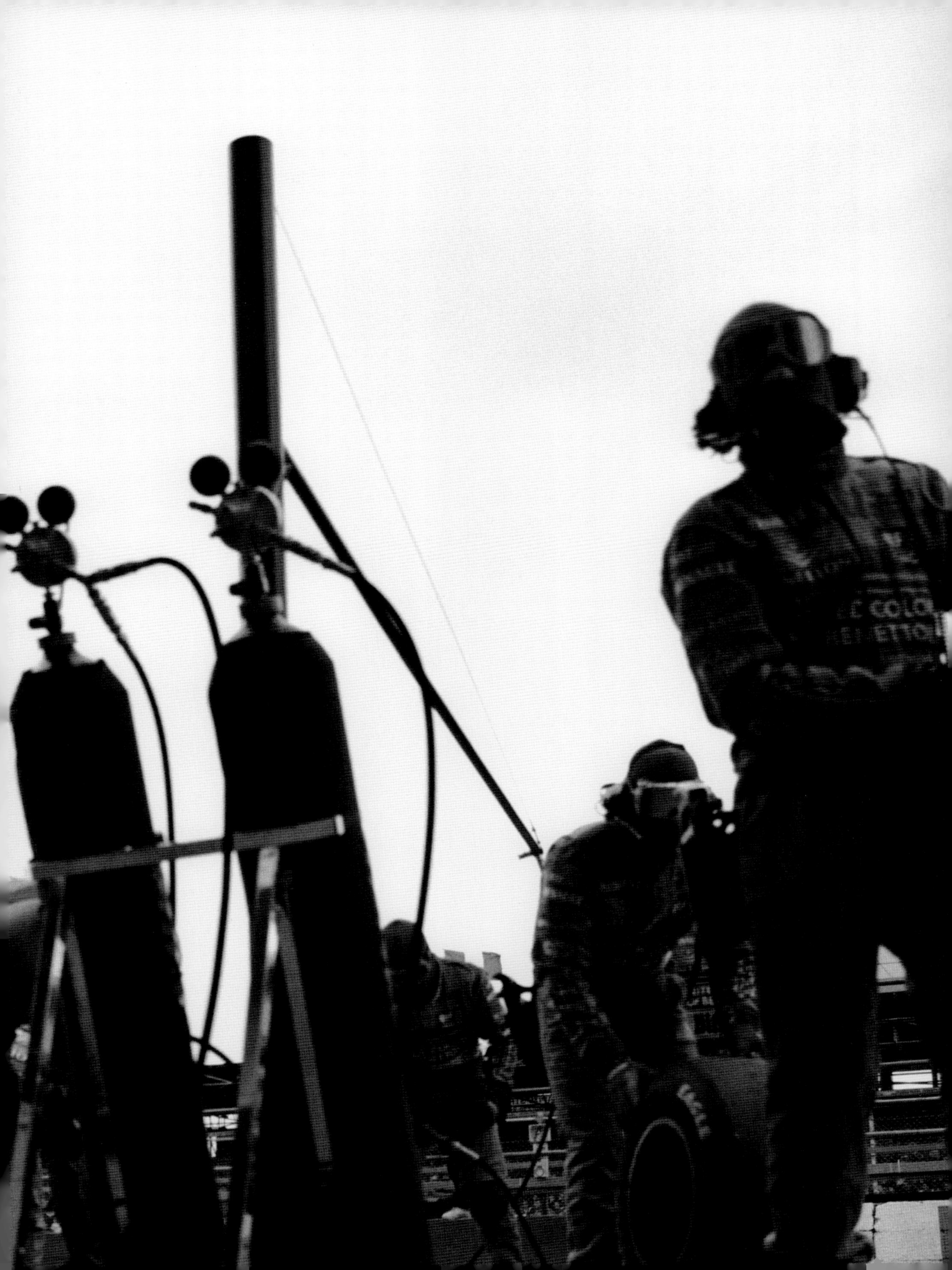

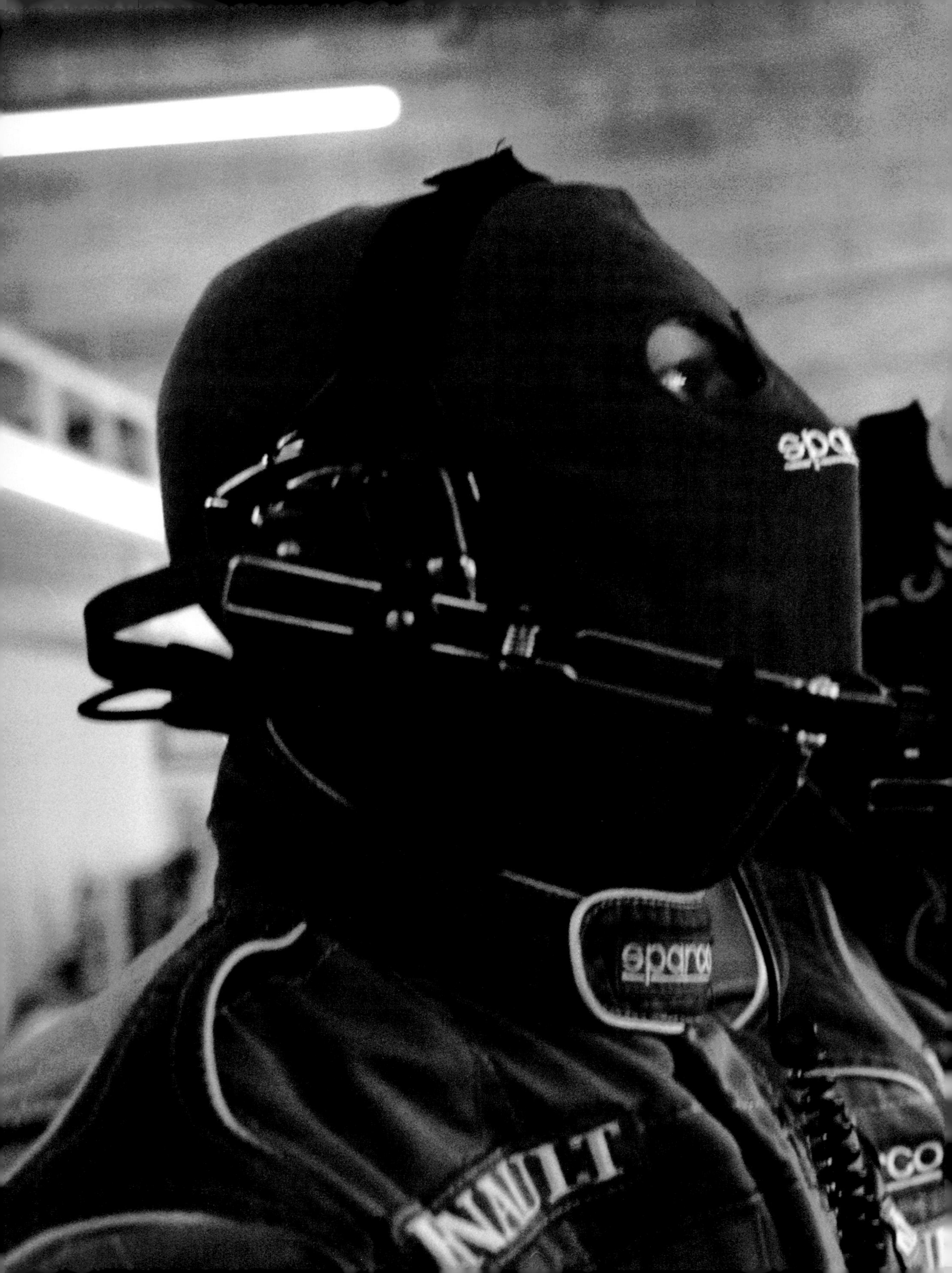

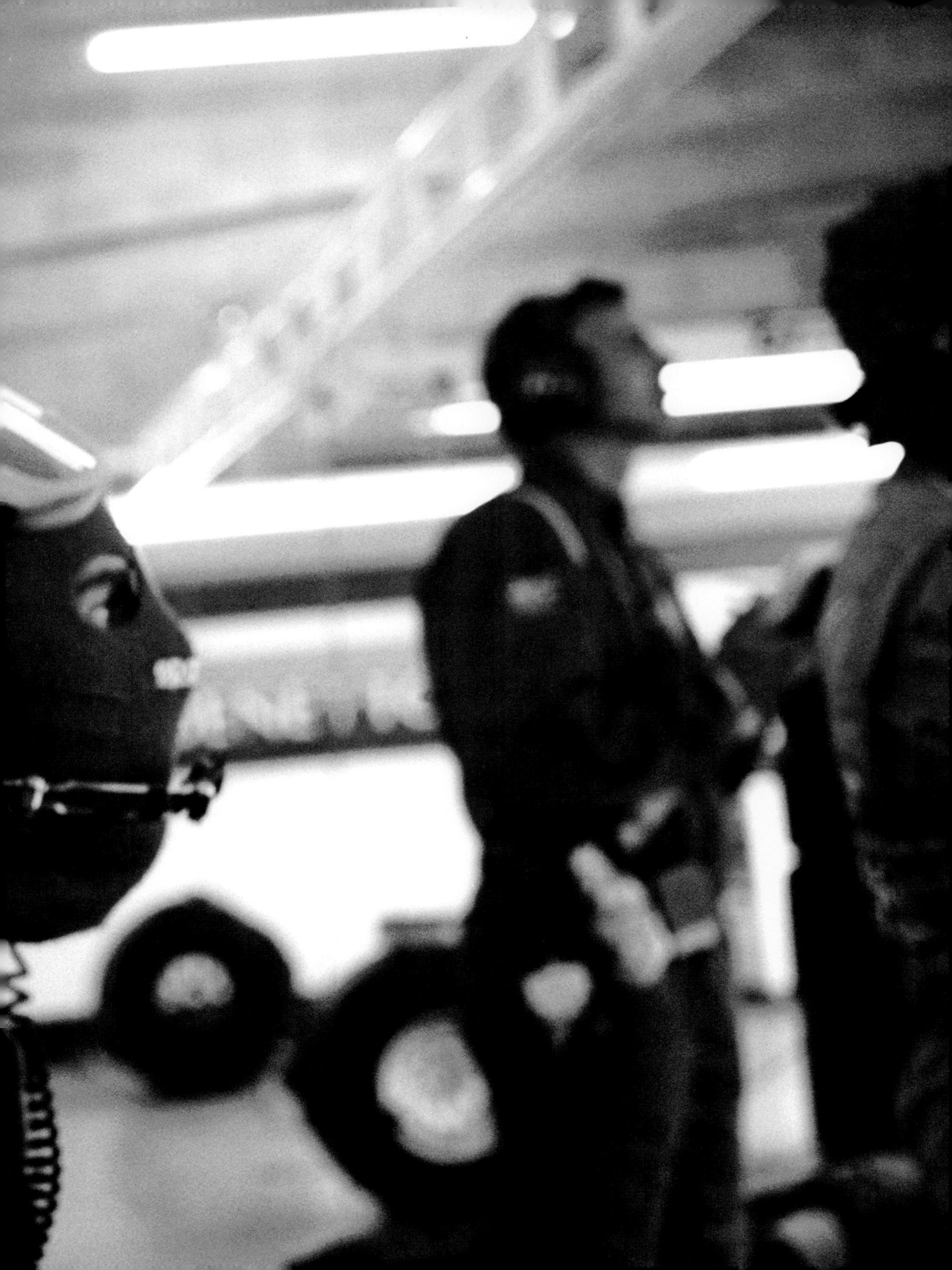

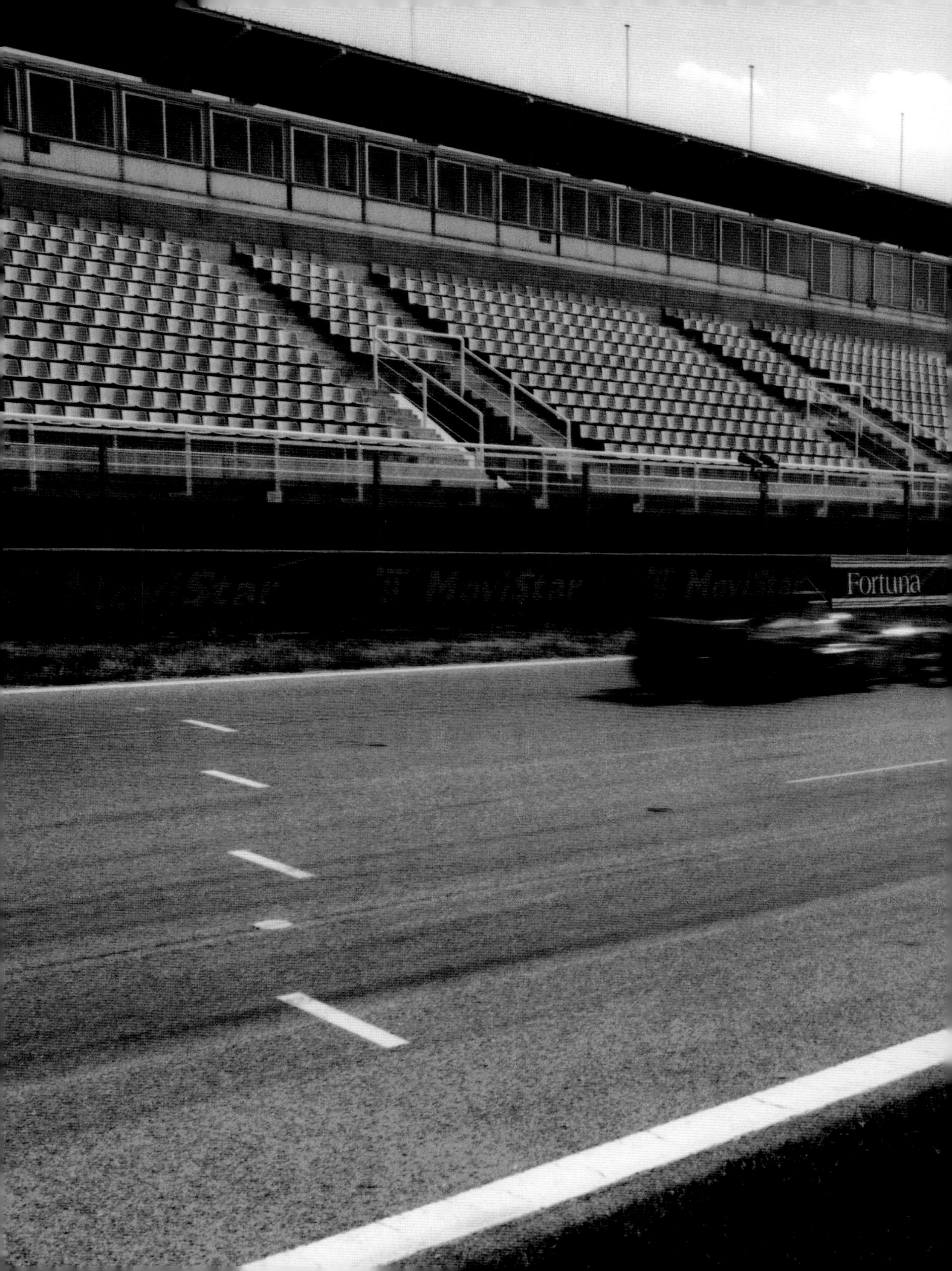
MoviStar
MoviStar
Fortuna

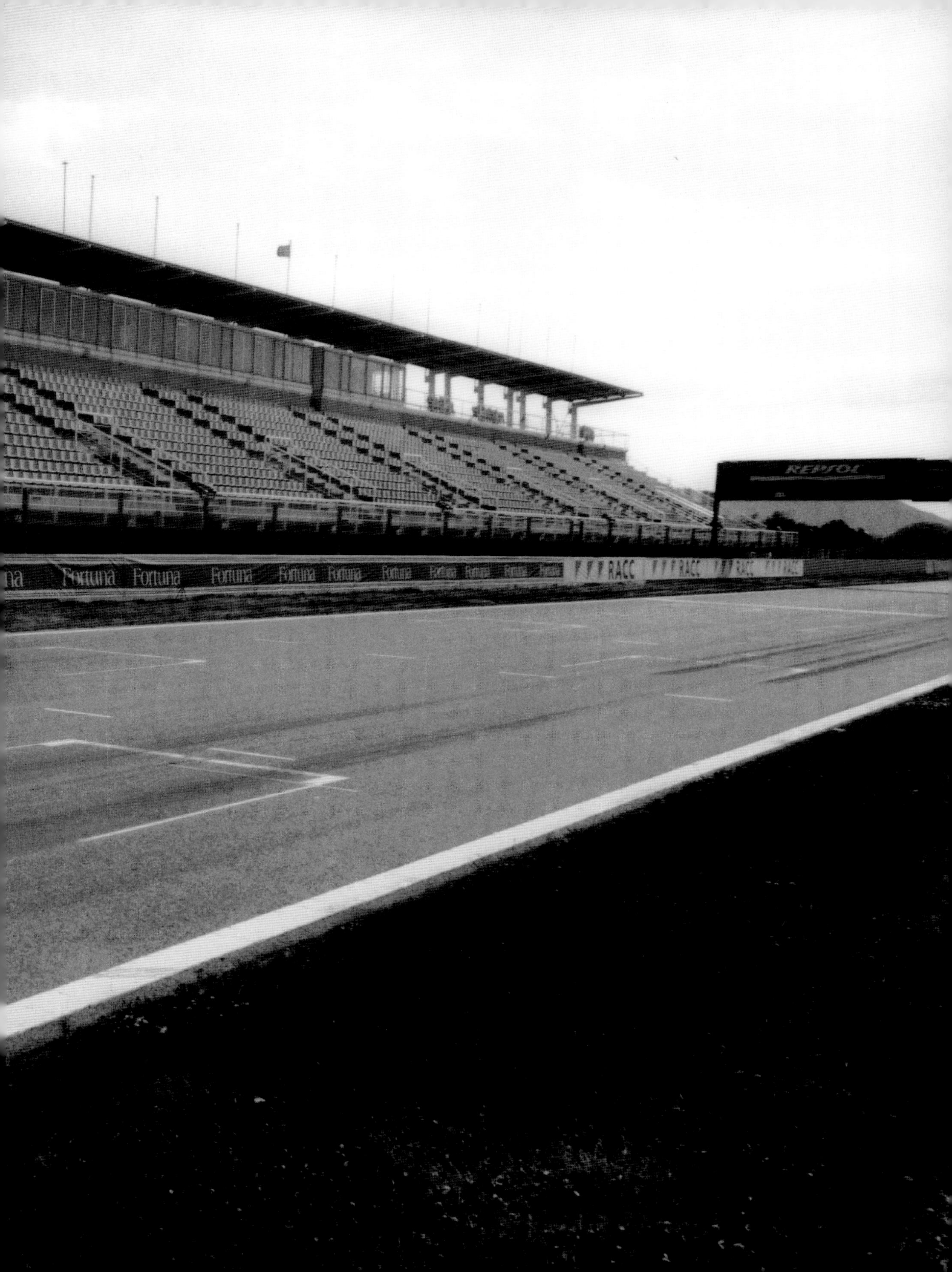
REPSOL
Fortuna
RACC

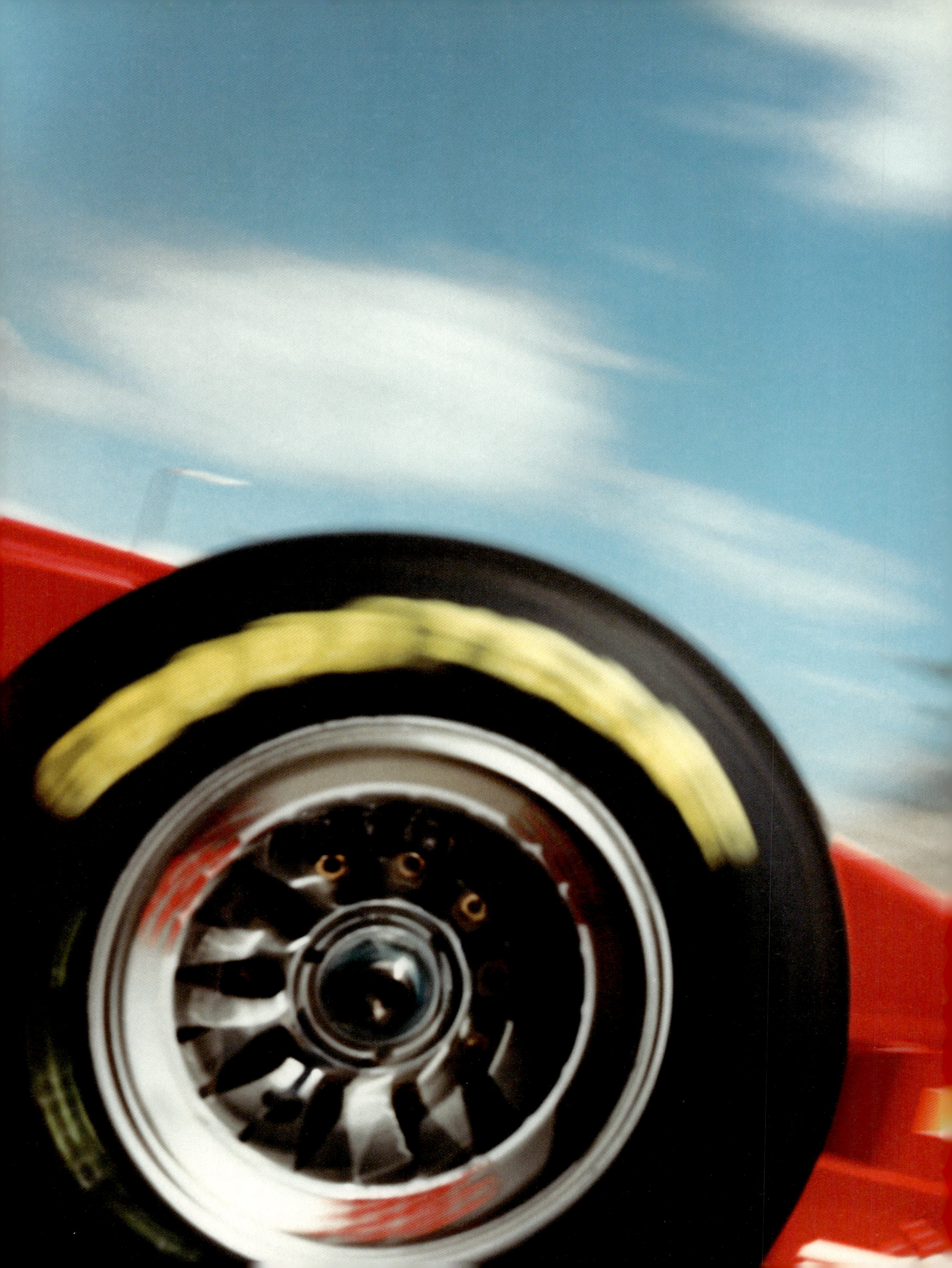

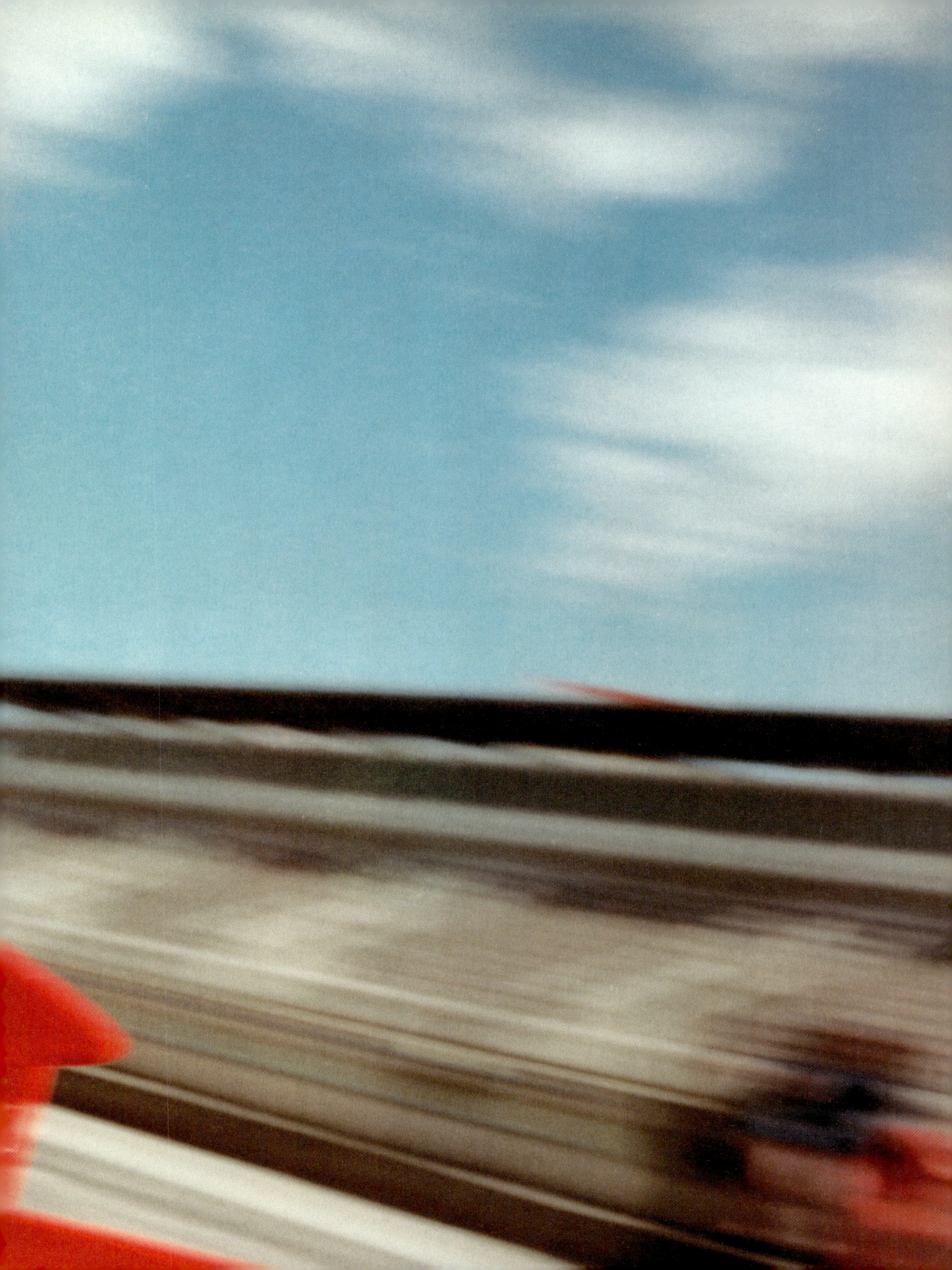

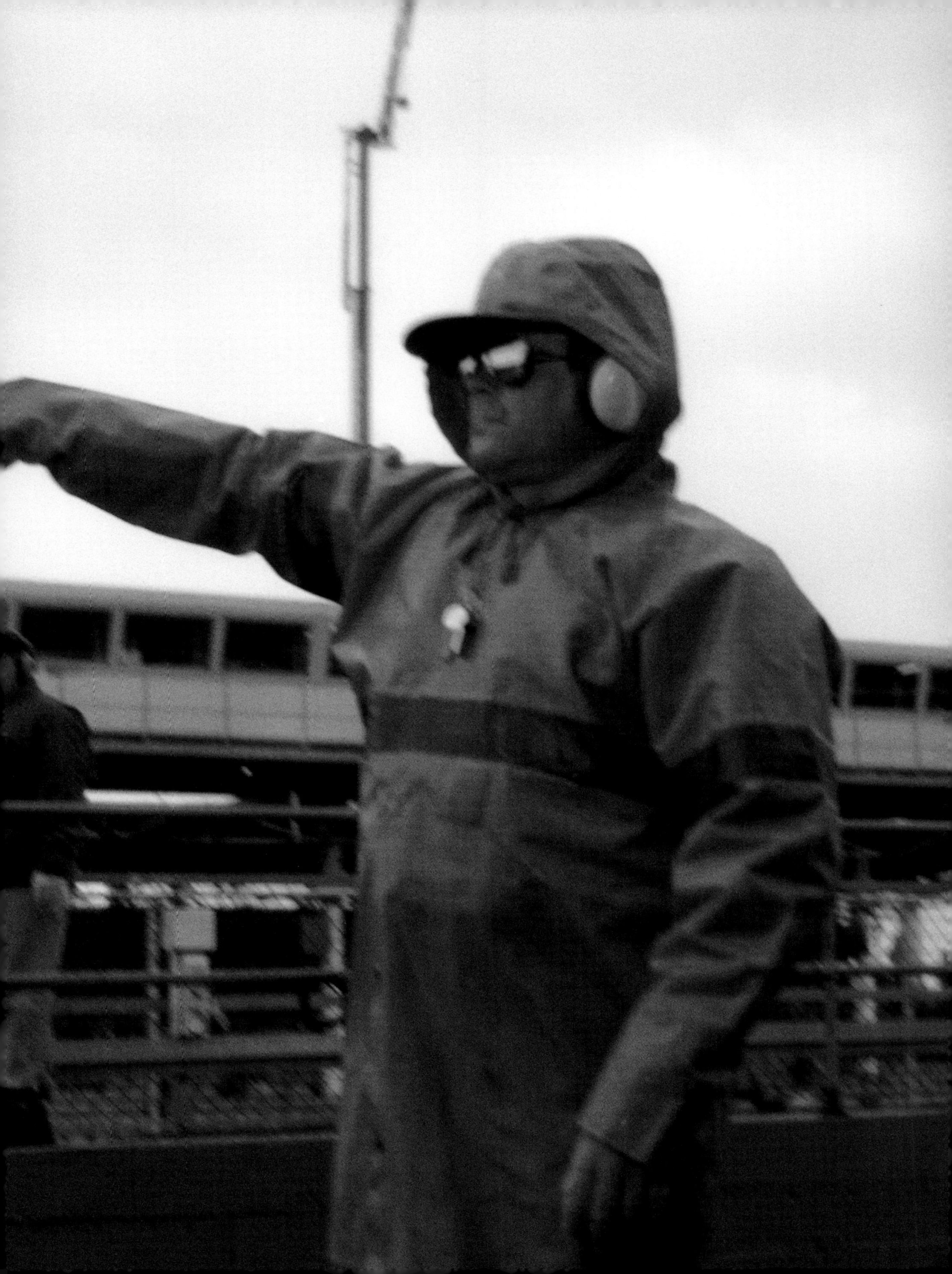

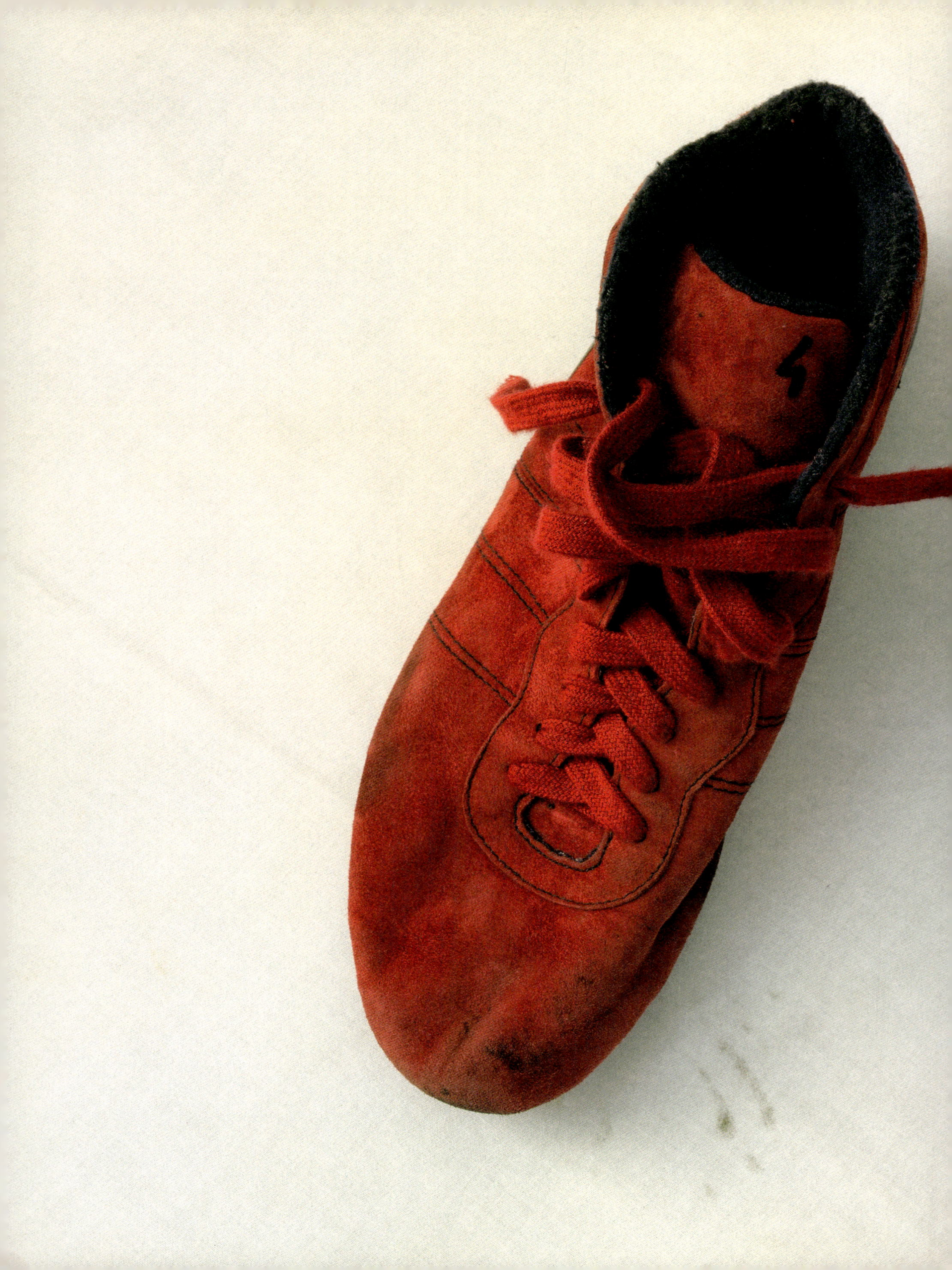

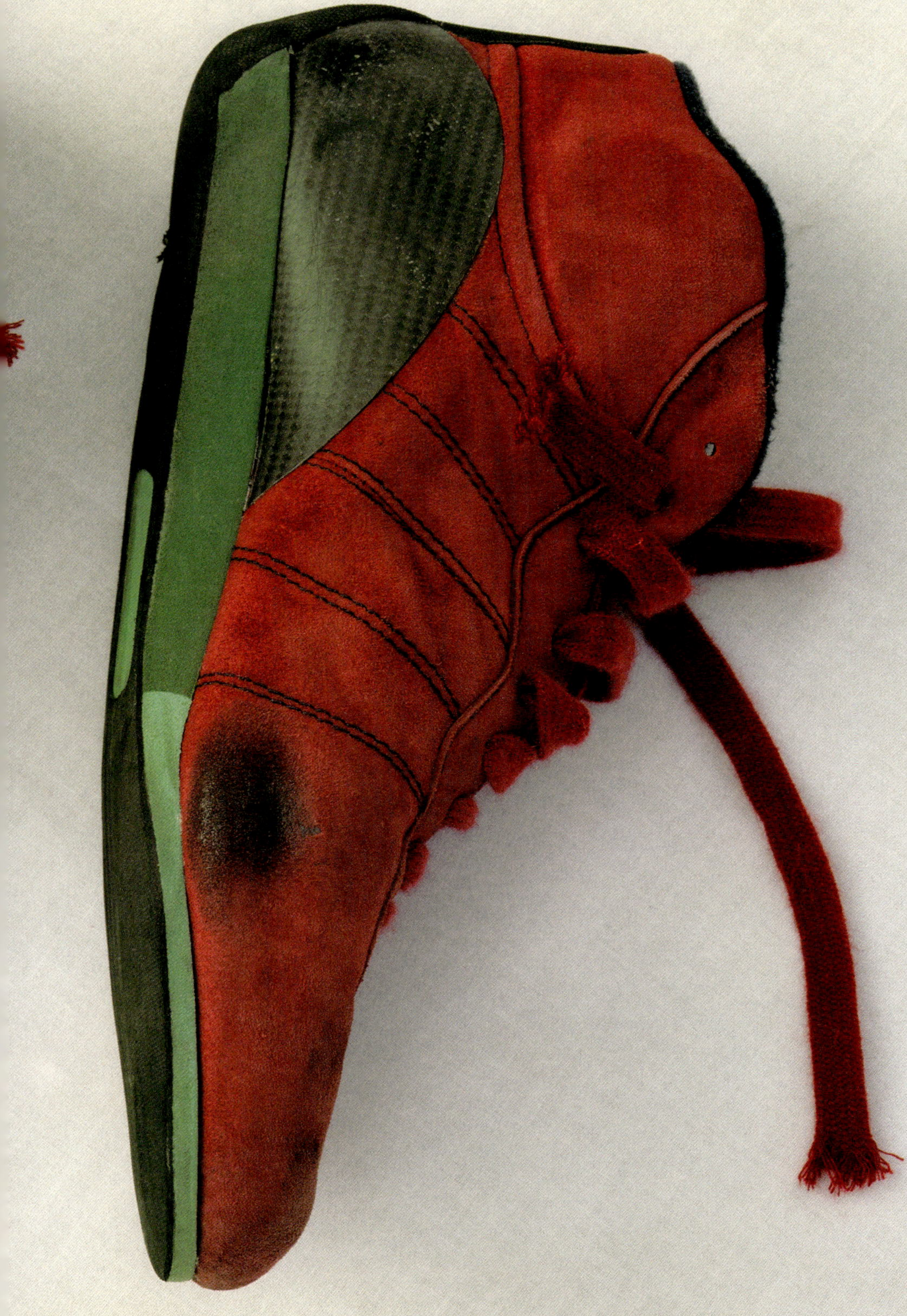

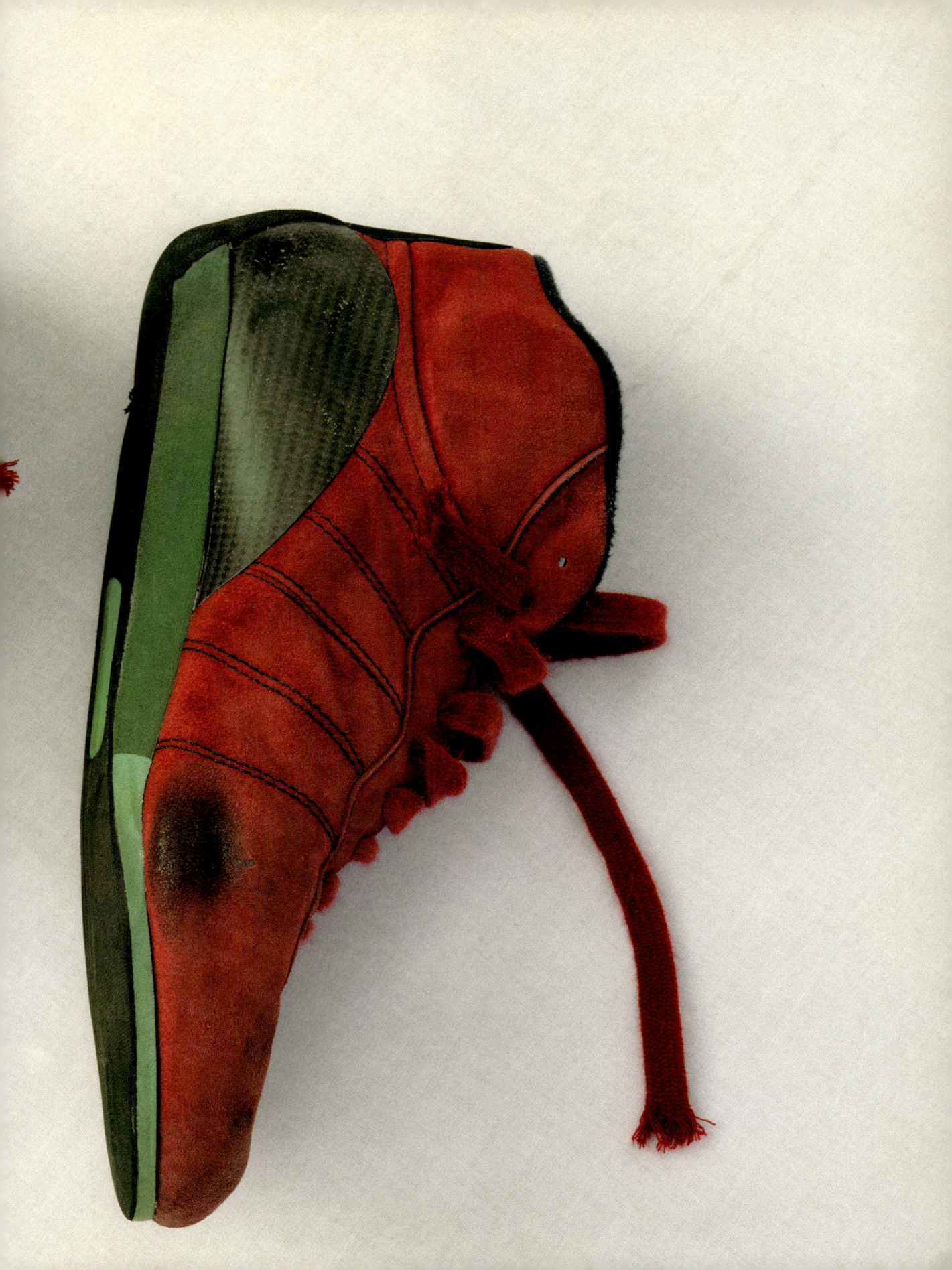

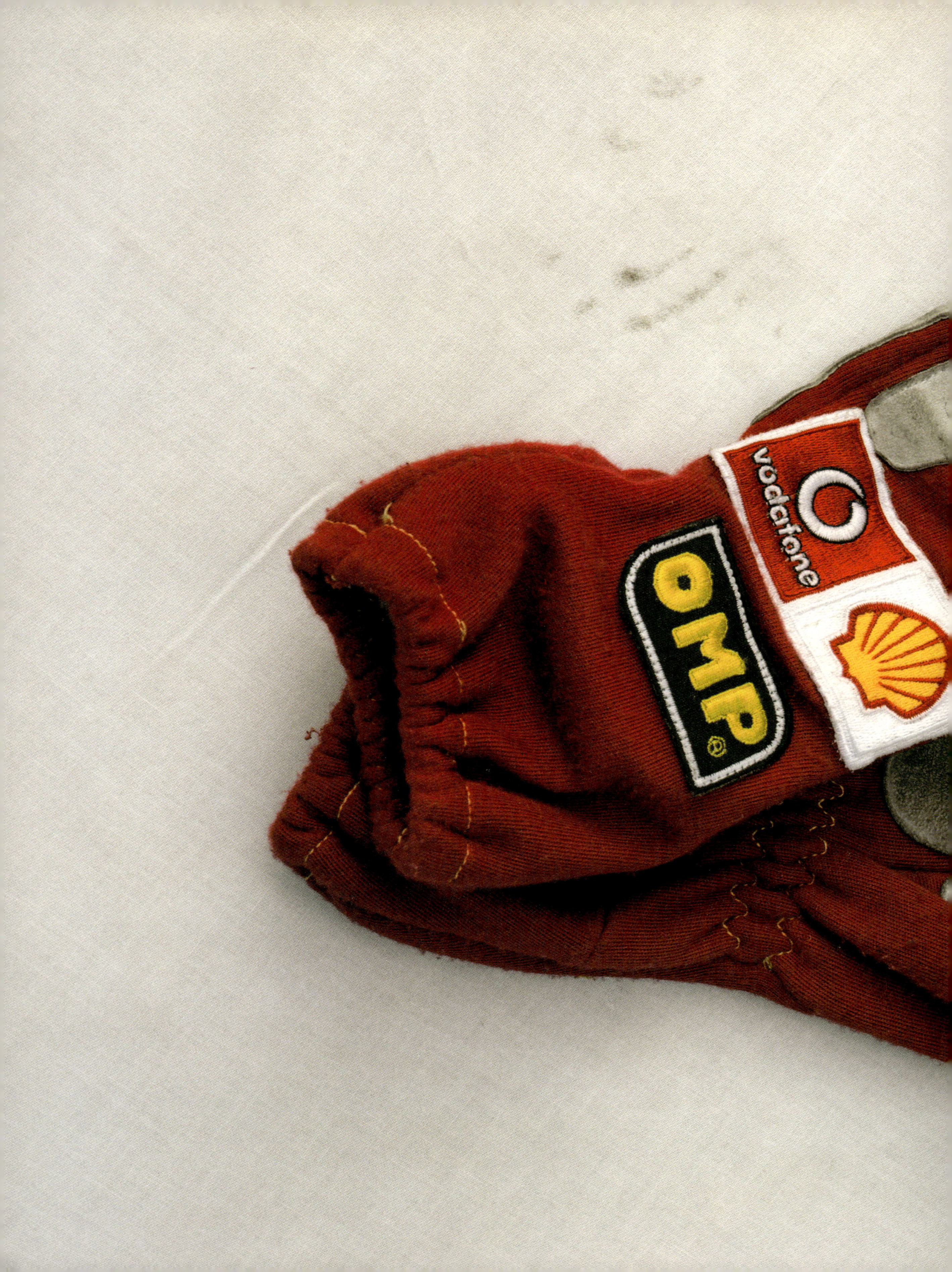
vodafone
OMP

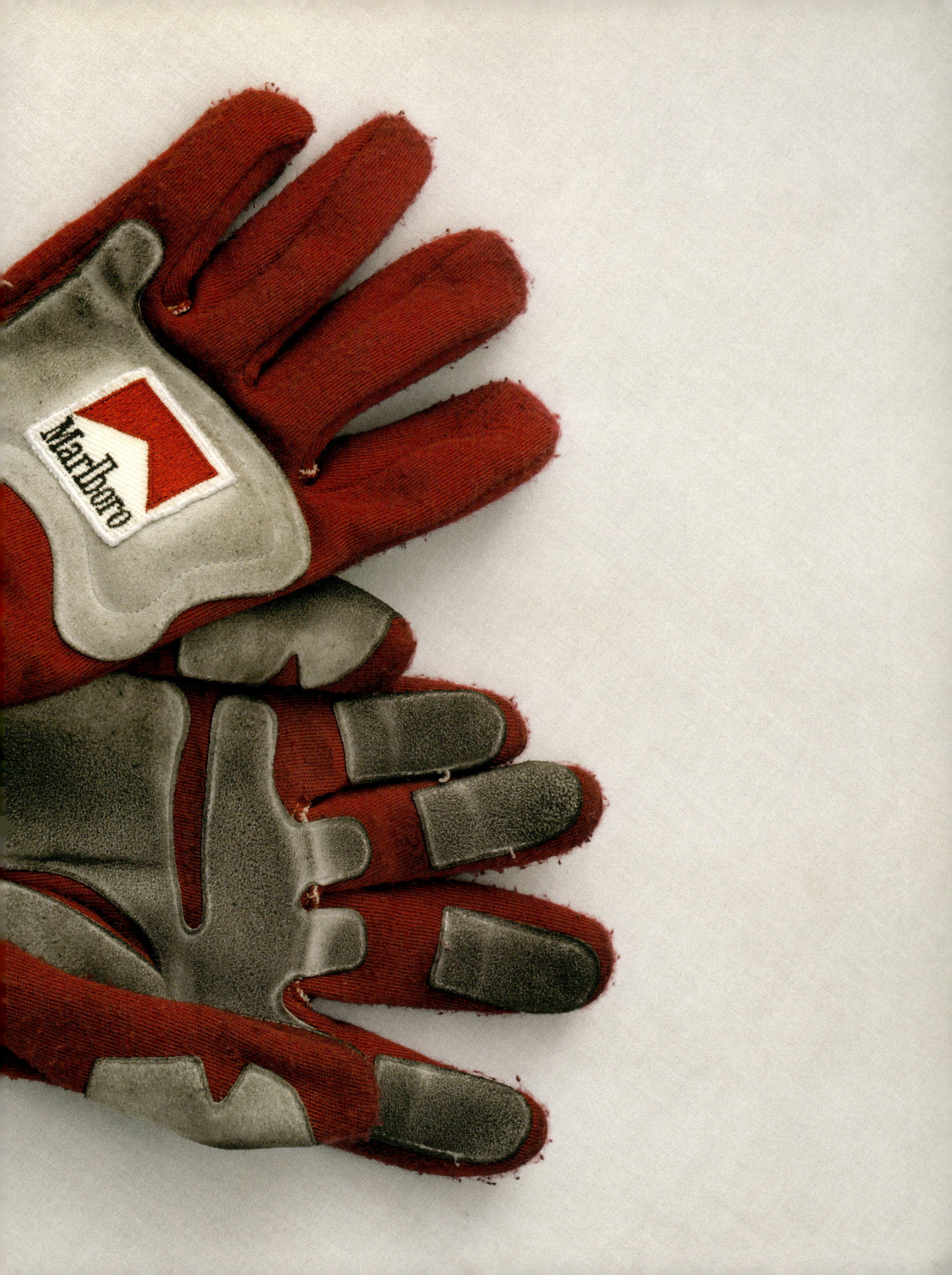
Marlboro

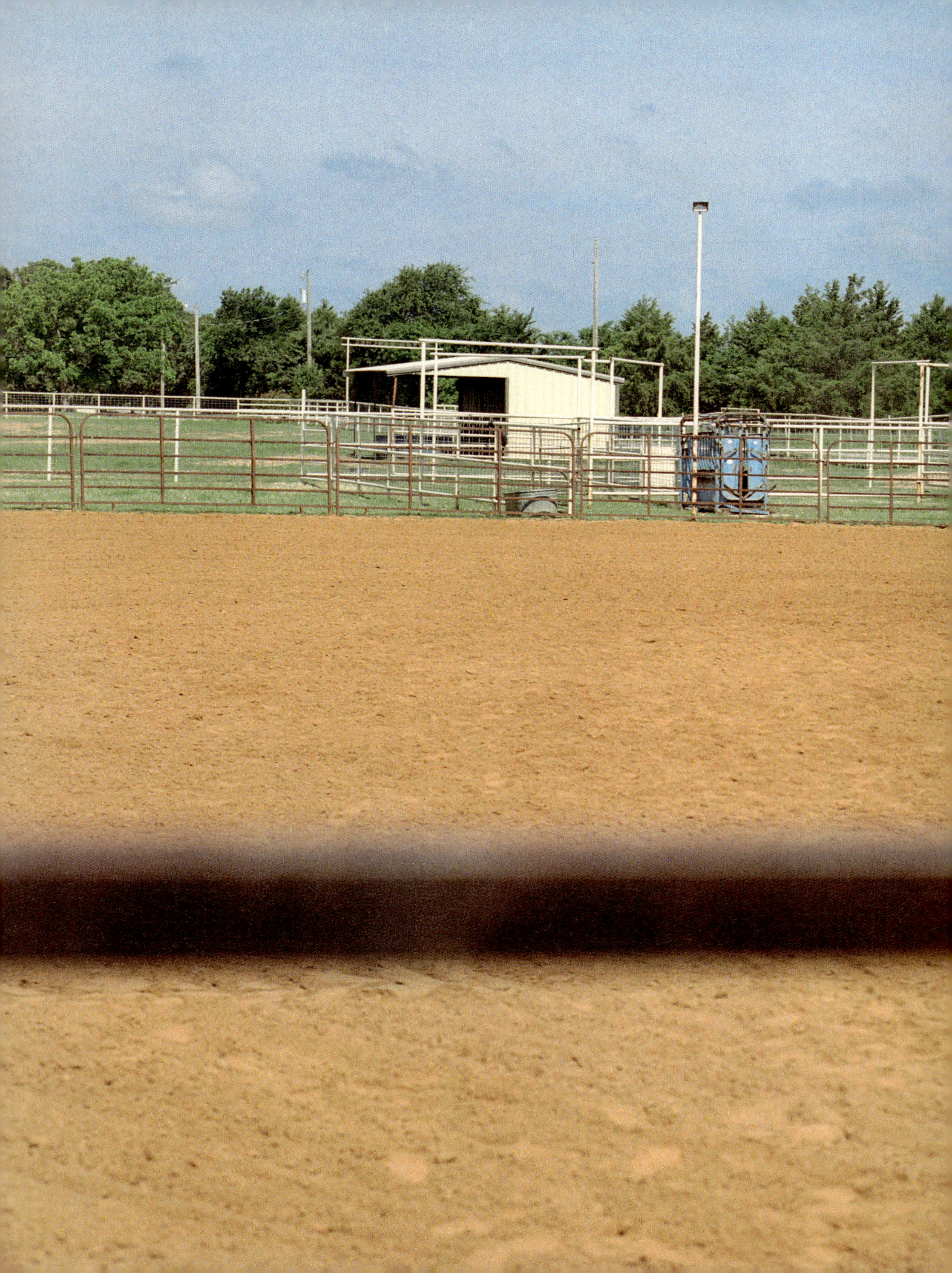

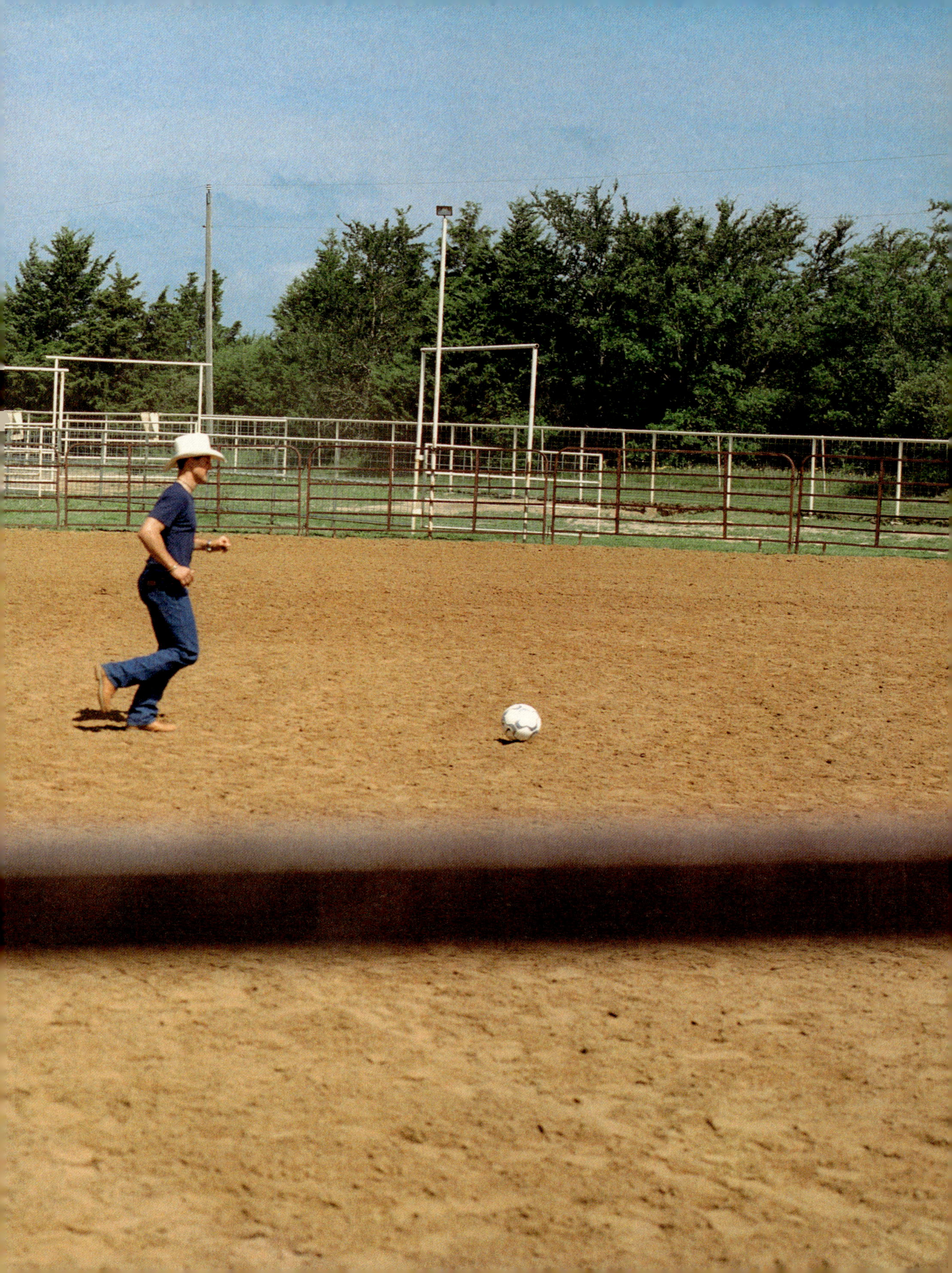

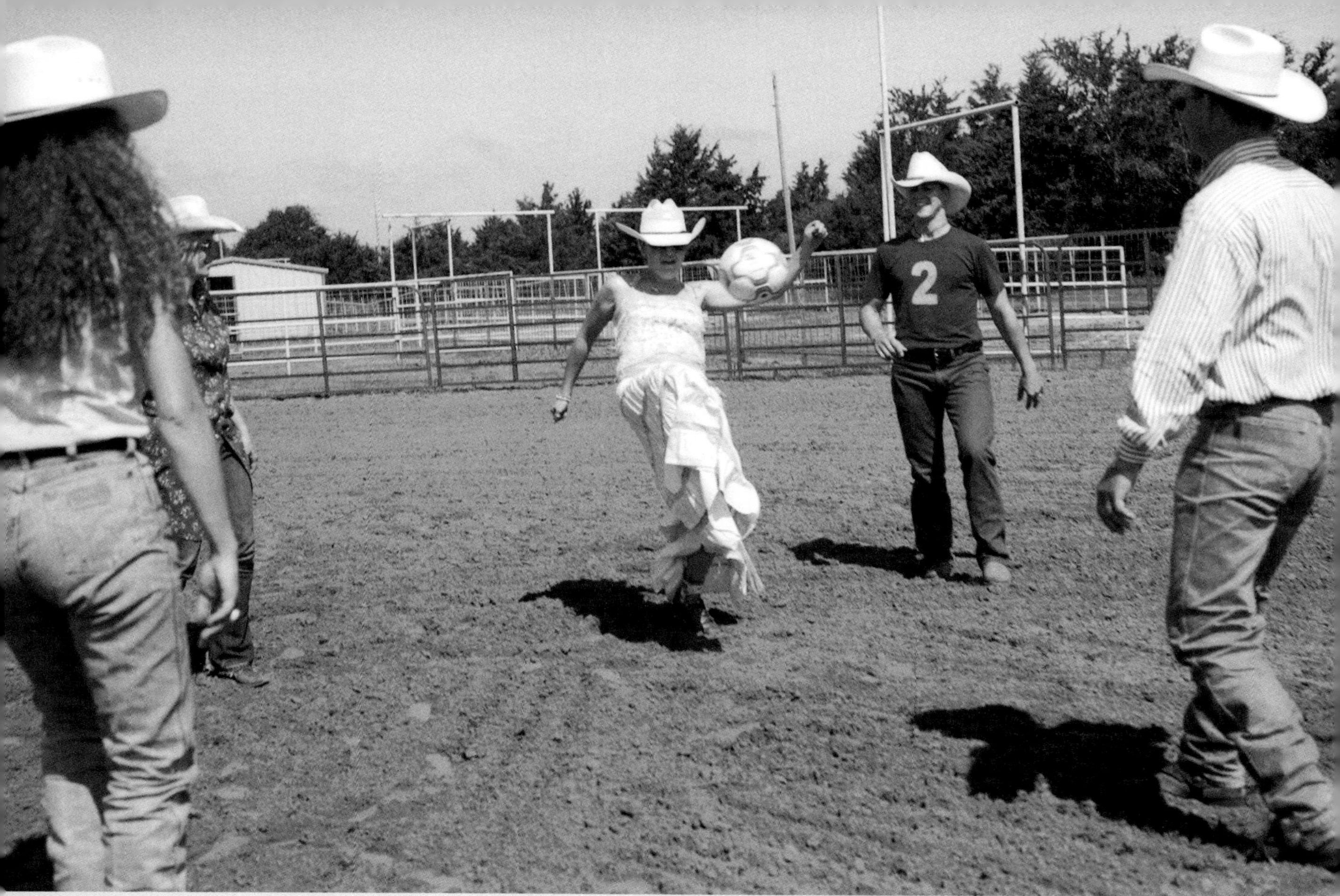
2
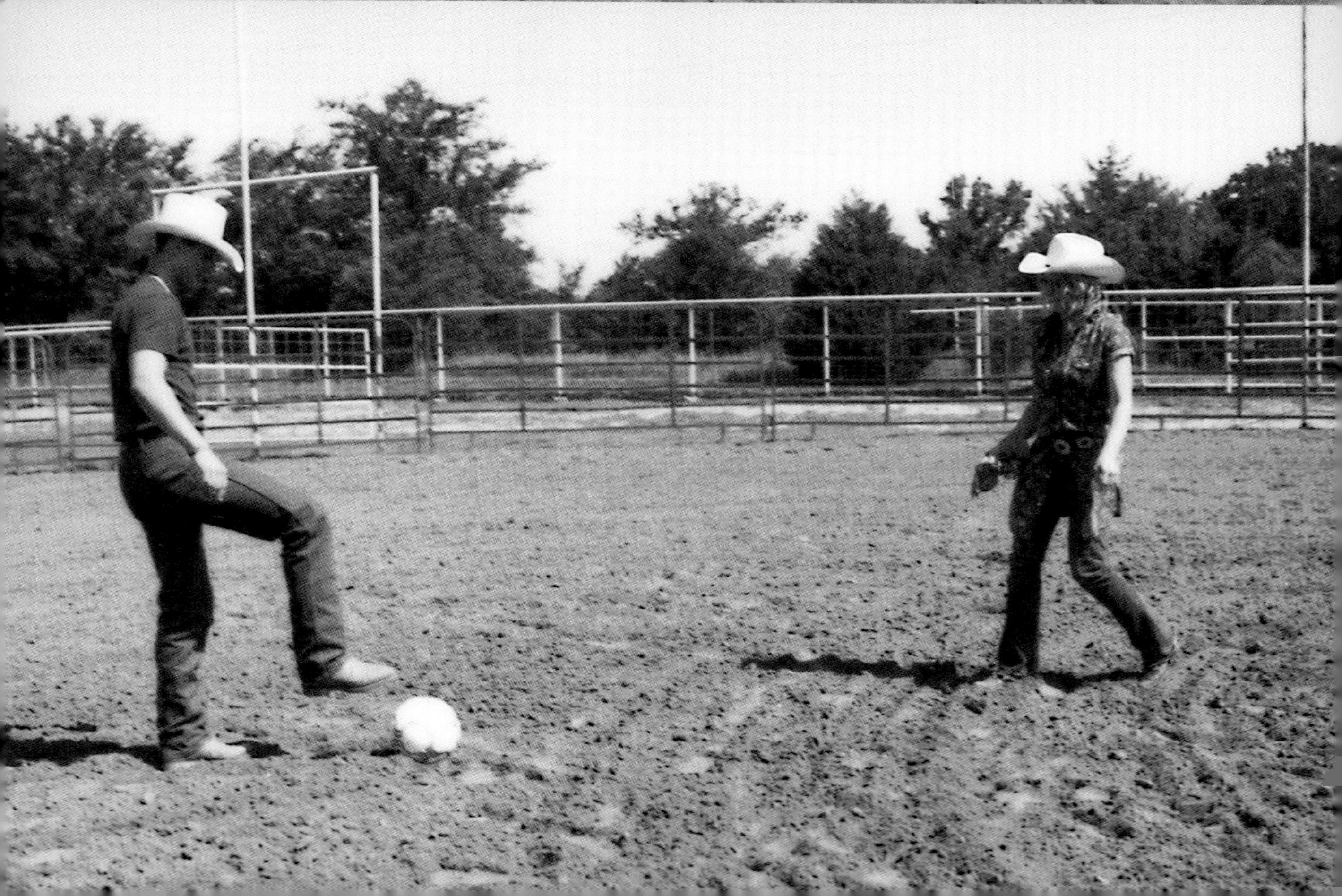

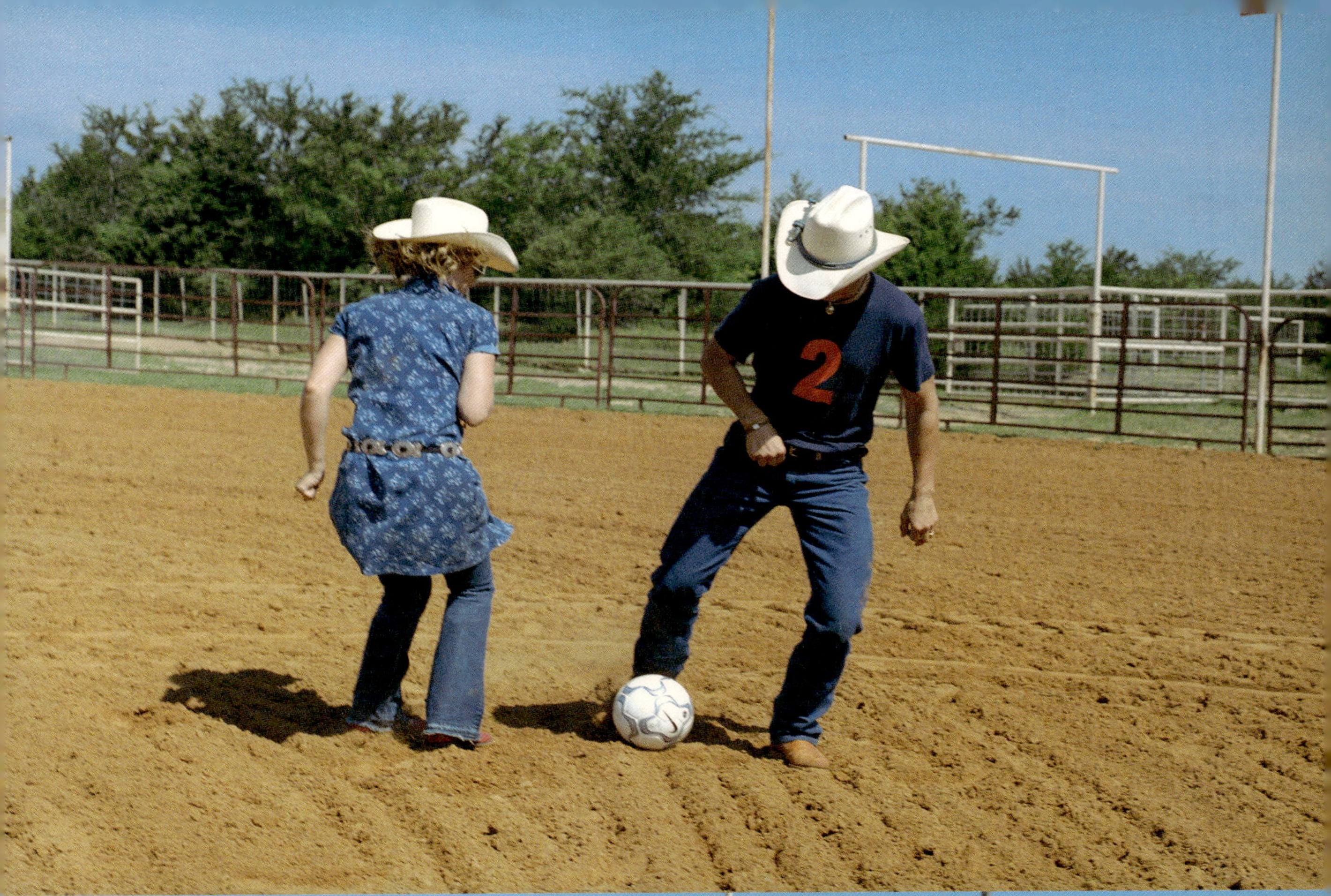

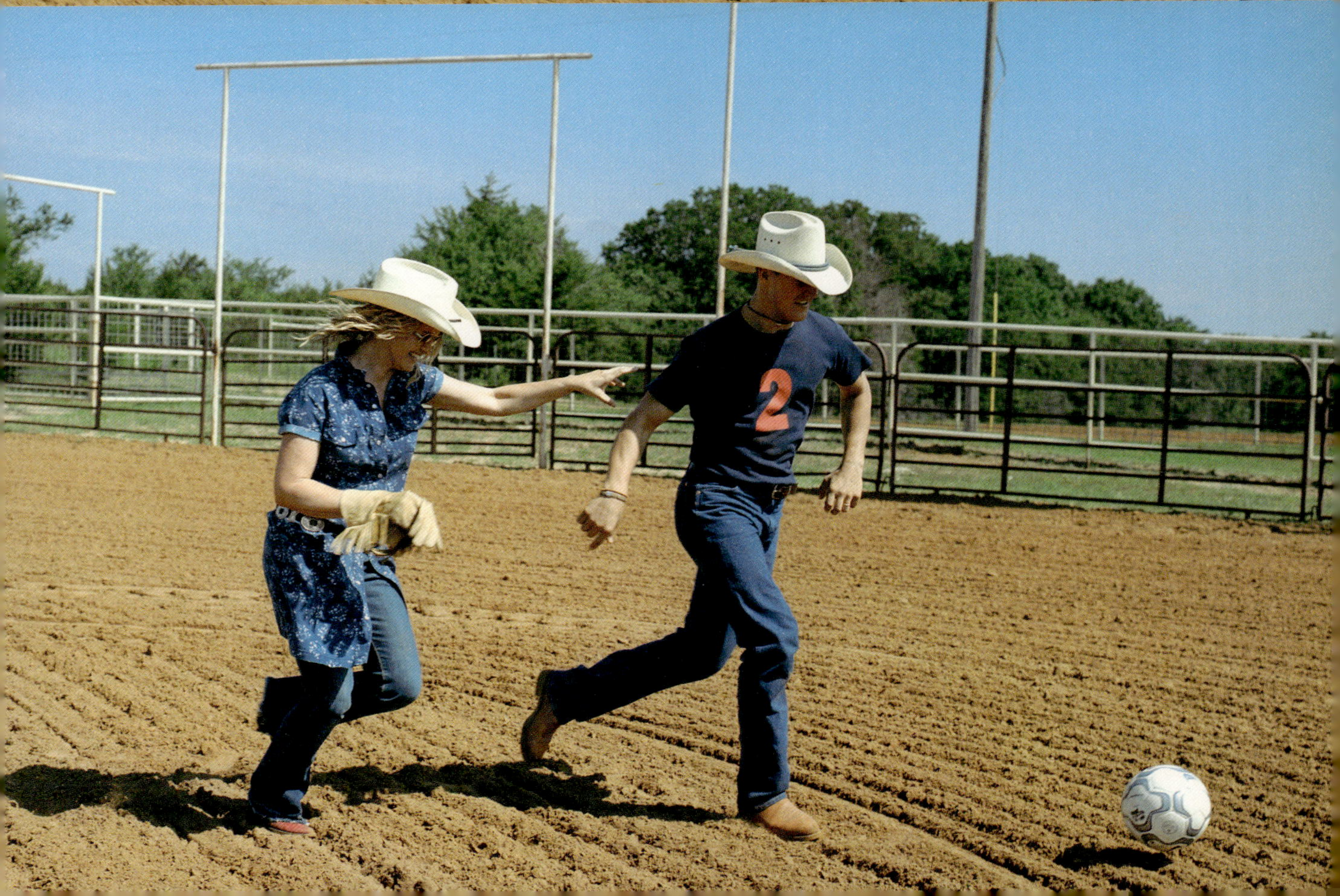

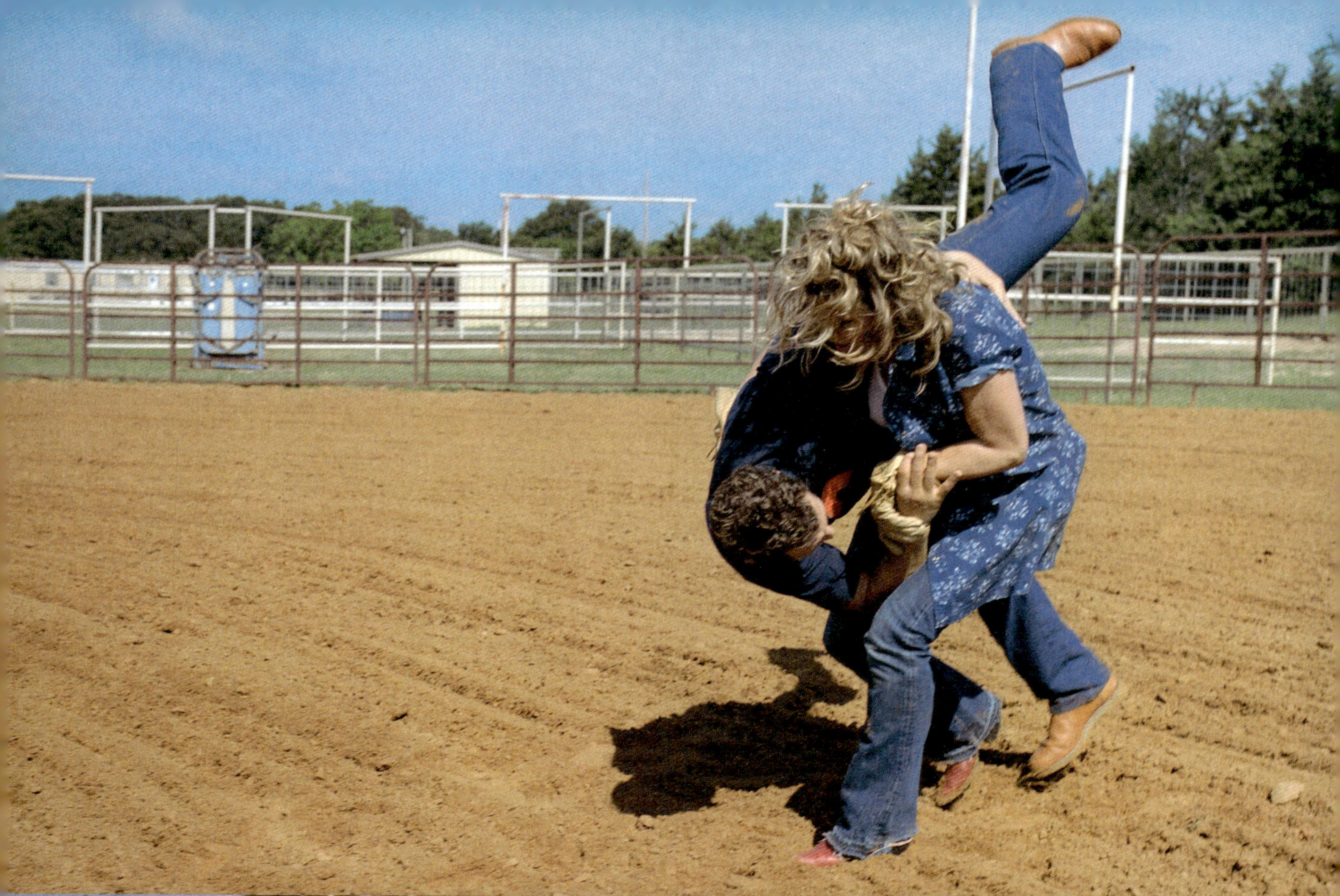

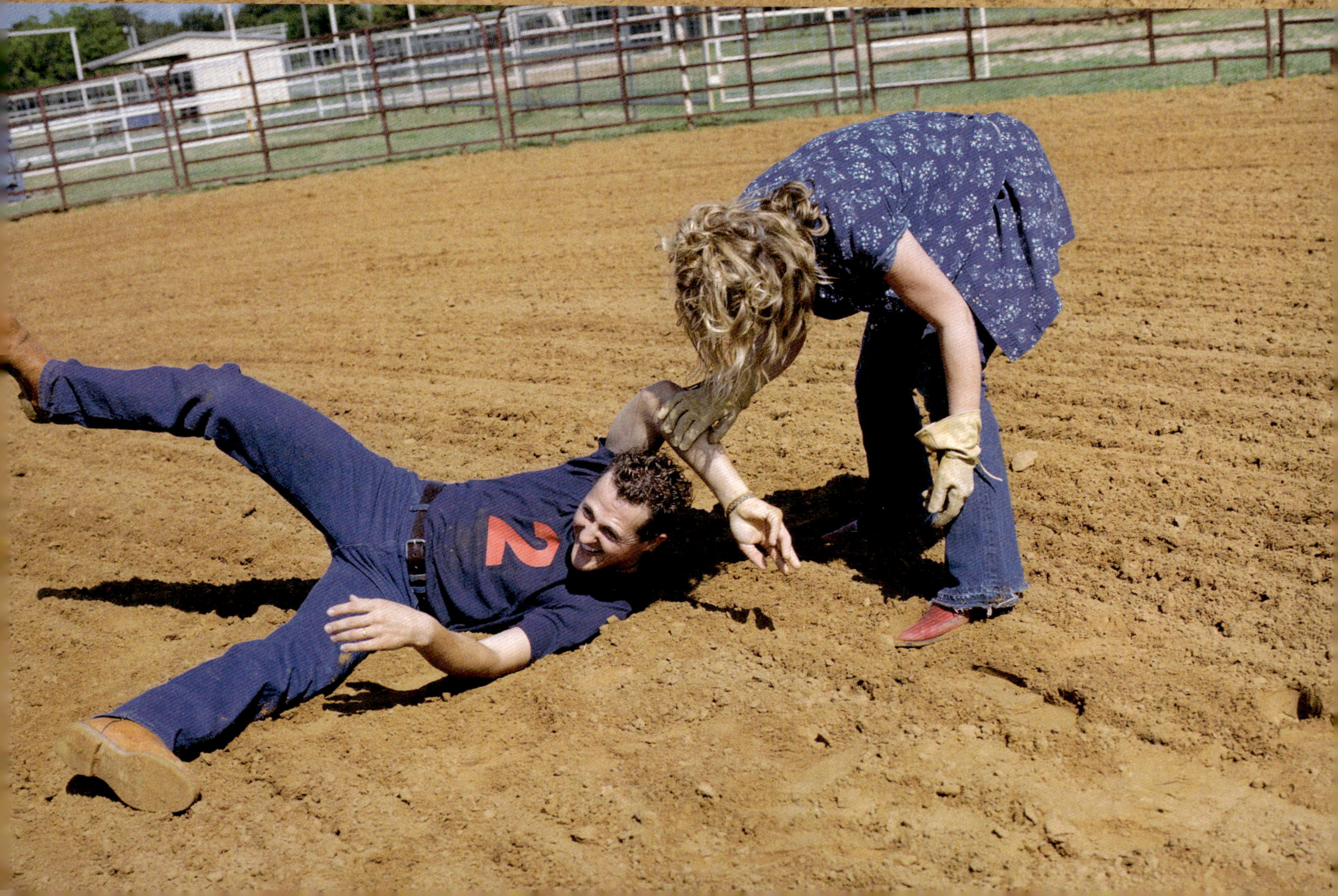

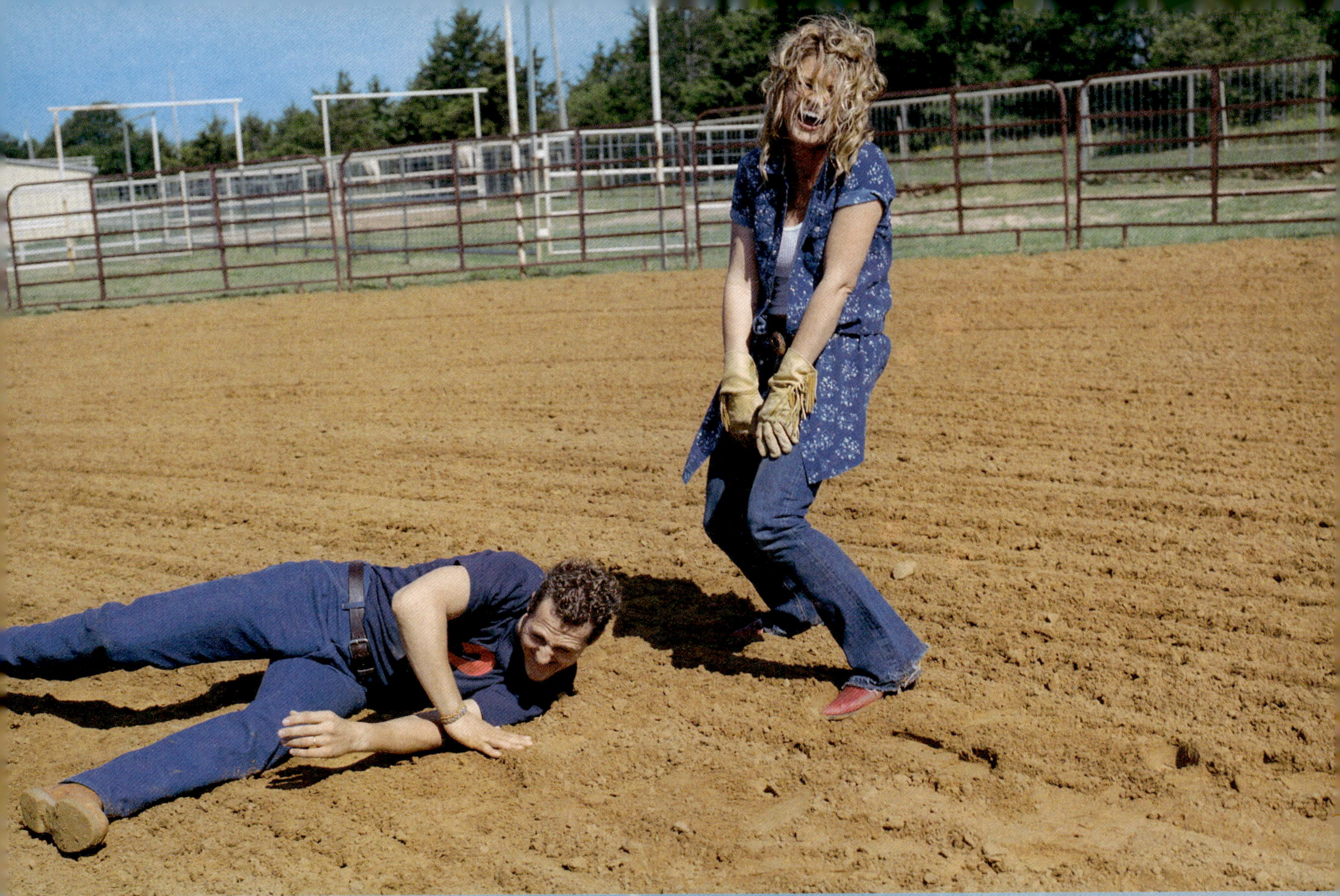

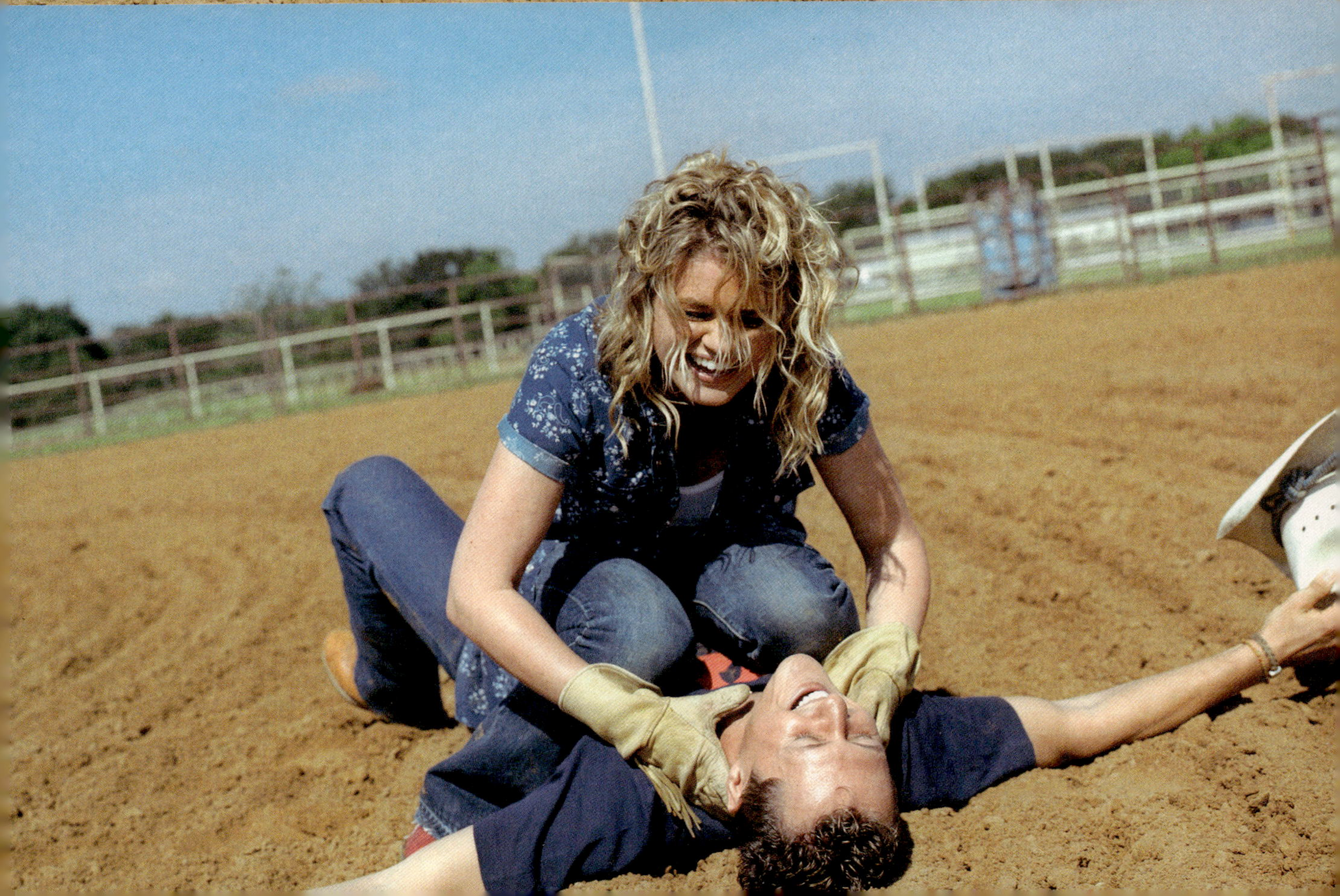

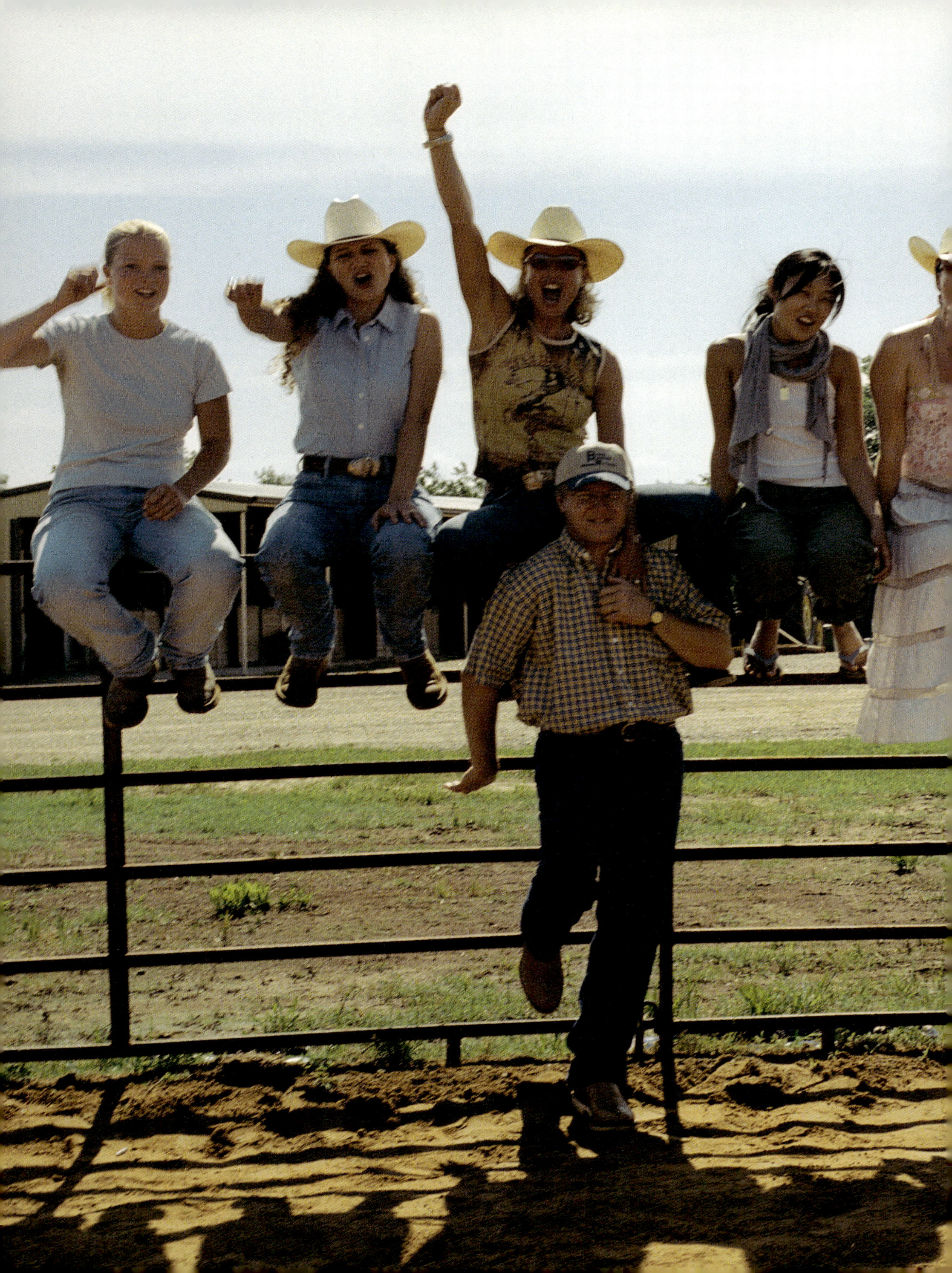

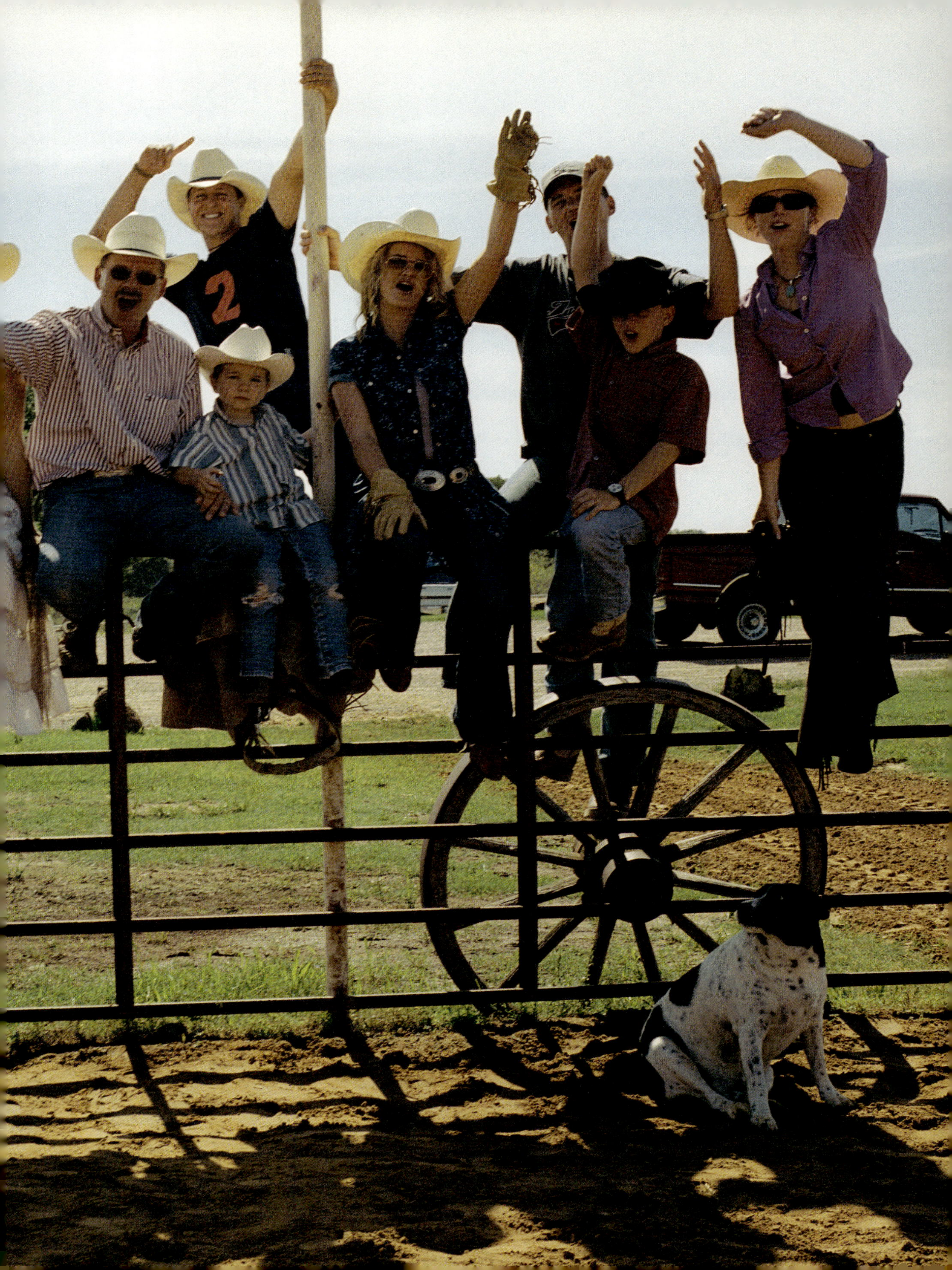

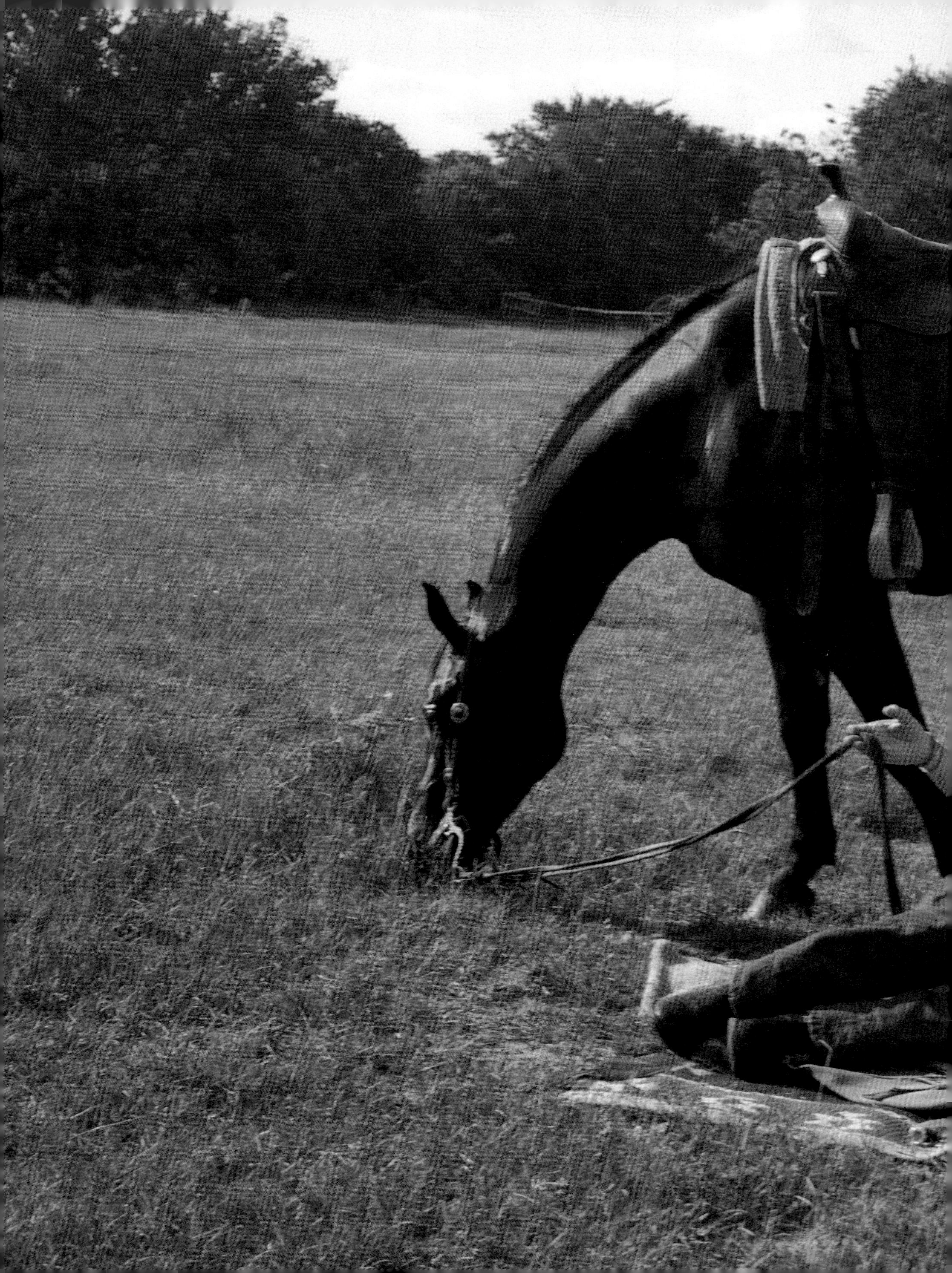

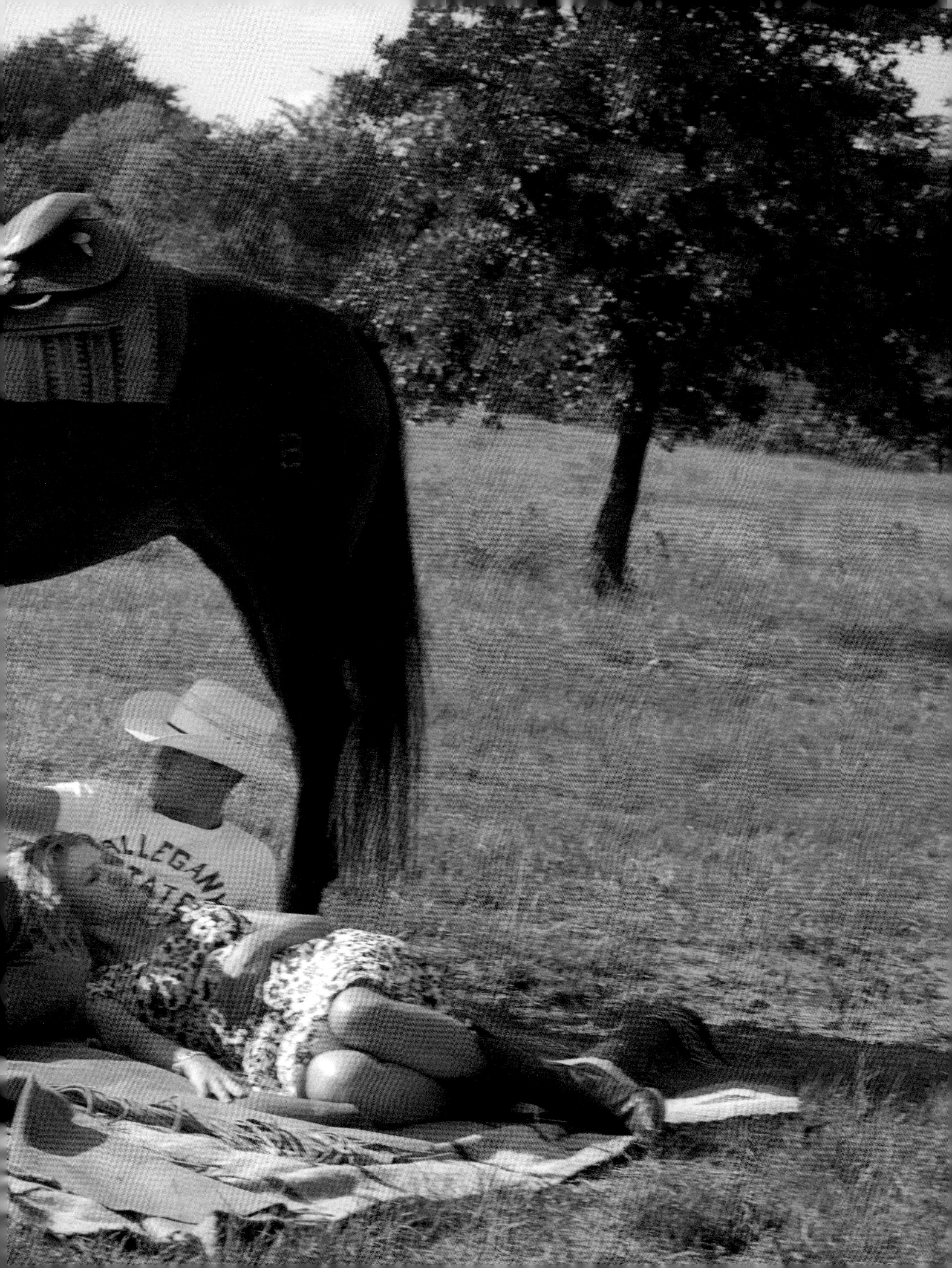
LLEGAN
TATE

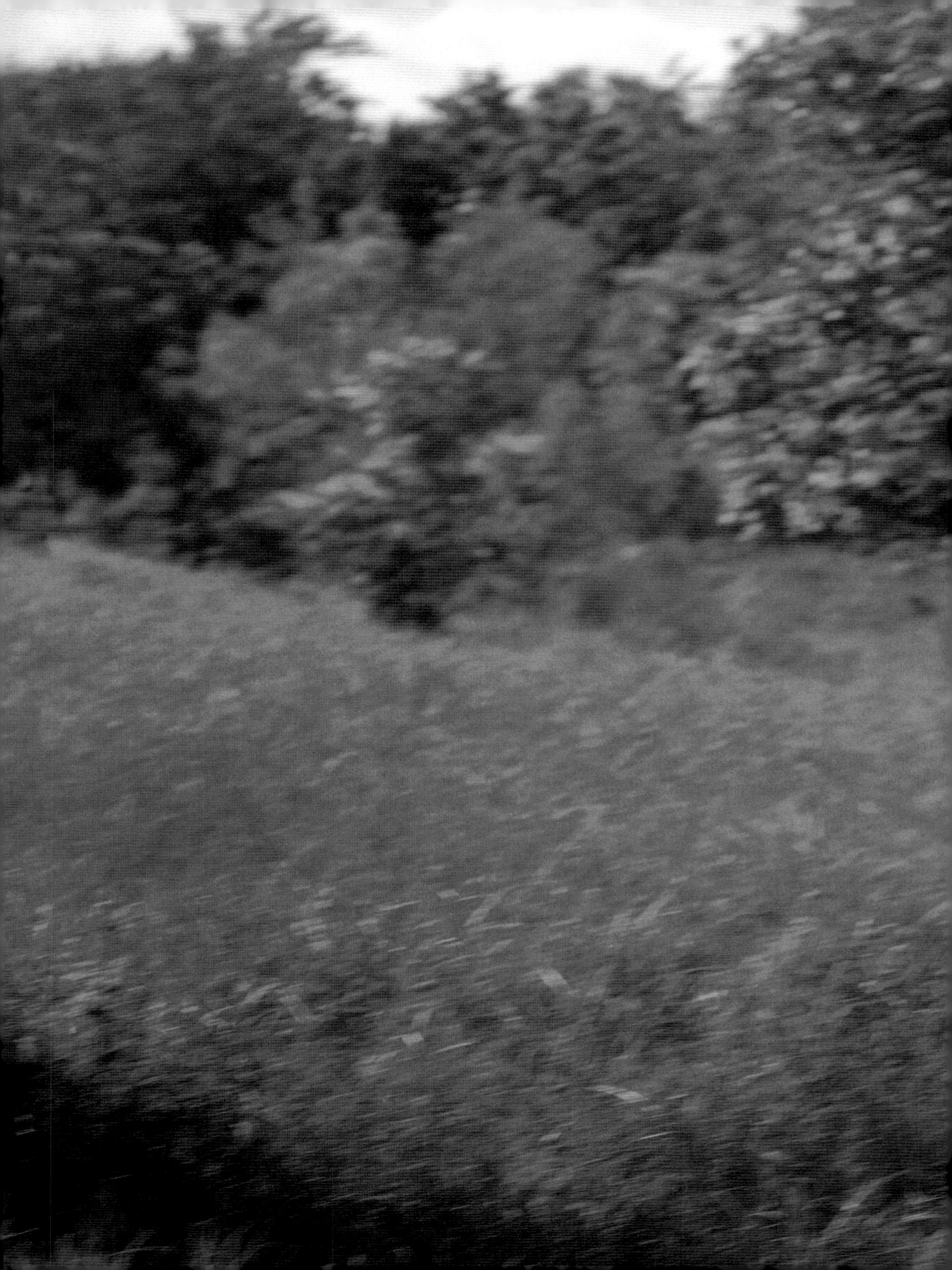

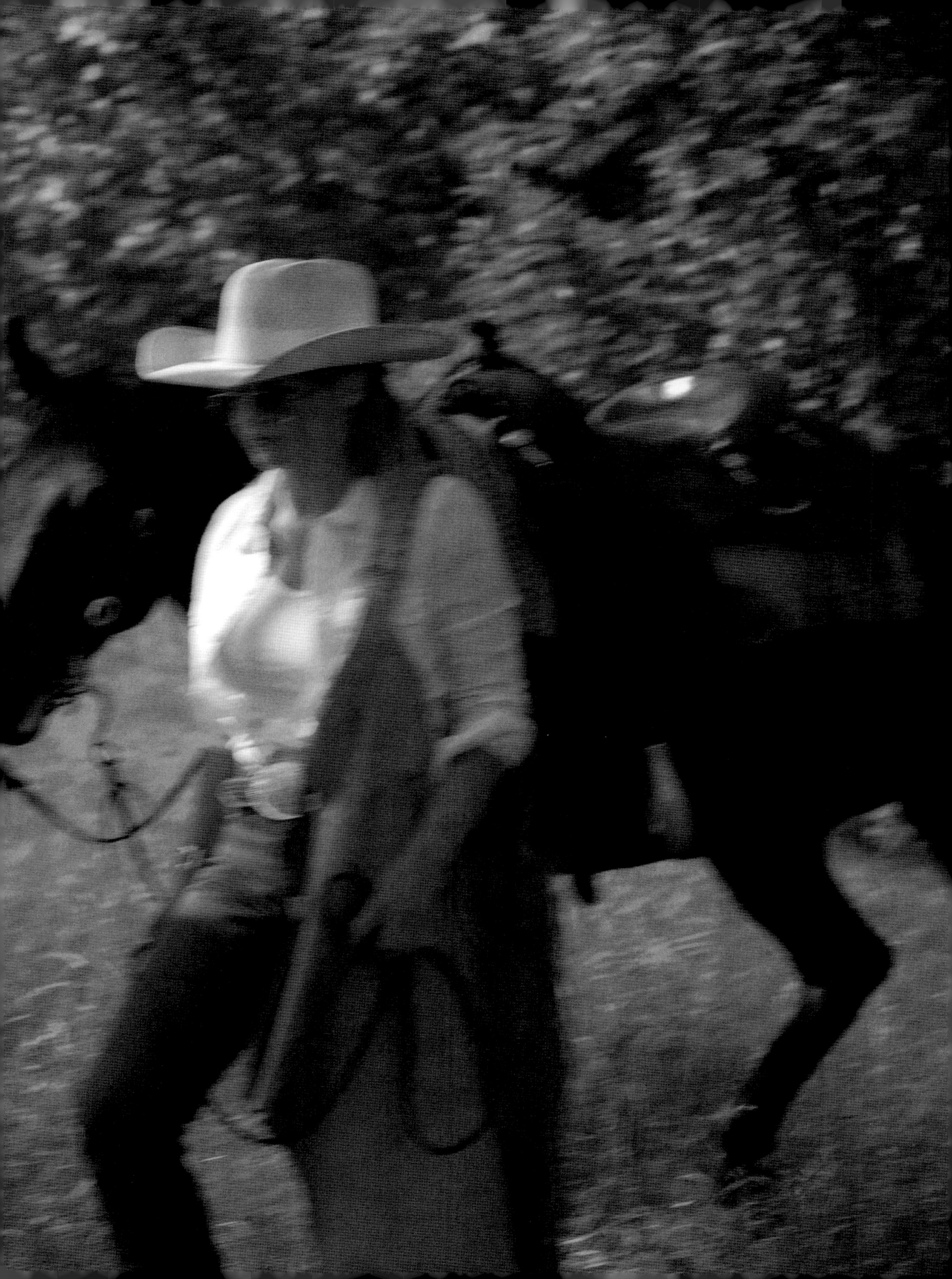

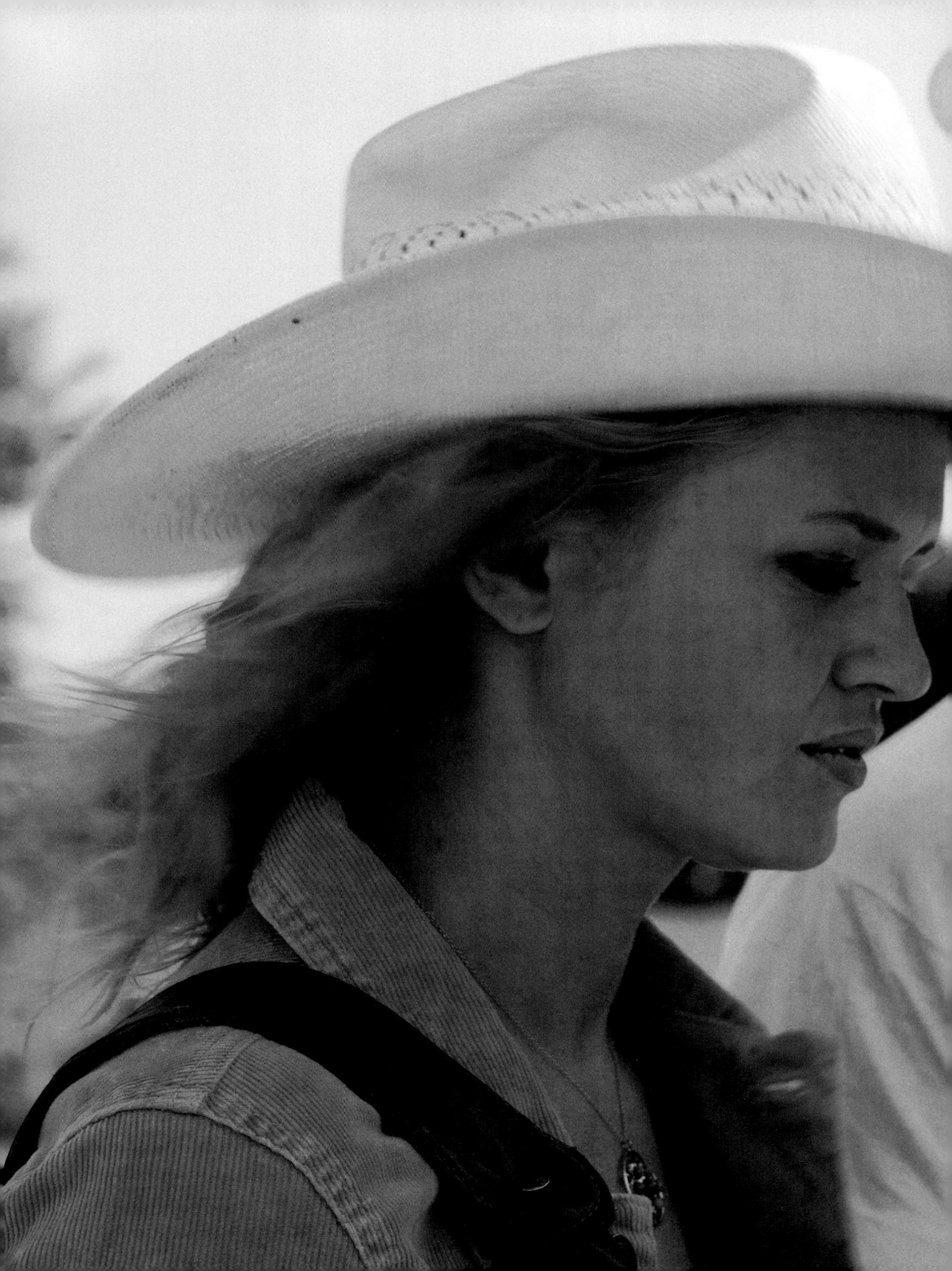

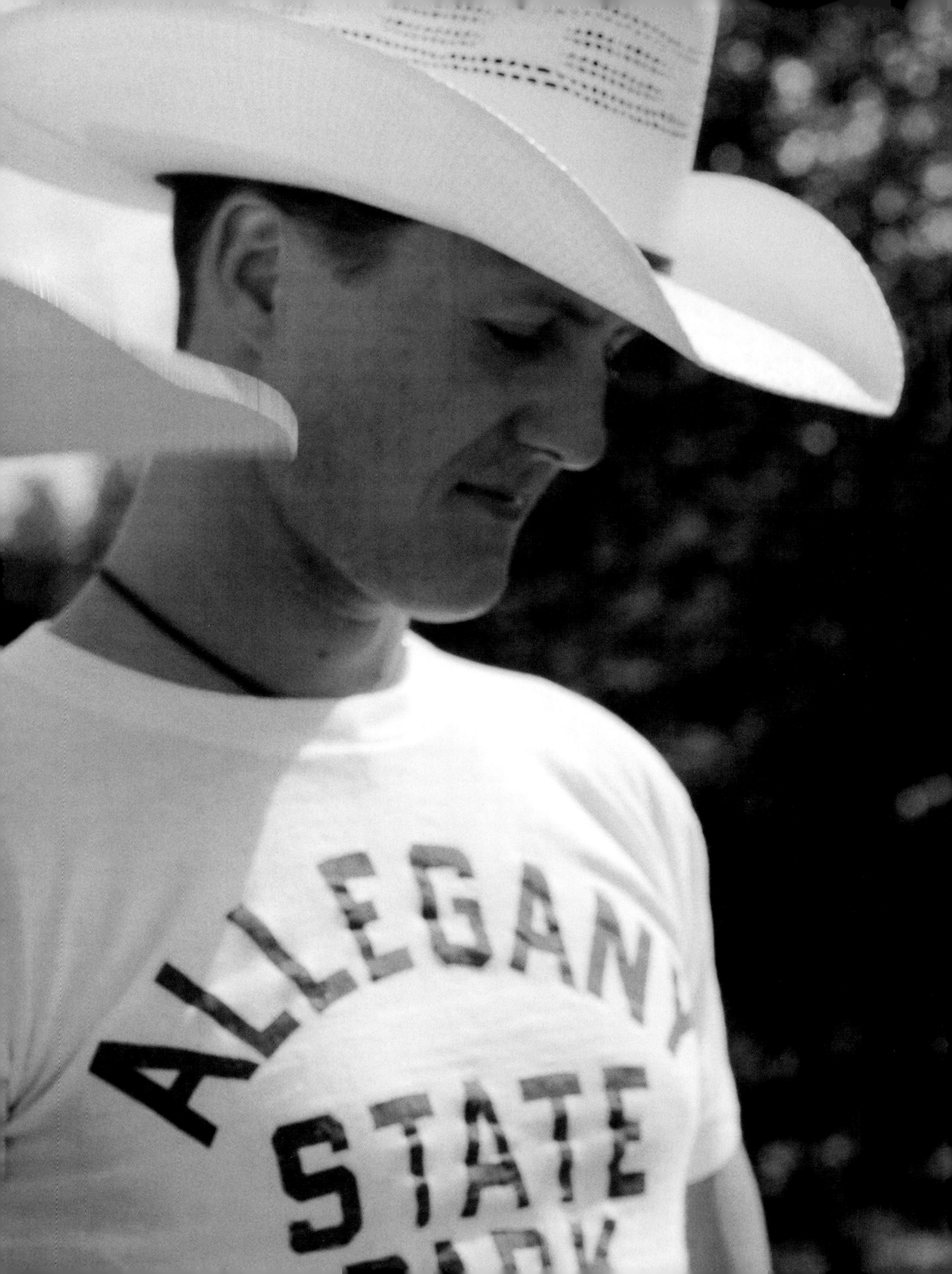
ALLEGANY
STATE

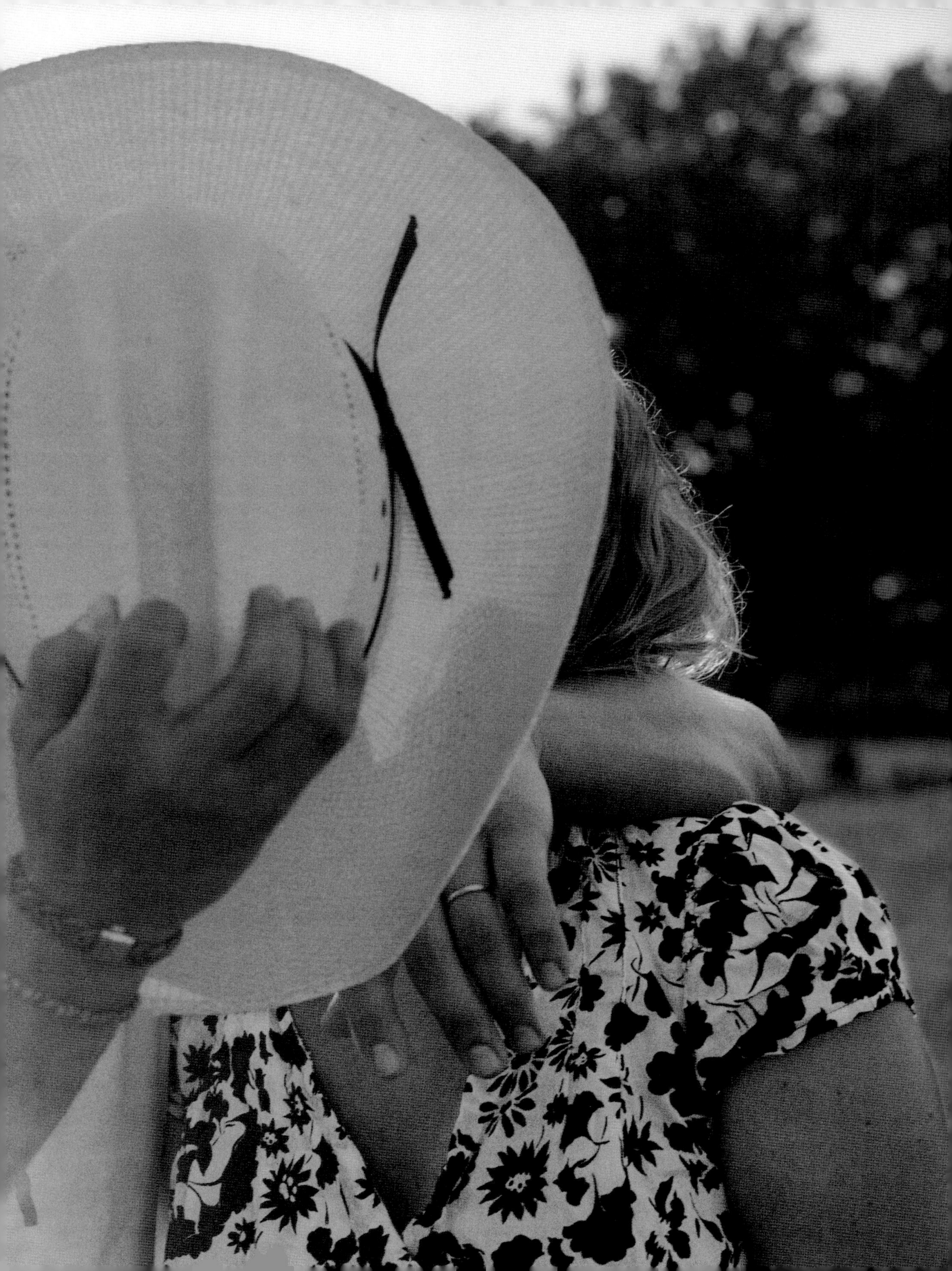

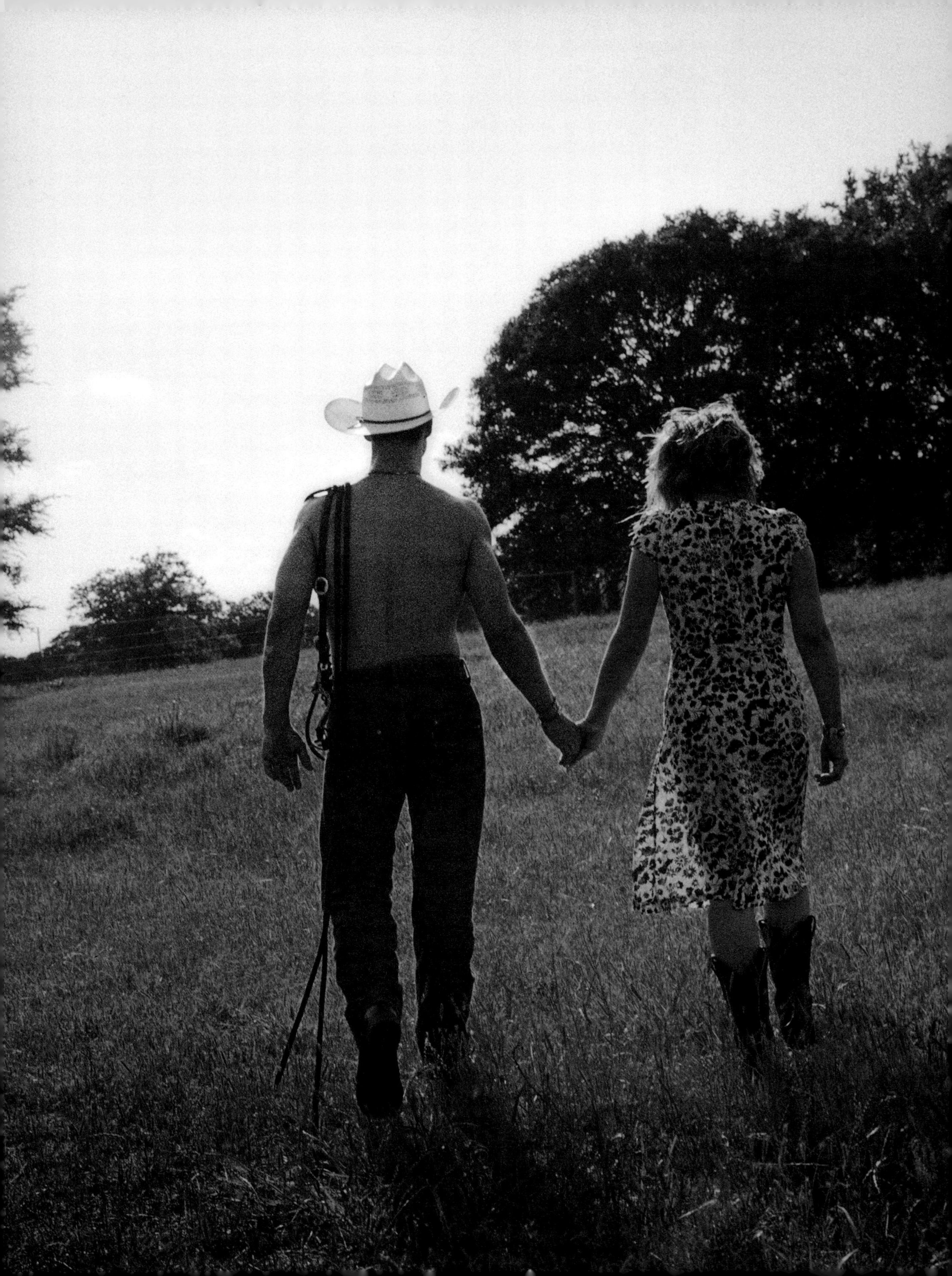

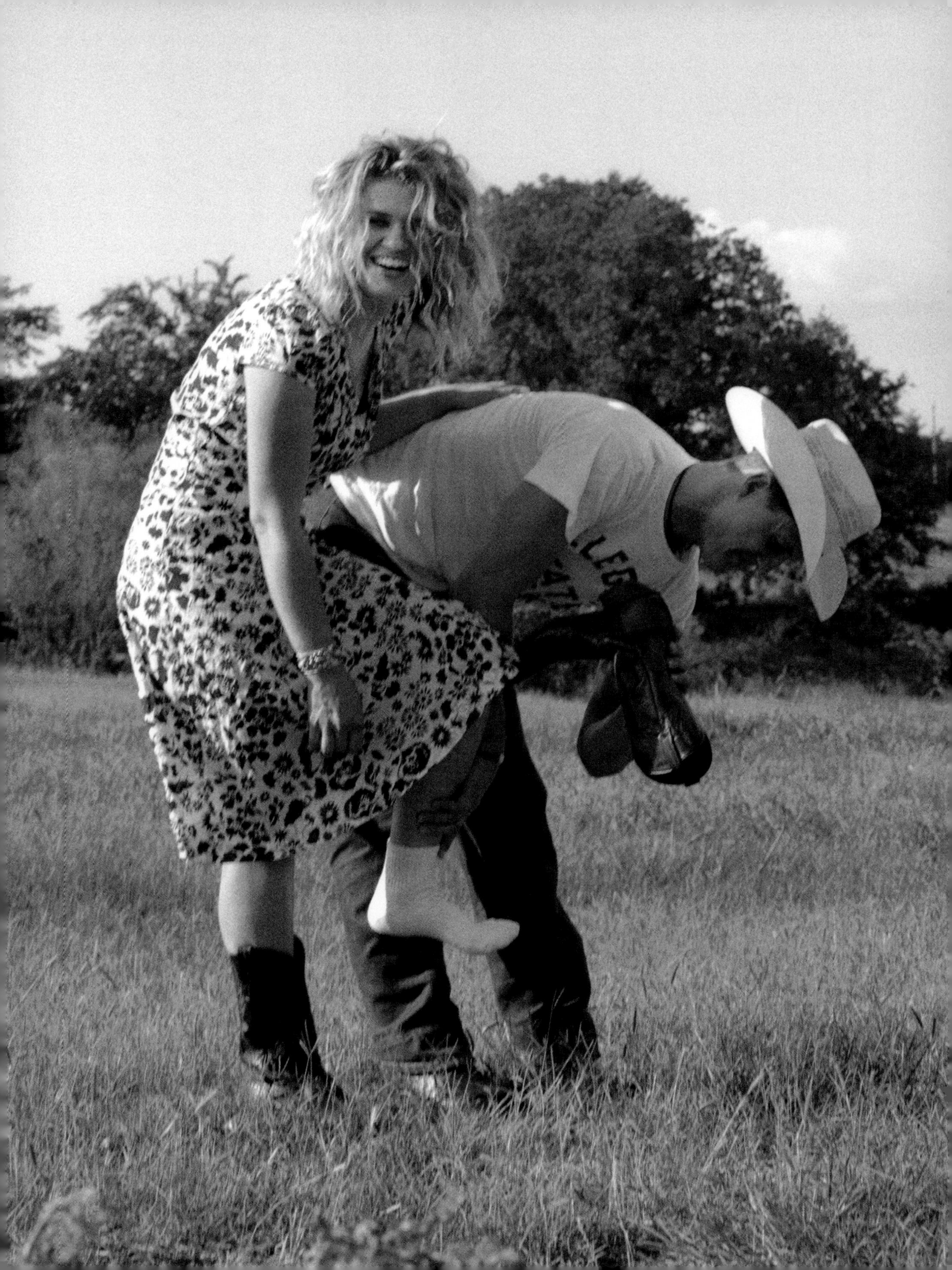

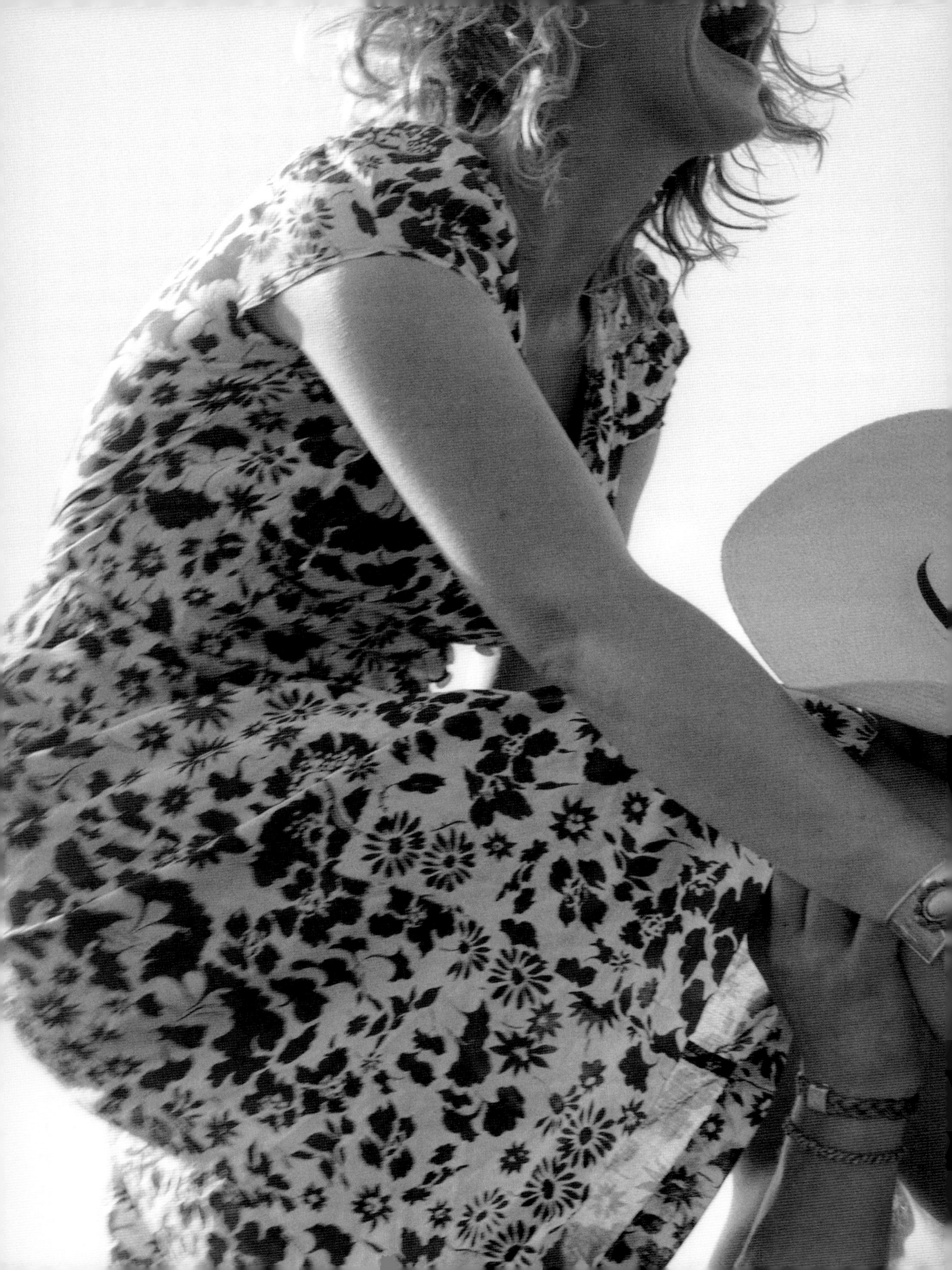

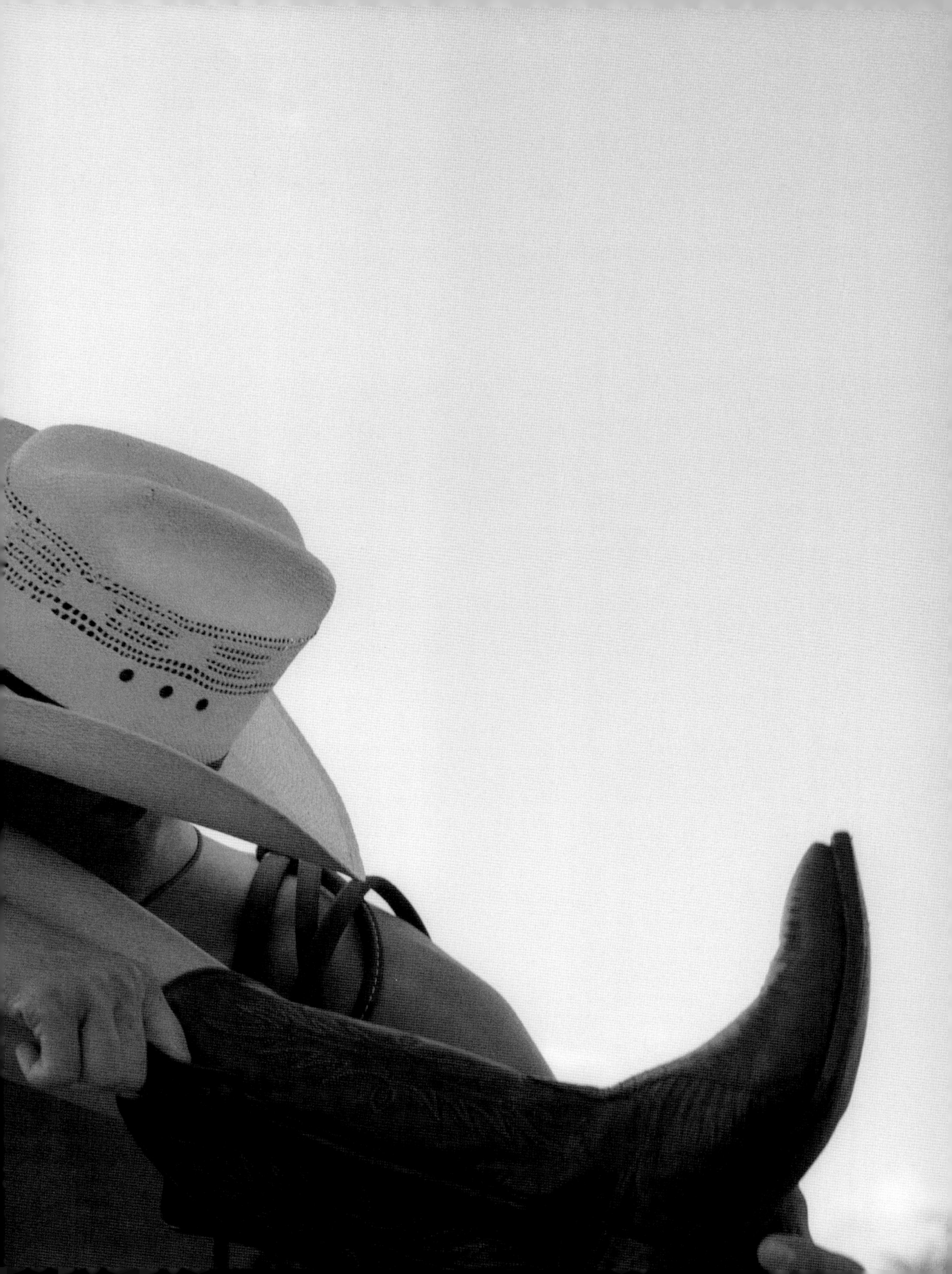

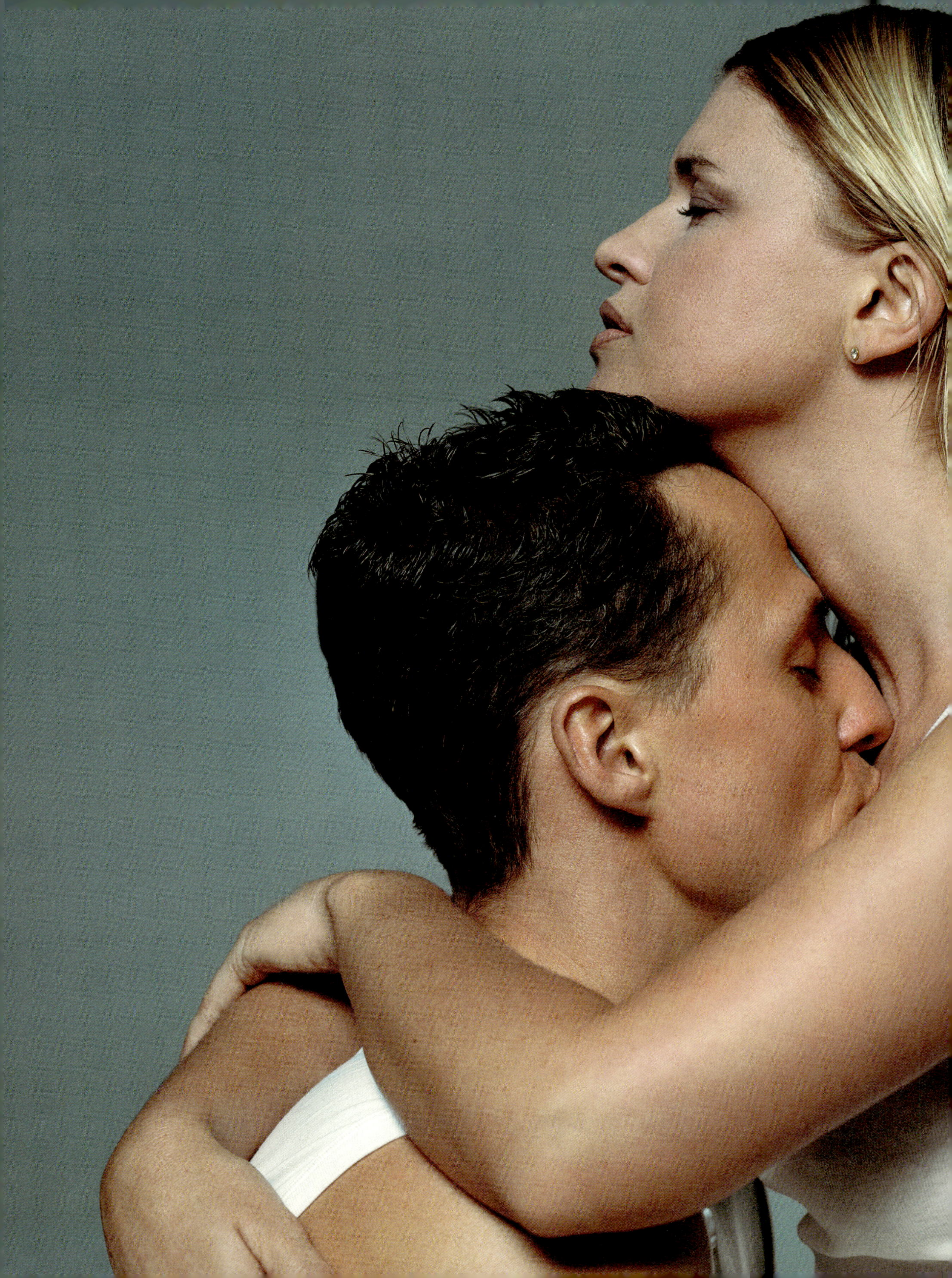

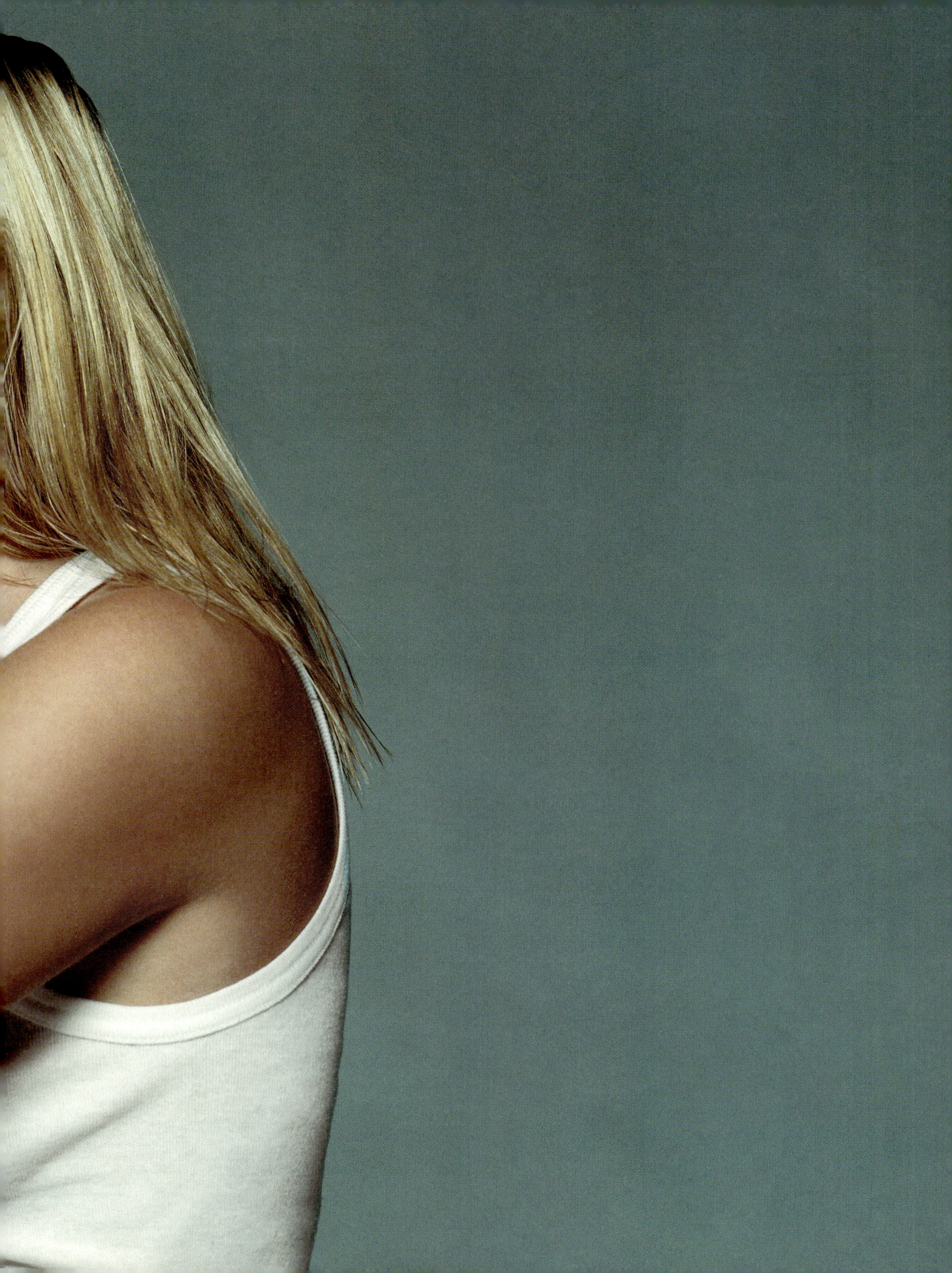

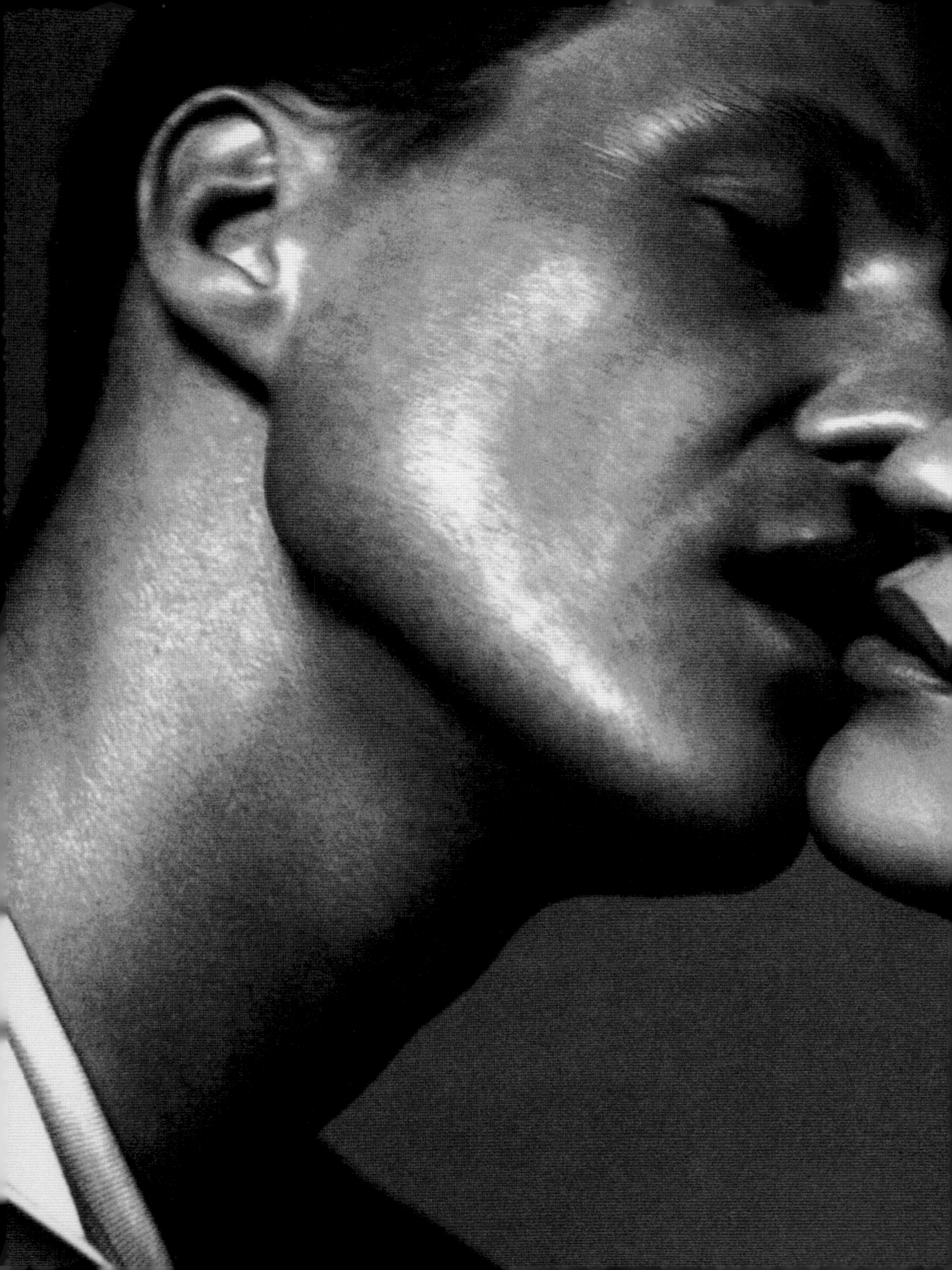

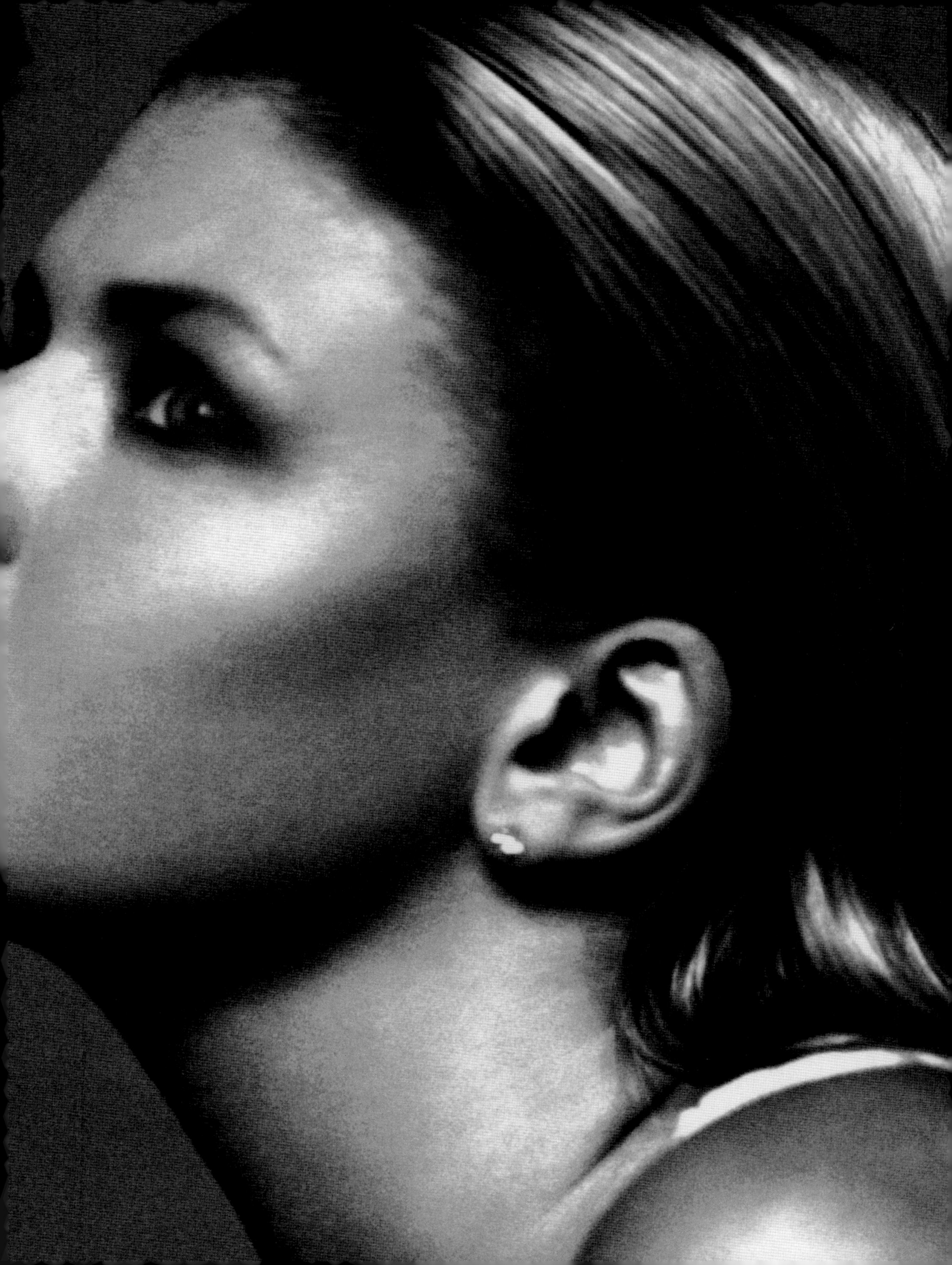

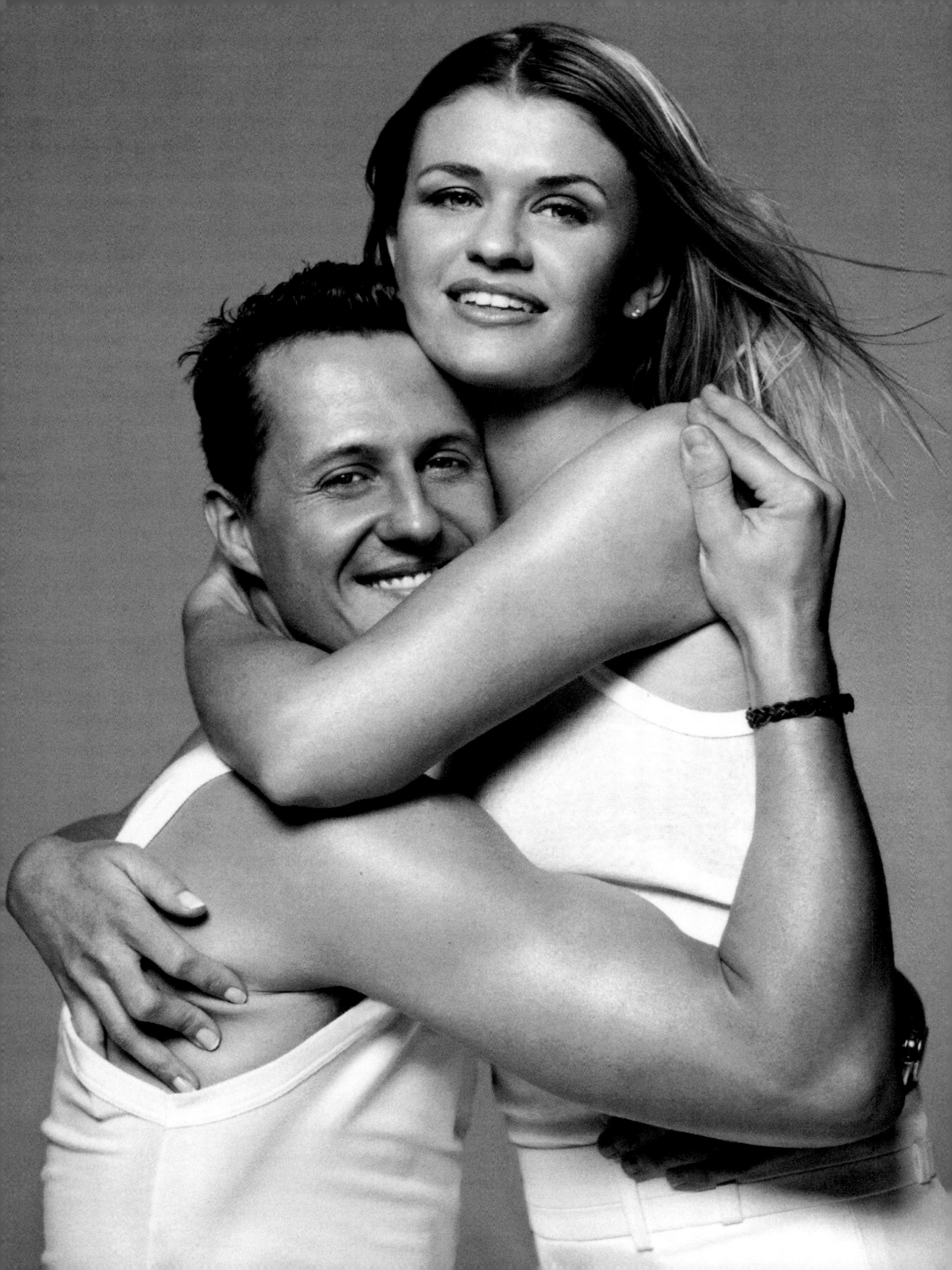

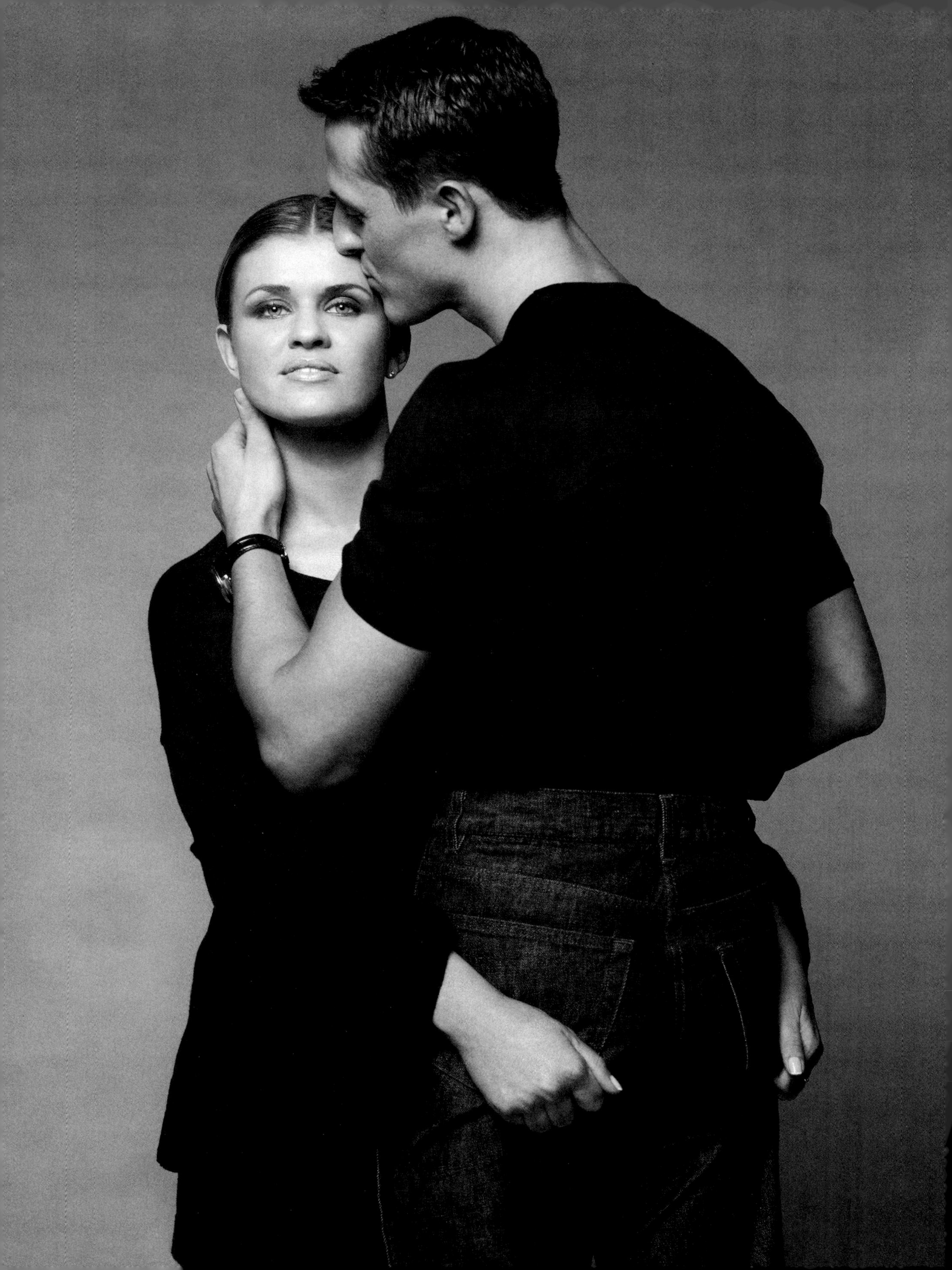

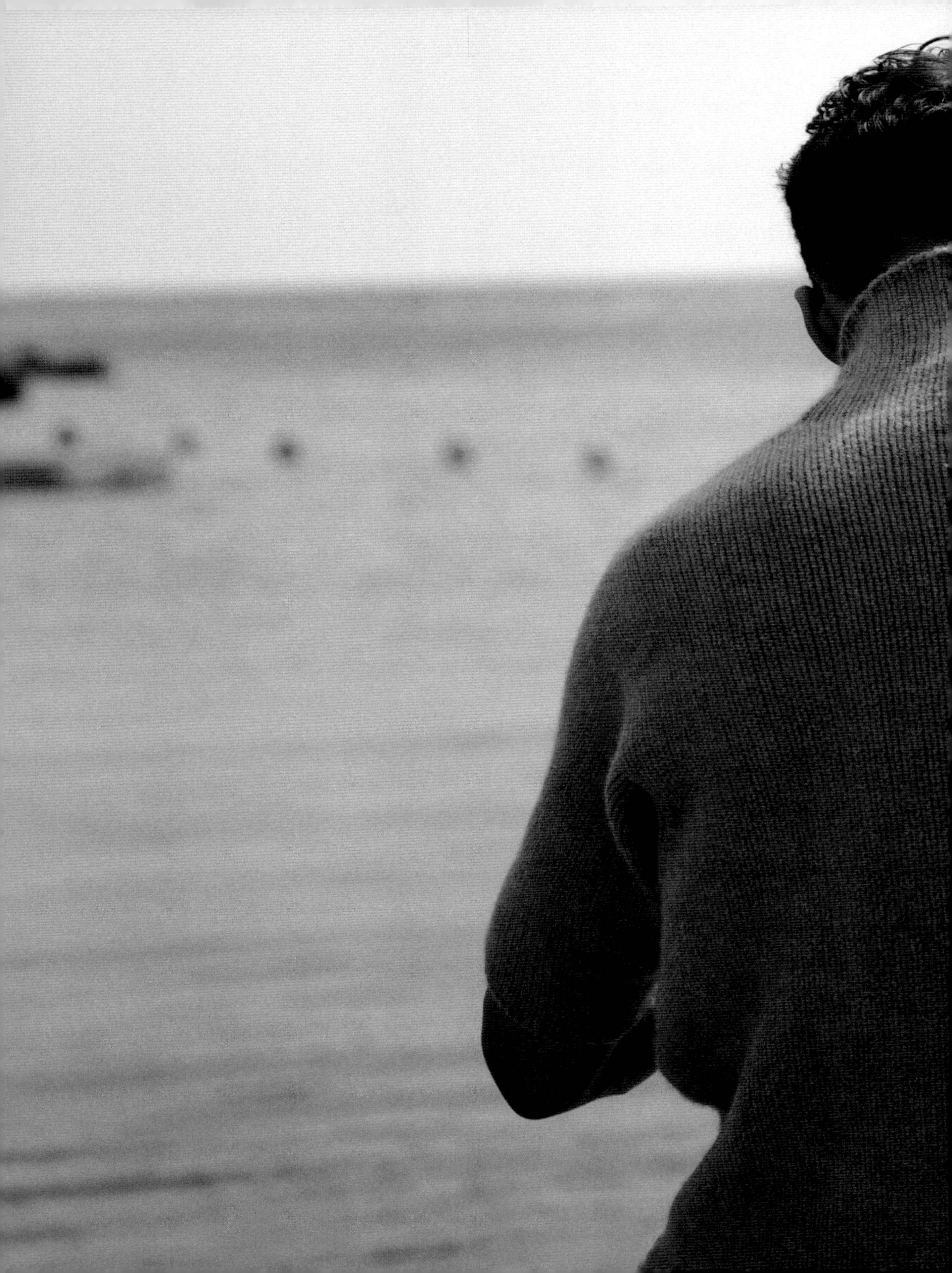

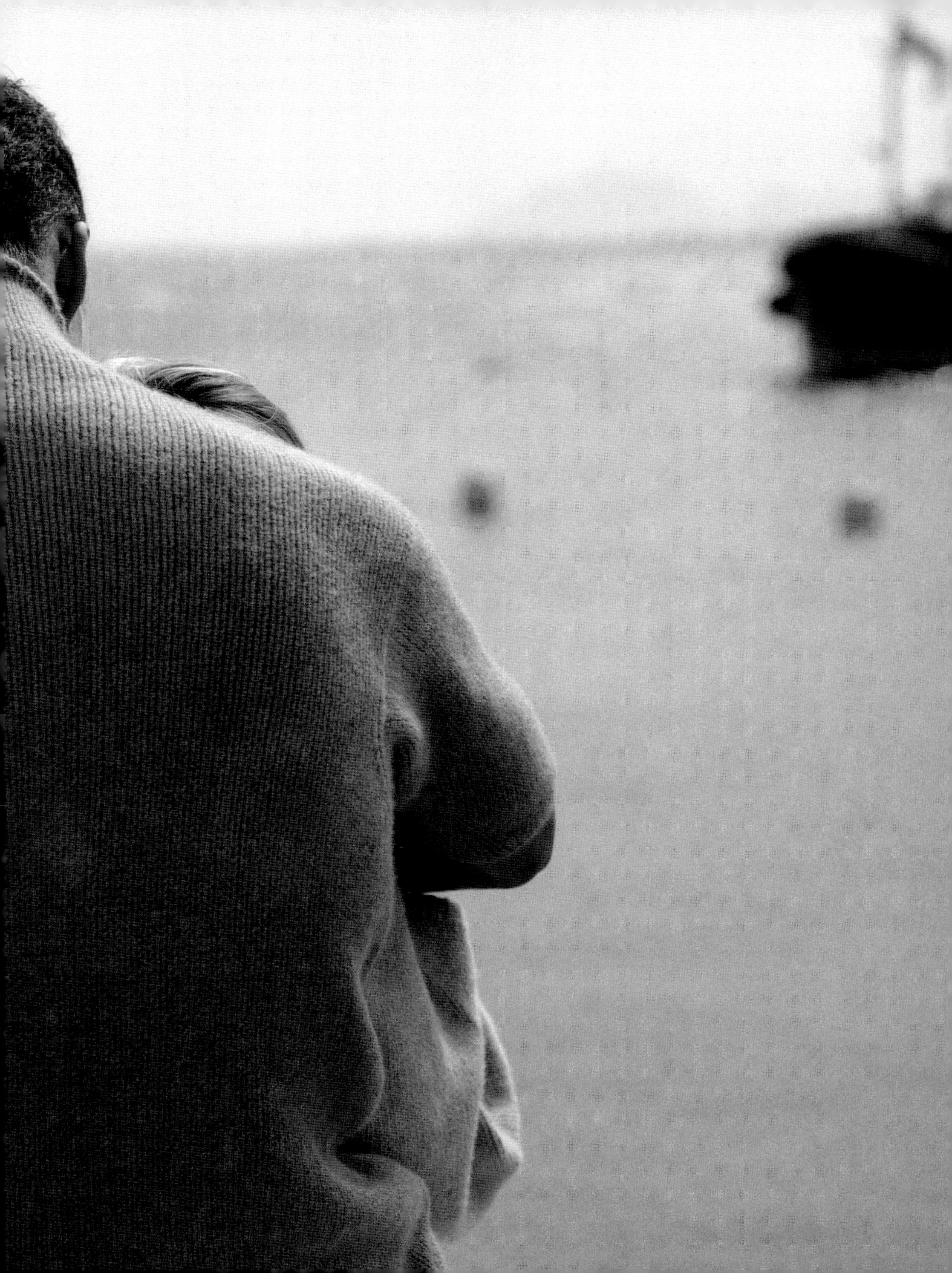

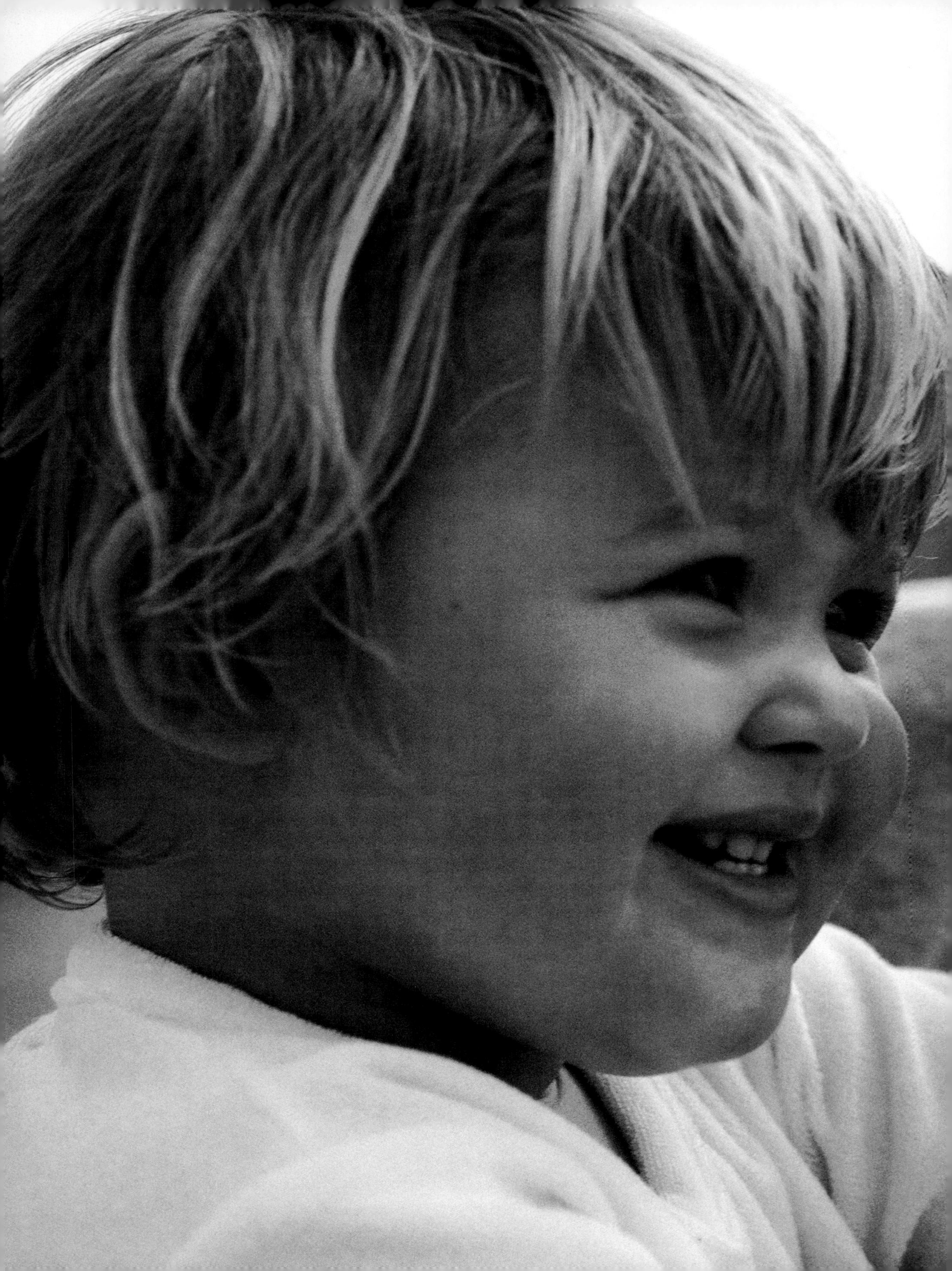

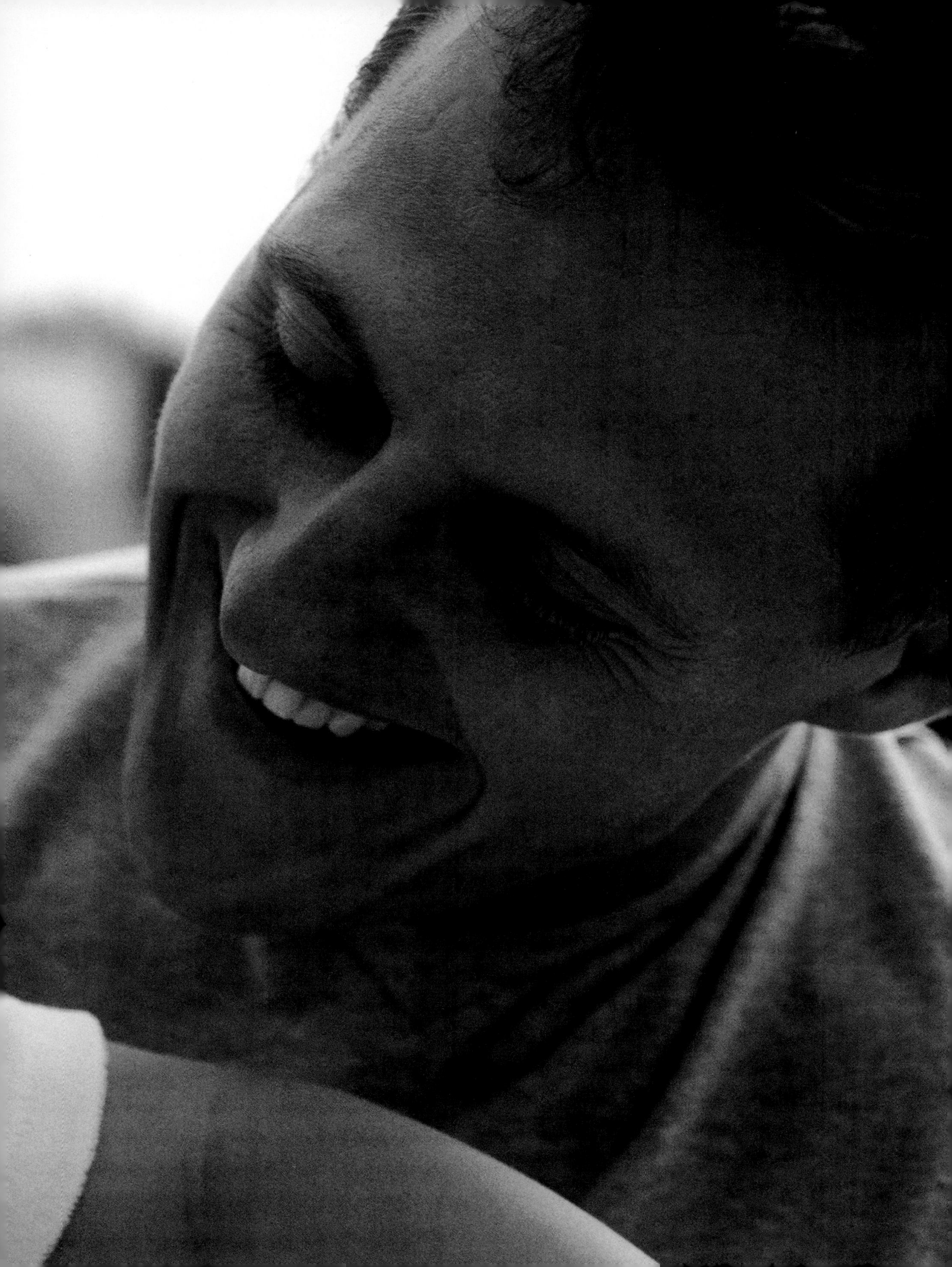

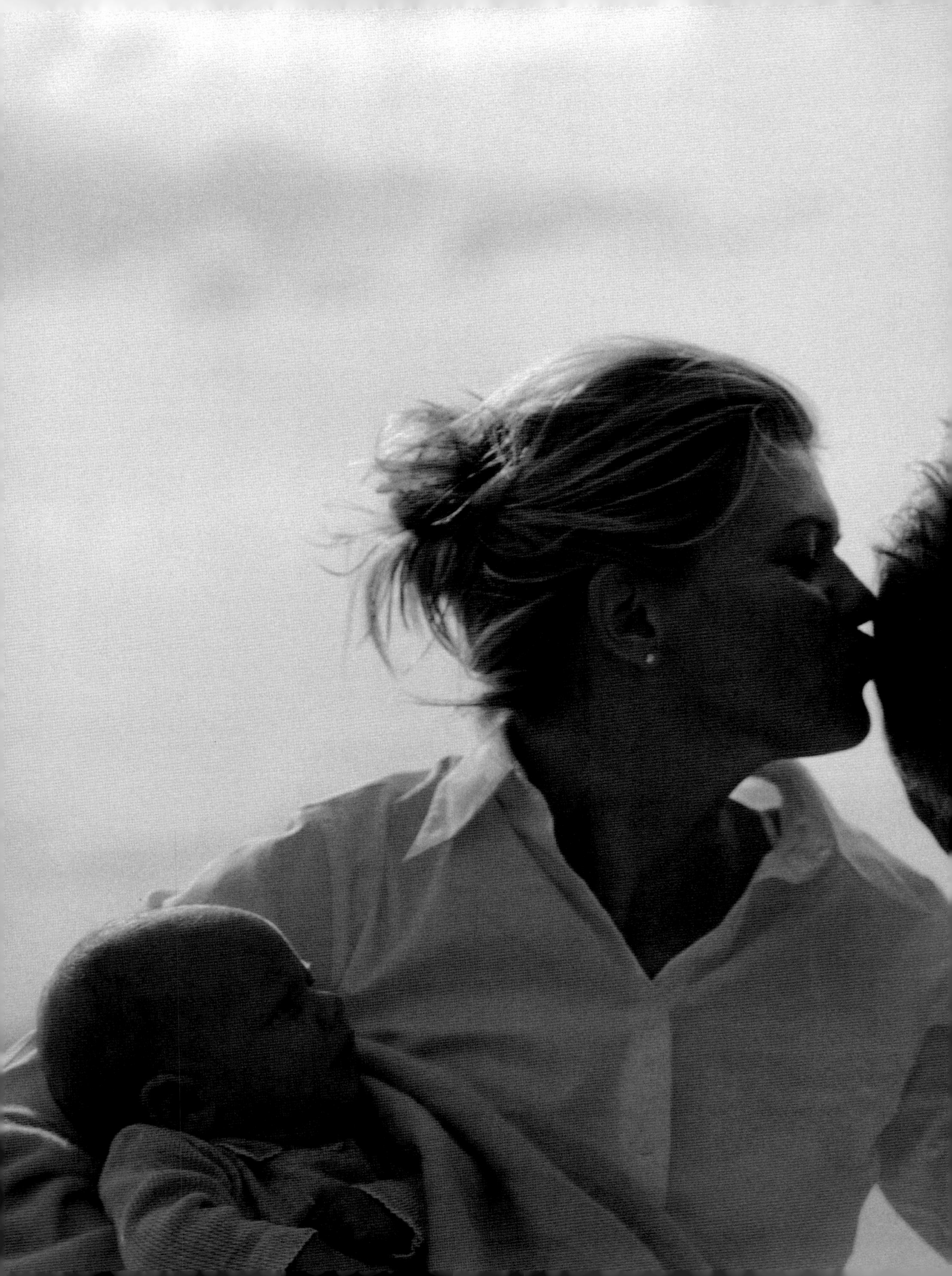

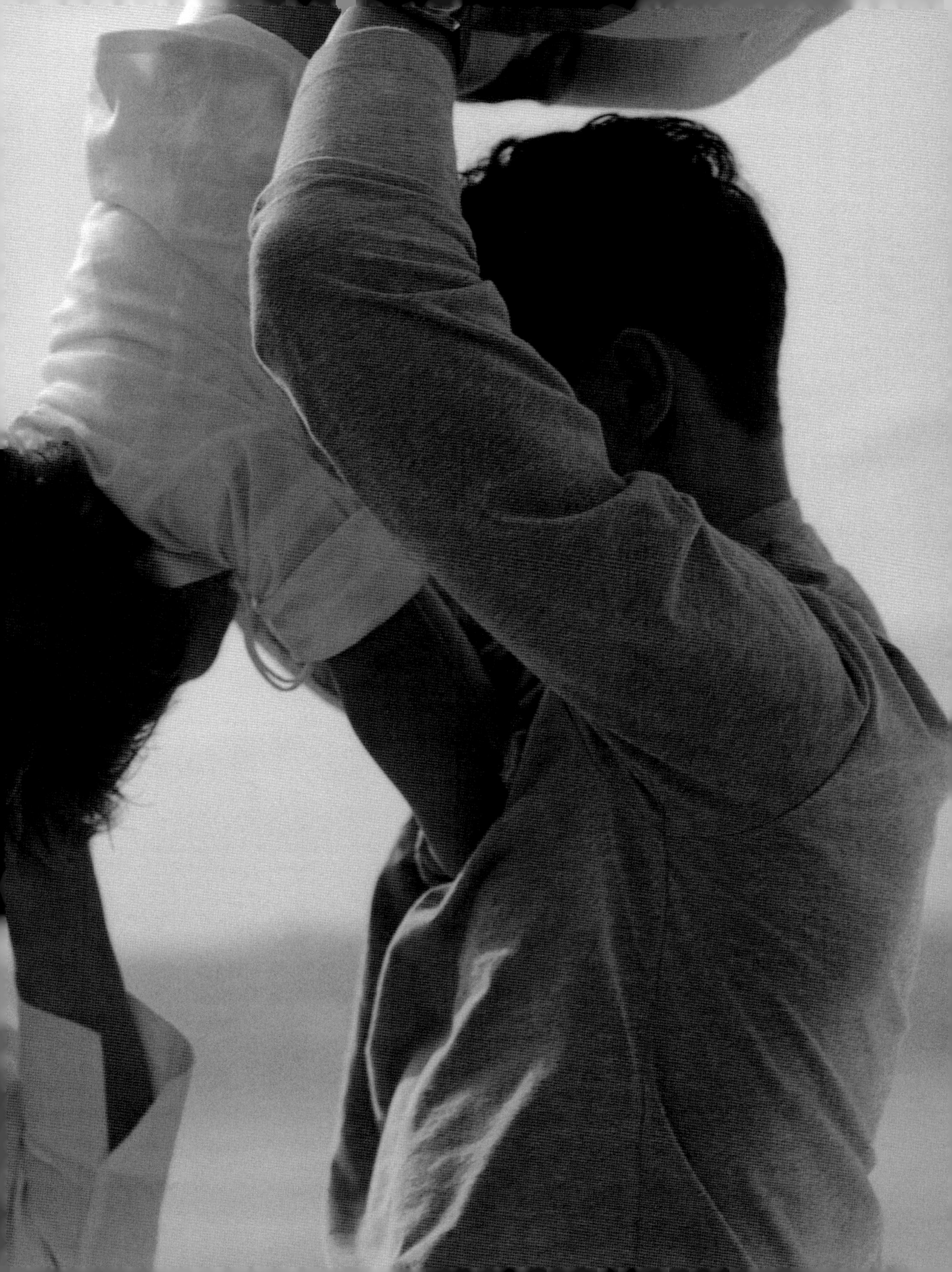

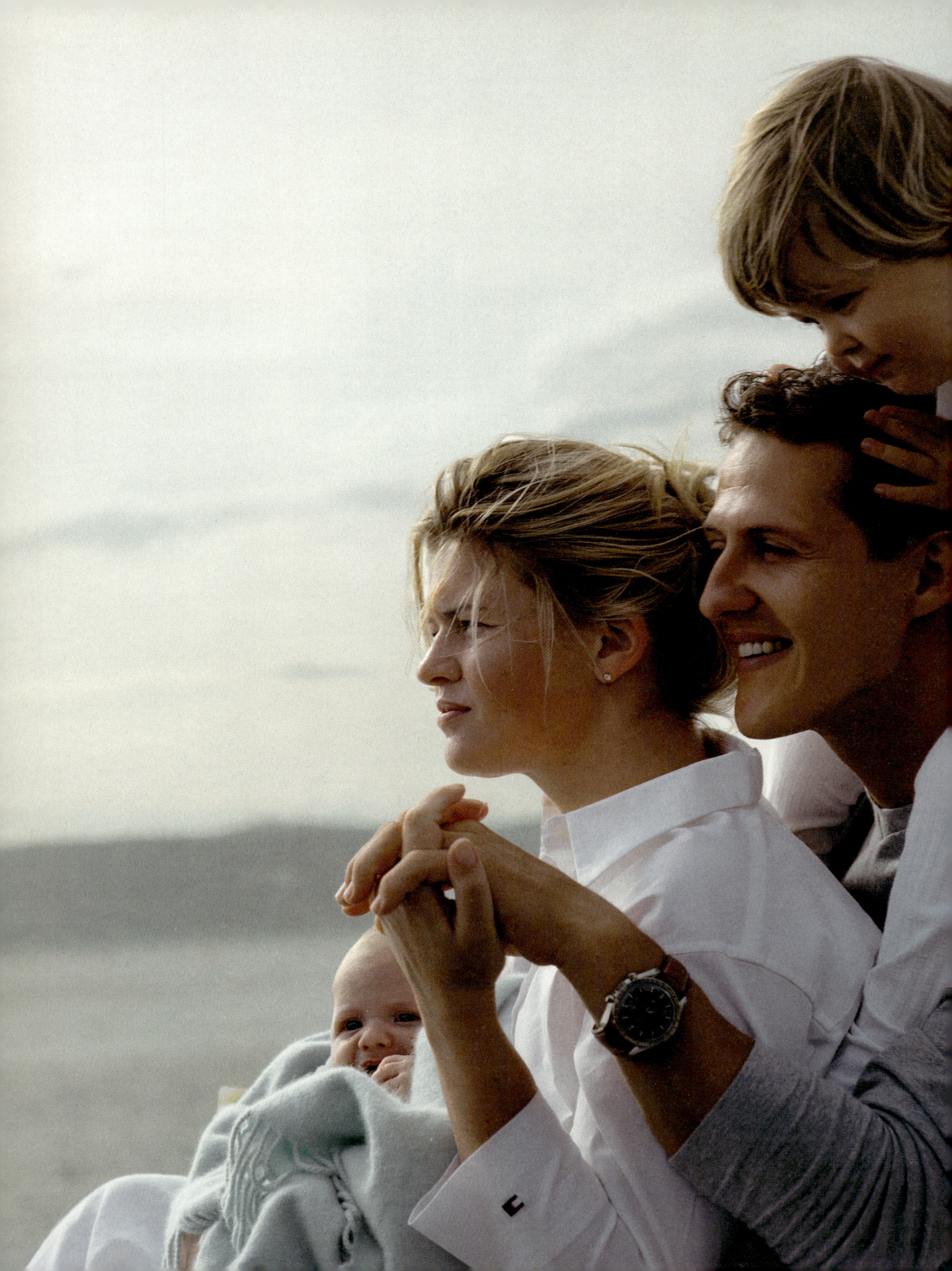

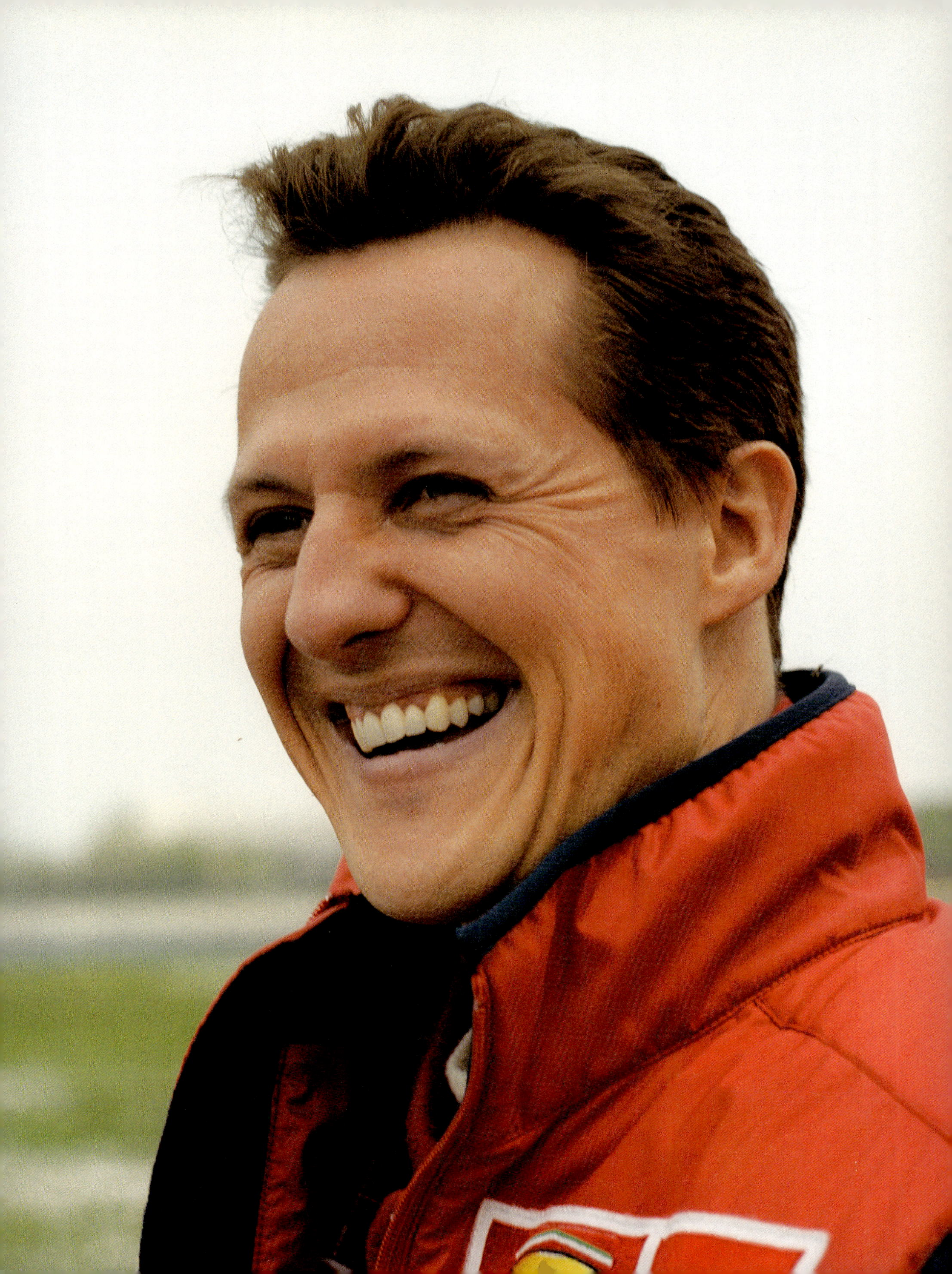

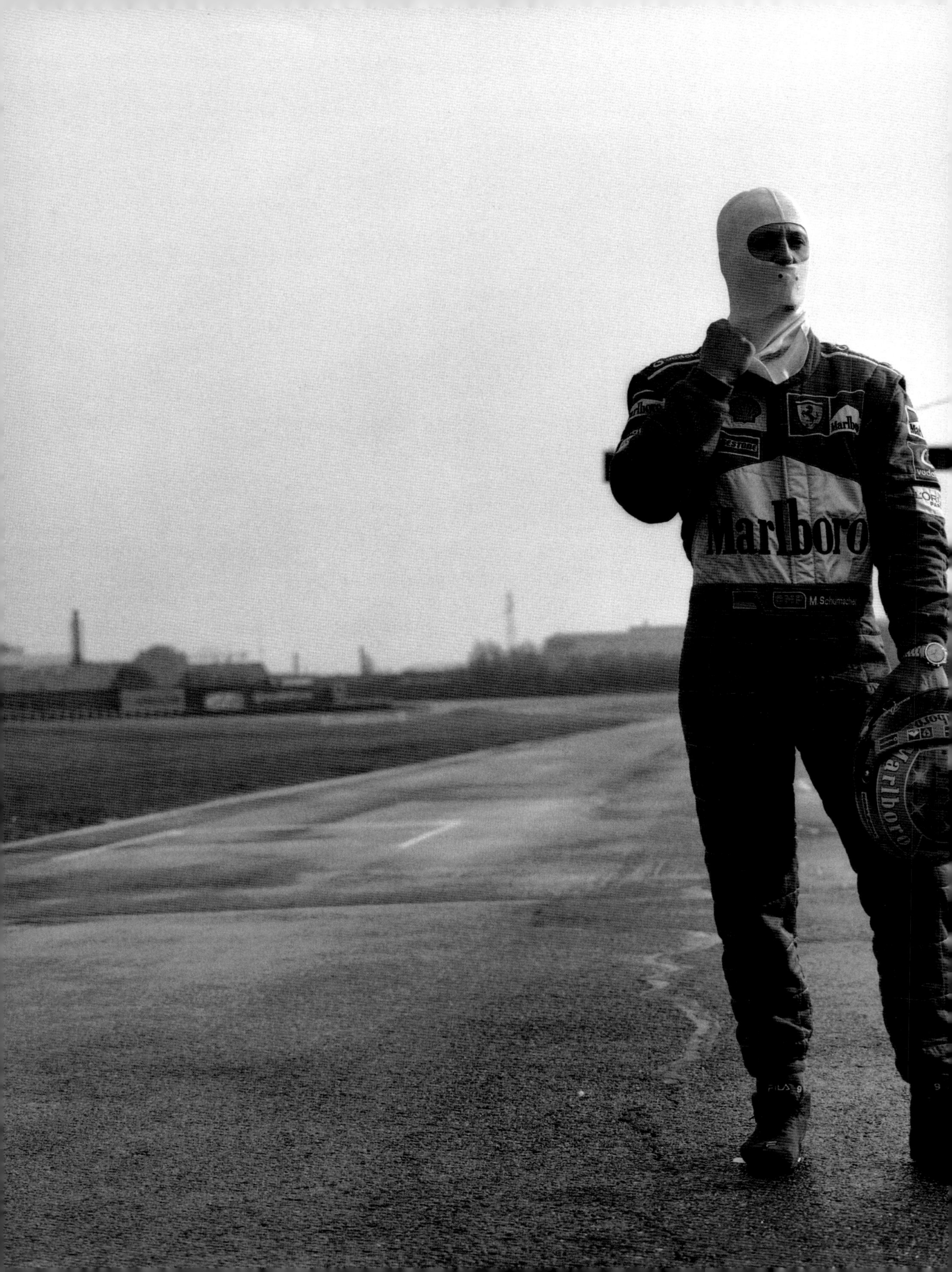
Marlboro
M. Schumacher
Marlboro

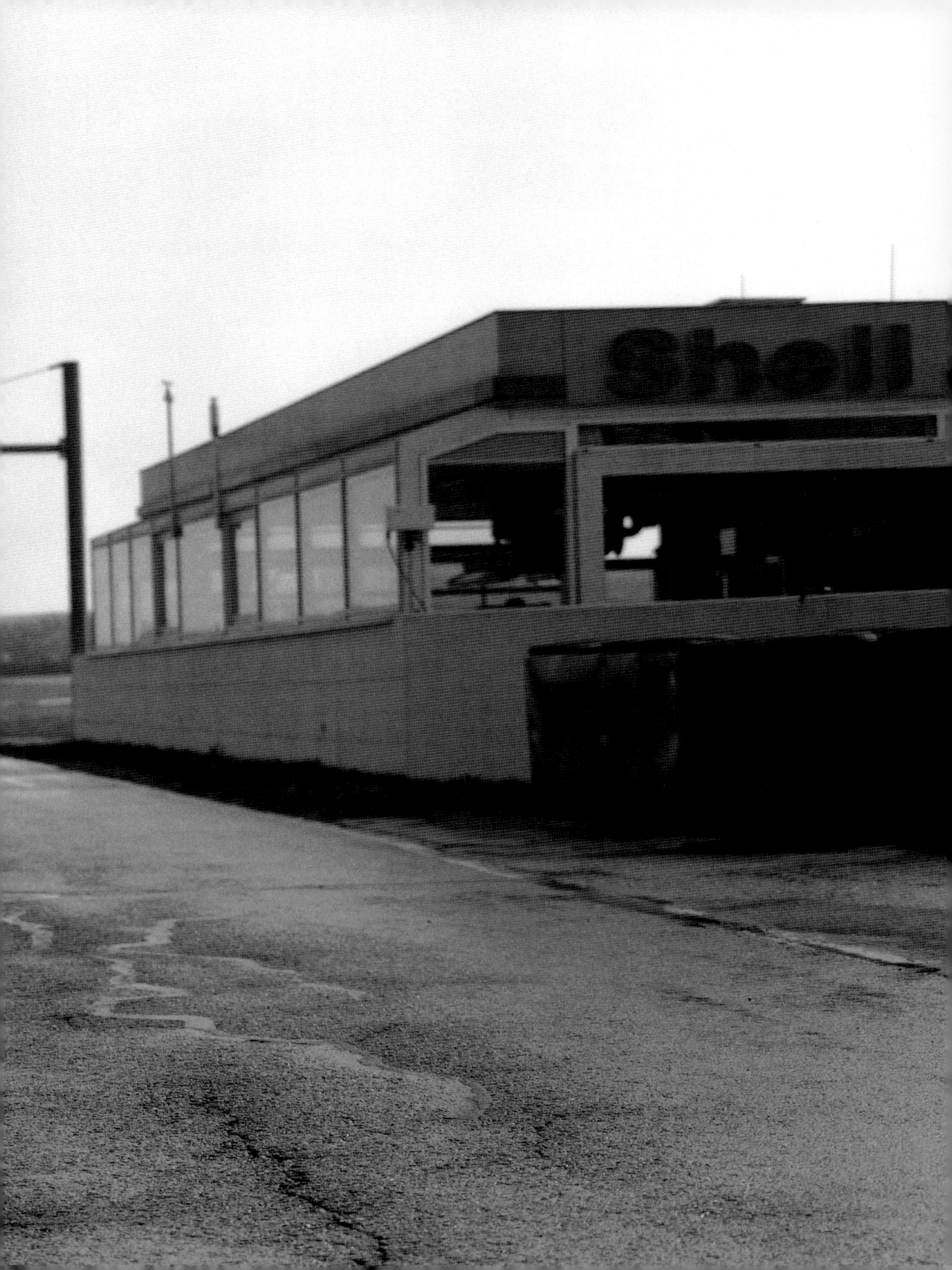
Shell

Shell
HELIX
vodafone
vodafone

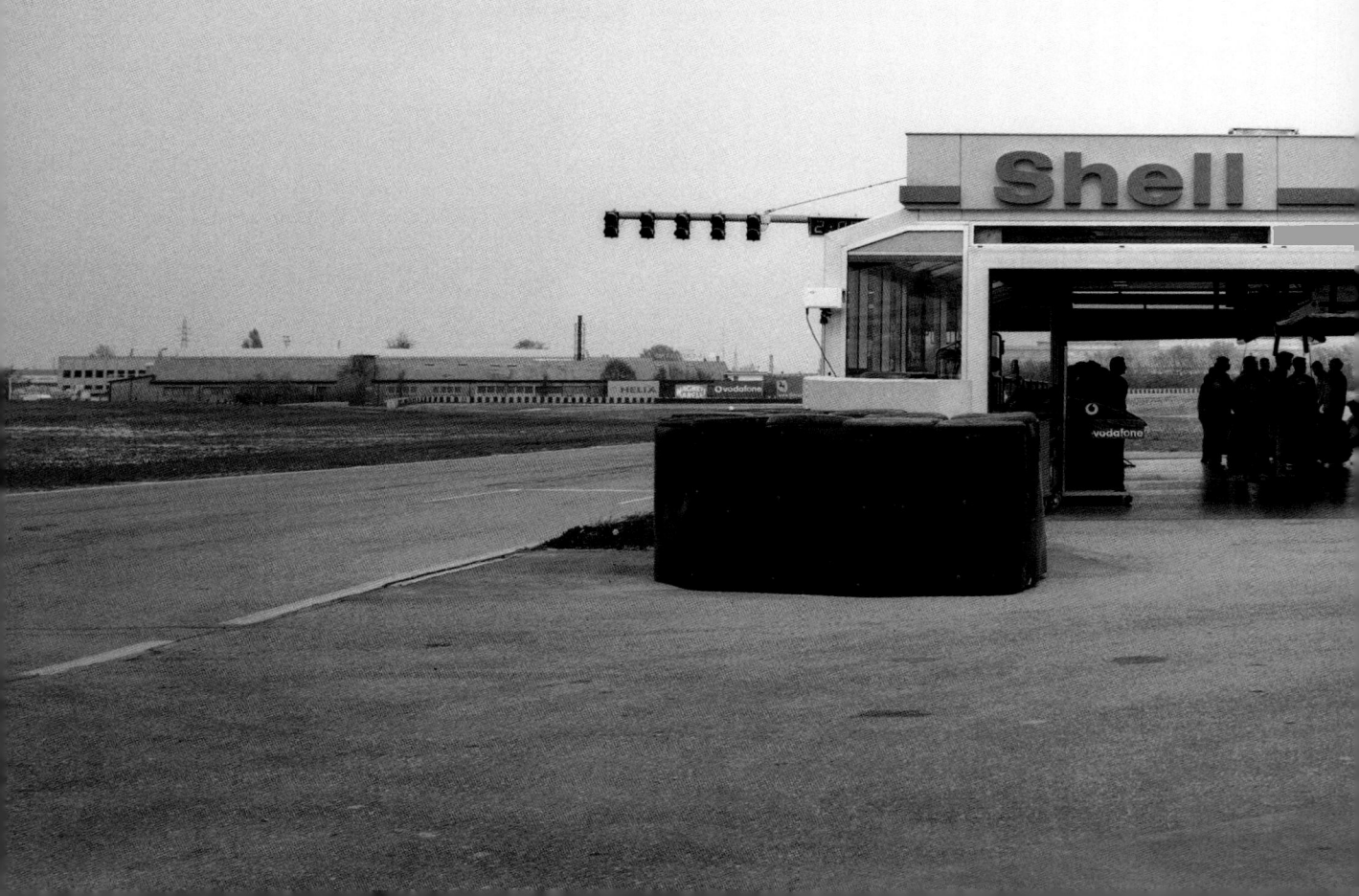

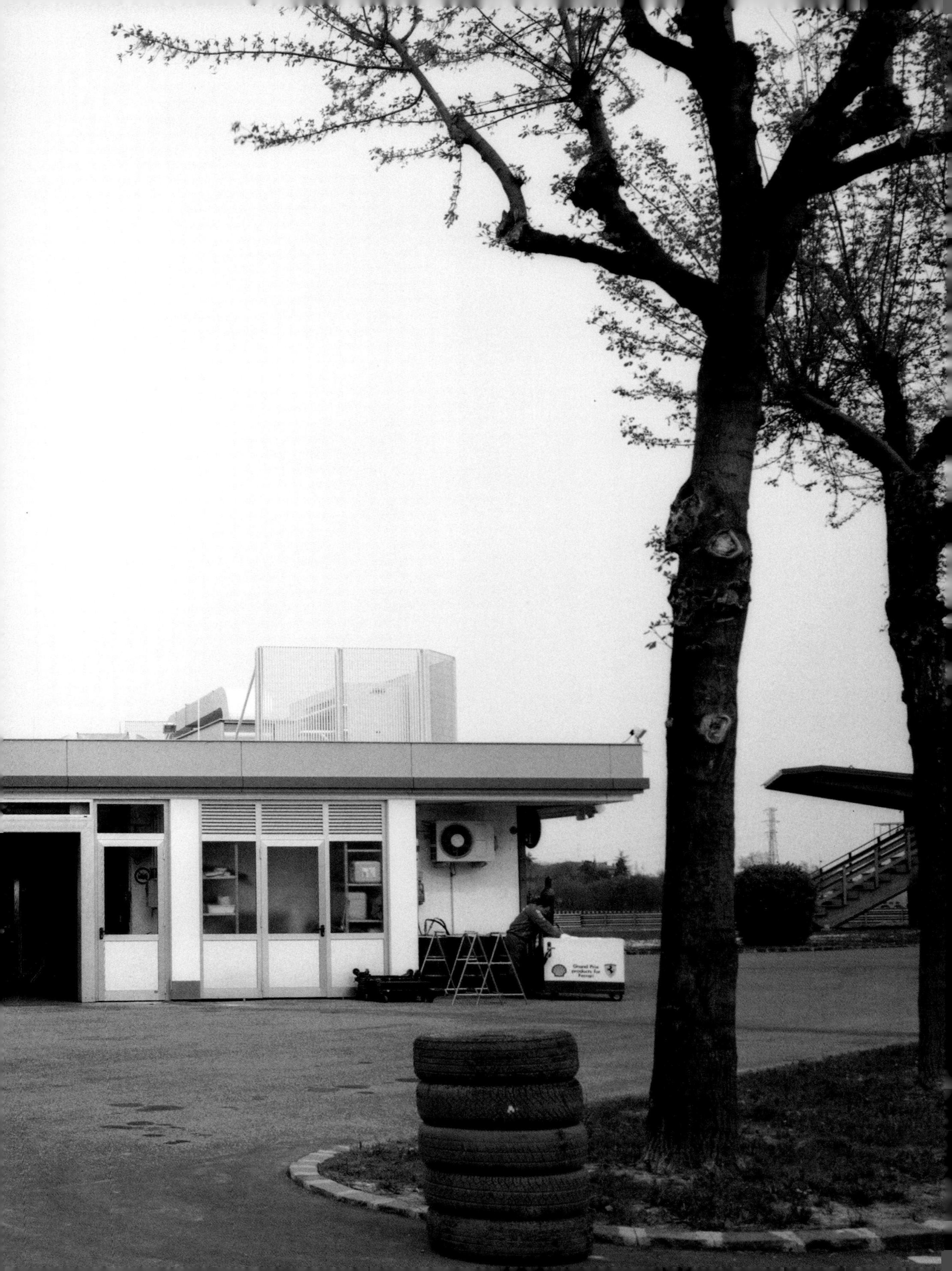

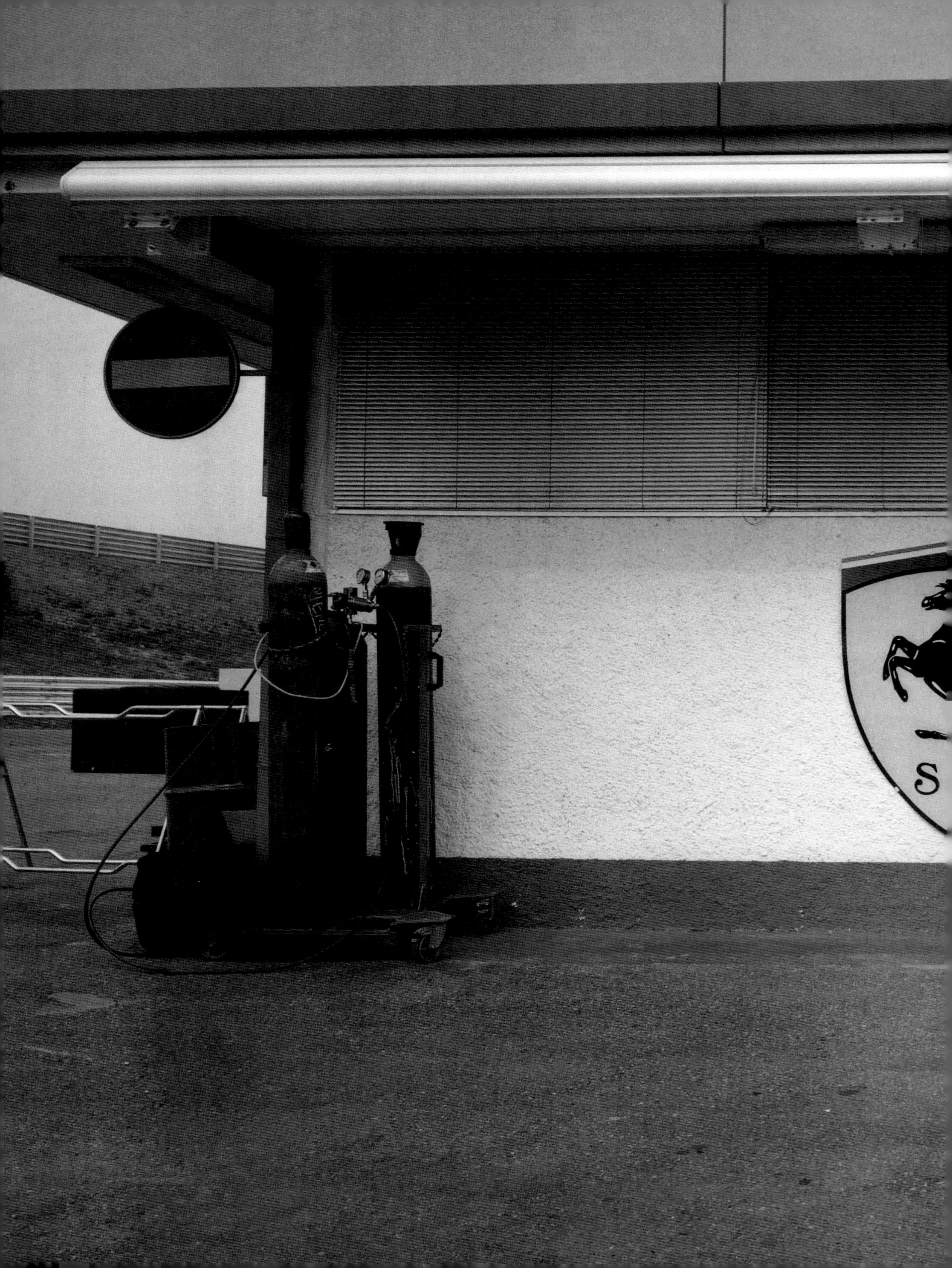

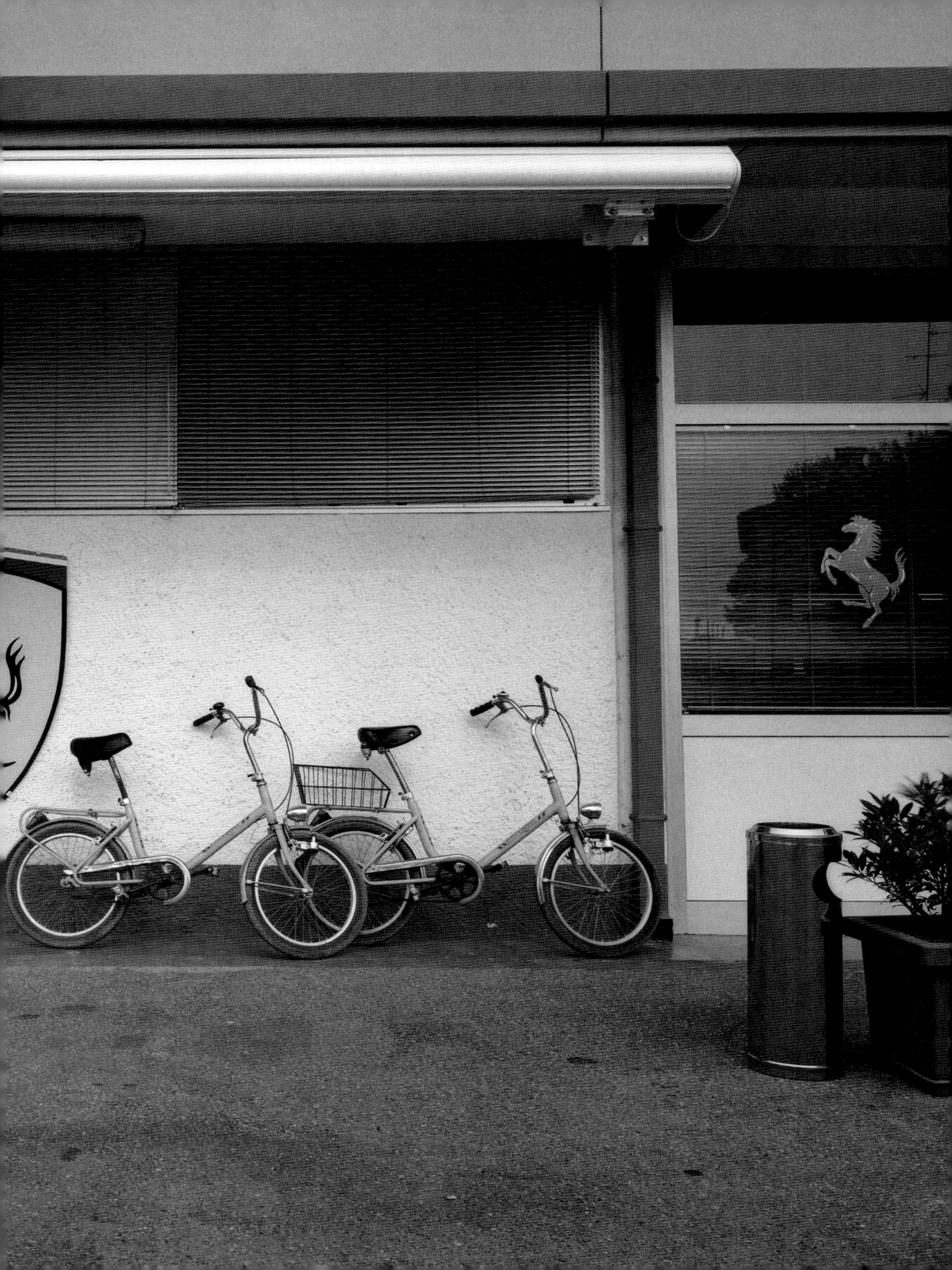

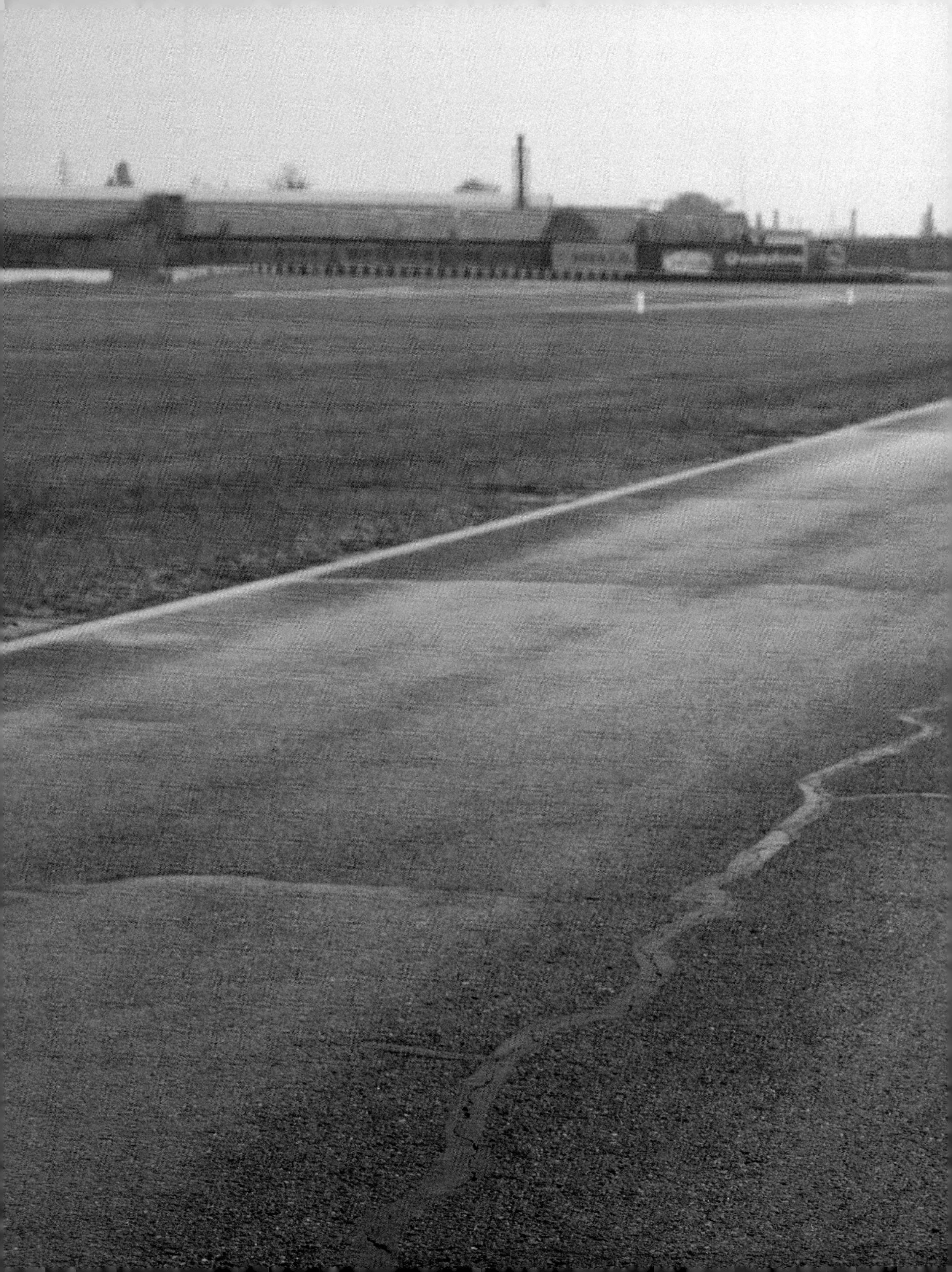

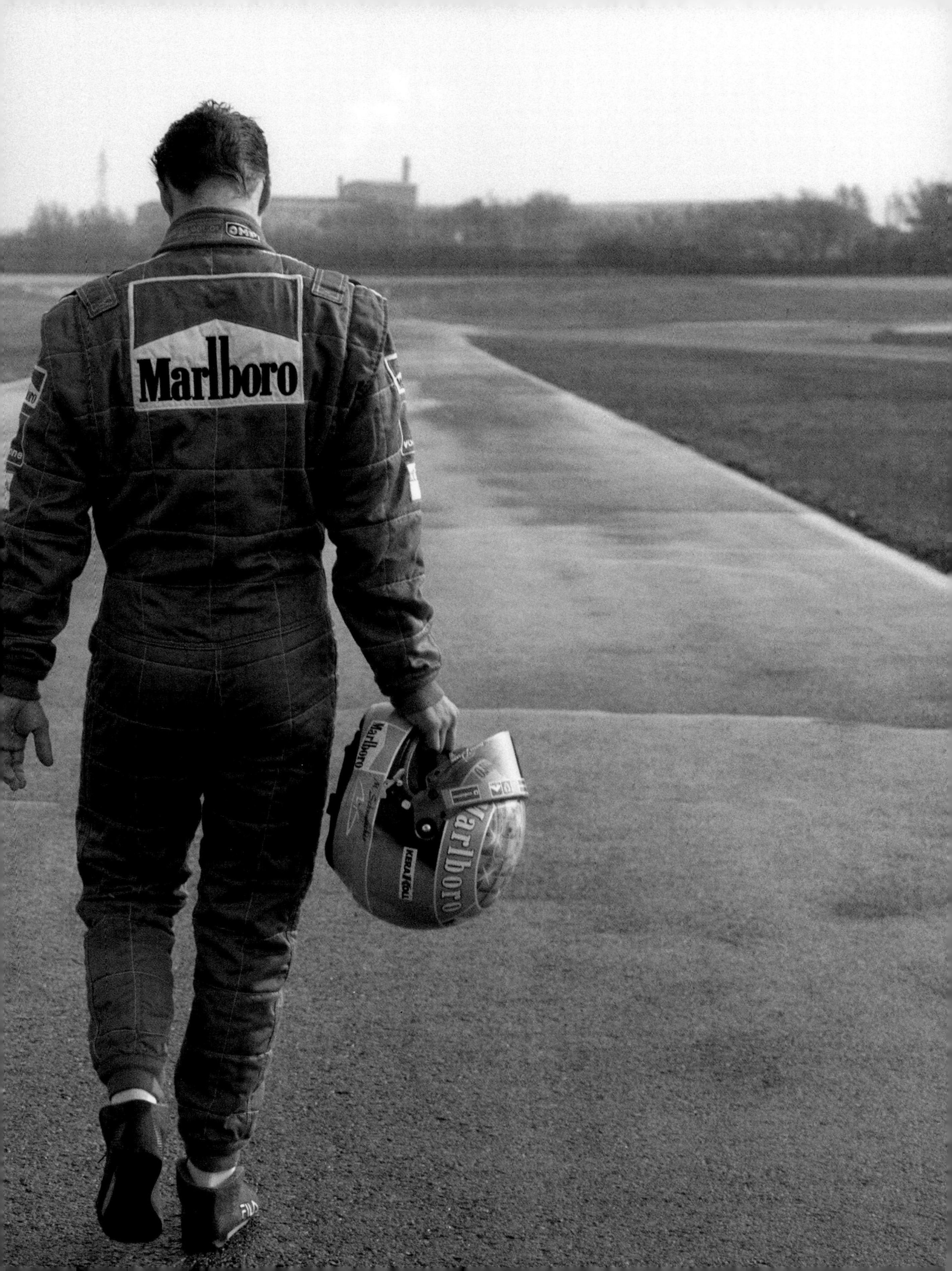
Marlboro

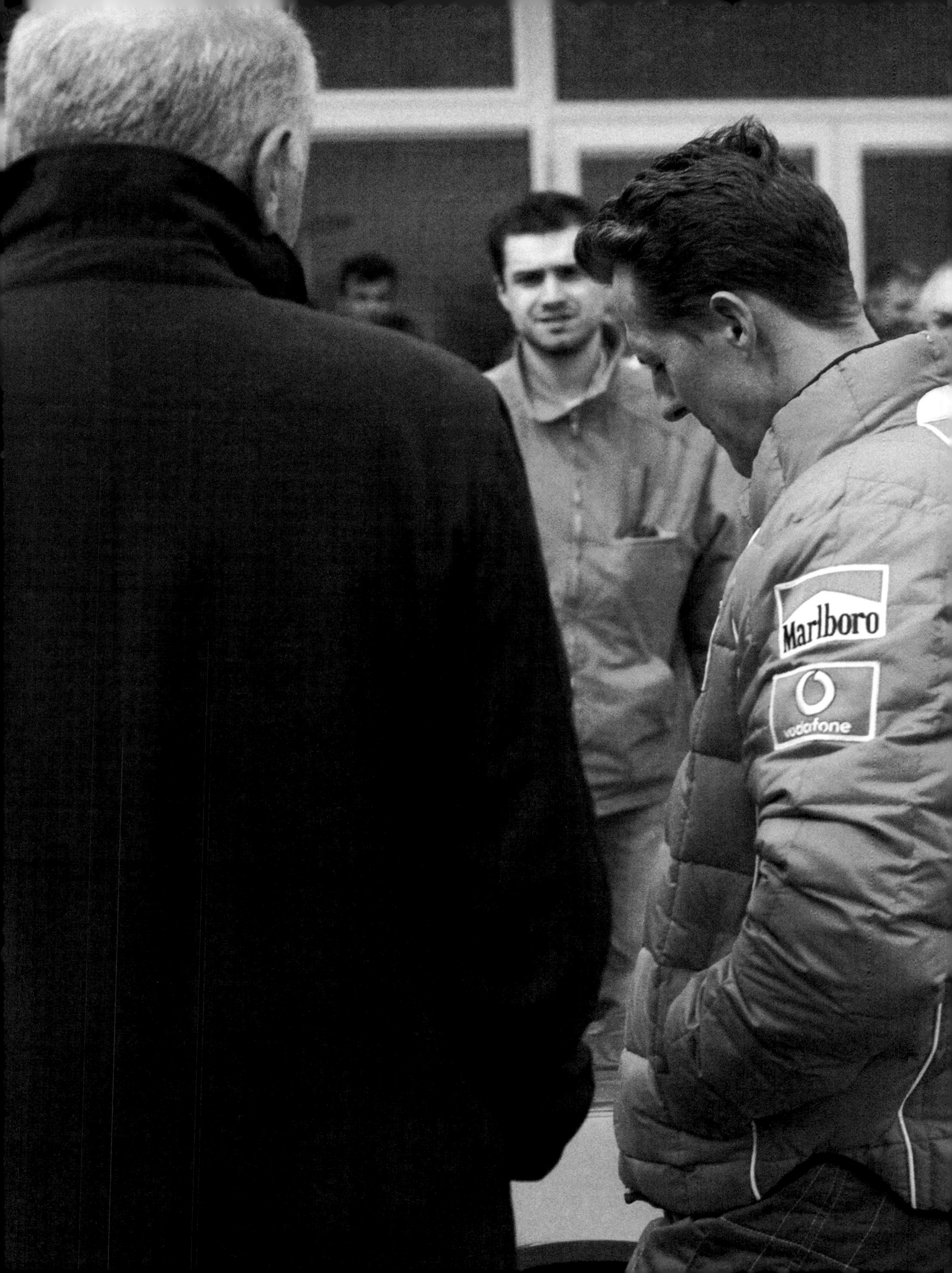
Marlboro
vodafone

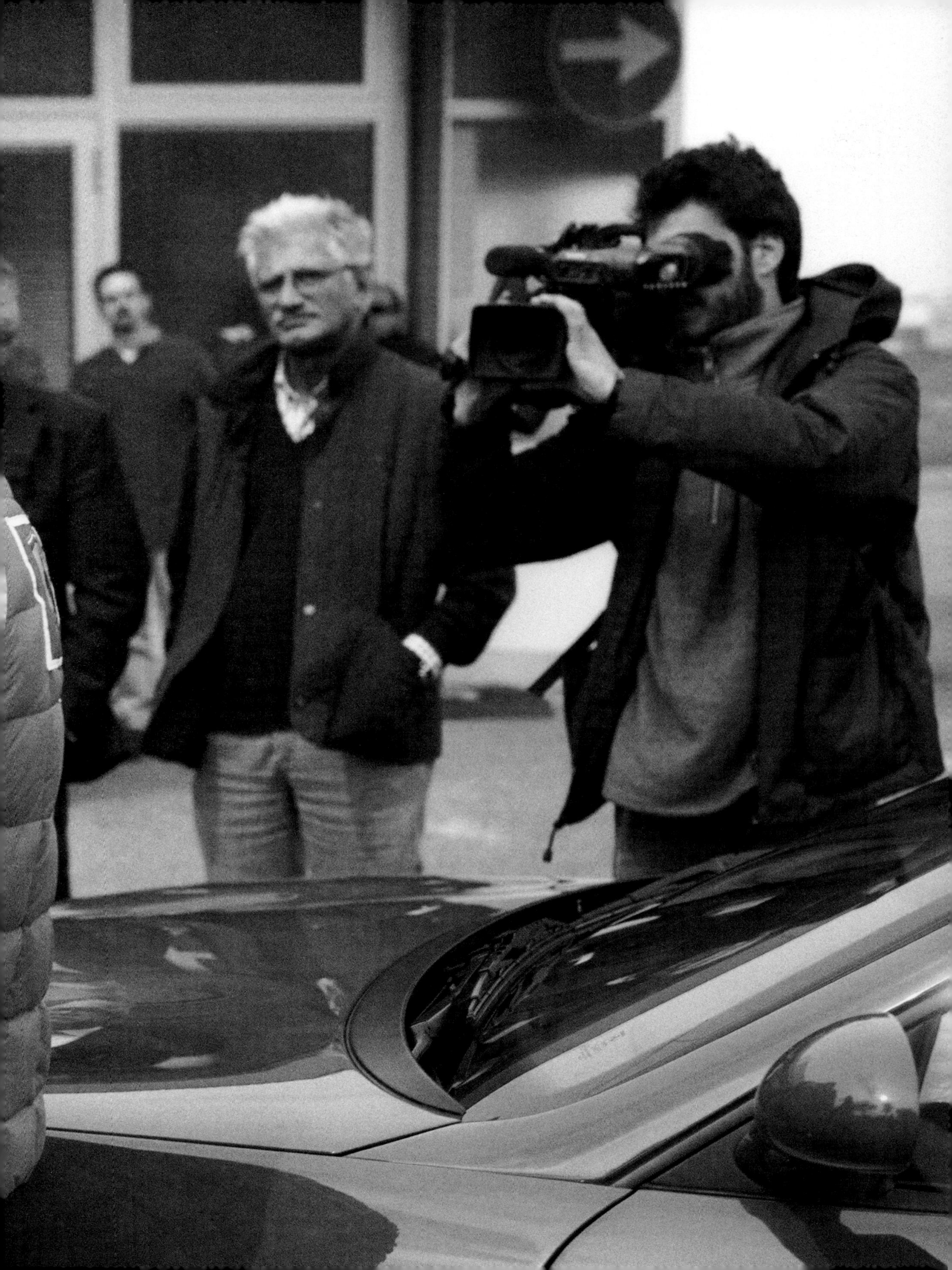

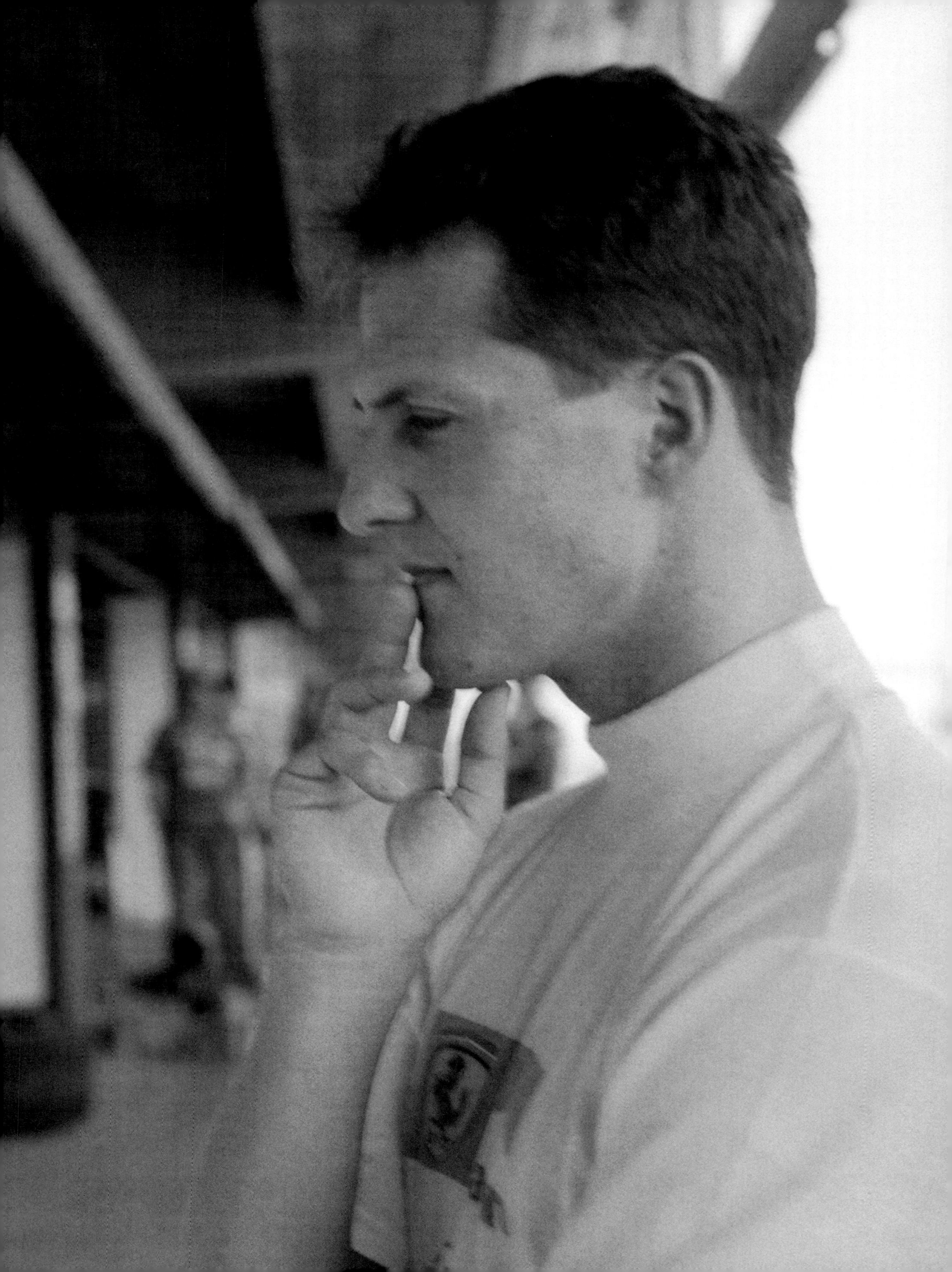

GENERAL

The yellow flags were not visible during practice in the session and caused Nick Heidfeld to crash in Turn 12 (J. Trulli ignored and some wave yellow flags 50-100 metres before any for exiting the first Friday practice to clean the circuit turn 2. The same should apply and several drivers ignored the circuit straight when flags must be shown and the first Friday appreciate the session). did not work, and would during weekend.

Furthermore the blue flags were particularly dirty during weekend. too long to give the way. In the the GP the corner it is important

Finally, the track was particularly dirty. In the banking of the corner it is important drivers suffered of punctures before the banking. with the appropriate machine ...to the banking.

TURN 11

Tarmac is needed in turn 11 at 1... to resurface correctly by following...

le Caronado • 20, Avenu...
Regis...
Telefax: +377 92 05 79 36
6NX

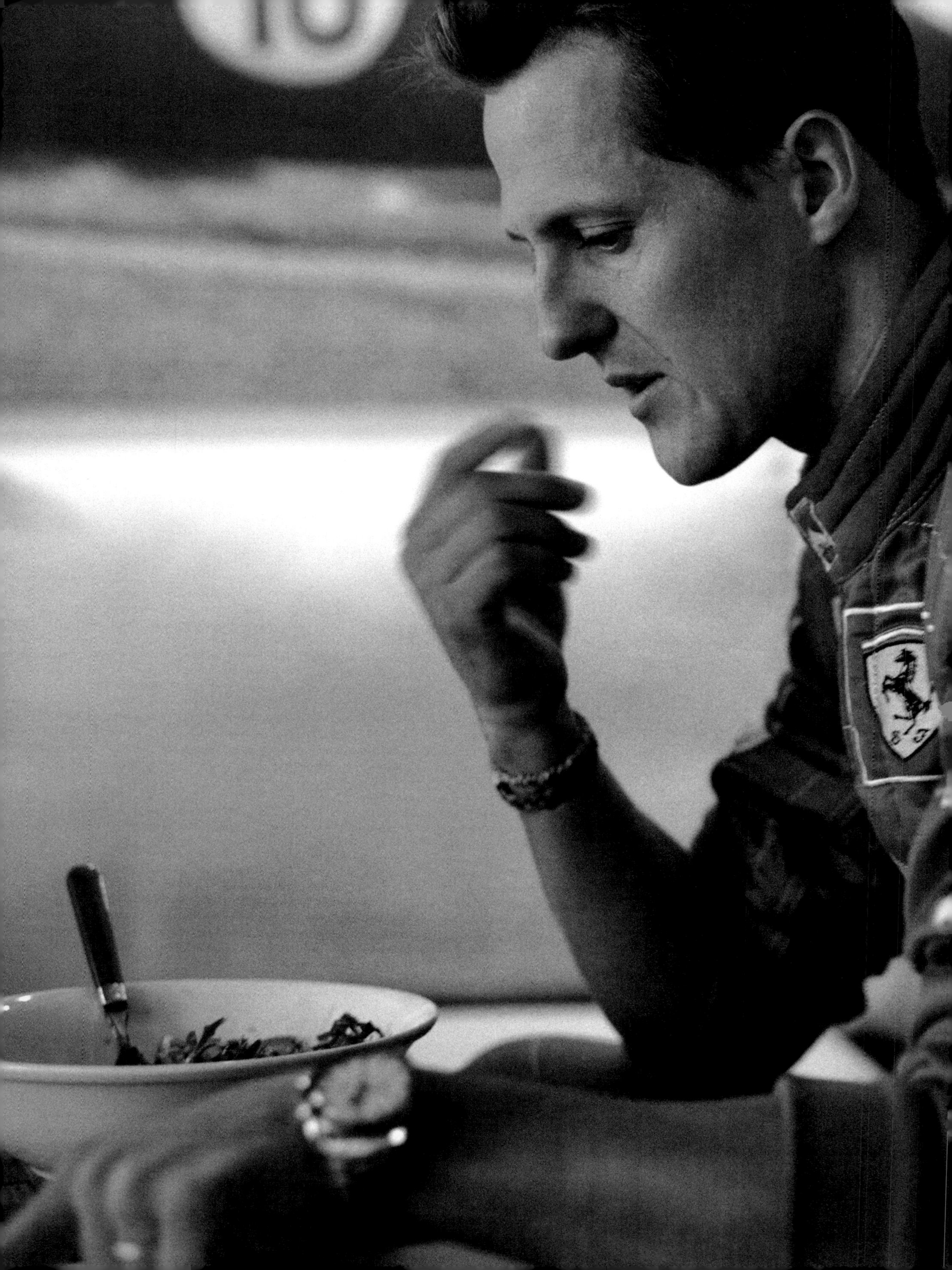

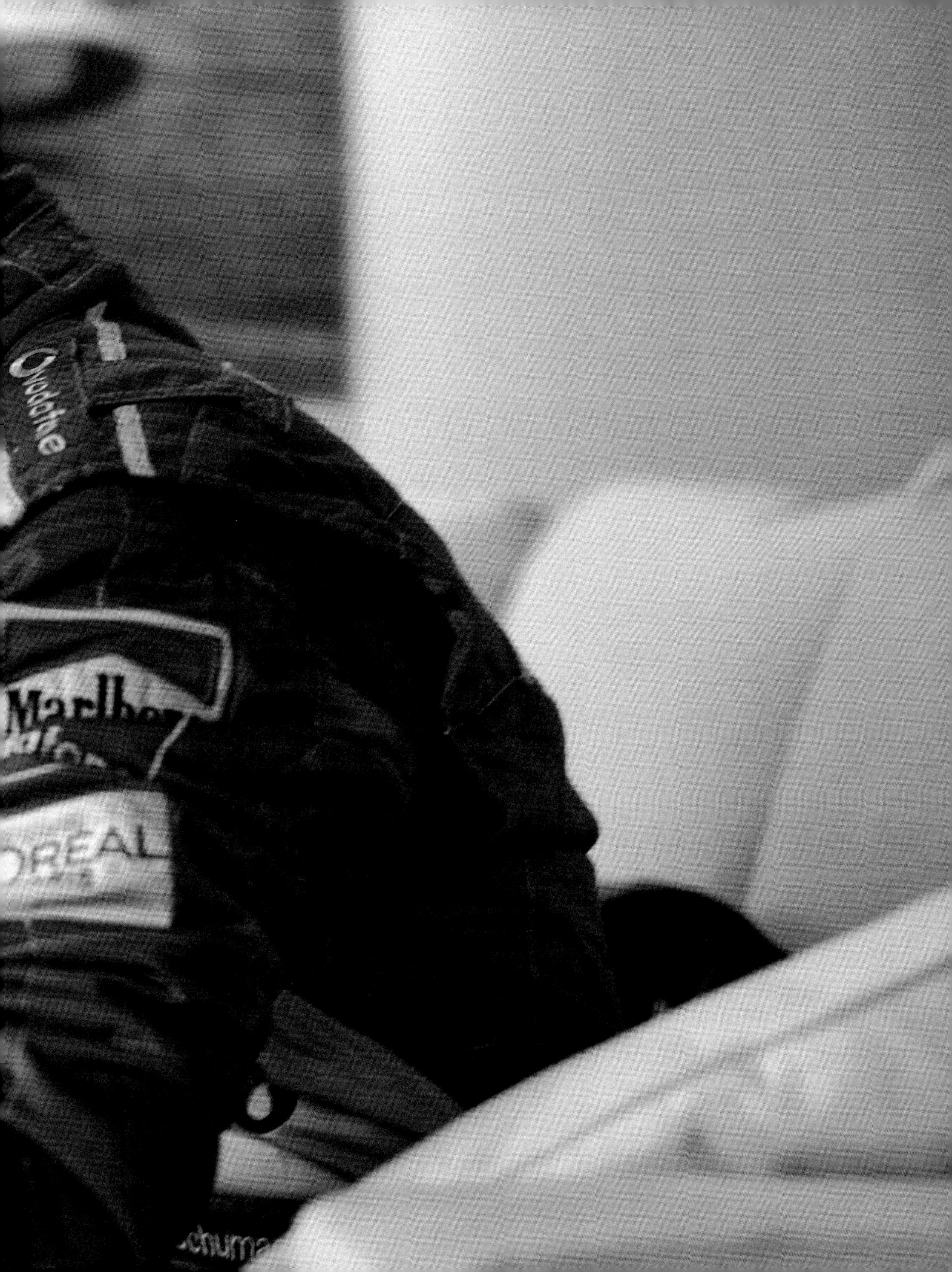

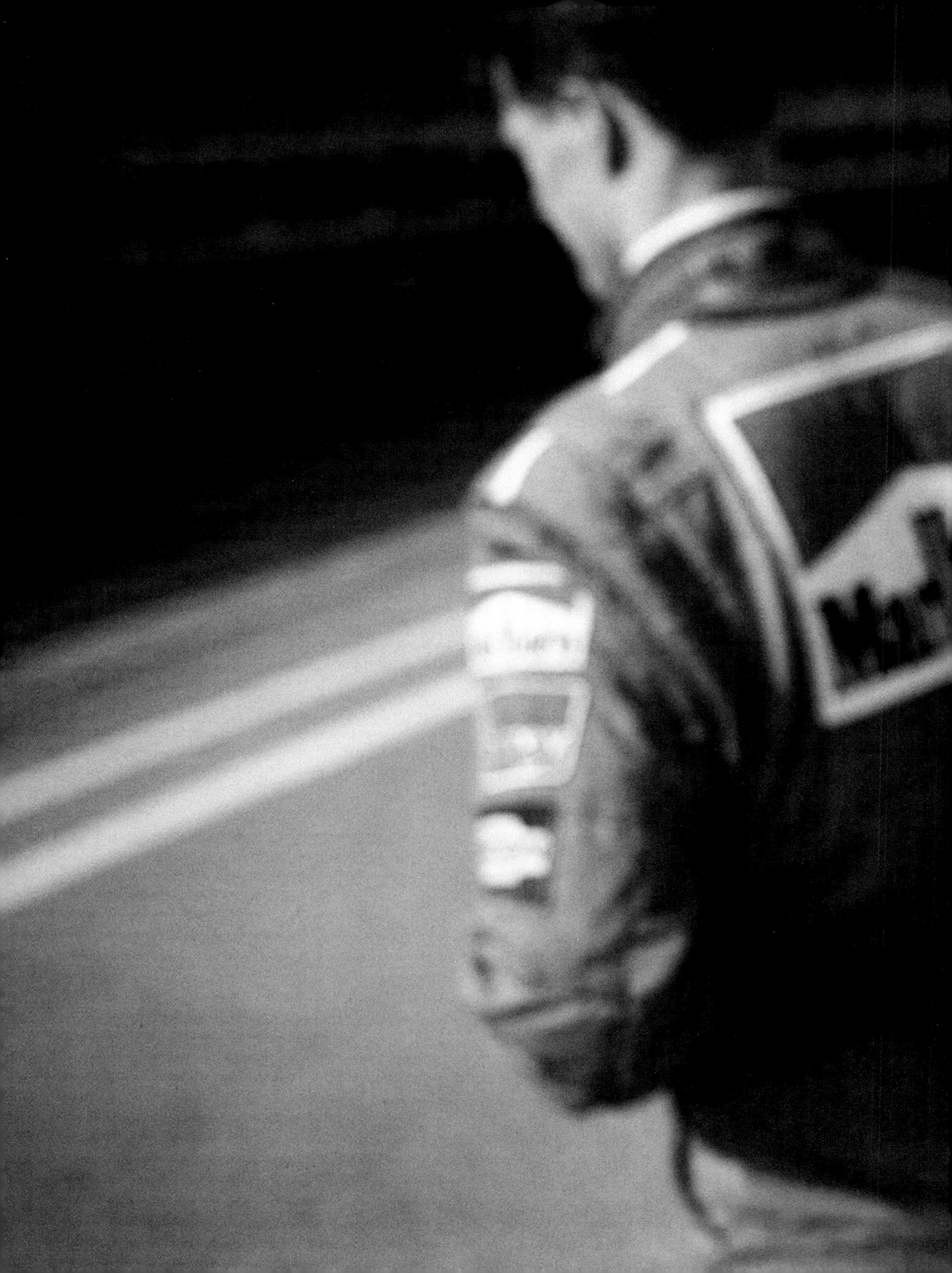

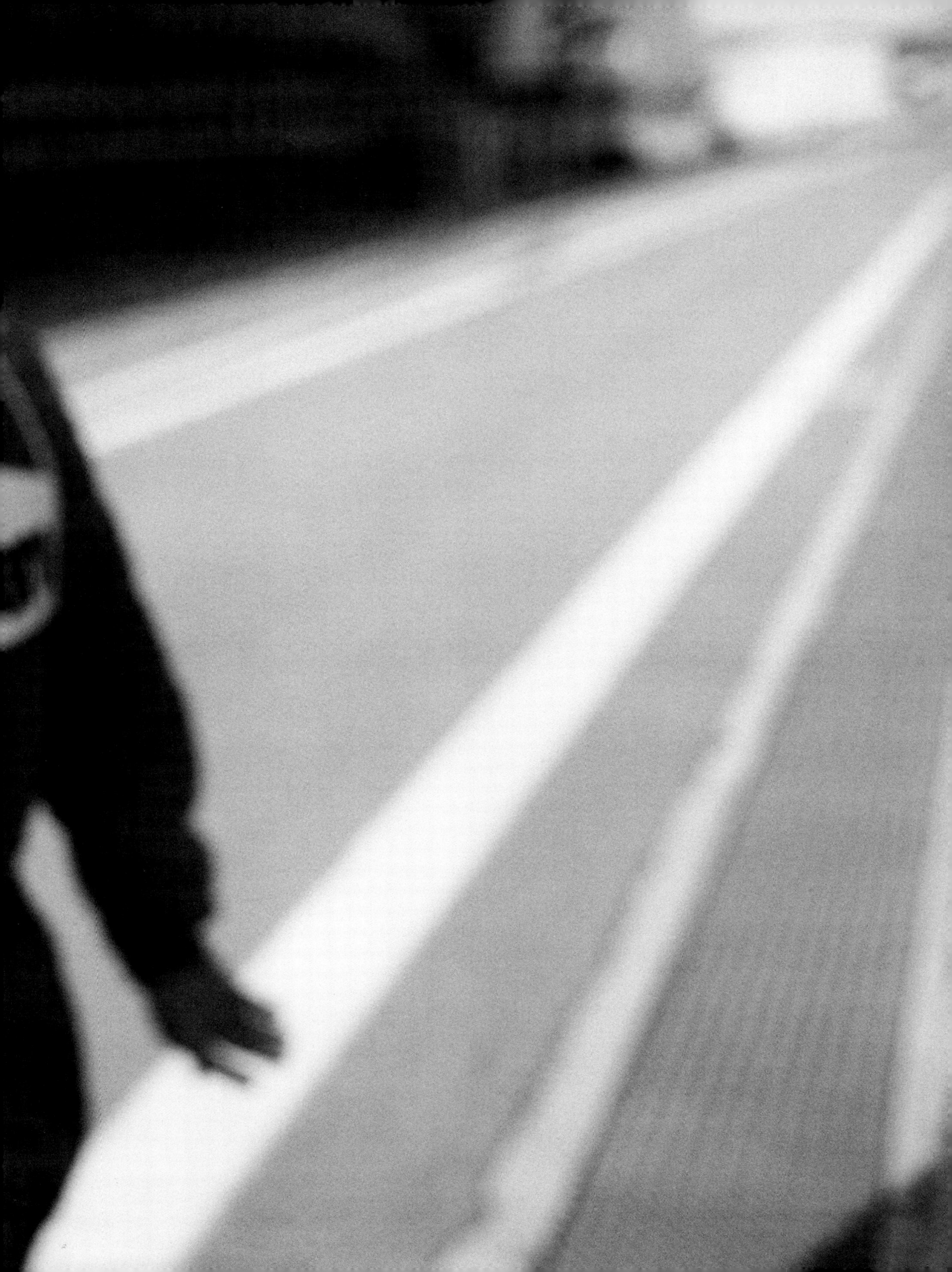

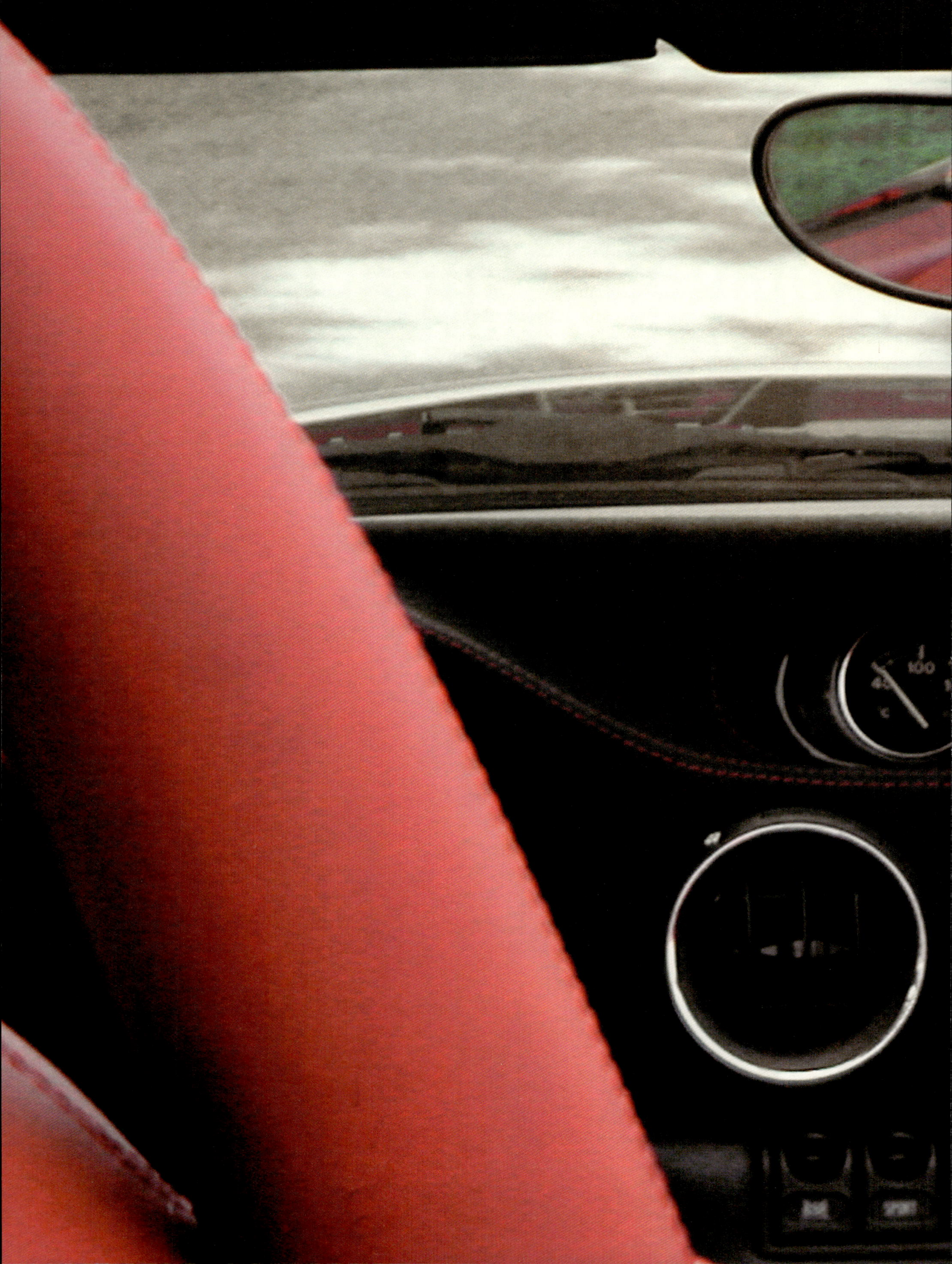

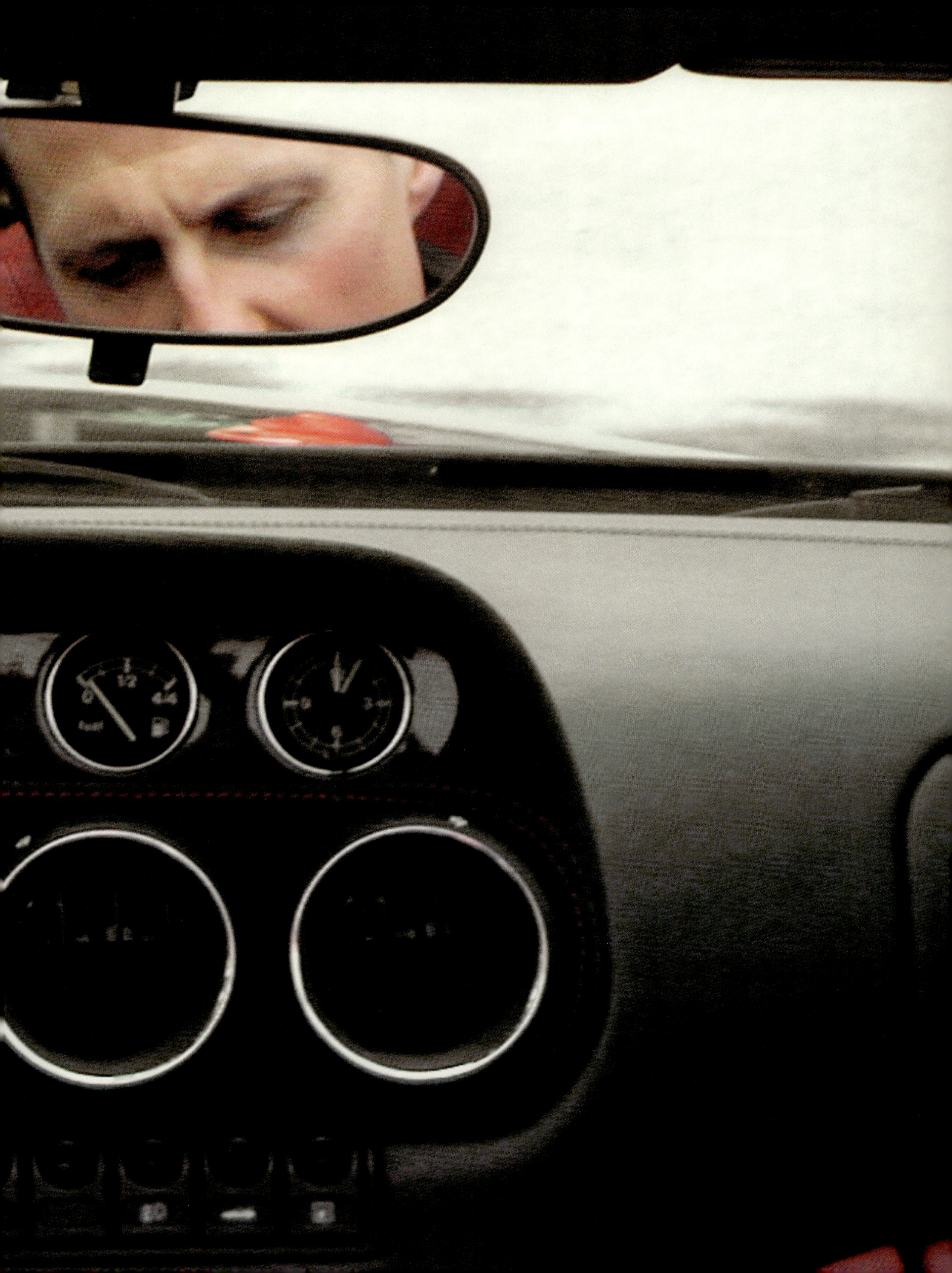
0
1/2
4/4

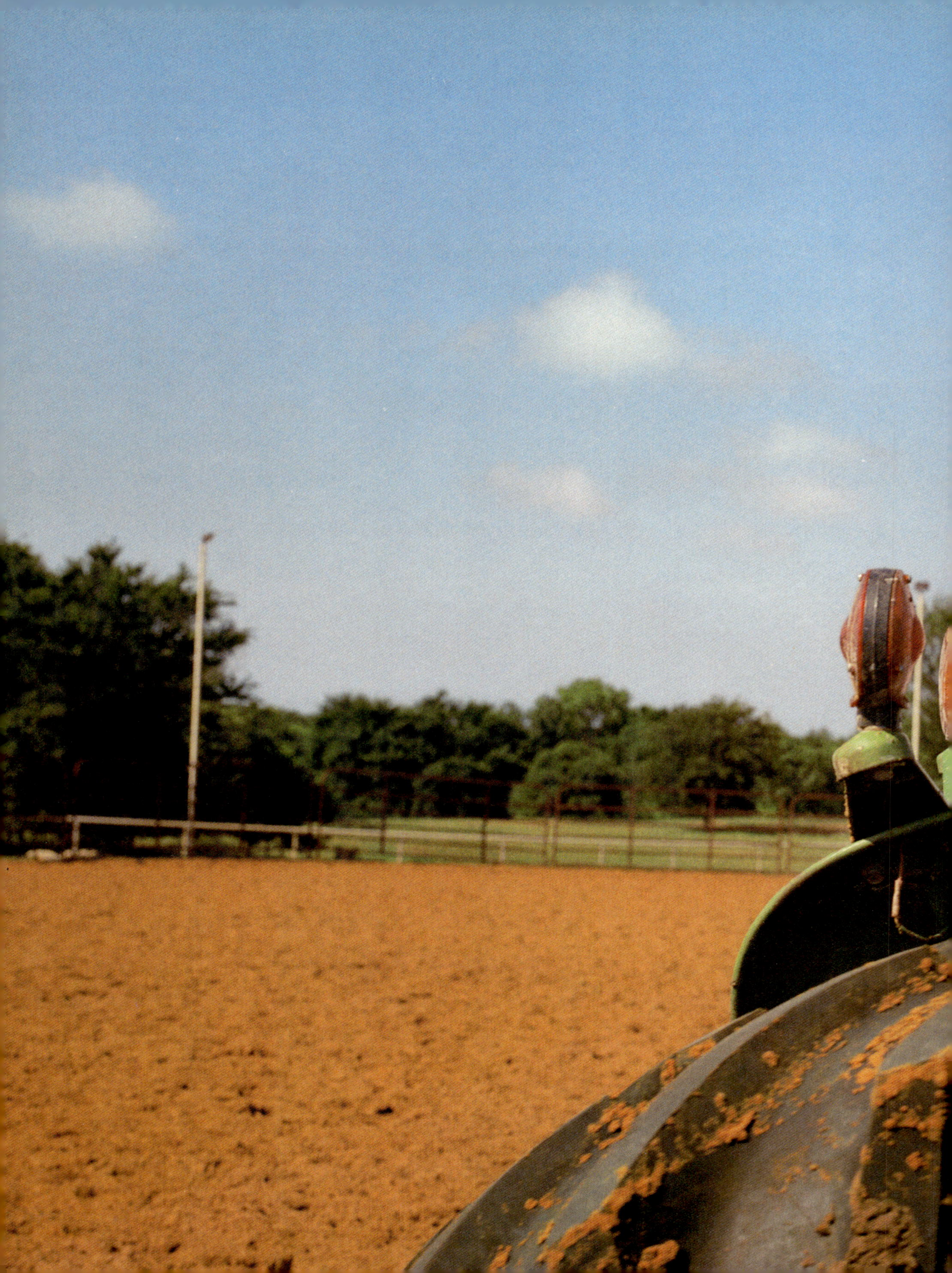

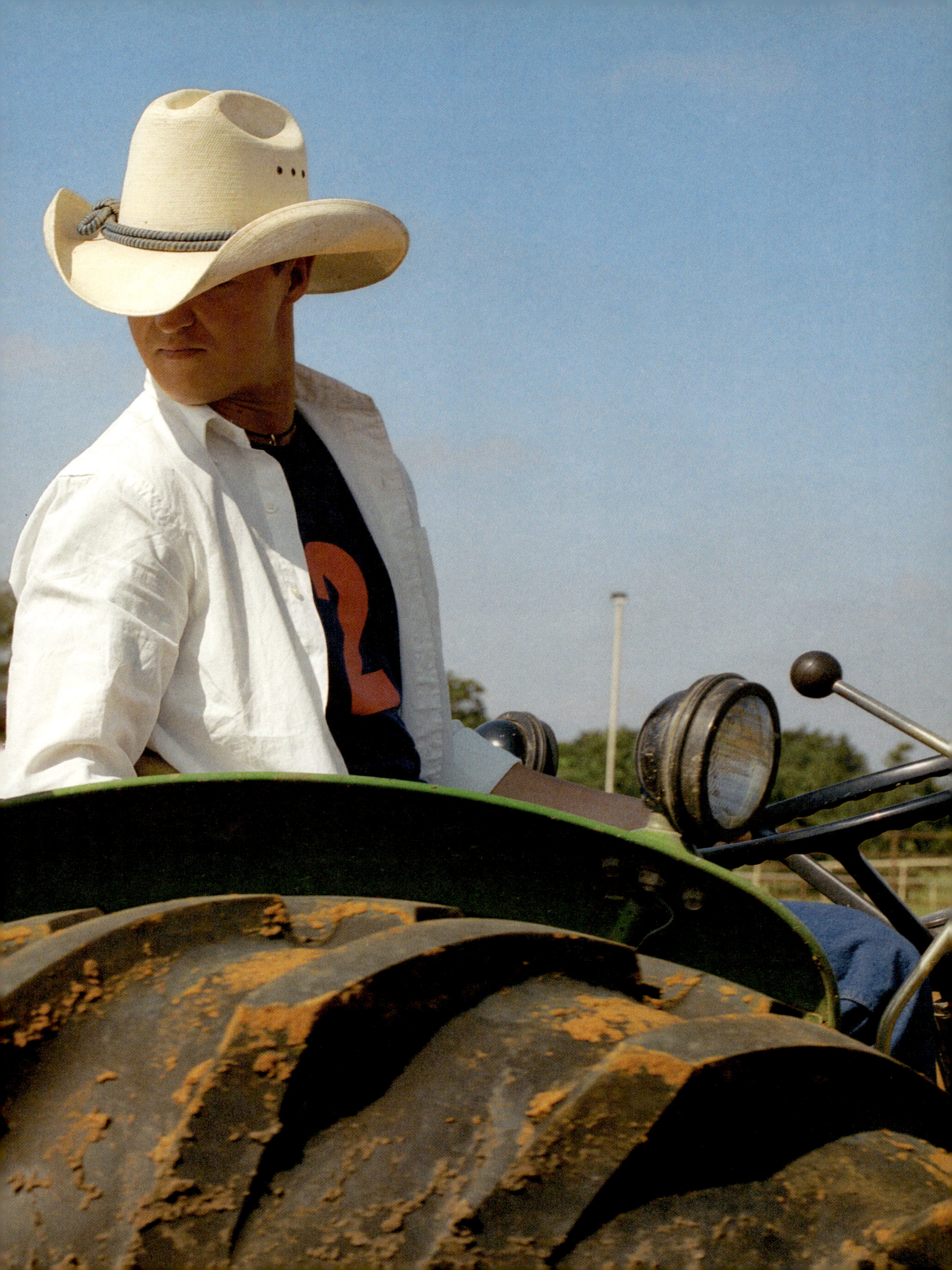

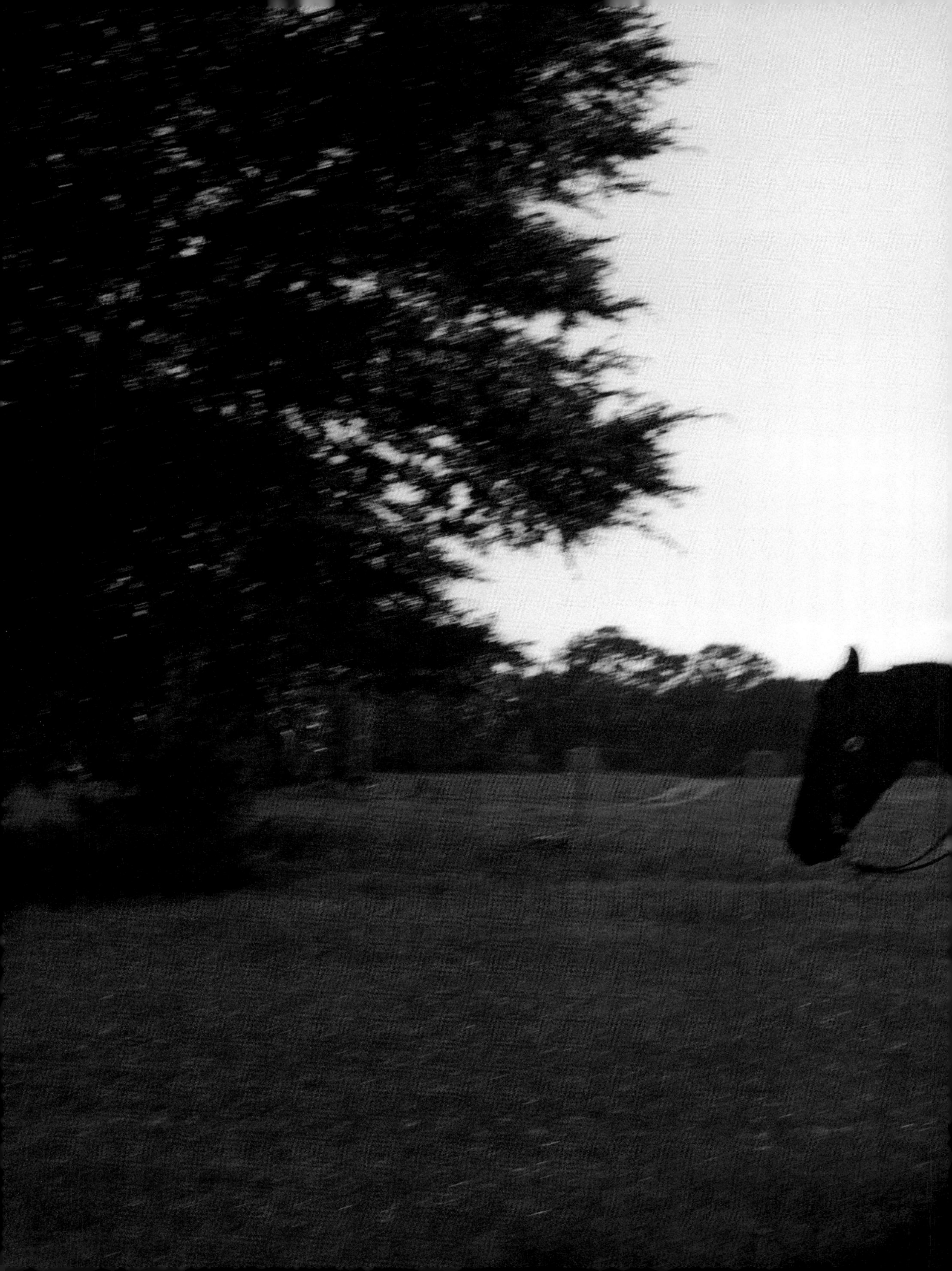

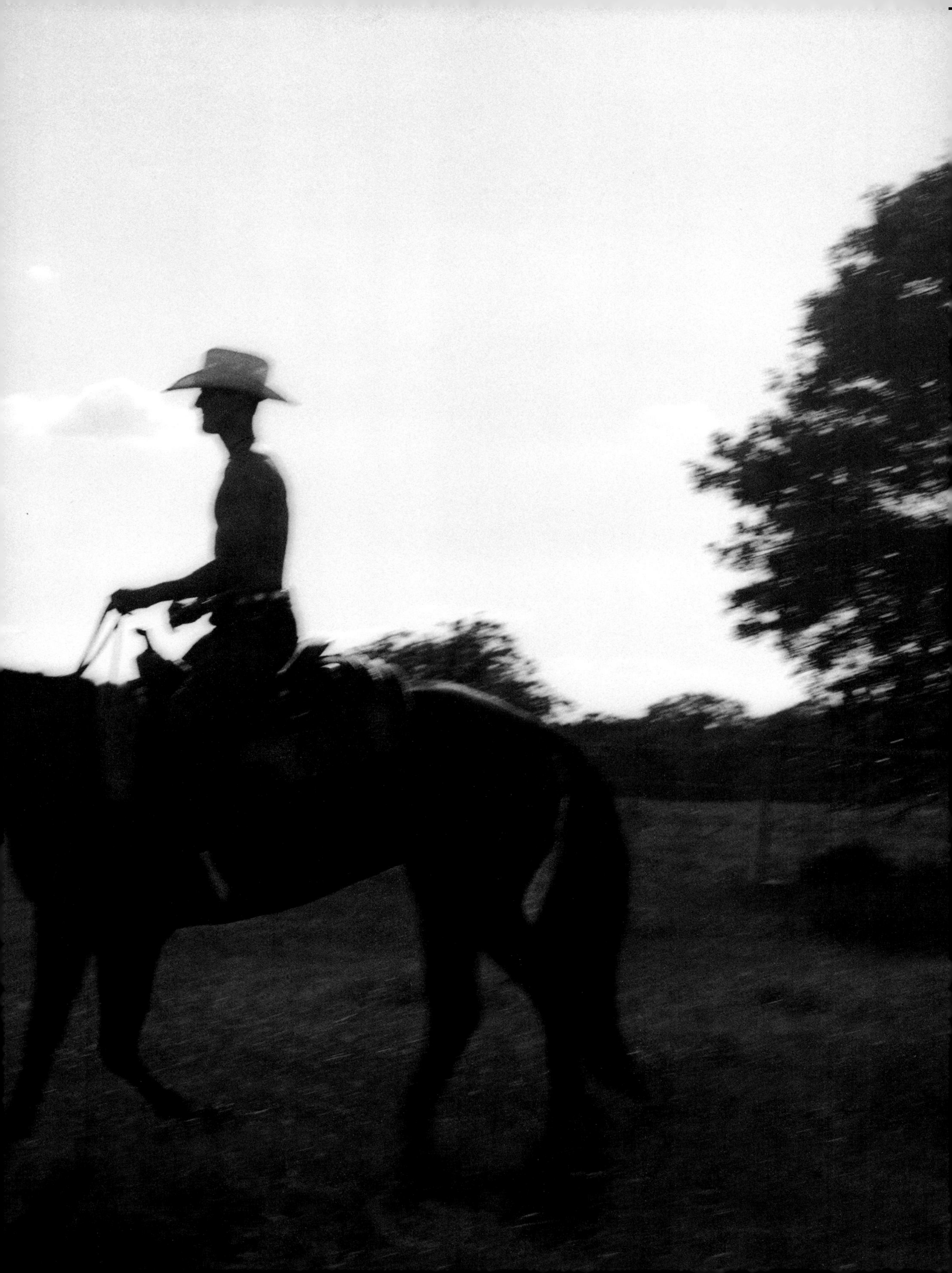

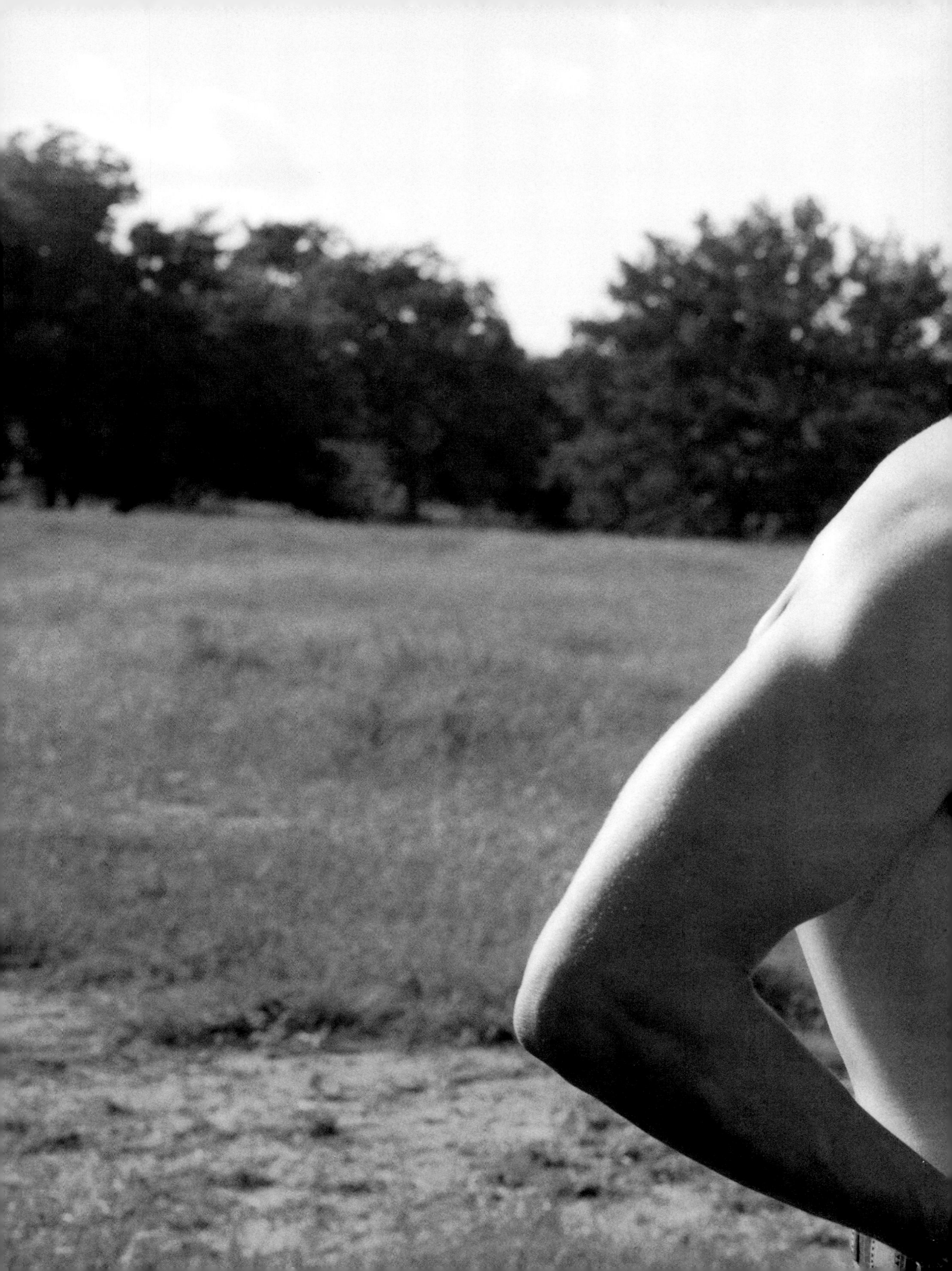

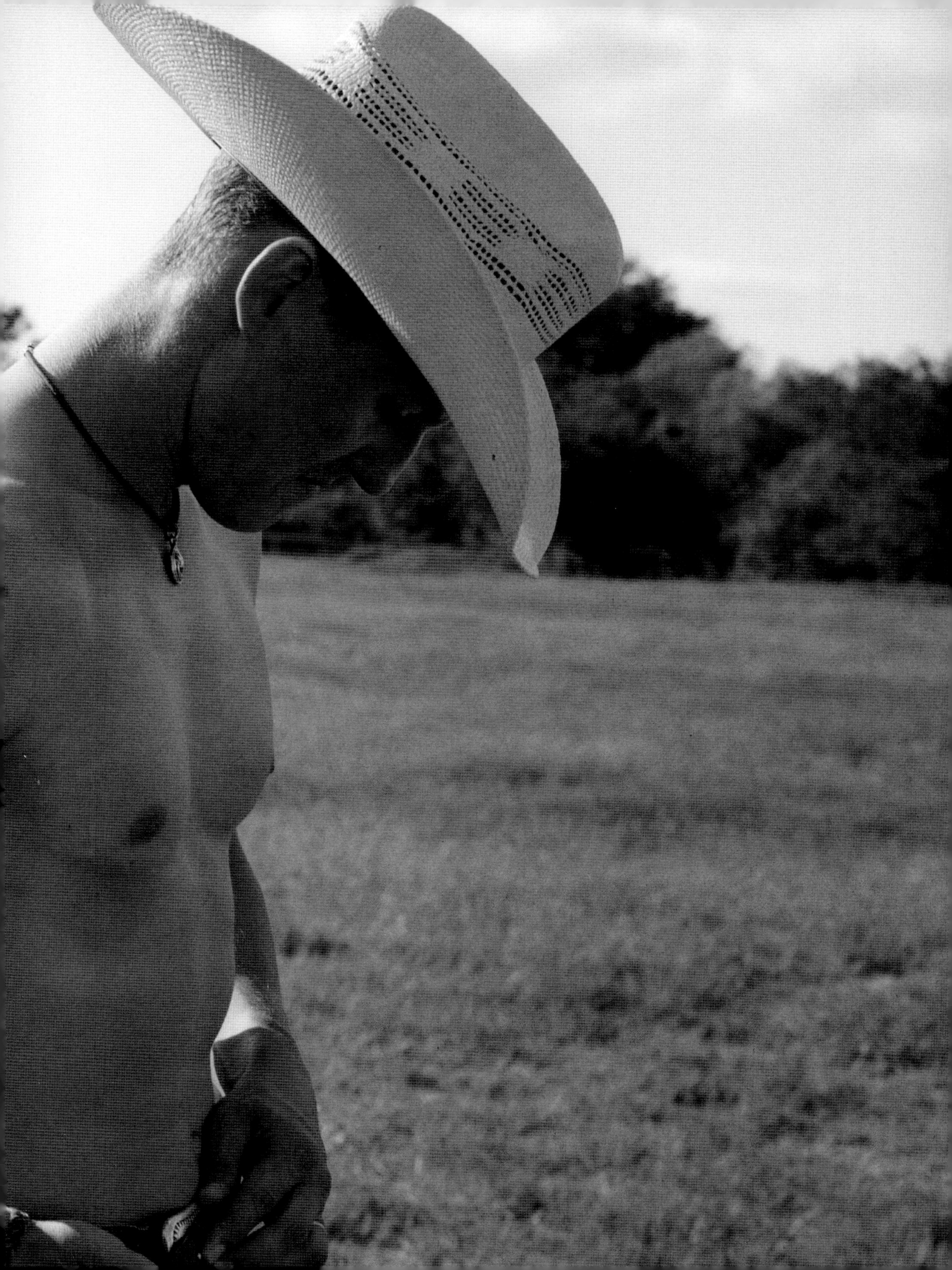

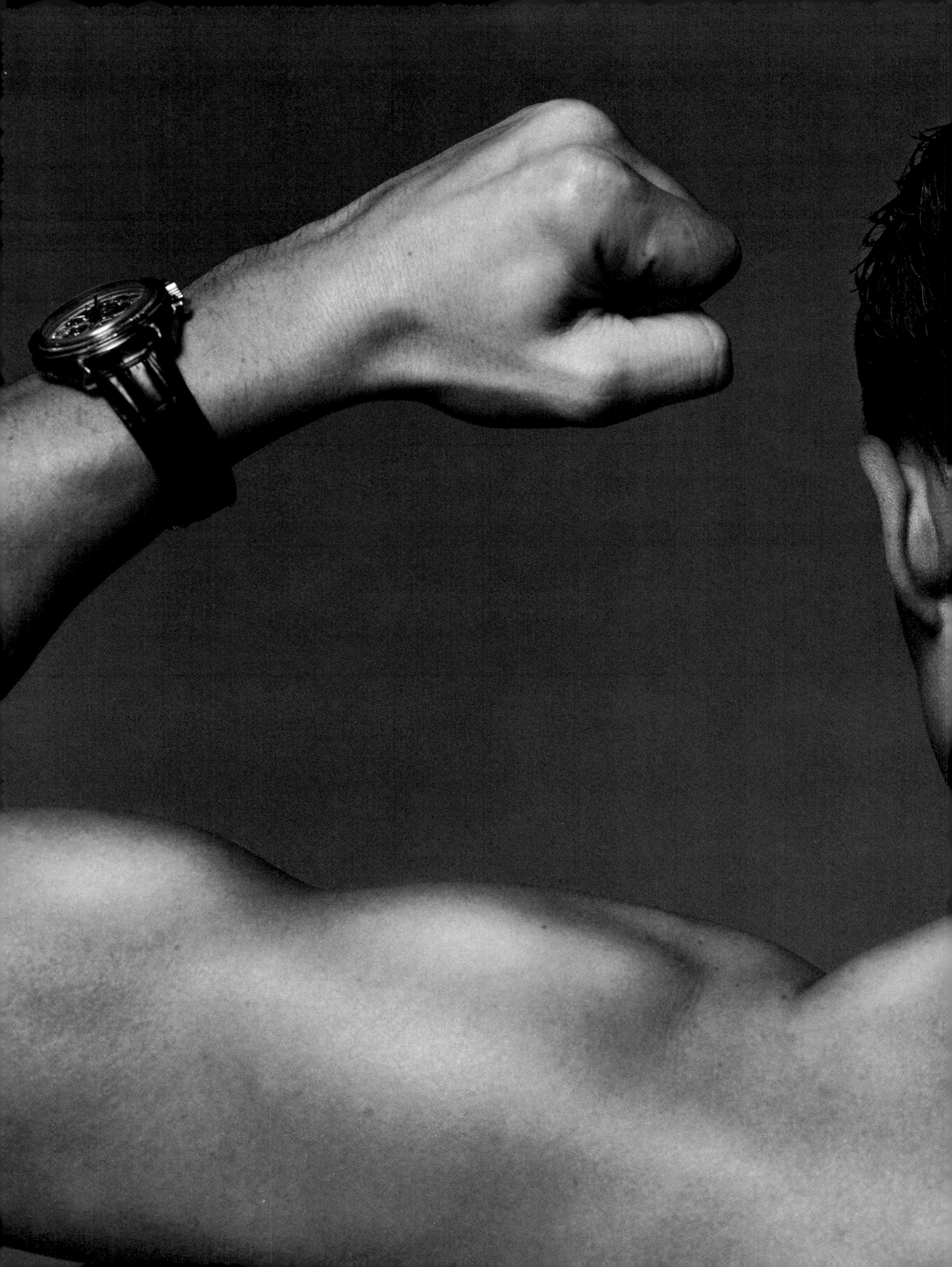

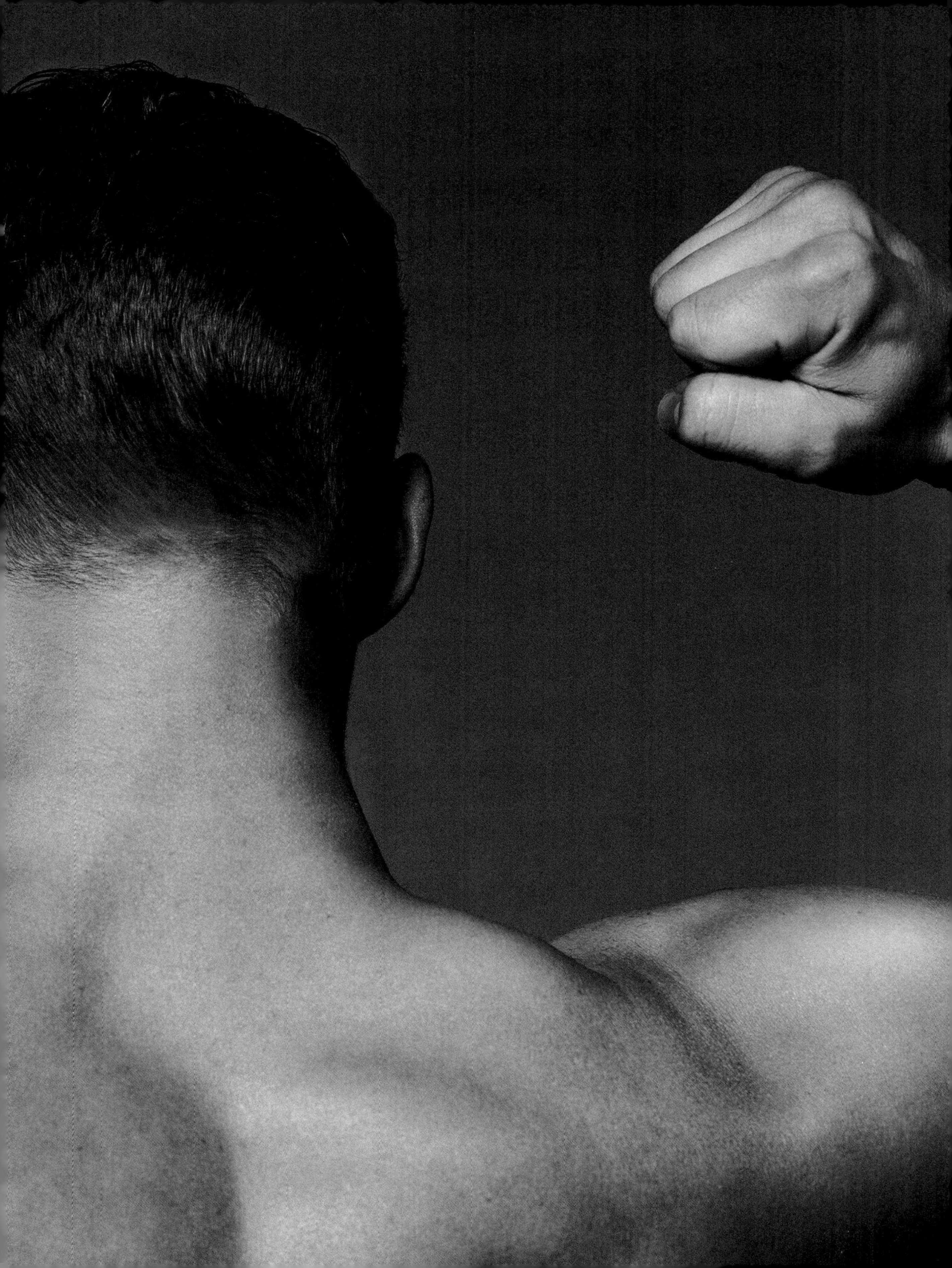

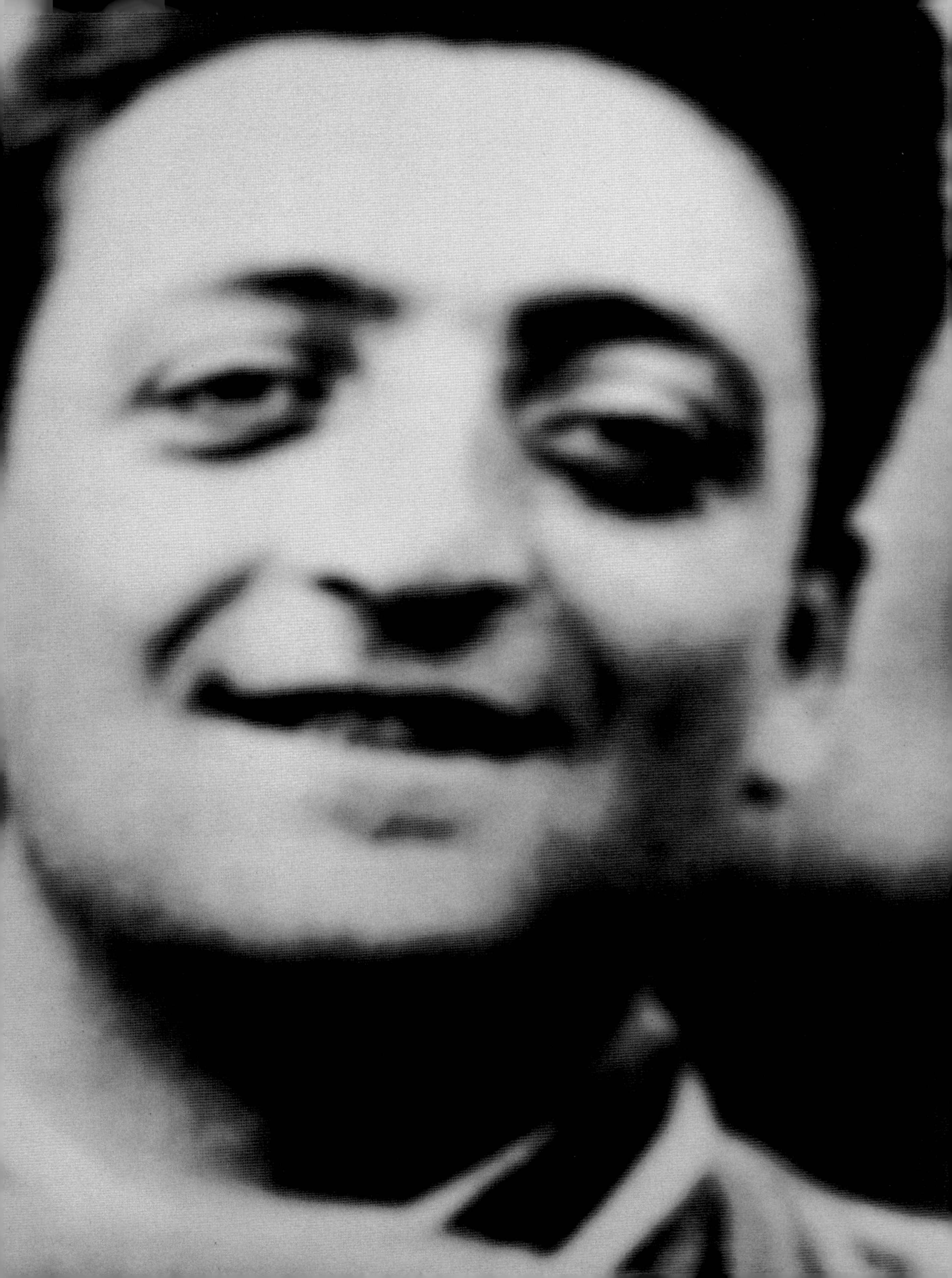

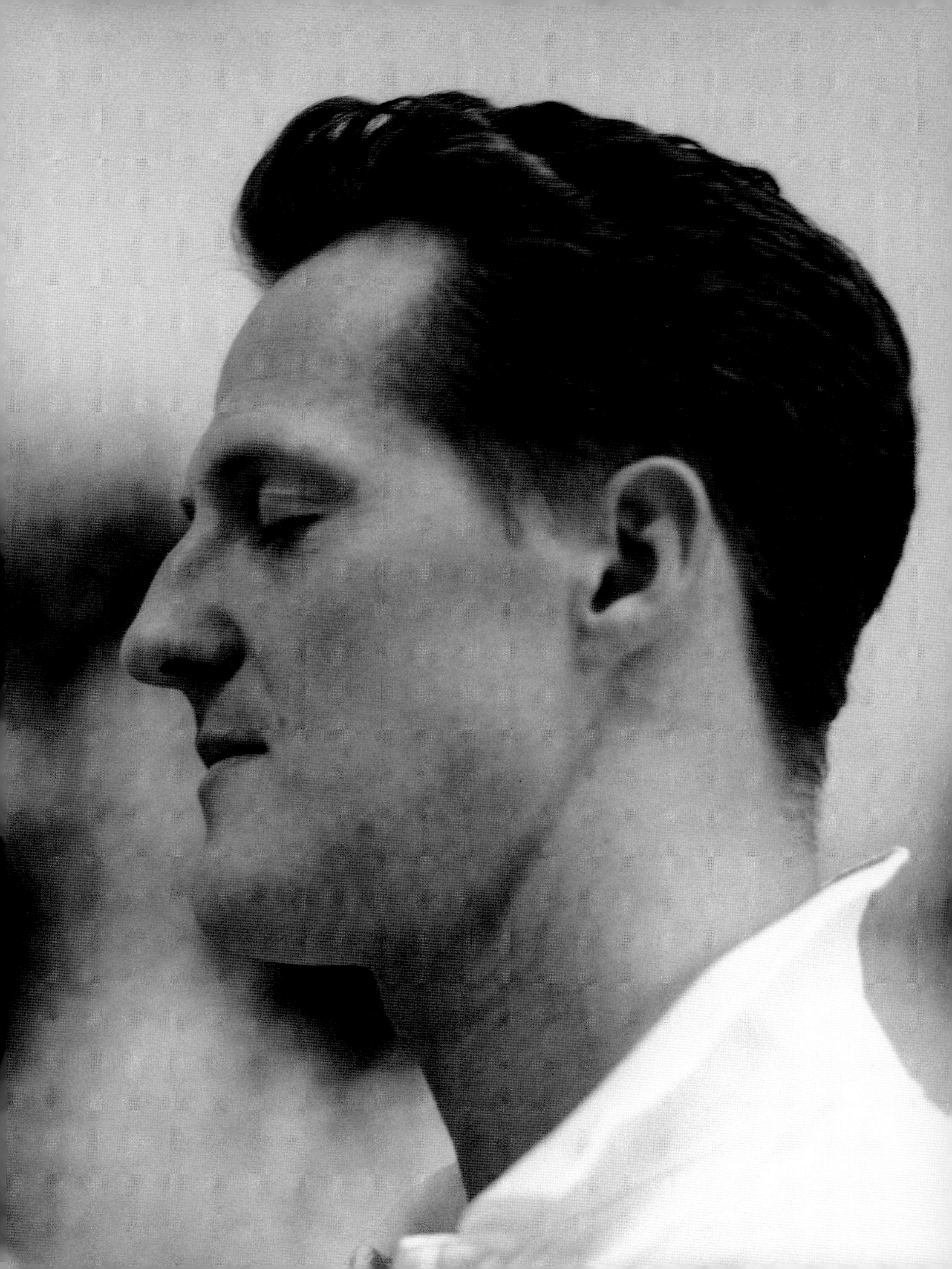

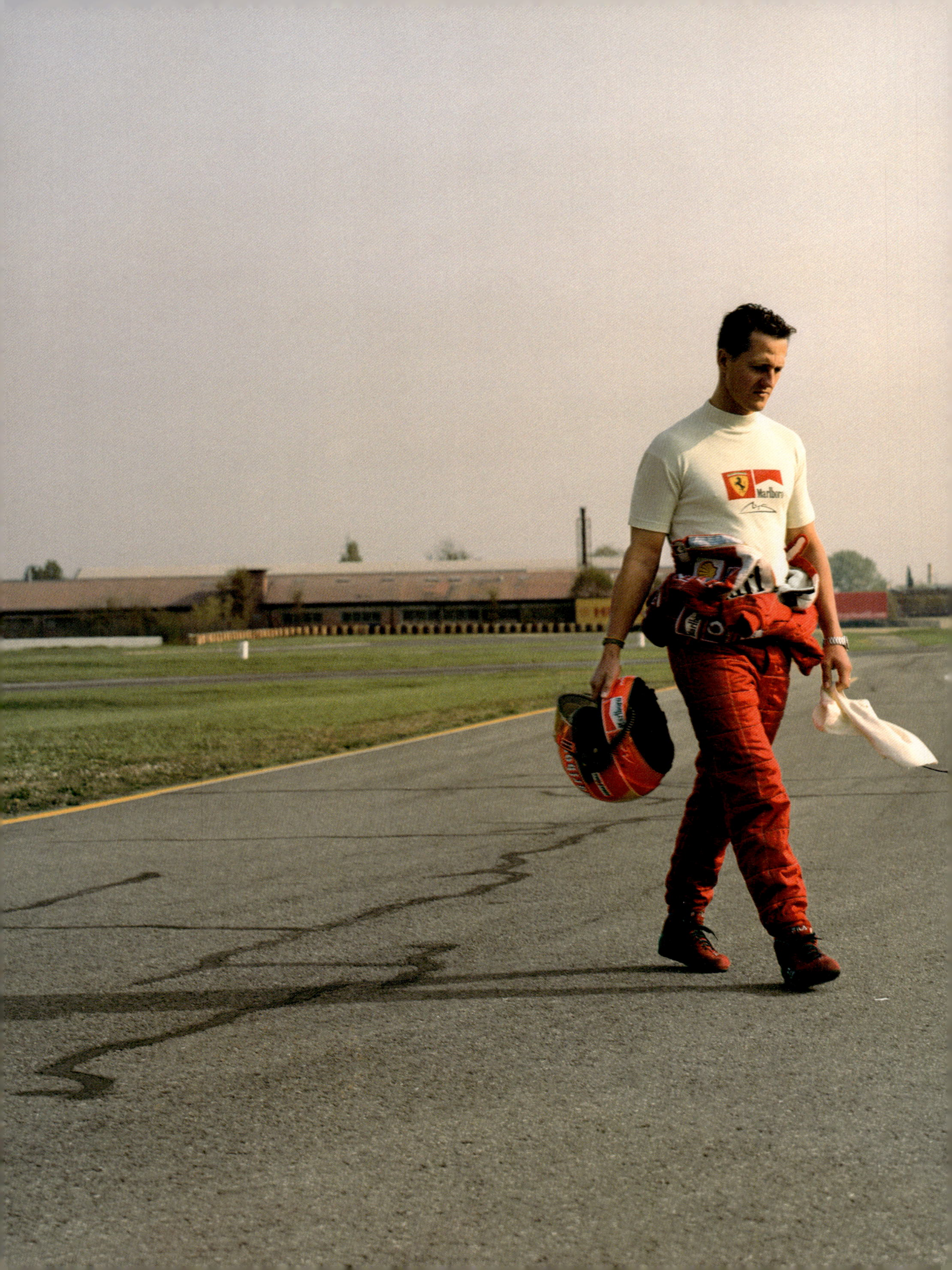
Marlboro

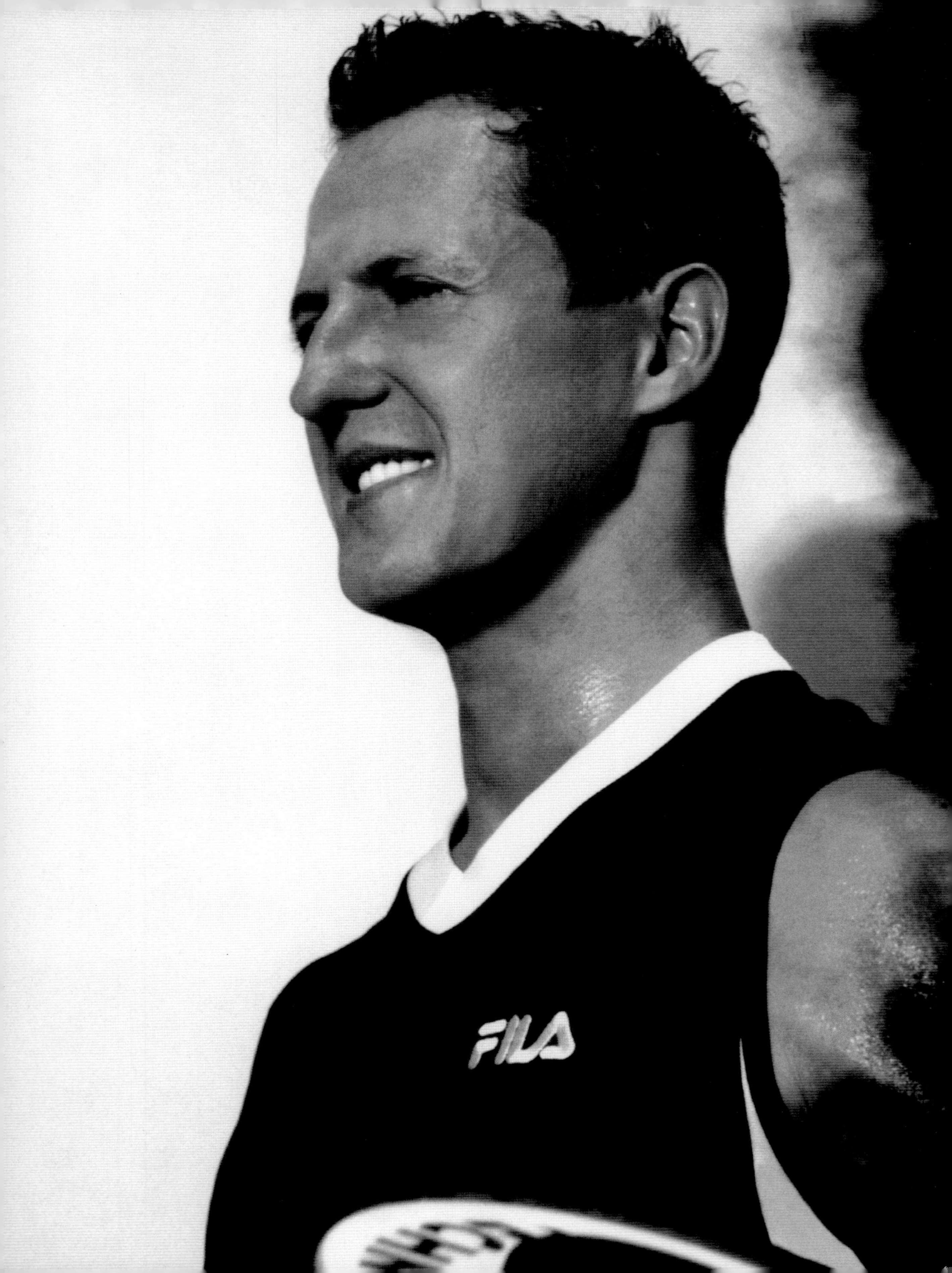
FILA

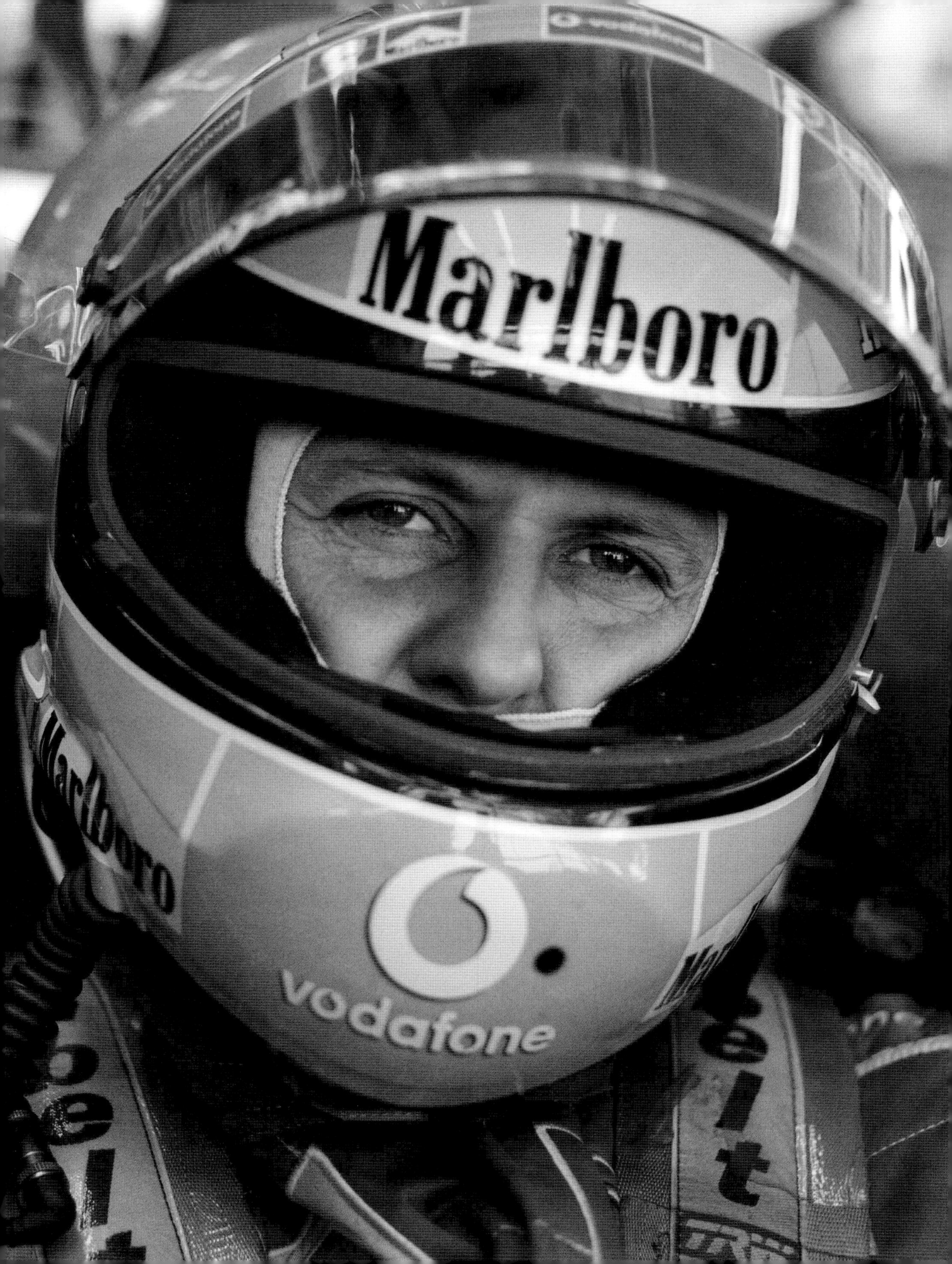
Marlboro
Marlboro
vodafone

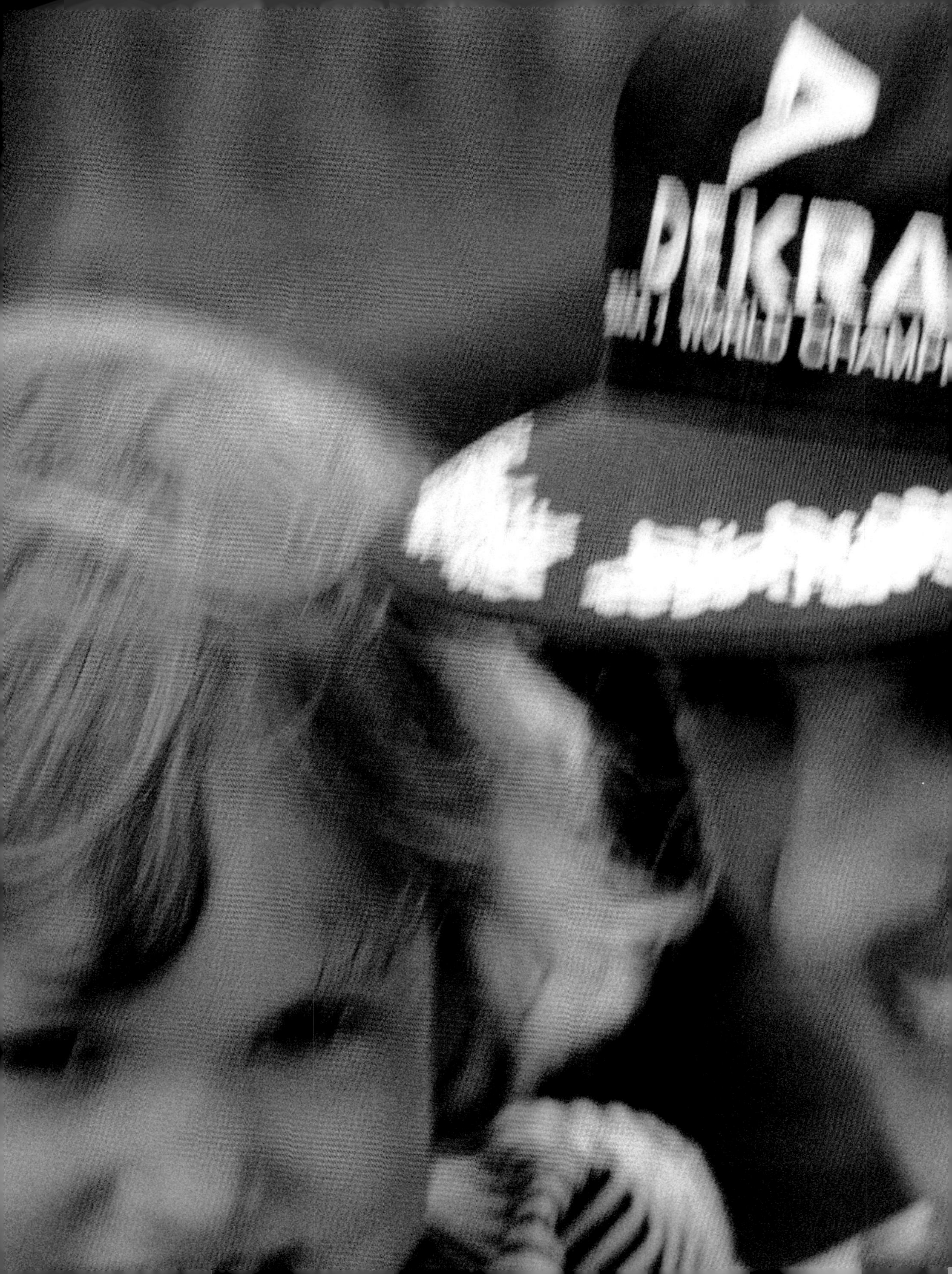

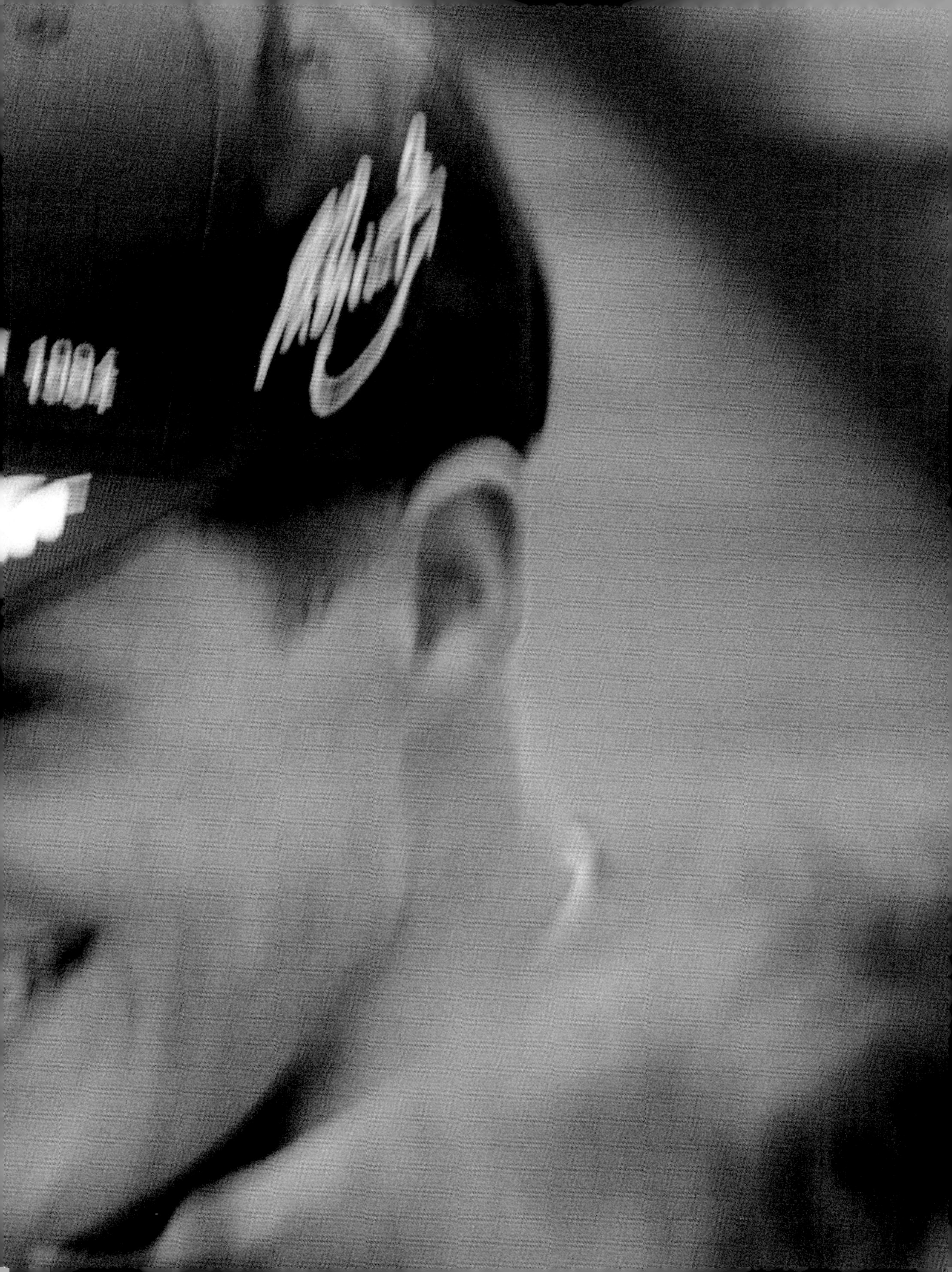

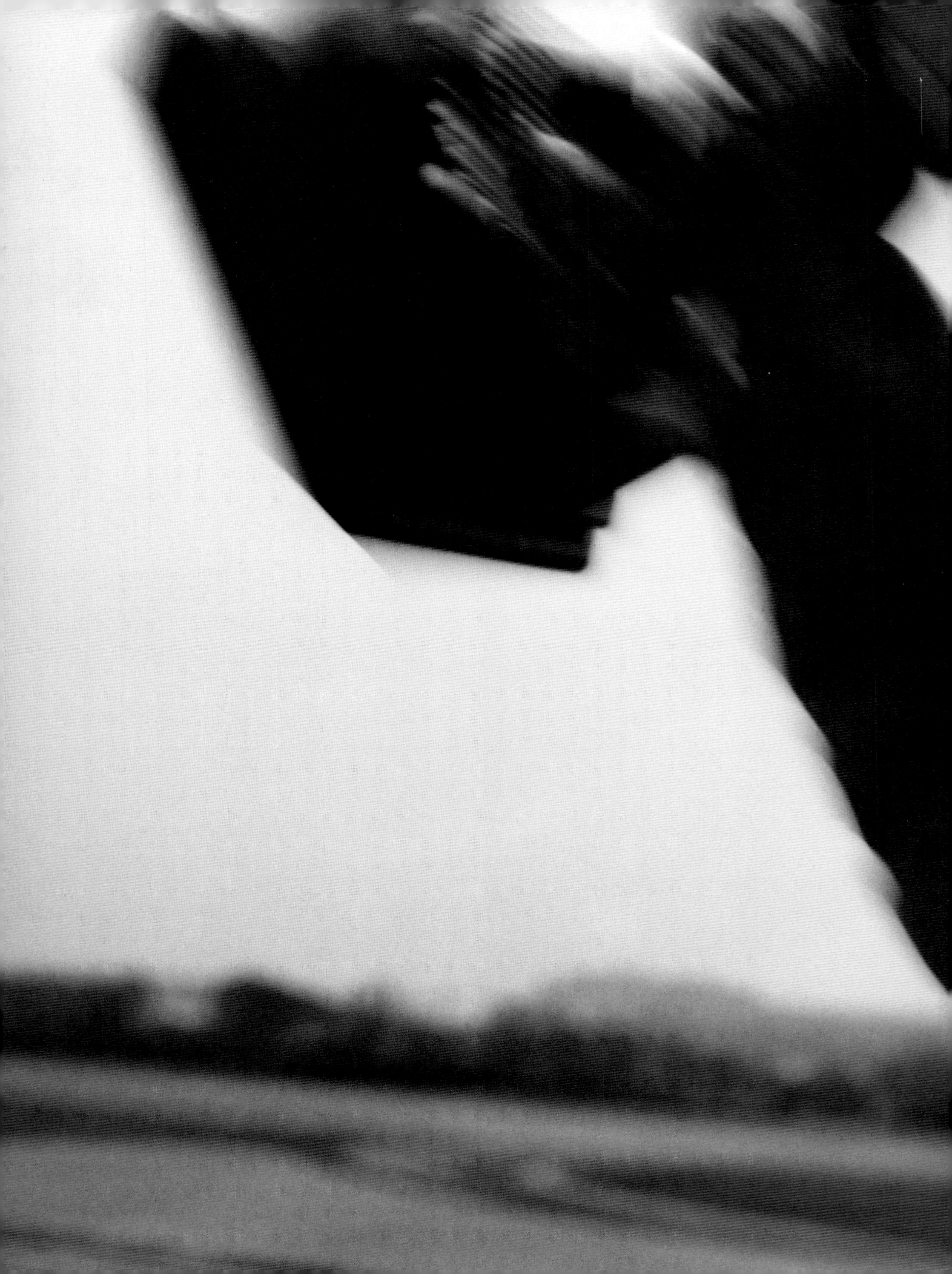

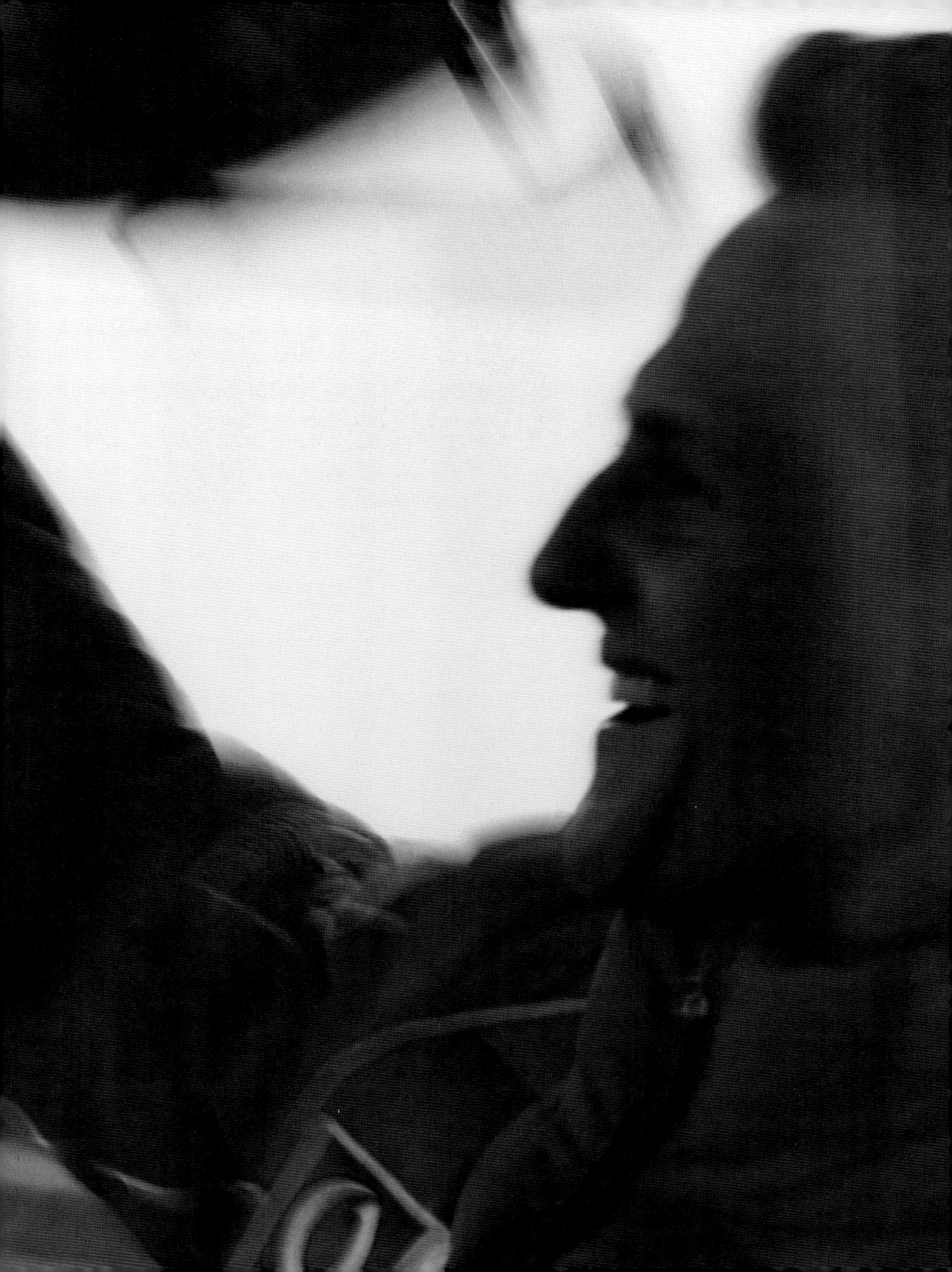

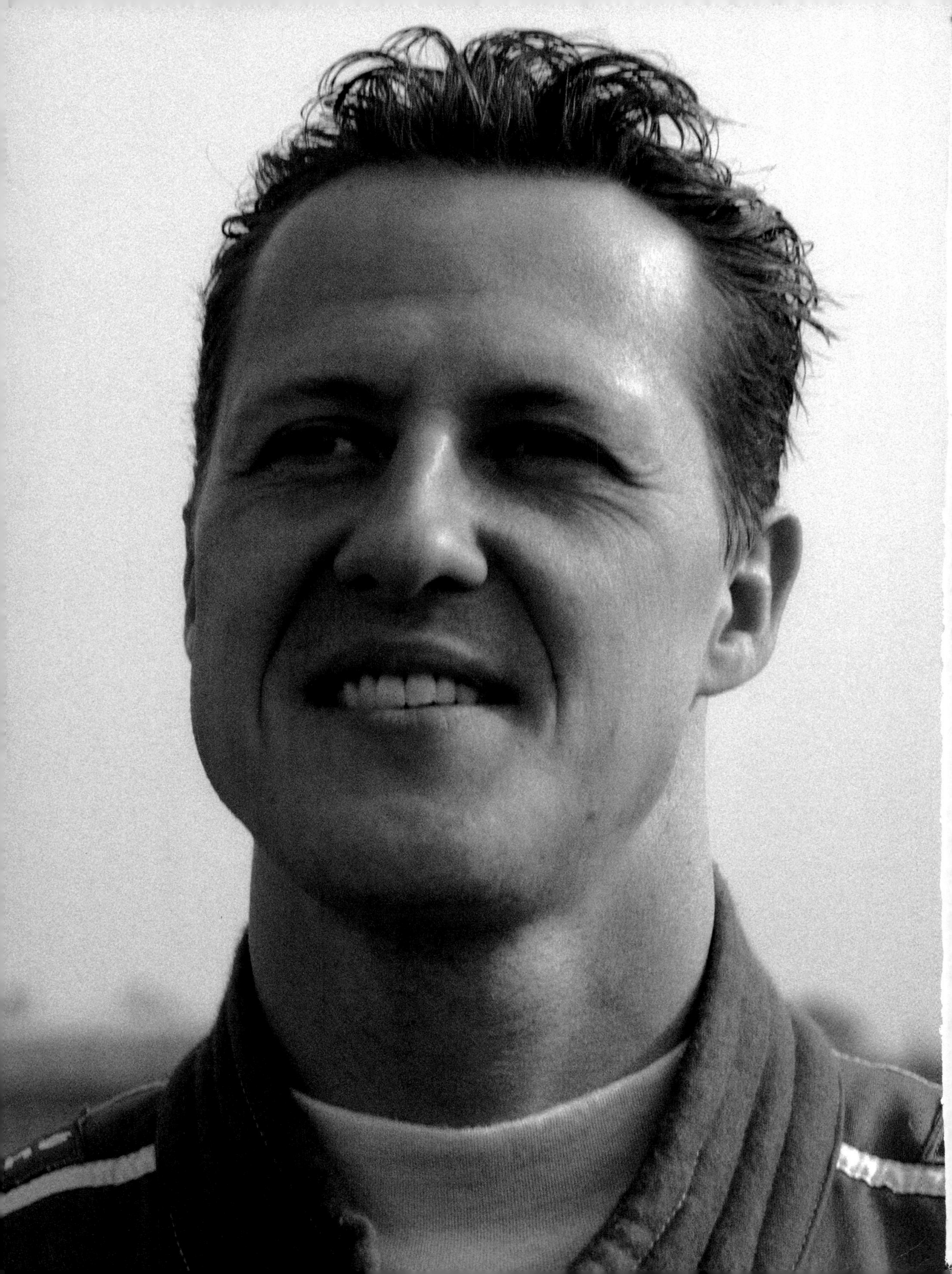